Conrad Borchling

Nachrichten von der Königl. Gesellschaft der Wissenschaften zu Göttingen

Geschäftliche Mitteilungen aus dem Jahre 1898

Conrad Borchling

Nachrichten von der Königl. Gesellschaft der Wissenschaften zu Göttingen
Geschäftliche Mitteilungen aus dem Jahre 1898

ISBN/EAN: 9783744619875

Hergestellt in Europa, USA, Kanada, Australien, Japan

Cover: Foto ©ninafisch / pixelio.de

Weitere Bücher finden Sie auf **www.hansebooks.com**

Nachrichten

von der

Königl. Gesellschaft der Wissenschaften

zu Göttingen.

Geschäftliche Mittheilungen

aus dem Jahre 1898.

Göttingen,
Commissionsverlag der Dieterich'schen Universitätsbuchhandlung
Lüder Horstmann.
1899.

Inhalt.

Bericht des abtretenden Sekretärs der Gesellschaft über das Geschäftsjahr 1897/98	S. 1
Verzeichnis der im Jahre 1897/98 abgehaltenen Sitzungen und der darin gemachten wissenschaftlichen Mittheilungen	„ 7
de Lagarde-Stiftung	„ 12
Wedekind-Stiftung	„ 12
F. Klein, Ueber den Stand der Herausgabe von Gauß' Werken	„ 12
R. Pietschmann, Bericht über die Arbeit an der Herausgabe eines ägyptischen Wörterbuchs im Geschäftsjahre 1897/98	„ 19
Bericht über die Arbeiten für die Ausgabe der älteren Papsturkunden	„ 23
Verzeichnis der Mitglieder der Königlichen Gesellschaft der Wissenschaften zu Göttingen. Ende März 1898	„ 27
Beneke'sche Preisstiftung	„ 27
Verzeichnis der im Jahre 1897 eingegangenen Druckschriften	„ 38
P. Kehr, W. Wattenbach	„ 67
Bericht über die öffentliche Sitzung am 12. November 1898	„ 73
Adresse an Herrn F. Wüstenfeld	„ 74
Adresse an Herrn H. Kiepert	„ 75
Verzeichnis der neugewählten Mitglieder der K. Gesellschaft	„ 77
Mittelniederdeutsche Handschriften in Norddeutschland und den Niederlanden	„ 79

Bericht
über die öffentliche Sitzung am 12. November 1898.

Die Kgl. Gesellschaft der Wissenschaften hielt am 12. November die in den Statuten vorgeschriebene öffentliche Sitzung zur Erinnerung an ihren Stifter, König Georg II. von England, ab.

Herr J. Wellhausen sprach über den Ausdruck 'Menschensohn' in den Evangelien.

Ihrem auswärtigen Mitgliede Herrn **Ferdinand Wüstenfeld** in Hannover sandte die K. Gesellschaft zu seinem 90. Geburtstage folgende Adresse:

Hochverehrter Herr College!

Die Königliche Gesellschaft der Wissenschaften, der Sie so lange angehört haben und noch angehören, kann Ihren neunzigsten Geburtstag nicht vorübergehn lassen, ohne Ihnen ein Zeichen des Dankes und der Verehrung darzubringen. Sie haben ein langes Leben dem Dienst Ihrer Wissenschaft geopfert, und Ihre stille, anspruchslose Arbeit hat reiche Früchte getragen. Wie würde die Bibliothek gedruckter arabischer Bücher zusammenschrumpfen ohne Ihre Ausgaben, lauter editiones principes von zum Theil sehr umfangreichen Handschriften, deren Entziffern andere Augen stumpf und deren Copiren andere Hände lahm hätte machen können. Sie haben dadurch sehr wichtige Werke aus allen Gebieten der arabischen Literatur dem Dunkel entrissen und allgemein zugänglich gemacht; und Sie haben ihr Studium erleichtert durch große Register und Tabellen, an deren mühselige Ausarbeitung sich wenige Andere gewagt haben würden. Den Dank, den Ihnen die Wissenschaft schuldet, bitten wir Sie von unserer Gesellschaft entgegen zu nehmen, deren Abhandlungen Sie mit zahlreichen Beiträgen geziert haben.

Göttingen, den 29. Juli 1898.

Die Königliche Gesellschaft der Wissenschaften zu Göttingen.

Ihrem correspondirenden Mitgliede Herrn Heinrich Kiepert in Berlin sandte die K. Gesellschaft zu seinem 80. Geburtstage folgende Adresse:

Hochgeehrter Herr College!

Die Königliche Gesellschaft der Wissenschaften zu Göttingen, die Sie mit Stolz zu ihren Mitgliedern zählt, sendet Ihnen zur Vollendung Ihres achtzigsten Lebensjahres ihre besten Glückwünsche.

Mit dem großen Kreis Ihrer Verehrer schauen wir an diesem Tage zurück auf Ihr Leben, reich an rastloser Arbeit wie an glänzenden Erfolgen. Fast sechzig Jahre schon liegen die Anfänge Ihrer Studien auf historisch-geographischem Gebiete zurück und doch sehen wir Sie noch heute voll Bewunderung mitten im Schaffen.

Seit Sie dem großen Forscher, Karl Ritter, die Feder aus der müden Hand nahmen, um die geographische Beschreibung Kleinasiens in seinem Sinne fortzuführen, ist dies Land in den Mittelpunkt Ihres Interesses getreten. Die Wissenschaft dankt es Ihnen, daß Sie nicht nur in gelehrter Forschung alles was der neue Aufschwung archäologischer Studien über jenes Land zu Tage gefördert zusammengefaßt und im Bilde dargestellt, sondern auch, schon in vorgerückten Jahren, die Mühen nicht gescheut haben, dunkle Punkte der Topographie durch eigene Reisen aufzuhellen. So ist Ihr Name mit der Geschichte der Erkenntnis des antiken wie des modernen Kleinasien für immer verbunden.

Wir greifen aus der Fülle dessen, was Ihnen die Geographie und speziell die historische Topographie verdankt, nur dies eine heraus, weil wir uns dabei freudig der Förderung erinnern, die Sie in unermüdlichster und selbstlosester Weise seit Jahrzehnten allen denen zu Teil werden ließen die sich bei archäologischen Reisen von Ihnen Rats erholten. Unvergessen bleibt, in welcher umfassenden Weise Sie den weitschauenden Ideen und Untersuchungen Ihres großen Collegen Theodor Mommsen entgegengekommen sind.

In den Jahren, in denen die Mehrzahl der Forscher der Ruhe sich hingiebt, haben Sie begonnen, in einem monumentalen Werke die Studien Ihres Lebens niederzulegen. So gipfelt unser Glückwunsch in dem Ausdruck der Hoffnung, daß es Ihnen vergönnt sein möge, es dereinst vollendet vor sich zu sehen, als das glänzendste Blatt im Ruhmeskranz Ihrer großen Werke.

Göttingen, den 29. Juli 1898.

Die Königliche Gesellschaft der Wissenschaften zu Göttingen.

Verzeichniß der neugewählten Mitglieder der K. Gesellschaft.

Die Gesellschaft wählte zum ordentlichen Mitgliede
in der philologisch-historischen Klasse
    am 5. März 1898
        Herrn Wilhelm Schulze hier,
in der mathematisch-physikalischen Klasse
    am 14. Mai 1898
        Herrn Walther Nernst hier,
zu auswärtigen Mitgliedern
in der mathematisch-physikalischen Klasse
    am 14. Mai 1898
        Herrn Robert Helmert in Potsdam
und
    Herrn Alexander Agassiz in Cambridge, U.St.A.

Die allerhöchste Bestätigung dieser Wahlen durch Seine Majestät den König erfolgte am 4. April, 9. Juni und 8. August 1898.

Am 5. März 1898 erwählte die K. Gesellschaft zu ihrem correspondirenden Mitgliede den Herrn
    Conte Carlo Cipolla in Turin.

Mittelniederdeutsche Handschriften in Norddeutschland und den Niederlanden.

Erster Reisebericht.

Von

C. Borchling.

Vorgelegt von G. Roethe in der Sitzung am 23. Juli 1898.

Mit dem Plane, durch ein einheitliches weitblickendes Unternehmen die Quellen der mnd. Litteratur, wie sie in den Handschriften und alten Drucken der Bibliotheken Niederdeutschlands und der Nachbarländer leider noch immer zum großen Teile in Vergessenheit und Nichtachtung ruhen, möglichst vollzählig ans Licht zu ziehen, ist die Kgl. Gesellschaft der Wissenschaften einem längst gefühlten Bedürfnisse der deutschen Philologie entgegengekommen. Wenn auch die mnd. Litteratur, zumal in ihren poetischen Denkmälern, niemals die hohe Bedeutung der reicheren mhd. Litteratur erreicht hat, so ist doch das geringe Maß von Beachtung, das sie noch bis heute fast überall findet, zu einem großen Teile nur eine Folge der mangelhaften Ausnutzung des handschriftlichen mnd. Quellenmaterials. Immer nur haben einzelne Forscher an einzelnen Punkten des weiten nd. Gebietes die Hand ans Werk gelegt; wo gerade sich ein Mann für die ältere nd. Litteratur interessierte, da hat er das ihm zunächst gelegene Material durchgearbeitet und den Ertrag für die Allgemeinheit nutzbar gemacht. Vieles hat der Verein für nd. Sprachforschung geleistet, sich aber bei dem weiten Umfange seiner Ziele und der geringen Zahl der Mitarbeiter für die Förderung der Kenntnis der mnd. Litteratur auf brauchbare Einzelausgaben mnd. Werke und auf die Abhandlungen in seinen Jahrbüchern beschränken müssen. So kann denn heute längst noch nicht daran gedacht werden, eine Geschichte der mnd. Litteratur zu schreiben; Jellinghaus' Versuch ist zu einer einfachen Bibliographie geworden, die auf Schritt und Tritt der Nachträge und Erweiterungen bedarf. Wie sollte es aber auch anders denkbar sein, wenn nicht einmal die Kernländer Niedersachsens bis auf den heutigen Tag systematisch auf ihren Bestand an mnd. Hss. durchsucht worden sind. Zwar für Westfalen liegen wertvolle Vorarbeiten vor, da haben Hölscher, Jostes u. a. bereits eifrig Nachsuche gehalten und so manches wertvolle Denkmal, das Westfalen zur mnd. Litteratur beigesteuert hat, ans Tageslicht gebracht. Aber was weiß man denn bis jetzt von den mnd. Hss. der Bibliotheken der Provinz Hannover, der reichen Stadtbibliothek Hamburgs? wer hat jemals die Bibliotheken der skandinavischen Länder, die doch auf das Engste im Zusammenhang mit Niederdeutschland und der Hanse gestanden haben, für die mnd. Litteratur ausgeschöpft, oder die Niederlande für diese Zwecke bereist?

Schließen wir nun noch die s. g. Niederrheinische Litteratur des 14./15. Jh. in unseren Gesichtskreis mit ein, da sie ja, wenn auch ganz gesonderten Ursprungs, allmählich sich besonders in ihrem Mittelpunkte Cöln immer enger und enger mit der eigentlichen nd. Litteratur berührt: so fallen vor allem die noch ganz ungehobenen Schätze des Historischen Archivs der Stadt Cöln, und die beinahe ebenso reiche Sammlung der Darmstädter Bibliothek ins Gewicht. Kurzum, wohin wir sehen, giebt es noch die Hülle und Fülle der nötigsten Vorarbeiten zu thun, selbst wenn die überaus traurigen Katalog-Verhältnisse so mancher Bibliothek mit einem Schlage aus der Welt geschafft wären.

Von der Kgl. Gesellschaft der Wissenschaften zunächst mit der systematischen Inventarisierung und Katalogisierung aller in bestimmten Grenzen erreichbaren mnd. Handschriften betraut, habe ich im Laufe des Jahres von Ostern 1897—1898 zunächst die Provinz Hannover (mit Ausnahme des Hildesheimischen), Oldenburg, Hamburg, das Münsterland, die Niederlande mit Belgien und den Nieder- und Mittelrhein bis zur Mosel bereist. Die Ergebnisse dieser Reise, mit Ausnahme der rheinischen Bibliotheken und Archive, lege ich in dem folgenden Reiseberichte vor. Das Hauptinteresse wird sich dabei auf die Bibliotheken Hamburgs, Lüneburgs, Hannovers concentrieren; für Westfalen war, wie schon gesagt, ein Teil der Arbeit bereits gethan, und von den vielen Bibliotheken der Niederlande kommen ausschließlich Brüssel und der Haag mit kleineren Sammlungen in Betracht.

Die hoffentlich bald nachfolgenden weiteren Abteilungen dieses Berichtes werden zunächst eine Uebersicht der mnd. Hss. in Schweden-Norwegen und Dänemark geben und dann den Bericht über die rheinischen Bibliotheken anschließen.

Bei der Art, wie solch ein Reisebericht entsteht, läßt es sich kaum vermeiden, daß sein Material an den verschiedenen Stellen starke Ungleichmäßigkeiten aufweist, je nachdem die Gunst der Verhältnisse eine ruhige ungestörte Arbeit erlaubte, oder in raschem Zuge die Gelegenheit beim Schopfe gefaßt werden mußte. Für erschöpfende Handschriftenbeschreibungen war hier nicht der Platz; das literarisch Wesentliche wird mein Bericht hoffentlich ausreichend verzeichnen, mag er auch hier und da die Spuren einer gewissen Hast aufweisen [1]). Ganz ausgeschlossen habe ich die nd. Rechtsaufzeichnungen; bei den historischen Werken konnte öfter eine größere Knappheit innegehalten werden, als bei den rein litterarischen Stücken. Die beigegebenen Litteraturnachweise sollen möglichste Vollständigkeit nur für die handschriftlich überlieferte mnd. Litteratur beanspruchen; auf alte Drucke ist wenig, auf hd. Fassungen und Bearbeitungen nur in den seltensten Fällen Rücksicht genommen. Verweisungen auf einzelne Stücke innerhalb des Berichtes sind nicht gespart worden; ein genaues vollständiges Register über die besprochenen Hss. wird einer der folgenden Abteilungen des Berichtes angehängt werden.

Zum Schlusse ist es mir eine angenehme Pflicht, allen den Herrn Vorständen der von mir besuchten Bibliotheken und Archive für das liebenswürdige Entgegenkommen, dessen ich mich durchweg zu erfreuen hatte, meinen aufrichtigsten Dank zu sagen. So möge denn diese Arbeit ausgehen, um an ihrem Teile eine intensivere Erschließung der so lange vernachlässigten Quellen der mnd. Litteratur anzubahnen [2]).

---

1) So sind in den von mir citirten Stellen der Hss. die Abkürzungen nicht ganz gleichmäßig behandelt, meist beibehalten, aber doch auch zuweilen aufgelöst, wo kein Zweifel bestand.

2) Verzeichnis einiger im Folgenden viel gebrauchten Abkürzungen:

Jellinghaus = Geschichte der mnd. Litteratur, bearb. von J., in Pauls Grundriß der Germ. Philologie¹, Bd. II 1.

Scheller = K. Scheller, Bücherkunde der Sassisch-Niederdeutschen Sprache. Braunschweig 1826.

Geffcken B.-K. = Joh. Geffcken, Der Bilderkatechismus des 15. Jh. 1. Leipzig 1855.

Bodemann = Die Hss. der Kgl. öffentl. Bibl. zu Hannover, beschr. u. herausg. von Ed. Bodemann. Hannover 1867.

Heinemann = Die Hss. der Herzogl. Bibl. zu Wolfenbüttel, bearb. von O. v. Heinemann. Erste Abt.: Die Helmstedter Handschriften, Bd. I–III. Wolfenb. 1884–88.

Abschnitt I: Provinz Hannover mit Oldenburg und Hamburg.

Ich mache den Anfang mit **Ostfriesland**, meiner engeren Heimat. Es kommen für unsern Zweck nur die Bibliotheken und Archive von Aurich und Emden in Betracht, da auch die reiche **Sammlung des Grafen Knyphausen auf Lütetsburg** bei Norden keine nd. Handschriften aufweist. — Das **Kgl. Staatsarchiv zu Aurich** besitzt die Originalhandschrift der Ostfriesischen Chronik Eggeric Beningas, die für die dringende Neuausgabe dieses Werkes also in erster Linie in Betracht kommen würde. — Die nd. Hss. der **Landschaftl. Bibl. zu Aurich** enthalten fast durchweg Rechtsaufzeichnungen und wenig wertvolle Abschriften ostfriesischer Chroniken. Aus der Hs. No. 13 in Fol. [= Ostfriesisch Landrecht etc.] hat Deiter im Nd. Jh. 8 (1882) 97 *Rymsprocke to vermaninge der Richteren*, und im Korresp.-Bl. 6 (1881) 31 f. ein kleines Prosastück veröffentlicht.

No. 28 in Fol. „Analecta Ostfrisica Tom. 1 u. 2, Mscr." enthält im 2. Bande in Abschriften von ca. 1740:

2. *Olde Chronica der Friesen bet 1514.*
3. *Een Old Ostfries. Chronicon van den Jaere 1265 bet 1464.*
4. *Een kort Chronyckje van den Jaere 701 bet 1550, nevens een Propheceyung over Ostfriesland.* — Vgl. unten Hannover, Kgl. Bibl. No. 1412a.

No. 35 in Fol.: „Chr. Funck, Sammlung von allerhand ostfries. Dokumenten und Nachrichten von Kirchen- u. weltl. Sachen, größtenteils Mscr." Darin Stück 2 = 4 Seiten Folio, Anf. des 18. Jh., eine Abschrift des nd. Klagegedichts über die Einziehung der ostfriesischen Klöster durch Enno II., das schlecht abgedruckt ist bei Harkenroht in den „Oostfriessen Oorsprongkelykheden", Emden 1712. pag. 265 f., vgl. Houtrouw. Ostfriesld., eine geschichtl.-ortskundige Wanderung gegen Ende der Fürstenzeit. Aurich 1889 —1893, p. 64. Eine andere Abschrift dieses Gedichtes, aus der 2. Hälfte des 17. Jh., findet sich im Emder Ratsarchiv, im Trifolium aureum des Emder Bürgermeisters Timon Rodolphi, Bd. 1 Folium 2; eine ebenso alte in Hannover, Kgl. Bibl. No. 1412a.

No. 59 in Fol.: „Collectanea heraldica", nach einer Eintragung Pannenborgs von v. d. Appelle Anno 1713 geschrieben. Auf S. 176 wird ein Gemälde, das sich damals in Emden befand, beschrieben und eine Inschrift darauf von zweimal 4 nd. Reimpaaren mitgeteilt.

No. 93 in Fol.: „Eine Sammlung von Gelegenheitsschriften, Satyren u. dergl., Ostfriesland betr. 3 Bde. teilw. Mscr.", enthält u. a. eine beglaubigte Copie eines nd. Briefes einer Gräfin Theda von Ostfriesland, Graf Edzards Tochter, die in ein Kloster eingetreten war. Diesem Bande ist auch ein Exemplar von „*Imel Agenas von Upgant Friesischem Breydloffts-Gedicht, gedruckt thruch Hellwyk Callenbach in diw Stedd Emutha, in der Jehr 1632, den 8. Feb.*" beigebunden.

No. 163 in 4°: *Arnoldi de Bevergerne Chronicon Monasteriense* = wertlose Abschrift aus Matthaei Analector. Tom. V, pag. 1—116.

Von den **Emder** Bibliotheken ist an nd. Hss. am reichsten die **Bibliothek der Gesellschaft f. bildende Kunst u. vaterl. Altertümer**. Ihr wertvollster Besitz ist die Hs. des mnd. J o s e p, v o n d e n T o d s ü n d e n = M s c r. N o. 64 (früher No. 139), die nach jahrelanger Abwesenheit seit 2 Jahren wieder in den Besitz der Gesellschaft zurückgekehrt ist. Sie wurde zuerst bekannt gemacht durch Babucke im Progr. des Progymn. Norden 1874 (vgl. Archiv f. Litt.-Gesch. 4, 387—392), dann näher beschrieben von Lübben, Qu.-Verz. zu Bd. V, Sp. V f. Eine eingehende Beschreibung dieser Miscellan-Handschrift hat uns Herr Prof. Reifferscheid in nahe Aussicht gestellt. Kleinere Stücke aus der Hs. sind publiciert von Lübben, Nd. Jb. 2 (1877) 24—26, und von Deiter, Nd. Jb. 9 (1883) 145 f.; Korrespbl. 5 (1880) 58; 6 (1881) 15. Vgl. Nd. Jb. 6 (1880) 36.

M s c r. N o. 56 in 4°. Pp. 16. Jh., besteht in der Hauptsache aus juristischen Stücken, von denen Deiter den *buerbreef van Appinge Damme, gegeuenn in den jare 1327* im Nd. Jb. 7 (1881), 18—23 abgedruckt hat, vgl. auch Deiter im Korrespbl. 6 (1881) p. 89 f. Andersartig ist nur der ebenfalls von Deiter, Nd. Jb. 6 (1880) 74—79 zum Abdruck gebrachte „*Tractaet inholdende vele kostelycke remedien off medecynen weder alle krancheyt der Peerden*".

M s c r. N o. 75ᵃ: „Stammbuch von 1600", enthält französische, nld. und hochdeutsche Eintragungen, aber nichts niederdeutsches. Deiter druckt Korrespbl. 5 (1880) 80 zwei nld. Sprüche daraus ab.

M s c r. N o. 76, in seinem 2. Teile eine Sammlung lat. Gebete mit Wort für Wort eingeschobener nd. Uebersetzung aus dem 15. Jh., ist beschrieben von Deiter, Nd. Jb. 4 (1878) 62—64.

M s c r. N o. 181 in 4°: handschriftliches n d. K o c h b u c h, vgl. Korrespbl. 1 (1876) 16. —

Unbedeutende Abschriften ostfriesischer und verwandter C h r o n i k e n sind die No. 22. 30a (Ostfriesl.); 73 (Oldenbg; lat. u. dtsch); 105a—b. 120b (Jever).

Die Bibliothek der Grossen Kirche zu Emden, die für die Reformationsgeschichte von Nordwestdeutschland eine der vollständigsten Sammlungen bietet, hat an älteren nd. Hss. nur einen nd. glossierten Psalter. Vgl. den 2. Nachtrag zum alphabet. Catalog 1895, pag. 48:

Mscr. in Folio No. 3 (22×29 cm.). Lat.-nd. Psalter mit Meditationen in plattdeutscher Sprache. 21 Lagen zu je 12 Bll. Pap. 15. Jh. Ende. 2spaltig, von einer Hand geschr. Holzband mit Lederüberzug.

Bl. 2ᵃ: (rot) *Incipit liber ynora uel soliloquiora pphete de xpo.* Dann folgt die nd. Einführung.

Lage 20, Sp. 1: *Hir endiget de solter den de pphete dauid gemaket heuet vnde hir volgen no na somyge ander sanghe anderer pphcten de men oik yn der hilligben kerken pleget to syngen.* Es folgen dann die üblichen Anhänge der Psalmen, vom *canticum ysaie* an vollzählig bis auf das Symbolum Athan. — Ueber andere lat.-nd. Psalter von gleicher Einrichtung vgl. unten zu Hamburg, Stadtbibl., No. 157 in Scrinio.

No. 23 (vgl. den erwähnten Nachtrag p. 52 unter den Hss. in 4° u. 8°): *Münstersche Oelde Cronica* etc., ist eine Abschrift, die Möhlmann 1837/38 von Cod. hist. 540 der Göttinger Universitätsbibl. genommen hat (cf. W. Meyer, Hss. von Göttingen II, 169).

An wertvollen alten Drucken führe ich an: Theologie in 4°, No. 225 enthält an 2. Stelle *Tondalus eyn rytter waylgeboren,* o. O. u. J., aber der Ausstattung nach zusammengehörig mit dem unmittelbar darauf folgenden Drucke von Arnt Buschmans Mirakel. [Cöln.] *Servais Krufflcr vff synt Marcellen straissen* (der letztere angef. von Seelmann, Nd. Jb. 6 (1880) 38 Anm., nach Babucke, Progr. Norden 1874, p. 1).

Die einzige in Betracht kommende Hs. des **Emder Rats-Archivs** ist bereits auf S. 82 angeführt worden. —

Die nd. Hss. der **Grossherzogl. öffentl. Bibl. zu Oldenburg** sind durch die Arbeiten Lübbens zu einem Teile bereits bekannter geworden. Ein von ihm aufgestellter handschriftlicher Katalog der deutschen Hss. ist auch bei der folgenden Aufzählung mitbenutzt worden:

No. 66: (*Abecedarium speculi saxonici*) 115 S. Pp. in Fol. Aus d. Anf. des 15. Jh. Die ersten Blätter z. T. beschädigt. Alter Holzbd. mit Lederüberzug.

Anf.: *Hir beghynnet de abesete des spegels der sassen | Got geue dat id alfs mote wassen* etc.

Schl.: *wnde . . . . . . dit is ene slichte ticht bekennen se des ouer, so sin se allike schuldich. Amen.*

Die Hs. ist nach Merzdorf, Bibliothek. Unterhaltgn I (1844)

p. LXXVIII dasselbe Exemplar, das Dreyer in seinen Beyträgen zur Litt. u. Geschichte des dtschen Rechts S. 123 erwähnt.

No. 68: *De veer boke der koninge*, herausg. von Merzdorf, Oldenburg 1857; vgl. dort pag. V f.

No. 69: Die Oldenburger Hs. des Seelentrostes von 1407; beschrieben von Merzdorf, Bibl. Unterh. I, p. 3—9; vgl. Lübben, Qu.-Verz. zu Bd. V, Sp. XVII^a und Mnd. Grammatik p. 177—180; Reiffersch., Nd. Jb. 11 (1885) 101 Anm. 5.

No. 70: **Evangelienbuch**. 117 Bll. Pp. in 4°. Das letzte Blatt fehlt. In altem Einbande. Auf der Innenseite des Vorderdeckels: *Johan Munderlo. | Desset ewangeliumboek | Horet rppe de Borch*.

Anf.: *Hyr beghinnen de sondaghe. Quum appropinquasset Jhs. In der tyd* . . . . (Bl. 1 oben etwas defect). Bl. 108ª: *expliciunt ewangelia*. Bl. 108ᵇ: *vader leue, ich bydde dor ghod, zeghe my wat bedudet de mysse*. Schl.: *wy hebben dat | rare (?) dat he beyde god vnde mynsche sy Do sprak sun* . . . . . Vgl. Merzdorf, Bibl. Unt. I, p. XXXVIII Anm. Lübben, Qu.-Vz. V Sp. VIᵇ.

No. 71: **Horologium**. 168 Bll. Pp. (Bl. 1 Pg.) in 4°. Holzband mit Leder überz., mit Schließe.

Anf.: *Hyr begynt de prologus van dem boke der ewiger wisheit, dat horologium ghenomet is*. Es ist das bekannte Werk Heinr. Susos.

Geschrieben 1469 *van enen leyebroderkyn in bentlaghe*; sein Name ist *broder ghert duuinck van stat loen*; vgl. Lübben im Quellen-Verz. zu Bd. V, Sp. IX. Andere nd. Hss. des bekannten Werkes sind aufgezählt unten zu Ebstorf, No. 9.

No. 72: **Das Paradies des Klausners Johannes**, vgl. Lübben im Nd. Jb. 7 (1881) 80—93, wo er das Werk jedoch nur im Auszuge bekannt gemacht hat.

No. 73 ist das **Oldenburger bedeboeck** (A) Lübbens, aus dem er No. I. (III.) IV. XVII—XIX seiner Mnd. Gedichte und Stück 1 u. 4—9 seiner Mitth. entnommen hat, vgl. auch Mnd. Gramm., Chrestom. Stück 1.

No. 74: **St. Ancelmus Fragen vom Leiden Christi**, nach dieser Hs. abgedruckt von Lübben als Anhang zu seinem Zeno (Bremen 1869), p. 103—144.

No. 75: „**Epistola Eusebii, Cyrilli et Augustini, Gregorii dialogi**, aus dem lat. ins nd. übersetzt. 8°. 260 Bll. 1473". So kurz angezeigt von Lübben, Qu.-Verz. V, Sp. IV. Ich gebe die genauere Beschreibung nach dem handschriftl. Kataloge:

1. Bl. 1—58ᵇ: *Hiir begynnet de epistole des hilligen eusebii to damasium bisscopp portuensem vnde to theodosium senatoer van Rome van den dode des gloriosen confessors vnde lerers sunte Jheronimi.*

2. Bl. 58ᵇ—68ᵇ: *Hyr begynnet de epistole de sunte Augustinus de hoge lerer sande sunte Cirillo de de ander bisscop van iherusalem was van der grotheit des hilligen Jheronimi* etc.

3. Bl. 68ᵇ—114ᵇ: *Hiir beghynnet vort de epistole de sunte Cirillus ... sande sunte Augustinum ... van den miraclen sunte Jeronimi* etc.

4. Bl. 114ᵇ—125ᵇ: *Eyn epistele van den leuen eyner iunferen vnde eyns itliken geistliken menschen*. Schl.: *Hyr endet dyt bock sick des god gelouet sy in ewicheit vnde byn begerende vor den schryuer to biddene aº domini Mº CCCCLXXIIIº in vigilia Andree.*

5. Bl. 126—260ᵇ: *Hiir begynnet dyalogus sancti gregorii to petrum synen dyaken .... Scriptum a. d. 1474.* — Aus diesem Stücke veröffentlichte Lübben in seinen „Mittheilungen aus nd. Hss." (Oldenburg 1874) verschiedene kleine Proben. — Ob Stück 1—3 wirklich, wie Lübben meint, direct aus dem Lateinischen übersetzt sind oder nicht vielmehr mit dem hd. Werke des Johannes von Olmütz zusammenhängen, kann erst eine genauere Vergleichung der Hs. mit dem hd. Werke zeigen. Vgl. über das letztere die Ausgabe A. Benedicts, Bibl. der mhd. Litt. in Böhmen, Bd. III (1880); dazu noch W. Meyer, Hss. von Göttingen II, 335.

No. 76: **Sassisches Gebetbuch.** 245 Bll. Pp. in 12º. 15. Jh. (= Lübbens Oldenburger Gebetbuch B, cf. Qu.-Vz. V, Sp. XIIIᵇ, Mitth. p. 3 f.).

Anf.: *Sequimini triumphum regis Deme zeghen des hoghen konynghes wylle wy volghen.*

Schl.: *dat sacramenthe vnses heyles myt reynen herten werdichliken vnde ynnichliken entfangen. Amen.*

No. 77: **Lübbens Oldenburger Gebetbuch C** (cf. Qu.-Vz. a. a. O.). 153 Bll. Pg. in 16º.

Voran geht ein Kalender, Bl. 1 (= Januar) fehlt. Das Gebetbuch beginnt: *Here du salt myn lippen updoen.* — Schl.: *setten in dat lant des vreden vnde des luchtes vnde en gunnen* || (Schlußblatt fehlt).

No. 78: **Nd. Missale.** 259 Bll. Pp. in 8º. Voran geht ein Kalender. Anf. des 16. Jh. Vgl. Merzdorf, Bibliothekar. Unterh. I, p. XXXVIII Anm.; Lübben, Qu-Vz. V, Sp. XIII (unter den Oldenb. Gebetbüchern).

No. 82: **Dionysius Cato**, Sittensprüche mit e. gereimten Uebersetzung in nds. Sprache. Aus e. Hs. der Helmstedter Univ.-Bibl. [= Wolfenb.-Helmst. No. 417, Heinem. 1,326] abgeschrieben von J. J. Eschenburg 1808. 8º.

No. 89—96 sind Abschriften von **J. Renners Chronik von Bremen**, von verschiedenem Werte, einige bereits ganz verhochdeutscht.

No. 101: Bremensia. Darin No. 7: *Kort verhaal van den staat der stad Bremen.*

No. 115: Freesche Kronyck. 325 Bll. Pp. in Fol. 18. Jh. Anf.: *Dat Prologus des commentatoris van desen boeke der cronyken der vreescher landen ende den zeven Zeelanden.* Die Chronik geht bis 1530; *dat darde deel* (1491—1530) enthält die Zeitgeschichte des Chronisten, cf. pag. 6 b u. 7.

No. 149: *Chronica der olden Geschichte vnd beide des Landes zu Holsten*, derselbe als men dar im Jhare .. dusent hundert vnd tein, vnd endiget sich ihm Jhare dusent vier hundert vnd sieben vnd Zwantzech. — *Aus dem Latine in Dudische gesetzet ihm Jhar dusent veirhundert vnd Nuien vnd dresich Sontags negst vor Pfingesten.* 216 Bll. Pap. in 4°.

Ueber die Hss. der nd. Uebersetzung des Presbyter Bremensis vgl. Lappenberg in der Quellen-Sammlg. der Schlesw.-Holst. Gesellschaft I (Kiel 1862), pag. XXVI f., wo unsere Hs. noch nicht mit aufgeführt wird.

No. 150: Dithmarsche Chronica = Auszug aus Neocorus, 310 Bll. Pap. in 4°.

No. 172: Abschrift von H. Bonnus Lübeck. Chronik (Magdeborch, Hans Walther 1559). 89 Bll. Pp. in 4°.

Nicht unter den deutschen Handschriften verzeichnet findet sich das lat.-nd. Lexicon, aus der Mitte des 15. Jh., das Lübben, Qu.-Verz. V, Sp. XIX* unter No. 10 aufführt. Aus dieser Handschrift stammen auch wohl die Sprüche, die Lübben Nd. Jb. 4 (1878) 27 ohne nähere Angabe der Handschrift abdruckt. Die Hs. ist zur Zeit nicht aufzufinden. —

Eine Abteilung für sich bilden die Oldenburgica, sie enthalten aber nur chronikalisches Material. Unter der Signatur Oldenburgica IX Oldenburg. B. Herzogtum, allgemeine Geschichte:

1. „Nd. Oldenburgische Chronik, beginnt mit Graf Huno und geht bis 1556; scheint ein Auszug aus Springer zu sein". Pp. in 4°. 16. Jh.

2. Joh. Schiphowers Chronicon Oldenbg. in der nd. Uebersetzung von Johannes von Haren, vgl. unten p. 89.
    a) bis 1506. Plattdeutsch. Pp. in 4°. 16. Jh.
    b) mit neuen Fortsetzungen bis 1738. Pp. in 4°. 18. Jahrh.
    c) mit Fortsetzung bis 1609. Pp. in 4°. 17. Jh.

3. „E. Springer, *Cronica der Eddelen vnnd Wolgebaren Heren vnnd Graven tho Oldenborch vnd Delmenhorst. Vann eren Ortsprunck*

rund herkumende. *Gecorrigeret rund thosamende gebracht* (reicht bis 1586)". Die so bezeichnete Handschrift ist aber weiter nichts, als eine von der Hand des fleißigen Eilert Springer gemachte Abschrift der unter 2 angeführten Chronik.

4. Collectanea historico-antiquaria enthalten im 2. Bde (in 4°), in Abschriften des 18. Jh. Oldenburgische Chroniken, Cadovius-Müllers Memoriale Linguae Frisicae und eine Sammlung alter Wörter.

Unter der Specialgeschichte des Herzogtums, Kreis Jever ist, außer einer modernen Abschrift der im Grossherz. Haus- u. Central-Archiv befindlichen Originalhs. von Remmer v. Seedyks Annalen, nur das von Eilert Springer im Jahre 1594 geschriebene Exemplar der Chronica Jeuerensis anzuführen. Abschriften des 18. Jh. von dieser Chronikhs. sind in der Gymnasialbibl. zu Jever vorhanden, vgl. Riemann in der Ausgabe der Chronica Jeuerensis von 1592 (Progr. des Mariengymn. zu Jever 1896) p. 11.

Die Privatbibliothek seiner Kgl. Hoheit des Grossherzogs war leider während meiner Anwesenheit in Oldenburg nicht zugänglich, doch setzt mich die liebenswürdige Unterstützung des Herrn Oberbibliothekars Dr. R. Mosen zu Oldenburg, der zur Zeit mit der Katalogisierung der Handschriften der Privatbibl. beschäftigt ist, in den Stand, eine vollständige Liste der nd. Hss. der Privatbibl. zu geben:

Bekannt sind bereits die beiden wichtigen Handschriften des Sachsenspiegels, der berühmte Rasteder Codex picturatus von 1336 (Homeyer, Sachsensp. I¹, 42 No. 659), von Lübben und v. Alten herausgegeben Oldenburg 1879[1]), und Handschrift A 2, ein glossierter Sachsenspiegel, bei Homeyer, Sachsensp. I¹, 34 No. 660. Eine Abschrift dieses Codex auf Pergament in Celle. Dazu kommen nun noch

1. No. 61: Nd. Gebetbuch. 217 beschr. Bll. Perg. in 4°. Mit Kalendarium. Geschrieben 1470 von Schwester Elsbe van den berge. (Bl. 172 fehlt).

2. No. 62: Nd. Gebetbuch. 162 beschr. Bll. Pg. 15. Jh. Im Kalendarium fehlen nach Bl. 1 zwei Blätter.

3. No. 99: Sammlung von Predigten in nd. Sprache aus dem Ende des 16. Jh. 230 Bll. in gleichzeitigem gepreßten Lederband.

Im Grossherzoglichen Haus- u. Central-Archive zu Oldenburg wurden mir von Herrn Archivrat Dr. Sello folgende Hss. vorgelegt:

---
[1]) Vgl. jetzt Sello in den Studien z. Gesch. Oestringens u. Rüstringens S. 52 Anm. 5.

1. **Mscr. Oldenb. spec. Siebelshausen 1**, die Oldenburger Hs. der **Margarethenpassion** in mnd. Versen. Sie ist bereits ausführlich beschrieben von Graffunder im Nd. Jb. 19 (1893) 136 und dort bei der Herausgabe des Werkes mitbenutzt. Dagegen ist das auf Bl. 21—23 erhaltene Bruchstück eines Gedichtes, dem Graffunder den Titel *Van den seuen bedrouenissen vnses heren* giebt, noch nicht abgedruckt. Es ist nahe verwandt mit No. XVII der Mnd. Gedichte, ed. Lübben; vgl. Paul-Braunes Beiträge 5, 290, wo Milchsack eine hd. Fassung dieses Gedichtes in München, Cgm. 353 von 1439, anführt.

Alle weiteren nd. Hss. des Archivs sind rein historisch:

2. **Mscr. Oldenb. gener. — Chroniken u. Darstellgn**: 4 Exemplare von „**Schiphowers Chronik der Oldenburgischen Erzgrafen**, übersetzt von dem Johanniter-Komthur **Johannes v. Haren**. Alle 4 Hss. gehören der jüngeren, überarbeiteten Gestalt dieser Uebersetzung an" (Sello). Diese Chronik beginnt (nach A): „*Na den gemeinen Regenuall offte Walckebroke, de vmme Sunde willen der Minschen in Noe tiden gescheen is* etc."

a) Exemplar II A, mit Nachträgen von einer jüngeren Hand bis 1641. 120 Bll. Pp. in 4°. Holzbd. mit gepreßtem Leder überzogen (alte Sign.: VI A. 3). Text bis Bl. 110ᵃ, vereinzelte Notizen auf Bl. 111ᵇ. 112ᵃ. 118ᵇ. 119ᵇ. 120ᵃ. Titel: *Cronica van denn Eddelen vnnd Wolgebaren Heren vnd Grauen tho Oldenborch vnnd Delmenhorst van erenn Ortsprunck vnd herkamende thosamende gebracht. geschreuen im jare 1589.*

b) Ex. II B (alte Sign. VI A. 2 c). 107 Bll. Pap. in 4°. Text bis Bl. 97ᵃ. Holzband mit gepreßtem Leder und Schließen. Fortgesetzt bis 1594. Schrift von ca. 1600.

c) Ex. II C (alte Sign. VI A. 2 d). Pp. in 4°. Perg.-Bd. Die alte Foliierung reicht bis Bl. 184, der Text beginnt aber erst mit Bl. 81 (Cap. XIII) und reicht bis Bl. 174, bis z. J. 1588. Dem Text voran geht ein Blatt mit Notizen zu 1617. 1618. Ganz verhochdeutscht. Schrift: Canzleihand vom Anfang des 17. Jh.

d) Ex. II D (alte Sign. VI A 2 b): nd. 90 Bll. Pp. in 4°. Hand 1 geht bis 1576 (Bl. 80ᵃ), dann Nachträge von mehreren Händen bis 1623.

e) Ex. II E (Neu-Erwerbg von 1893): nd. 105 Bll. Pp. in 4°. Hand 1 geht bis 1627 (Bl. 104ᵇ); dann Nachträge von 1630 u. 1685—87, von einer andern Hand. Andere Hss. dieser nd. Chronik sind: 1) Wolfenb.-Blankenbg. 197 in 4° (Lübben, Nd. Jb. 6 (1880) 74). 2) Gotha, Herz. Bibl. No. 60. Cod. chart. form. min. (Pertz Arch. VI (1838) 90). 3—6) die oben p. 87 aufgeführten Hss. der öff. Bibl. Oldenburg. Dazu die unten besprochenen Hss.: 7) Hamburg, Stadtbibl., Hist. 329 in 4°. 8) Hannover, Kgl. Staatsarch., Mscr. H. 10. 9) Bremen, Stadtbibl. Mscr. b 383.

3. Dieselbe Sign.: (Lambert von Oer?), Geschichte des Oldenburgischen Krieges gegen Münster 1538. 10 Bll. in Folio, aus vom Staatsarchiv zu Münster abgelieferten Akten.

4. Mscr. Oldenb. spec. Jeverland (alte Signatur VI A 9ᵃ und ᵇ): Zwei Exemplare der Chronica Jeverensis.

a) [jetzt B] 56 Bll. Pp. in 4°. nd. Chronica Jeverensis von 1148—1521. 1525—1575. Anf.: *Anno 1148 Do starff ein Ricke Mann tho der begrefnifs werenn de Ostringer jegenwardich* etc.

b) [jetzt A] 42 Bll. Pp. in 4°. *Eine Cronica, van der Veide, welckere van der Oistringer, vnde Rustringer, vnd Wangerlandth sick hebben thogedragenn; vnde ock de Harlingers mede, eine vnderwisinge.* Anfang wie bei a). Reicht bis 1521; danach fehlen einige Blätter (höchstens 2). Auf dem Schlußblatte eine Rechnungsnotiz von 1651. Eine Abschrift dieser Hs. aus dem 18. Jh. ist Jever, Gymn.-Bibl. No. XI A. b. 5 [1]).

5. Dieselbe Signatur. 211 S. Pap. in Fol.: Die Originalhandschrift der Jeverschen Annalen Remmers von Seedick (cf. p. 1: *Annales Remarii questoris, et omnia ex fcledignis scriptis et hominibus conscripta*). Die folgende genaue Inhaltsangabe verdanke ich Sellos Güte:

I. Nd. Auszüge aus der Vita s. Willehadi. p. 3—6.

II. Nicht streng chronologisch geordnete, teils lat., teils nd. Notizen, vorwiegend zur Geschichte Frieslands, mit mancherlei späteren Nachträgen, den Zeitraum von 1194-1397 umfassend (Missale von Hohenkirchen, Fedderwarden, Bant). p. 9—25.

III. Ostfriesische Chronik, von 1400—1493, mit nachträglich eingeschobenen Urkundenregesten aus dem Jeverschen Archiv. p. 26—47.

IV. Geschichte der Verräterei des Folf von Inhausen 1493—1497. p. 47—106.

---

[1]) „Eine Abschrift der Oestringer Chronik (des 1. Bestandteils der Jeverschen Chr.) fand sich auch in Schlevogts Deductio iurium (= Mscr. Oldenb. gen. — Chroniken u. Darstellgn) am Schlusse angebunden; jetzt (1895) herausgenommen und als Oestringer Chronik besonders geheftet". Ueber die verschiedenen Bestandteile der sog. Chronica Jeverensis vgl. jetzt Sello in seinen reichhaltigen Studien zur Geschichte von Oestringen und Rüstringen (Varel 1898) Cap. IV (Die Oestringer Chronik) und XII (Remmer von Seedick, seine Annalen und die Jeversche Chronik). Sello möchte Remmer auch den Hauptbestandteil der Jeverschen Chronik, die auf die Oestringer Chronik folgende Chronik der Jahre bis 1521/22, zuschreiben.

V. Genealogische Notiz über die Nachkommen des 1418 hingerichteten Dide Lübben. p. 109.

VI. Ostfriesisch-Jeversche Chronik 1497—1530. p. 111—210. Dieser Chronik waren von Leverkus angebunden (jetzt als selbstständige Hss. gebunden, aber unter der gleichen Sign.): VII. *Gebreke tuschen den vroekens* (von Jever) ... *unde den graven van Emden 1534* (p. 213—227). — VIII. *Gebreke van der Vredeborch* (p. 230). — IX. Ein Schreiben (p. 231). — X. Notizen zur Genealogie der Häuptlinge von Jever (nur zum Teil von Remmers Hand) (p. 239—252). — XI. *Memorabilia Frisiaca* = Aufzeichnungen eines ungenannten Geistlichen aus dem Kirchspiel Schortens [1218] 1478—1554 (p. 273—280). Jetzt abgedruckt bei Sello, Studien S. 112—114.

6. Dieselbe Sign.: 82 S. in Fol.: Remmer von Seediek, Compendiosa instructio, von der Besitzergreifung und dem Verlust Jeverlands durch die Grafen von Ostfriesland; nd. Es sind 2 autographische Fragmente, das eine Reinschrift, das andre Concept (vgl. Sello auf dem Titelblatte von B).

7. Dieselbe Sign., aus Acta Jever. Abt. A Tit. I No. 1 herübergenommen: Remmer von Seediek, Genealogie des Geschlechts tom Brok und Edo Wiemken.

8. Mscr. Oldenb. spec. Varel-Kniphausen, Abschrift aus Acta Varel-Kniphausen Abt. B. litt. F. 2. No. 1 [96]: Kniphauser Geschichten 1495 ff., bezeichnet als „Auszug aus der Chronik des Hauses Grymersum".

9. Mscr. extranea Brem.: Renners Bremische Chronik; „sachlich gute, in der Sprache etwas modernisierte Abschrift des Cod. autogr. in Bremen". Stammt aus der alten gräfl. Bibl. Anton Günthers, beschr. von Merzdorf, Bibl. Unterh. I, p. XXXV f. Sie ist, wie mir Sello mitteilt, identisch mit der von Merzdorf p. XXXVI kurz erwähnten „bei weitem neueren und jüngeren" Hs. im Oldenburger Landesarchiv, das überhaupt nur diese eine Hs. Renners besitzt. Vgl. Lappenberg in Geschichtsquellen d. Erzbist. Bremen p. XXVII f. —

Ein Abstecher nach **Jever** galt vor allem der noch wenig durchforschten Bibliothek des dortigen **Mariengymnasiums**, die die Reste der verschiedensten jeverischen Sammlungen aufgenommen hat (vgl. Merzdorf, Bibl. Unterh. I, p. LXIII ff.); noch in der letzten Zeit ist sie durch den umfangreichen handschriftlichen Nachlaß des Hofrats Ehrentraut auf Kloster Oestringfelde ansehnlich vermehrt worden. Allein trotz der eifrigsten Durchforschung hat sich nur eine geringe Ausbeute an nd. Hss. ergeben. Außer der von Riemann im Progr. von Jever 1896 abgedruckten *Chronica Jeverensis, geschreven dorch Eilert Springer 1592*[1]) [vgl. die Beschreibg der Hs. pag. 4—8 (= XI C'. c. 16)] findet sich nur noch eine Handschrift des 16. Jh., No. XI C'. c. 10, die Bearbeitung der Jeverschen Chronica, *geschreven dorch Eilert Springer 1594*. Alles übrige sind junge, wertlose Abschriften Jeverischer und verwandter Chroniken, die älteste aus dem Ende des 17. Jahrh. Wichtig ist dagegen noch die Hs. XI A a 11: *Der Prediger in Jeverlandt Bedenken und Confession wieder dass Interim 1548* Fol. Darin handschriftlich die Bedenken der einzelnen Prediger im Original, teils lat., teils nd. Angebunden ist eine vollständige Abschrift des Mscr., von der Hand des Herm. Accumensis.

XI A. e. 25 in 8°: Eine Original-Hs. von Cadovius-Müller, Memoriale linguae Frisicae, von 1691, mit den eigenhändigen Zeichnungen Müllers, vgl. Kükelhan im Ostfries. Monatsblatt f. provinz. Interessen III 289 ff. und 221 ff.

Die noch junge Bibliothek des **Jeverländischen Vereins f. Altertumskunde** zu Jever hat ihre wertvollsten Schätze aus dem aufgelösten Werdumer Archiv auf Haus Werdum im Harlingerlande empfangen. Daher stammen auch alle hier in Betracht kommenden Stücke:

1. Die vier von Ehrentraut in seinem Friesischen Archiv Bd. I (1849) S. 133—141 unter No. VI—IX zum Abdruck gebrachten kurzen historischen Berichte, alle vier in Erbschaftsstreitigkeiten von Angehörigen der Familie v. Werdum aufgesetzt, aber in ihrer knappen präcisen Form kleine Meisterstücke. = No. 40. 70. 50 u. 65 der Sammlung des Vereins.

2. No. 101: Res Frisicae, gesammelt und zumeist auch geschrieben von Ulr. v. Werdum, dem bedeutendsten Manne dieses Geschlechtes. Darin Stück 4, von einer älteren Hand geschrieben: (Jeverische Chronik) *Eine Fresche cronica van etlichen gescheflten, die sich wandages thogedragen hebben van anno 1148 beth vp a° 1520 jaren tho*. 24 Bll. Pp. in 4°. 16. Jh. Ueber diese bemerkenswerte Hs. der Chronica Jeverensis vgl. jetzt Sello, Studien z. Geschichte

---

[1]) Von der *Chronica Jeverensis* weiß ich außerhalb Jevers folgende nd. Hss. nachzuweisen: 1) Oldenburg, Großh. Bibl., von 1594, vgl. oben p. 87. 2) Oldenburg, Großh. Haus- u. Centralarchiv, 2 Exemplare, vgl. oben p. 89. 3) Hannover, Kgl. Bibl. No. 1356. 1356ᵃ. 1356ᵇ (Bodemann p. 236 f.). 4) Hannover, Kgl. Staatsarchiv, Mscr. T. 2, Stück 4. Copie von 1688. 5) Petersburg, Sammlung Romanzoff, 2 Exempl., vgl. Pertz Archiv VI (1838) 249 f. — Dazu kommen endlich die Werdumer Handschriften der Chronik, vgl. unten unter Hs. 101 des Jeverl. Vereins.

v. Oestringen und Rüstringen S. 39. Ihr tritt sehr nahe Hannover Kgl. Bibl., Hs. No. 1406 (vgl. unten), die ebenfalls mit Ulr. v. Werdum zusammenhängt. Stück 5 unserer Hs. ist eine jüngere (1706) Abschrift der s.g. Springerschen Chr. 21 Bll. in 4°.

3. No. 86: *Chronica der Friesen inholdende den Ohrspranck, und Herkunft der Friesen. 1550.* Anf.: „*Wy lesen vors Erste dat nach der geborte Unsers Heeren Jesu Christ 75 die Stadt Jerusalem dorch T. Vesp. ist verstoret* (schon viel Hd. eingemischt). 93 S. Folio. Anf p. 93: *Ein Korte Propheceyung von Ostfrieslandt, so ehrmals binnen Emblen int Olde Kloster in ge(comen).*

Mit dieser Chronik vergleicht sich die oben p. 82 angeführte Hs. der Bibl. der Auricher Landschaft Fol. 28, Tom. II, Stück 4, und Hannover, Kgl. Bibl., No. 1412ᵃ (Bod. p. 306), Stück 3—5; vgl. unten.

Dem **Stadtarchiv** zu Jever (Vol. 1 A, Abt. III, Bl. 45ᵇ—46) gehört die mir nur aus einer 1896 angefertigten Abschrift im Oldenburger Archiv (Mscr. Oldenb. spec. Jever) bekannte kurze Jeverische Stadt-Chronik des Bürgermeisters Johann Mormann 1553—64 an. —

Auffällig ist die Armut **Bremens** an handschriftlich erhaltenen Denkmälern der mnd. Litteratur. Für die **Stadtbibliothek** hat die sorgfältige Zusammenstellung und Beschreibung Alwin Lonkes im Bremischen Jahrb. 18 (1896) p. 175 ff. mit Einschluß der juristischen und historischen Hss. (nur die Bremensien sind ausgenommen) nicht mehr als 10 mnd. litterarische Hss. zusammenbringen können, denn Lonkes No. 7 (Mscr. c. 55) ist mnld., und No. 12—14 enthalten nur nd. Namen. Ich habe Lonkes Arbeit wenig hinzuzufügen: aufmerksam machen möchte ich noch einmal auf die dem Sachsenspiegel von 1342 (= Mscr. a 30ᵃ) angebundene, wie dieser von *Hinricus Bese van Rozstock* geschriebene nd. gefärbte Hs. der **Goldenen Schmiede Konrads von Würzburg**, da diese wertvolle alte Hs. des Werkes bisher noch nicht genügend ausgebeutet worden ist. — No. 8 „Mscr. c. 14. Gebetbuch in plattdeutscher Sprache", enthält auch latein. Gebete. Besonders bezeichnet ist der Abschnitt Bl. 98ᵃ—113ᵇ: *Hir beghinnet en denote bokeskē gheheted vnser leuē vruwē klaghe.* Anf.: *Des Mundayges na palme dach alze de Jodē vnsē leuē herē haddē entfagē vp dē Palmdach* etc. Schl.: *Vñ se was erē ald'leuestē kide Cristo Jhū horsa de vns mote vorlenē dat ewighe leuēt Amen. Amen. Amen.* — Bei No. 9 und 10 hat Lonke so gut wie ganz unterlassen, auf die zahlreichen, diesen beiden Gebetbüchern eingelegten gereimten Stücke hinzuweisen. Die Reimgebete und Mariengedichte von No. 9

(Mscr. c. 24. Kerkengebede) hat Lübben in seinen mnd. Gedichten (Oldenburg 1869) sämtlich publiciert, es sind dort die No. V. VI—XVI und II. III; aus No. 10 (Mscr. c. 25 Niedersächsisch. Bettbuch) hat er dagegen nur die 2. Fassung von No. II (Die 7 kurzen Freuden der Maria) der mnd. Gedichte (= Bl. 197ᵃ—198ᵃ der Hs.), und in seinen Mitteilungen aus nd. Hss., Progr. Oldenbg. Gymn. 1874, p. 4ᵃ ein paar poetische Sprüche (= Bl. 84ᵃ⁻ᵇ der Hs.) entnommen. No. 10 enthält aber noch mehr gereimte Stücke:

1. Bl. 52ᵇ—53ᵇ: *Item hir beghynnet vnser leuen vrouwen missen schone vn recht to dude:* *Salue sancta Ohillighe godes moder Dyn sone is geworden vnse broder* etc.
2. Bl. 54ᵃ—57ᵃ: Verschiedene Reimgebete.
3. Bl. 57ᵃ—59ᵃ: *de epistole* in Reimen.
4. Bl. 59ᵇ: *dyt is de sequentie*, in Reimen.
5. Bl. 60ᵇ—63ᵇ: *dit ewangelium bescriuet sunte lucas de sunte marien cappelln was* etc. in Reimen.

Dann die *letanye*.

6. Bl. 69ᵇ—73ᵃ: Gebete an Maria, teilweise gereimt.
7. Bl. 79ᵇ—81ᵃ: *Veni redemptor gentium*, in nd. Reimen. (Dasselbe in Hamburg, Stadtbibl., Hs. aus d. Convent No. VI u. XII, cf. unten).
8. Bl. 84ᵃ⁻ᵇ: *Jeronimus zerht*, vgl. Lübben in den Mitteil. S. 4ᵃ.
9. Bl. 134ᵃ—135ᵃ: Gereimtes Gebet auf den Gründonnerstag.

Lonke hat von seiner Zusammenstellung ausgeschlossen die Rubrik der Bremensien. Sie ist zwar reicher an nd. Hss., als die übrigen Abteilungen der Stadtbibliothek, aber da sie nur chronikalisches Material enthält, tritt sie für unsern Zweck mehr in den Hintergrund. Die nd. Bremer Chroniken sind in zahlreichen Abschriften vorhanden, deren Würdigung und nähere Bestimmung ich aber den Historikern überlassen muß. Ich habe elf Handschriften der Bremer Chronik von Rynesberch-Schene gezählt, deren älteste Hs. sich bekanntlich auf der Stadtbibliothek zu Hamburg als Cod. hist. No. 94 in Fol. befindet, vgl. Lappenberg in den Bremischen Gesch.-Qu. p. XXX f. Dagegen besitzt die Bremer Stadtbibliothek das Original-Mscr. der Bremer Chronik Joh. Renners, von der Hand des Verfassers. Es ist Mscr. a. 96—97 in 2 Teilen, Teil I die Jahre 449—1511, Teil II 1511—1583 umfassend, vgl. Lappenberg, p. XXIII u. XXVII f. Daneben habe ich an 20 Abschriften gezählt[1]). An kleineren nd. Bremischen Chroniken habe ich noch aufzuführen:

---

1) Außer den bei Lappenberg angeführten Hss. sind noch Abschriften der Rennerschen Chronik zu Oldenburg, Hannover, Haag, Münster und Osnabrück im Verlaufe dieses Berichtes erwähnt.

1. **Mscr. b. 361** (= W. A. 246): *De kleine Bremer Chronike* (vgl. Lappenberg in den Bremischen Gesch.-Qu. p. XXVI) *vermeldet vann dene voruemstenn Geschefften allhier tho Bremen geschenn, van der Tidt des ersten Bischovs Wilhadi wenute indt Jar 1539 up dat korteste beschreven.*

2. Chronik über den Aufstand von 1530 ff. in verschiedenen Recensionen:

    a) **Mscr. a. 100**: Chronica Bremensis de anno 1530 ad annum 1535. Script. Bremae 1607. Mscr. in plattdeutscher Sprache, vgl. Lappenberg, Brem. Gesch.-Qu. p. XXVI.

    b) **Mscr. a. 595**: Chronica Bremensis von 1530 et sqq., nd. Anf.: *Ick hebbe mit flite in dessem Boecke* etc.

    c) **Mscr. a. 593**: Chronika der Stadt Bremen von 1530—1535. Jüngere Abschrift; nd.

    d) Chronik von dem Aufruhr in den Jahren 1530 bis 1534 in Bremen. Sign.: W. A. 322. Junge Abschrift.

Endlich Mscr. b. 383: „Schiphowers Chronicon Oldenbg., so er 1504 an den Herrn Graf Johann VII. dediciert". Junge Abschrift; nd. Vgl. oben pag. 89.

Im **Bremischen Staatsarchiv** legte mir Herr Archivar Dr. v. Bippen folgende nd. Hss. vor:

1. Sign. P. 1. s. 2. a.: Rynesbarch-Schene'sche Bremer Chronik in einer überarbeiteten Fortsetzung bis 1547. Eine Eintragung auf der Innenseite des Vorderdeckels besagt: „*Impensis Ditmari Kenkelii Consulis Bremensis a° 1561 scripsit Rodolphus a Debholtz*". Die Chronik ist bald nach 1547 verfaßt. Fol. 711 S.[1]).

2. Sign. E. 7. c. 2. a.: Kenkels Bremische Chronik (1547—1563, betr. die Hardenbergischen Streitigkeiten). Abschrift, die in Kenkels Auftrag geschrieben und unmittelbar aus dem Original geflossen ist. Fol. 715 S.[2]). Zu dieser und der vorigen Chronik vgl. unten die Zusammenstellung zu Hannover, Kgl. Staatsarch. Mscr. B 55 u. 56.

3. Sign. E. 6. b. 1: Nd. Chronik auf den Aufruhr von 1530—32, s.g. Jac. Louwe'sche Chronik. „*Gruntlick ock warhafftige antoginge vnde boricht wo vnde wathgestalt de mothwyllige vnde wreue-*

---

1) Aus dieser Hs. druckt Liliencron II, No. 161 das Lied auf die Einnahme von Delmenhorst 1482 ab, das auch in den Hss. der Renuerschen Chronik sich findet.

2) Nicht zu verwechseln mit dieser Chronik ist die im Bremischen Jb. 7 (1874) 4—67 herausgegebene Hauschronik Detmar Kenckels, ein Familientagebuch, jetzt auch Eigentum des Staatsarchivs, sub sign. P. 6 b. 1 (in der Personalakte Kenkels).

licke upror so nha Cristi gebort jm XV^c *am dortigesten ende folgende Juren bynne der Stadt Bremen vorhanden, angefangen, wes dar jnne van tyden tho tyden vorgenamen ende geschen ende wo desuffte dorch vorleninge des almachtigen wedder aff gedan, gestyllet vnde gheendyget wart"*. Fol. 384 S. —

4. Sign. P. 1. c.: Denkelbuch des Bürgermeisters Daniel v. Büren des Aelteren 1490—1525. Originalmscr. in Schmalfolio, und verschiedene Abschriften.

5. Im Ratsdenkelbuche von Bremen, Sign. P. 6. a. g. c. 2. b., steht auf Bl. XC^b—XCVI^a (= S. 203—204), aufgezeichnet von der Hand des Bremer Rathmanns Heinr. v. d. Trupe, das nd. Lied von 1408, unter der alten, unpassenden Ueberschrift: „*Bremer Loff wedder Oldenborg*". Es ist abgedr. 1) von Leverkus in Zs. f. d. Alt. 11, 375 ff., 2) bei Liliencron I, 217 ff. No. 47. 3) im Bremischen Jahrb. 3 (1868) 136—144.

6. Anzuführen ist hier endlich noch P. 5. b. 2. a. 1, das Original der nd. Bremer Statuten von 1303, die wegen ihres Alters sprachlich von Wichtigkeit sind.

Ein Besuch, den ich von Bremen aus der alten Bischofsstadt **Verden** abstattete, hatte zwar für Verden selbst ein rein negatives Resultat, förderte aber, auf Grund einer Mitteilung des Herrn Pastors Wallmann zu St. Johannis in Verden, einen in tiefster Vergessenheit im Pfarrarchive zu **Achim** b. Bremen ruhenden Codex niederdeutscher Predigten aus der 2. Hälfte des 16. Jh. ans Tageslicht. Eine genauere Prüfung dieser Hs. auf der Göttinger Universitätsbibl. hat ergeben, daß ihr Inhalt den anfangs von mir gehegten Erwartungen nicht ganz entspricht. Es ist ein in Pergament gehefteter Quartband von 106 Bll. Papier, in den der erste lutherische Pastor von Achim, Johannes Meier, die Entwürfe seiner nd. Predigten und einige ausgearbeitete Predigten eingetragen hat. Ueber diesen Johannes Meier, der im Jahre 1559 zum ersten lutherischen Pastor in Achim eingesetzt wurde, hat K. E. H. Krause an einem ganz versteckten Orte (Progr. der Großen Stadtschule zu Rostock 1868, p. 7—8) das Nötigste zusammengetragen. Er erwähnt da auch unseren Codex, aber nur ganz flüchtig: „An der Kirche zu Achim existieren von ihm (Joh. Meier) noch 2 kleine zerlumpte Bücher in 4°, welche gemeiniglich die ältesten Achimer Kirchenbücher genannt werden, das eine ist aber eine Aufzeichnung von Leichenreden, nicht unwichtig für die Geschichte der dortigen Adelsfamilien; das andere, ursprünglich ein Schul- oder Collegienheft, hat nachher zu Eintragungen über seine Notariatsthätigkeit gedient. In diesem letzteren stehn auch allerlei Recepte, dann seine Familienschicksale verzeichnet [lateinisch!], ferner auf S. 11 ff. die Sünden, deren wegen er die Zulassung zum Abendmahl und als Taufzeuge verweigern will, plattdeutsch, in 10 Sätze geordnet"; endlich auf S. 20 ein geistliches nd. Lied aus dieser Zeit, das Krause vollständig abdruckt. Krause irrt, wenn er glaubt, unser Codex enthielte nur Leichenpredigten. Allerdings sind von den 12 ausgeführten Predigten, die Johannes Meier in sein Conceptheft eingetragen hat, 8 Leichenpredigten; aber die übrigen 4 sind Sonn- und Festtagspredigten, wie gleich die erste erhaltene eine Osterpredigt von Anno 85 (= 1585) ist. Der Hauptbestandteil unserer Hs. aber sind Predigtentwürfe, deren ich etwa 50 gezählt habe. Sie sind zu einem kleinen Teile ganz lateinisch abgefaßt, öfter mit starken lateinischen Bestandteilen durchsetzt. Das Hochdeutsche bricht dagegen nur wenig durch, vgl. besonders Bl. 92—95, wo eine zusammenhängende Reihe von Predigtentwürfen, die scheinbar der spätesten Zeit angehören, fast durchweg hd. abgefaßt ist. Soweit eine Datierung den einzelnen Stücken beigefügt ist, umfaßt die Hs. den Zeitraum von 1577—1602. Daß wir das Concept des Predigers vor uns haben, erkennen wir aus dem Mangel jeder chronologischen Ordnung der einzelnen Predigten, die zu den verschiedensten Zeiten bald vorn, bald hinten in das Heft eingetragen wurden, bis es ganz voll war; ferner aber auch aus der nachlässigen, schwer lesbaren Schrift, die trotz anscheinender Verschiedenheit doch ein und dieselbe bleibt und nur die Unterschiede des Alters erkennen läßt. Das letzte Blatt des Codex (106), das lose beiliegt, sowie die Innenseiten des Pergamentdeckels sind mit reichlichen lateinischen, deutschen und griechischen Citaten und Sentenzen beschrieben. Auf der Außenseite des Vorderdeckels steht: *Das alte Kirchenbuch.* —

Den ersten längeren Aufenthalt während meiner Reise durfte ich in **Hamburg** nehmen. Die reichen handschriftlichen Schätze der **Hamburger Stadtbibliothek** mit absoluter Sicherheit ausgeschöpft zu haben, kann ich, trotz der liebenswürdigen Unterstützung meiner Arbeiten durch die Bibliothekare der Stadtbibliothek, besonders die Herrn Dr. Burg und Dr. Spitzer, nicht behaupten, denn die bisherigen Kataloge der Handschriften der Stadtbibliothek geben keine Gewähr dafür. Dagegen hoffe ich, von dem, was an nd. Handschriften einigermaßen deutlich zu Tage liegt, nichts wesentliches übersehen zu haben.

An die Spitze stellen möchte ich die s.g. **Handschriften des Convents**. Es sind das 14 mnd. Handschriften des 15. und beginnenden 16. Jh., die im Jahre 1875 aus dem alten Convent der Beginen, jetzt einem protestantischen Frauenstifte, in die Stadtbibliothek überführt worden sind. Sie stehn seitdem ohne weitere Bezeichnung bei den Deutschen Hss. und sind, trotz ihrer Wichtigkeit für die mnd. Litteraturgeschichte, bisher erst ein einziges Mal angeführt worden: im Nd. Jb. 2 (1876), wo Carl Schröder p. 88—113 die in einer dieser Hss. erhaltene abweichende Recension des mnd. Gedichtes vom Kreuzesholze mit der bei Staphorst abgedruckten Fassung des Hartebokes vergleicht. Ein von C. H. F. Walther verfaßter handschriftlicher Katalog dieser 14 Hss. wurde mir von der Stadtbibliothek zur Benutzung überlassen.

Handschrift aus dem Convente No. I: 40 Bll. Pg., dann 175 Bll. Pp. in 8°. Gepreßter Ledereinband mit 2 Klammern. Vorn steht auf dem Reste eines Blattes: *Greteke Vegeners yn deme covente der hort dyt bok* etc., und nochmal: *Greteke Wegeners.*

1. Bl. 1—184ᵃ: Betrachtungen und Gebete für die Sonn- und Festtage des ganzen Kirchenjahres. Anfang: *Dyt is des ersten sondaghes in der avente eyn schone bet.* Endet mit: *An deme hilghen avende der kerk wigynghe.*

2. Bl. 184ᵇ—185ᵃ (der unbeschriebene Rest von Bl. 185 ist herausgeschnitten): geistliches Lied: *Droch werlt my gruwel wor dy wsent, wor synt nu de resen de genesent nicht enkonden* etc.; ohne Absätze geschrieben, aber mit (ungenauer) Bezeichnung der Strophen und Versanfänge. Von demselben Umfange, wie die Fassung desselben Liedes in der Ebstorfer Liederhs. (Schröder No. VIII); auf einem Rostocker Einzeldruck von ca. 1520 (cf. Wiechmann-Hofmeister III, 65) „mit irreleitender Strophenabteilung" vgl. Nd. Jb. 15, 15.

3. Bl. 186ᵃ—215ᵃ: Gebete an einzelne Heilige; beim Abendmahl; Vergleich des Leidens Christi mit der Harfe [Bl. 204ᵇ—208ᵃ: *Hyr heff syk an eyn harpen spil vormiddelst vns botekent wat dat lydet Cristi.* Anfang: *SIthara dat het eyn hape vn is eyn schone seyden spil vnde is ghemaket van holte vnde bedudet vns dat lident esti an deme cruce* etc. Dasselbe Stück in Wolfenb.-Helmst. 1183, Bl. 196ᵇ—198ᵃ (Hein. I 3, 97) und im Haag, Kgl. Bibl., Mscr. V 52, Bl. 40ᵃ—41ᵇ]; verschiedene Gebete, so das Gratias, Benedicite u. a.

Stück 1 und 2 wohl aus der 1. Hälfte des 15. Jh., Stück 3 von verschiedenen Händen der 2. Hälfte. — Ueber die Besitzerin siehe Staphorst I 1, 240 aus d. liber Beguinarum: 1479 Greteke Wegeners, f. Marquardi, beguina, vixit etiamnum 1544.

No. II: Pg. in 16°. 1. Hälfte des 15. Jh. Ledereinband mit einer Klammer. Hinten auf der Innenseite des Deckels: *Margrete Gotkens hort dyt bok to over se vorbarme syck got de here myn moder de heft nu dot ghewesen VII.*

Gebetbuch zum Gebrauche beim Gottesdienste: Gebete und Psalmen. In der 1. Hälfte des Buches sind an 2 Stellen je 2 Bll. mit jüngerer Schrift ergänzt; auch gegen Ende ist ein Blatt ergänzt, dagegen an einer Stelle ein Blatt, an einer anderen 8 Bll. herausgeschnitten.

Ueber die Besitzerin siehe Staphorst I 1, 241: 1529 Margarethe, f. Hans Götkens, professa.

No. III: 174 Bll. Pp. in 8°. 15. Jh. Ledereinband (laediert) mit einer Klammer. Nur etwa zwei Drittel des Buches sind beschrieben. Vorn auf der innern Seite des Umschlages: *Angnete Rygemeygers hort dit bock tho*.

Nd. Gebetbuch.

Zunächst Abendmahlsgebete, dann Bl. 21ᵃ: *de gulden sele trost* (= Gebete f. d. Seelen im Fegefeuer; dasselbe Stück unten in Hannover Kgl. Bibl. No. 76, und Osnabrück, Ratsgymn. CXIX); dann die verschiedenartigsten Gebete, darunter:

 a) *Dit is de misse van vnser leuē vrouwen marium* (lauter Gebete).

 b) *Van vnser leuen vrouwen lefs dit bet aldufs* (enth. in erzählender Form die Beschreibung der Betrübnisse der Maria bei Christi Passion, nebst angehängtem kurzen Gebete = 2½ Bll.). Anf.: *Leue mynsche dencke myt welkeme vorwundē hertē vnse leue vrouwe by deme cruce stunt Do se sach eren got vn̄ eren sone vor eren ogen steruē*. Schl.: *behaluen allene de benedieden hillighē wiff wunden de he beholden wil beth an den jungestē dach Amen.*

 c) *Eyn ander beth xp̄i*, in Reimen (geistliches Lied?): Anf.: *O rosen leff myn blodighe here, Lat my entfarmē mynes herten swere* etc. (etwas über e. Seite lang).

 d) *Item we dit bet alle dage sprekt deme komē dar XX nüttlich aff* (= 1½ Bll.).

 e) Gebet zur Verkürzung der Pein des Fegefeuers.

No. IV: Pp. in 8°; das Pp. verschieden in den versch. Teilen, das von Stück 2—5 sehr dünn. Verschiedene Hände des 15. Jh., Stück 2 von 1435. Lederband mit ursprünglich 2 Klammern, jetzt nur einer.

1. Bl. 1—181: Betrachtungen und Gebete für die Sonn- und Festtage des ganzen Kirchenjahres.

2. Bl. 182—199: (V) *An dem holte dar anne starf marien sone* = mnd. Uebersetzung des Pseudo-Maerlantschen Gedichtes 't boec van den houte. Abgedruckt und mit der Fassung des Hartebokes verglichen von C. Schröder, Nd. Jb. 2 (1876) p. 88—113; vgl. besonders p. 109 die kurze Beschreibung der Hs.

3. Bl. 200—212: Die Leidensgeschichte Christi nach den 4 Evangelisten erzählt. Anfang: *use here ihs xps de ghink mit syne yūlghere ouer en velt dat het cedron* etc. — Schl.: *Arnt brun ptinct.* — *Dit is dat lident vnfs here ihu xpi dat hir vorescreuen steit* etc.

4. Bl. 213ª—219ᵇ: *De passio*. *Hir gheit an dat lident Chr. unde dat auentetent*. Schl.: *Hir heft desse passio unde dat auentetent enen ende. Hir volghet na dat lident Chr. dat hir na screuen steit over vyr bladen.*

5. Bl. 219ᵇ—222ᵇ: *Hir neghest gheit an en gud bedeken van vnser leuen vrouwen* etc. Schl.: *Hir volghet na de passio dat lident Chr.*

Stück 2—5 sind von derselben Hand geschrieben, Stück 3 scheint ans Ende zu gehören, wie die Verweisungen zeigen. — Aehnliche nd. Passiones Christi, aus den 4 Evangelien zusammengestellt, finden sich auch in den unten besprochenen Hss. 1) Hamburg, Stadtbibl., Hs. Kunhardts I, Bl. 1ª ff. 2) ibid. II, Bl. 209ª ff. 3) Hannover, Kgl. Bibl. No. 239, Bl. 10ª ff. 4) Ebstorf, Mscr. VI, 14. 5) Brüssel, Kgl. Bibl. No. 14688, ndrh. Dazu vgl. W. Meyer, Hss. von Göttingen II, 477.

6. Bl. 223—246: Gebete von verschiedenen Händen.

No. V: Pp. in 8°. 15. Jh. (Stück 1—6 der 1. Hälfte, Stück 7—9 der 2. Hälfte des Jh. zuzuschreiben). Lederband mit 2 Klammern. Vorne steht die Inscriptio: *Gretken Wegheners hort dit bok to.* — *Greteke Vegeners* (vgl. No. 1).

1. Bl. 1—106ᵇ: *Dit synt de vroude des sele trostes des hilgen ghestes also ghenomet* = Gebete an den hl. Geist, Abendmahlsgebete etc., mit kurzer Einleitung: *Sanctus Augustinus secht vnde leret vns dat so wanner wy wat ghudes wyllen anhauen to donde, so scole wy ye tho deme ersten anropen den hilligen ghest* etc. — An Bl. 66ᵇ ist ein Kupferstich angenäht (ein betender Heiliger, dem ein geflügelter Crucifixus erscheint, im Hintergrunde eine ruhende weibliche (?) Gestalt und eine Kirche mit Bäumen; vorn 3 Vögel mit langen Schwänzen und Schnäbeln).

Bl. 106ᵇ—109 leer.

2. Bl. 110—125ᵇ: Eine noch unbenutzte Handschrift des Gedichtes vom Beginchen von Paris, das Lübben nach dem Oldenburger *bedeboek* (vgl. oben p. 85) in seinen mnd. Gedichten No. 1 abgedruckt hat. Anf.: *To parys wonde eȳ junck maghet De ihesum hadde vterkoren Allent dat er harte gherde Dat hadde se tho voren.* — Am Schlusse (Bl. 122ᵇ unten) schließt sich eine prosaische Betrachtung über die Selbst- und Weltverleugnung um Gottes willen, das Thema des Gedichtes, an.

Ueber den ndrh. Druck des Gedichtes vgl. Schade, Geistl. Gedichte vom Niederrhein p. 335 f.

3. Bl. 126—130ᵃ: Lehren, besonders für Geistliche: *Desse twelf stucke sint heylsame lere de nutte sint tho wetende* etc. Anf.: *Dat erste is dat eȳ mynsche dat wete vnde sik dar ane voer see Dat dat rechtferdich wol gued sy Dar he va leuet* etc. — Schl.: *vnde helpen em tho bekantnysse der warheyt.*

4. Bl. 130ᵇ—135ᵃ: *Dyt sint de seuen doet sunde* etc. (allegorisch). Anf.: *De erste dochter de houerdicheyt de sprak to creme vadere deme duuele.* — Schl.: *Des help vns de vader vnde de sone vnde de hilghe gheest.*

5. Bl. 135ᵃ—139ᵃ: *hyr wil ik dy scriuen en gestlik closter in dat erste De leue de[r] ebbedische*. Anf.: *Ik hete de leue vnde bin ene krone aller anderen dughede schone.* Gedicht.

6. Bl. 139ᵃ—150ᵃ: *hyr hebbe ghescreuen etlike articule dede horen to enyme gestlikē leuēde.* Anf.: *Wor eghenschop vn̄ sunderlicheit is in dē clostere Dar is twedracht vnde vele bedrofnisse.*

   a) Bl. 141ᵃ: *van endrachticheit secht aug(ustinus).*
   b) Bl. 144ᵃ: *nicht to doude synen eghenen wyllen.*
   c) Bl. 147ᵇ: *Sunte bernardus de bescriuet twelf leye ghebrek Dat daer schadet ghestliken mȳschē.*
   d) Bl. 149ᵃ: *Wultu vullenkomē werdē zo scholen dy de sunde leylen.*
   e) Bl. 149ᵃ: *De mynsche schal alle daghe hebbē seuen leye betrachtinghe.*

7. Bl. 151ᵃ—161ᵃ: Ermahnung an Klosterjungfrauen.
Anf.: *Audi filia et obliuiscere domū patris tui psalmo XLIIII. Hore dochter vornym wes ik dy lere* etc.

8. Bl. 161ᵃ—164ᵃ: *Hir heuet sik an Crux fidelis to dude alzo. Der werlde wollust du vorlate* etc. Das Lied war bis jetzt nur aus einem Drucke der Rostocker Michaelisbrüder von etwa 1493 bekannt, vgl. Wackernagel, K. L. II, 760 No. 1015.

9. a) Bl. 164ᵇ—176ᵃ: *Incipit sermo bonus: Ascendam in palma et apphendā fructus eius* etc. *Ik wil vpstighen in den palmen Vnd wil nemē syne vrucht* etc.

   b) Bl. 176ᵃ—180ᵃ: *Nv hestu gheleret wo du scalt vpstighen den bom des rechtuerdighen leuendes Nu scaltu leren wo du ene in wisheit scalt dael stighen* etc.

   c) Bl. 180ᵃ—188ᵇ: *Nv hefstu gheleret wo du scalt vpstighen vnde dal stighen den bom enes saligē leuendes Nu scoltu vort leren myt andacht wo du de vrucht der doghede an dy scalt bewaren vnde hyr to so horen vele doghede* etc.

Vgl. Van dem palmboeme des Christenminschen, Wolfenb.-Helmst. 1207, Bl. 75—133 (Heinem. I 3, 111). Ein Auszug aus diesem Stücke scheint zu sein Hannover, Kgl. Bibl., Mscr. No. 239, Bl. 1ª—9ª; vgl. auch unten Utrecht, U.-B., No. 1025. Ueber mnld. Fassungen vgl. Reifferscheid, Nd. Jb. 10 (1884) 27, und Ph. Strauch, Korresp.-Blatt 10 (1885) 50.

10. Bl. 189ª—195ᵇ: *Dar selen twelff mester to samende to paris vū jewelik sprak enen sproke.* Vgl. unten p. 110, No. XV, 8.

11. Bl. 195ᵇ—200ᵇ: *Va ener guden molterschen. Dat were twe prestere vā der prediker orden de sochtē ene molneriñen van der so was en gesecht dat se wol rā gade redē konde.* Andere nd. Fassungen dieser ansprechenden Legende finden sich im Oldenburger bedeboek (vgl. Lübben, Mitt. p. 11 f.); Wolfenb.-Aug. 30, 8 (Lübben, Nd. Jb. 6 [1880] 72); Wolfenb.-Helmst. 1136, Bl. 312—315 (Hein. I 3, 73).

No. VI: 300 Bll. Pp. in 8°. 15. Jh., 2. Hälfte. Ledereinbd. mit 2 Klammern. Mnd. Gebetbuch. Gebete verschiedener Art: das erste an Maria, nach den 10 Freuden Marias geordnet; dann u. a. (Bl. 28 f.) *ave praeclara maris stella to dude*, aber in Prosa; Gebete f. d. Kirchenjahr (Bl. 32 ff.); *de vyff drofnisse v. l. vrouwen* (= Prosa-Gebete, Bl. 146ª—151ª); ausgewählte Capitel aus den revelaciones S. Birgittae [I, 28. 35. VI, 97]; endlich Gebete an einzelne Heilige (Bl. 162 ff.).

Besonders hervorzuheben sind noch folgende Stellen:

1. Bl. 233ª—234ª: Der Hymnus Veni redemptor in nd. Versen: *Cum des volkes vorlozer vn lat dik schowen Bewyse de bord der kuschen jacvrowen* etc., 6 vierz. Strophen, recht corrupt. Eine prosaische Uebertragung desselben Hymnus geht voraus auf Bl. 225ª. Vgl. dazu oben p. 94.

2. Bl. 249ᵇ—252ᵇ: Ein Gespräch Gottes mit der innigen Seele (Prosa). Der Anfang, ca. 4 Bll., fehlt. Es folgen Abendmahlsgebete.

3. Bl. 286ª—289ᵇ (aber im Ganzen 6 Bll.; denn die Lage Bl. 283—294 ist verbunden; es sollten aufeinander folgen: Bl. 286. 287. 290—292. 289): Eine schöne Prosa-Allegorie von 12 geistlichen Jungfrauen, die das Kind Jesus bei seiner Geburt pflegen: *Eñ klene kynt, vā den twelf gheestlyken juncfrouwen de dyt kint ihesum waren jn siner bord.* Anf.: *(E)yn kleyne kynt ys vns gheboren* etc. Die 12 Jungfrauen sind: die (Ruwe, Bicht), Reynicheyt, Leue, Tranquillitas, Crafticheit, Meditacio, Oracio, Myldicheyt, Ynnicheit, Hope, Vorsichticheyt, Misericordia, Sachtmodicheit.

No. VII: 127 Bll. Pp. in 8°. Ende des 15. Jh. Lederband mit ursprünglich 2 Klammern, jetzt nur einer.

Nd. Gebetbuch für Ostern und die Zeit des Sommerhalbjahrs. Eingelegt ist

1. Bl. 31ᵇ—36ᵇ: Ein Gespräch Gottes mit der innigen Seele (unmittelbar an ein Gebet an die Apostel angeschlossen, ohne Ueberschrift und Absatz). Anf.: *Wan de sole god dyne grote begherynge vornypt so en kan he sick nicht lengher enthold, men he küpt suluē to dy vn spreck O myn edele creature* etc.

2. Bl. 37ᵃ—39ᵇ: Ein zweites Gespräch Gottes und der innigen Seele, wie das erste als Abendmahlsgebet gedacht. Anf.: „*O wo grot vnde wo vrolick is desse sole gast mynre zele dar van den gnade vnd so grote zoticheyt an my vletende is.*

Bl. 120ᵇ—121ᵃ ist der Nachtrag einer jüngeren Hand. Auf Bl. 121ᵇ, dem letzten beschriebenen Blatte der Hs., steht von einer Hand des 16. Jh. die Notiz: *in dem jar do me schreff XL vp eyn freydach yn sunte j. . rens dach do starff myn leue grete suster.* Es folgen noch 6 unbeschriebene Blätter.

No. VIII: 389 Bll. Pp. in 8°. 15. Jh., erste Hälfte. Lederband mit 2 Klammern.

1. Bl. 1—358: Mnd. Gebetbuch, aus verschiedenen einzelnen Gebetbüchern zusammengesetzt:

a) Bl. 1—40ᵇ: Dankgebete für die einzelnen Leiden Christi, die in den Gebeten ausführlich nach den Evangelien erzählt werden. Bl. 40ᵇ die Subscriptio: *Aue maria, biddet vor tibbekē klesen.*

b) Bl. 41ᵃ—58ᵃ: Gebete für Verstorbene, u. a.; Subscriptio: *Itē tybbeken meyres der hort dyt bok* etc.

c) Bl. 59ᵃ—116ᵃ: Dankgebete an Christus und Maria für die Erlösung.

d) Bl. 116ᵃ: *hir begīnen de lide vā der ewighen wisheit.*

Aus dem folgenden hebe ich noch heraus: Bl. 178ᵇ—183ᵃ: *Sanctus augustinus sprekt vif wort dechte eft he spreke vth vnses heren ysonen. Ik bin ghekomen also de schin küpt van der sūnen* etc. — Auf Bl. 190ᵇ eine Federzeichnung: eine betende Frauengestalt in blauer Beginentracht und 2 Apostelfiguren. Neben der Frau steht ihr Name *Tibbeke* (vgl. oben Bl. 40ᵇ u. 58ᵃ), von ihren Händen geht ein Spruchband aus mit den Worten: *apostel godes, biddet vor my.* — Bl. 236ᵇ: *et sic est finis.* — Bl. 237 leer. — Bl. 238ᵃ beginnt ein neues Gebetbuch. — Bl. 304ᵇ—322ᵇ: *Dit is dat inuēdighe lidēt vnses leuē herē* etc. — Bl. 341ᵇ: Ende eines Gebetbuches. — Blatt 342 leer. — Bl. 343ᵃ—358ᵃ: Gebete an einzelne Heilige.

2. (andere Hand) Bl. 359ᵃ—388ᵇ: Nd. Uebersetzung von Augustini Manuale. *Hir beghynt sůte Augustinus lere. Dat erste capittel is van der beschowlicheyt vnses heren.* Da die Vorrede als 1. Cap. gezählt ist, so ergeben sich 37 Capp. gegen 36 der Benedictiner-Ausgabe, Paris 1685, VI. Append. p. 146. Cap. 36 u. 37 stehn in unsrer Ueberlieferung vor 35. Augustins Manuale war nd. bisher nur aus Wolfenb.-Helmst. 1240 bekannt, cf. Hein. I 3, 129; bei Scheller No. 272 (p. 53) unter der alten Signatur: *Helmst. 49 Theol. 8⁰*. Dazu kommen nun außer unserer Hs. noch die weiter unten beschriebenen Hss.: 1) Hamburg, Stadtbibl., aus Pastor Kunhardts Bibl. No. II. 2) ibid., Mscr. Theol. 2074 in 8⁰, Bl. 34ᵃ—67ᵃ, ndrh.

No. IX: 315 Bll. Pp. in 8⁰. 15. Jh. Lederband mit ursprünglich 2 Klammern, jetzt nur einer. Am Ende defect.

Nd. Gebete und Betrachtungen.

1. Bl. 1—40ᵇ: Zehn Betrachtungen, besonders über das Leiden Christi, nebst Gebeten und einer Betrachtung über die Auferstehung. Anf.: *Men list in der hilghen scrift Dat moises gaff deme volke de bode der ee v̄n sprak.* — Schl.: *Hyr endigen sik de hilgen beschouwinge des lidendes vnsses leuen here ihu cristi Also se de abbet Cesariensis gegeuē heft sinen broderen to brukende vn allen myschē Also se getogen sint vte dem latine jn dat dudessche.*

2. Bl. 41—105: Gebete. — Bl. 106—108 leer.

3. Bl. 109ᵃ—134ᵃ: St. Katherinen Betrachtungen des Leidens Christi. *Desse nascreuen dechtnisse des soten benedieden hilghen lidendes ihu cristi vnsses leuen salichmakers plach de denerinne ihu to brukende etc.* Anf.: *De ynighe sele de sik wil ouen in der ouertrachtinghe des soten lidendes ihu der is not dat se sy van eynē vredesamen herten* etc.

4. Bl. 134ᵃ—188ᵇ: *Hyr beghinnet sick en dialogus v̄n is ene ghestlike lere van der kuscheit to deme junghelinge mit vragen v̄n mit antwerde van deme lidende ihu cristi.* (Bl. 134ᵇ:) *De kuscheit spreket to deme jungelinghe aldus: Nu hestu ennoch ghehoret van der doget der kuscheit, men dy were ok gud to wetende wo du dy scholdest des lidendes cristi [scholdest dy] nutte maken in betrachtinge. De junghelingh vragede wat doget is de betrachtinge* etc. Am Ende wird für jeden Wochentag eine Betrachtung gegeben. — Bl. 164 folgt, in unmittelbarem Zusammenhange des Dialogs: *Van der kintheit vnsses heren iheru cristi* (rot). *Wultu dy ok bekümerē mit der kintheit vnss heren ihū cristi* etc. — Schl. (Bl. 188ᵇ): *Desse dialogus heft*

hyr sinen ende. God vns sinen trost sende amen (rot). — Bl. 189 —190 leer.

5. Bl. 191ᵃ—212ᵇ (andere, etwas ältere Hand; ein neues Heft beginnt; Bl. 191 f. oben laediert): *Hir beghynet sik de Sequen(cien) der sistere in deme orden des hi(lli)ghen salichmakers. To deme erste(n) de sequencie des zondaghes.* — Schl.: *ok enē guden danken to gode vor de armen vnweerdygen denerȳnē xpi de dit geschreuen heft.* — Bl. 213 leer.

6. Bl. 214ᵃ—215ᵇ (andere, jüngere Hand): Anweisung zum richtigen Beten des Psalters der Jungfrau Maria. — Bl. 216—217 leer

7. Bl. 218ᵃ—220ᵇ (andere, der vorigen gleichzeitige Hand): Die Gezeiten Mariae in nd. Reimen. *Bonifacius de pauwes heft gesettet desse tide to laue der juncvrouwen Mariē* etc. Anf.: *To metten tit O juncvrouwe clar Din herte was van sorgen swar Maria do dy wart gebracht De bodeschup to mydder nacht* etc. — Bl. 220ᵇ folgen unmittelbar Prosa-Gebete. — Ueber andere nd. Gedichte über die 7 Betrübnisse der Maria vgl. Lübben, Mnd. Gedichte No. IV u. V; Heinzel, Zs. 17, 56 (nrh.); Goedeke² I, 472 (No. XIII 2); Lübben, Qu.-Vz. V, Sp. VIIb (Wernigerode); Jacobs u. Ukert, Hss. der herzogl. Bibl. zu Gotha, II, 366 No. 190, Bl. 71. Vgl. unten Haag, Kgl. Bibl., Mscr. 132 D 9; Brüssel, Kgl. Bibl., No. 14688; Münster, Incunabel No. 133.

8. Bl. 230ᵃ—248ᵃ: *Van dē lidēde Ihū xpi. SUnte Berent de sprekt O mynsche wiltu weten wor vme dat du Jhesū xpm dinen vorloser nicht leff hefst. Dat is dar vme* etc. Das Stück enthält viele Gebete, die das Leiden Christi auf seinen Stationen begleiten. Bl. 248ᵃ: *Hir is de ende.* — Angehängt Bl. 248ᵇ—251ᵃ: Aussprüche der Kirchenväter über den Wert der Betrachtung des Leidens Christi.

9. Bl. 251ᵃ—254ᵃ: *Van allen Artikelen des lidendes Jhesu xpi dat lest gherne* (= Gebete).

10. Bl. 254ᵃ—255ᵇ: *Dyt nascreuen is van leffliken matirgen. Van trouden der is teyne. Ene vroude is my Dat my god suluen geschapen heft.*

11. Bl. 256ᵃ—263ᵇ: Gebete verschiedener Art; Bl. 263ᵇ unten —278ᵇ: *Hir volget na de sele mysse* etc.

12. Bl. 279ᵃ—315ᵇ: Gebete von einer jüngeren Hand, als die vorige; noch nicht rubriciert, hinten defect.

No. X: 262 nicht bez. Bll. Pp. in 4°. 15. Jh. Lederband mit 2 Klammern.

1. Bl. 1ᵃ—180ᵇ: Geschichte der hl. Birgitte nd.[1]), nach

---

[1]) Ein Exemplar des nd. Druckes der Birg.-Legende (Lübeck 1496) ist zugleich mit den Handschriften aus dem Convent an die Stadtbibl. gekommen.

dem lat. Compressus canonizacionis sanctae Byrgyttae (vgl. Vorrede Bl. 4ᵇ). — *Hir begynet de vorrede van deme leuende Der hilgen vrouwē vn vorstynen Sunte Birgitten.* — Bl. 5ᵃ: *Hyr begynet syk dat erste bok van deme leuende der hilgen vrouwen sunte birgytten Der werden brut xp̄i ene vorstyne van swedē dat erste Cap.*

a) Bl. 5ᵃ—86ᵃ: Buch I (Leben), 62 Capp.

b) Bl. 86ᵃ—137ᵃ: Buch II (Wunderwerke nach dem Tode) 34 Capp., Cap. 34 fälschlich als 33 bez.

c) Bl. 137ᵃ—180ᵇ: *Hir begínet syk etlike reuelaciones de vnse here got heft geapenbaret sunte birgittē* etc. = Auszüge aus dem 6. und 7. Buche des Compressus canonizacionis. — Eine andere Hs. der nd. Birgitta-Legende ist in Berlin, Kgl. Bibl., Arnswaldtsche Sammlg. No. 3133 in 8°, vgl. Reifferscheid, Nd. Jb. 9 (1883) 134 f., ein Bruchstück in Kopenhagen, Univ.-Bibl. Arnamagn. Saml. 79 in 8° (Katalog II, 381). Ueber nd. Drucke vgl. Klemming, Birgitta-Literatur 1883, p. 39—41.

2. Bl. 181ᵃ—233ᵃ: *Hir begínet syk vrowen kateryne leuent Dede en dochter was Der hilgen vrowen sunte byrgytten der vorstyñen.* Anf.: *Kateryna de was erwerdich vn gode leff.* — Bl. 215ᵇ beginnt eine andere Hand. — Bl. 233ᵇ—234ᵇ leer.

3. Bl. 235ᵃ—238ᵇ (andere Hand): *Hir begyne ene schone wyse ener ghestliken brutlacht wodanewys dat xp̄s Jhs de sone godes syk vortruwet myt der junyghē sele.* Anf.: *Uppe ene tyd also ene inncurowe in ereme bede was Do wart se denkende Wo vnse leue vrouce Maria vnde andere iñcurowen hadden gode ghcoffert ere kuscheit* etc.

4. Bl. 238ᵇ—256ᵇ (andere Hand): *Dyt is van deme bome der ghestlikē Iñicheit* (mit seinen 7 telgen). Anf.: *Na deme also dar secht de meyster van den hoghen synnē yn synēme anderen boke.*

5. a) Bl. 257ᵃ—258ᵇ: *Dit van ener vrouwen.* Anf.: *Dat was en meyster yn der gotheit de quam in ene stad dar quam en vrouwe to eme . . . . . vn begerde den meyster to sprekende.*

b) Bl. 258ᵇ—262ᵇ: ein zweites Gespräch dieser frommen Frau mit Christus.

6. Bl. 262ᵇ: *Wat is in deme lydēde dat machme merkē.* Anf.: *Dat en yewelk mysche de syk ouet in deme lydende vnses leuē herē* etc.

No. XI: 108 Bll. Pap. in kl. 4°. 15. Jh., erste Hälfte. Lederband mit Spuren einer Spange. Kirchengebete für das ganze Jahr, mit Weihnachten beginnend. Angehängt:

1. *de Sequentien dede komen in deme gantsen jare*, mit Weihnachten beginnend.

2. *Eyn schone beth van Sunte Annen.* Subscriptio: *Si tu scriptoris nomen scire velis, Gher primo ponis, in medio her sociabis Et dus addatur. Qui scripsit, ita vocatur. Euergog verte: Agnomen habebis aperte* (= Gherherdus Gogreue).

Am Anfange der Hs. 2, am Schlusse 5 leere Blätter.

No. XII: 213 Bll. Pap. in 4⁰. Anf. des 15. Jh. Lederband mit 2 Klammern. Auf der Rückseite des vorgebundenen Pg.-Schutz-Blattes ein poetischer Erguß des Schreibers in künstlichen Reimen[1]):

Mylde Jhesu stade, dem de dyt makede gnade
Vorghyff em drade, cryst al syne sundege dade
Argh van em kere de makede dyt dyner ere
Angst van em vere, gyft trost em dogede mere
Dorch marter dyne, vorgyff em schuld vn̄ pyne
Vor sunde syne, nym guedige god bede myne
Icht en bewore, syn vlesch werld duncle thore
Nicht en vorstore, vor en myk twyd vn̄ hore
En du beschure, vor helleglod veghevure,
Ghyff em to sture dyn blod dod martere dure.

Auf Bl. 213ᵇ finden sich die Eintragungen folgender Besitzer: (links oben) *Otte vam Campe ē possessor huius libri de mon francisci b.* — (rechts oben) *Iussie van Gneißen hordt dit bock* etc. — (in der Mitte) *Katharyne Vann* (?). — (darunter) *Cathryne Krumelingh hort dyt bock tho* etc.

1. Bl. 1ᵃ—120ᵇ: Gebete f. d. ganze Kirchenjahr von Advent bis zum Tage der Kirchmesse. Bl. 32ᵃ—34ᵇ ist wieder ein Gespräch Gottes mit der innigen Seele eingelegt (vgl. oben p. 103). Anf.: *O myn eddele creature Zee hir kome ik dyn aller leueste broder* etc.

2. Bl. 120ᵇ—134ᵇ: Gebete an Christus und einzelne Heilige.

3. a) Bl. 134ᵇ—136ᵇ: *Van der kunst to steruende, wo sik en yslik mynsche to steruede schal bereden.* Anf.: *Na deme dat de uthganck desses leuendes vormyddelst deme naturliken dode vele mynschen gheystlik vn̄ werltlik gantz wedder ys* etc.

b) Bl. 137ᵃ—143ᵃ: *Hir na is to merkende, dat de lude in erem lesten zware bekoringhe lyden sunderghen in vyff stucken.* Anf.: *De erste bekoringe ys in dem louen, wente sunte Augustinus secht* etc. — Bl. 142ᵃ ist *de ghemene loue* und Bl. 142ᵇ *En gud ynnich bed* angehängt.

---

1) [Offenbar nd. Nachbildungen leoninischer Verse; vgl. die lat.-deutschen Mischzeilen unten S. 116. Roethe.]

Mnd. Abhandlungen über die Ars moriendi sind zahlreich erhalten, vgl. Wolfenb.-Helmst. No. 655, Bl. 224ᵃ—227ᵃ; No. 1189, Bl. 35—64. 65—74ᵇ. 124ᵇ—145ᵃ. 150ᵃ—151ᵇ; No. 1229, Bl. 181ᵃ—209ᵇ; No. 1251, Bl. 265ᵃ—86ᵃ; No. 1289, Bl. 15ᵇ—55ᵇ; No. 1378, Bl. 41ᵃ—53ᵃ; Wolf.-August. 30, 8.; Emden, Hs. des Josep, an 2. Stelle. Bei dem Mangel näherer Angaben kann ich jedoch zunächst nicht feststellen, welcher Gruppe unser Stück angehört. Weiter unten führe ich noch auf: Lüneburg, Stadtb., Mscr. Theol. in 4° No. 32; ibid., Theol. in 12', ohne Nummer; Hannover, Kgl. Bibl., No. 84ᵃ (Engelhusen).

4. Bl. 143ᵃ—152ᵃ: *Van dem zalighen sunte Johanc ewangelisten twyntich andechtige bede.* Angehängt ist Bl. 152ᵇ—153ᵃ eine nd. Uebertragung der ersten Verse des Evang. Joh.: *Sunte Johansce hilge Ewangelium In principio. In deme amberghynne was dat word, — alse ere desses engheborne van deme vadere, vul der gnade, vnde der warheid, Deo gracias.*

5. Bl. 153ᵇ—157ᵇ: *Dyt is van der entfangynge vnser leuen vrowen* (Betrachtungen und ein Gebet).

6. Bl. 157ᵇ—171ᵃ: Verschiedene Gebete, besonders an Heilige. Darin auf Bl. 167ᵃ—ᵇ eine weitere nd. poetische Uebertragung des Hymnus „Veni redemptor" (vgl. oben p. 94 u. 102): *In deme Aduente xpi eyn louezangh Veni redemptor:*

   Cum des volkes vorloser vnde lat dyk schowen etc. = 7 vierzeilige Strophen.

7. Bl. 171ᵃ—173ᵃ: *Eyn andachtige betrachtinge yn deme du dat hilge pater noster lyst.* Anf.: *Leue mynsche wan du seghst Vader vnse So denk icy de sy den du vader hest.*

8. Bl. 173ᵃ—177ᵃ: Gebete.

9. Bl. 177ᵃ—178ᵃ: *Eyn ander kunst van dem steruēde. Ancelmus de Erbare lerer seryuet, dat men aldus vraghen schal eynemc kranken mynschen.* — Vgl. von den oben angeführten nd. Bearbeitungen Wolf.-Helmst. 1189, Bl. 124ᵇ—145ᵃ und Aug. 30, 8.

10. Bl. 178ᵃ—179ᵇ: einige kurze Gebete.

11. Bl. 180ᵇ—187ᵃ: *Eyn mylde betrachtinge der None stunde dar x̄p̄c̄ vnse here ane starff.* Anf.: *Andechtige betrachtinge mynes medelydenden herten bekümerd sik here ihesu x̄p̄c̄ gherne myd der zaligen nonestunde* etc.

12. Bl. 187ᵇ—188ᵇ: *Van den zeuen worden de x̄p̄c̄ sprak in deme lesten daghe synes leuendes.*

13. Bl. 189ᵃ—190ᵃ: Gebete. — Bl. 190ᵇ—193ᵇ leer.

14. Bl. 194ᵃ—211ᵇ: *Hyr beghynnen vele schoner lere, De merke*

en yewelk, dede gherne zalich were Int erste van othmodicheid. Anf.: *Rechte alse homod is ene wortele vnde beghyn alles quaden, Also is othmodicheid en beghyn alles guden.*

No. XIII: 289 Bll. Pap. in 4°. Anf. des 15. Jh. Lederband mit 2 Klammern. Die von Walther beschriebenen Pg.-blätter des Einbandes und der aufgeklebte Kupferstich sind jetzt herausgenommen.

1. Bl. 1ᵃ—69ᵃ: (Passio Christi). *Extendit manū et arripuit gladiā et ȳmolaret filiā. gen. he reckede et de hant en tōch dat swert, dat he den sone dode. Van dem lidende vnses heren sprikt Augustinus: Cristus nam an sik al vnze ghebrecke* etc. — Bl. 1ᵃ—2ᵃ enthält die Einleitung, in der die Aussprüche der berühmten Kirchenväter über das Leiden Christi citiert werden. — Bl. 2ᵃ: *Desse hilghe marter de heuet de scrift alzus an: Cristus do he by na dre vn dortich iar olt was Do ghink he va galilea tho icruzalem* etc. — Bl. 69ᵃ: *Explicit passio dni nostri Jhesu xpi Et sic est finis.*

Mnd. Passiones Christi mit dem gleichen Anfang finden sich in Wolfenb.-August. 23, 22 in 4°, Bl. 305 ff. (Scheller No. 214, pag. 47; Lübben, Nd. Jh. 6, 72); in Wolfenb.-Nova 1135 in 4°, Stück 1 (Lübben, a. a. O. p. 69); in Hildesheim, Josephinum No. 43 (Müller S. 11, No. 38) und im Haag, Kgl. Bibl. No. C. 5.

2. Bl. 69ᵇ—70ᵇ (andere Hand): Nd. Gedicht „Maria am Kreuze." Anf.: *(M)Aria by deme cruce stunt bedrouet in eres herten grund Vul clage was ere sote mund Van ihesu in deme cruce vorwund Er zele de was dor ghegoten Mid suchtende vnd myd weemode besloten* etc. 74 Verse. — Bl. 70ᵇ, Zeile 2—72ᵇ leer.

3. Bl. 73ᵃ—77ᵃ: Gebete an Maria; No. 1 gereimt: *Grotet systu moder vnde maghet De scrift heft vele van dy ghe saghe[s]t Grotet sy dyn kusche reyne lif Du byst ghebenedict bouen alle wif* etc. = 78 Verse. — No. 3 zeigt am Anfange Spuren des Reims: *Maria erlike keyserynne Ik grote dyne hilighen ryf zynne* etc.

4. Bl. 77ᵇ—289ᵇ: Die Perikopen, vom 1. Adventsonntag bis zum Text der Kirchweihe. Am Schlusse fehlen einige Blätter; nur ein kleiner Teil des Ganzen ist rubriziert; verschiedene Hände haben daran geschrieben.

Anm.: „Mit dem Liber missalis secundum ritum eccl. Hamburg. des Albert Krantz von 1509 stimmt die Handschrift insofern nicht, als sie das Commune sanctorum, die Evv. der Heiligentage, nicht wie das Missale gesondert am Schlusse giebt, sondern, soviel der fast durchgängige Mangel an Ueberschriften und Rubricierungen erkennen läßt, an den einzelnen Zeiten des Jahres." Walther.

No. XIV: 153 Bll. Pap. in Fol. zweispaltig. 1434. Lederband mit ursprünglich 2 Klammern, jetzt nur einer.

Nd. Perikopen-Sammlung. Vorne defect, beginnt Bl. 1ᵃᵃ mitten im Evang. vom jüngsten Tage (= 2. Advent-Sonntag): *vlódiger spyse vnd myt*, und schließt mit dem Kirchweih-Text von Zachaeus. *Et sic est finis pro quo laudetur Marie filius*. Erst darauf folgen die Evv. des Commune sanctorum. Schl. (Bl. 152ᵇ*): *Deo Gracias. Ffinitus est Liber iste p͞ me Leonem de Ratingen Sub anno dn̄i M° CCCC° XXXIIII° In vigilia Johes Baptista etc.* — Letztes Blatt leer.

Der Text der Perikopen ist nicht, wie in No. XIII, einfach übersetzt, sondern mehr oder minder ausführlich paraphrasiert.

No. XV: Unter dieser Nummer sind einige Druckfragmente und 26 beschriebene Zettel und Handschriftenreste vereinigt, die sämtlich aus den Handschriften und Büchern des Conventes herausgenommen sind und jetzt in 9 Couverts aufbewahrt werden. Ihr Inhalt ist unbedeutend; zumeist sind es kurze Gebete oder Bruchstücke aus Passionsandachten, No. 2, 3ᵇ und 11 Reste von Rechnungen, No. 21ᵃ und 23 gar einfache Mietplakate. Ich hebe das Wichtigste heraus:

1. Poetische Form hat nur No. XV 5: Pap. 7,5 × 11,5 cm; aus Conv.-Hs.No. V. Nd. Spruch:

Och wat de sere dualet de en͞e | anderen syn herte bewalet,
synen syn to deme keret | De syner nycht begheret.
ach wat mach mer herte tobrek͞e | Wen lef to hebben v͞n nycht
to sprek͞e.

2. No. XV 8: Pap. 11 × 7,5 cm; aus ders. Hs.: *Id weren V meistere to samende v͞n seden van goder lere; de erste meister sede en ynwendich sucht͞e v͞me de sunde vn͞ e͞me de vorlaren tyd were beter dem mynschen v͞n gade leuer, wen XXX salter gelesen ane andacht. De ander meyster: en ynwendige begerynge v͞me beter to werden, wen de mynsche jo ton (!) is, hyr v͞me wyl go(d) vorgeuen XXX yar gestetter bote de en mynsche bern͞ scholde. De III meyster: en vnnutte gesychte vppe de creature na gelaten dorch got is gade leuer v͞n dem mynschen nutter, wen efte he fastede VII yar to water v͞n brode yn vorkerder andacht.*

Vgl. die ähnlichen Stücke bei Lübben, Mitt. p. 25 und p. 7 (v. 114 ff.).

3. No. XV 14 und 20: 2 Blätter eines und desselben nd. Gebetbuchs in 12°; Pap., aus Conv.-Hs. No. I. — Die Blätter enthalten Passionsandachten: *(W)en de klocke vyue sleyt efte v͞me de tydt, so dencke wo d͞y vorloser wart gebracht vor pylat͞a* etc.

Aehnlichen Inhalts sind No. XV 1; 17; 18.

4. No. XV 24: Ein Doppelblatt Pap., an das ein Bl. eines Druckes angenäht ist. 10,5 × 7,5 cm, aus einem Buche des Convents. Das Doppelblatt enthält ein vollständiges Beichtformular in 8 Absätzen, unter dem Titel: *De VIII stucke der salycheyt.* Anf.: *Dat ik nycht byn gewesē van eneme armen gheste, van eneme otmodyghen harten* etc., — *dat is my leth.* Das gedruckte Blatt enthält nd. Gebete an Maria.

5. Von weiterem Interesse ist No. XV 6 (aus Hs. des Convents No. V), ein Briefchen, das uns einen hübschen Blick in das Bücherwesen des Convents thun läßt: *Wetet leue yūcfrouwe metken dat yk juw sende by hyldebrande den speyghel der sammitticheyt effte dat bock der consciencien Vnde bidde juw vrülliken dat gy vppe my nicht willen quaet wezen, wente yk konde id nicht eer gheschikkē, de bocke weren vnghebunden, de bokebinders werē vuleddich mit anderen grotē boken de se bunden, dat se my so drade nicht konden helpen, Darūme so moste ik na en beyden, wēte so lange dat se eer ghedaen hadden. darūme leue jūcfrouwe syet nicht quaed vp my, ik hebbe id nicht anders konen gheschikken. Nu nicht meer wen hebbet vele guder nacht* etc.

Aus derselben Handschrift ist auch die kurze Notiz von No. XV 7: *byddet vor eggert meyger, vor ylseben syne husfrouwen vn vor syne vorstoruen kyndere.*

6. No. XV 21 endlich, aus einem Buche des Convents, zeigt auf der Vorderseite nur die Worte in Fracturschrift: *Dit hus is to hure*, und enthält auf der Rückseite das Concept eines nd. Briefes aus Hamburg von 1517. —

Mit den Handschriften des Convents zu einer Gruppe vereinigt sind ferner 3 Handschriften **aus der Bibliothek des Pastors Dr. Kunhardt (1871)**, und eine 4. Handschrift, ohne nähere Bezeichnung ihrer Herkunft. Ich schließe sie hier als No. I—IV an:

No. I: Pap. in 8°. Ende des 15. Jh. Holzdeckel mit gepreßtem Lederbezug. 2 Klammern. Auf dem Rücken die alte Sign. CXXIIX.

Nd. Gebet- und Andachtsbuch. Vorangeht ein Kalender von 11 Bll. Dann:

1. a) Bl. 1ᵃ—26ᵇ: *Hir beghynt dat auent ettent vnses leuen heren ihū cristi* etc. Anf.: *Vor deme daghe des festes to paschē. Ihūs wuste dat syne stunde ghekamen was* etc.

b) Bl. 26ᵇ—63ᵇ: *Hir beghynt dat lydent vnses leuen heren ihū cristi na den ver ewangelisten ghesettet yn eyne passien. Johānes. Do Jhesus desse wort gespraken hadde vn gode loff gesecht Do gynck he rth myt synen yunghere*. Schl.: *Deo gracias. Hir endeget dat lydent vnses leuē herē ihū xpi na deme texte der vere ewangelisten. na deme geschreuē synne. gescreuen yn eyn. to der ere gades. vn salicheit der selen. Des hebbe god ere. Vn ewich loff.*

Vgl. die ähnliche Passio in der Hs. aus dem Convent No. IV, Bl. 200 ff. (oben p. 99).

2. Angehängt sind Bl. 64ª—77ᵇ Gebete auf das Leiden Christi. Bl. 69ᵇ: *Hir beghynnet sick de salter Sancte Bernhardus. van deme lydende cristi. Vnde dar mede kumstu vp den berch Caluarie.*

3. Bl. 78ª—101ª: *Hir na volghet de gheistlike kosynghe myt ihum des hillighen vaders sāte ancelmy. en byschoppes.* Anf.: *O Jhesu der hillighen konynck to dy hebbe ik rede van der leue dristicheit.* — Schl.: *vn eyn vast rike blyuēde yn ewigher ewycheit Amē.*

4. Bl. 101ª—119ᵇ: *Sunte Ambrosius rede van der hoghelaueden jūcfrouwen marien*. Anf.: *Alle creature grot maket de moder des schippers.* — Schl.: *deme lof vn ere vn dancknamycheit sy jn ewygher ewicheit. Amen.*

5. Bl. 119ᵇ—123ᵇ: *Hir na steyt ene Sequencie van vnser leuen vrouwē. vn men list synghet en me holt se ock in sāte Annen myssen. Vn beghynet aldus. Salue proles dauidis. to dude.* Prosa.

6. Bl. 123ᵇ—125ª: *Dyt leset vort van der bort der juncfrouwen marien. Item yd hefft gedichtet vn gesettet de hillighe vader vn grote lerer Sancte Gregorius* = prosaische Uebertragung eines Hymnus des hl. Gregor: *God grote dy moder des beholders* etc. Angehängt sind 2 Gebete an Maria, auf deren zweites Papst Alexander VI. am Osterfeste 1494 reichen Ablaß gesetzt hat (Bl. 127ª).

7. Bl. 128ª—136ᵇ: *Hyr begynnet eyn suuerlik krensken van der werdegē hillighē vrouwen vn moder sante Annen.* Bl. 135ª—136ᵇ enthalten ein Reimgebet an die hl. Anna: *O Anna du bloyende godes angher Du bist kusch vruchtbar vn swanger* etc. = 7 sechsz. Str.

8. Bl. 137ª—157ᵇ: Gebete auf die Auferstehung Christi, und andere Gebete. Subscr.: *Orate deō pro me.*

9. Bl. 158ª—167ᵇ (andere Hand): *Dyt is sancte bernardus auent bedeken dat he suluen gemaket hefft*; und andere Gebete, das letzte *yn voruolgynghe der trybulacien vnde yn wemode der not des anxtes.* — Nach Bl. 167 sind 3 Bll. ausgerissen.

10. Bl. 168ª—179ᵇ: *Hir beghynt en gebeth Des aller hogesten lerers Jeronymy dat he schrifft to rusticum dem hillighen māne.* — Bl. 180ª leer.

11. Bl. 180ᵇ—213ª (andere Hand): Begräbnis-Gebete; und andere Gebete, u. a. von *Jeronimus, Tomas van aquyno, s. Kathryna van Senis.*

12. Bl. 213ᵇ—230ᵇ (andere Hand): *Wo men sik dre daghe bereden schal to gades lychame* (—214ᵇ) und Abendmahlsgebete.
13. Bl. 231ᵃ—239ᵇ: Gebete an Maria. — Bl. 240 leer.
14. Alter Druck: *Van der pestilēcien* (ohne Ort, Jahr und Drucker) = Gebetbuch f. d. Zeit der Pestilenz.

No. II. 391 nicht bez. Bll. Pap. in kl. 8⁰. 15. Jh. Holzdeckel mit gepreßtem Leder überzogen. Spuren von 2 Klammern. Auf dem Rücken die alte Sign. CLXXXIII.
Nd. geistl. Miscellanhs.
1. Bl. 1—14: Kalender. — Bl. 15 leer.
2. Bl. 16ᵃ—21ᵇ: Gebet mit ausführlicher erzählender Nachschrift.
3. Bl. 21ᵇ—22ᵇ: *ymnus Que terra* in pros. nd. Uebertragung. Bl. 23—26 leer.
4. Bl. 27ᵃ—137ᵇ: *Hyr beginnet de betrachtinghe sante bernardus. to deme ersten van deme inwendigen mynschen.* Anf.: *Uele luden weten vele, me sik suluen weten se nicht.* — Schl.: *Hyr endeget sunte bernardus meditacio efte trachtȳghe gade sy lof vn ere.* — Bl. 73ᵃ Z. 5 beginnt eine 2. Hand, die auch schon Bl. 68 u. 69 geschrieben hat. Bl. 84—85 leer. Bl. 133ᵇ verworfen.
5. Bl. 138ᵃ—151ᵃ: *Dit is Sancte augustinus psalter den he seryuen let yn syner latesten krankheyt do he staruen scholde* etc. (= Gebete).
6. Bl. 151ᵃ—170ᵇ: *hir na volgen de teyen psalmē de vnse leue here īhus xpe in dē cruce las vn het de psalter xpi*. (= Gebete).
7. Bl. 170ᵇ—209ᵃ: *hir begynnet syk de psalter sinte bernardus van deme lydende xpi dar mede kumpstu vp den berch caluarie*, vgl. No. I, Bl. 69ᵇ (oben p. 112); u. a. Gebete (Bl. 180ᵃ ff.).
8. Bl. 209ᵃ—302ᵇ: Die Leidensgeschichte Christi nach den 4 Evangelisten erzählt.
    a) Bl. 209ᵃ: *hir na volget dat auentetent vn de sermon vns leuē herē*. Anf.: *Uor deme hochtydelike dage passchen: Jhs wuste, wente syne stunde kamē was, dat he scholde gan va desser werlde*.
    b) Bl. 230ᵇ: *Dit is dat lydent vnses herē ihu xpi also Sancte Matheus bescrift: Jhesus de sprak to synē jungeren Gy scholen weten dat na twen dage wert passchen*. Vgl. Bl. 253ᵃ (Markus); Bl. 270ᵃ (Lucas); Bl. 288ᵇ (Johannes. Anf.: *Jhesus gynk vt myt synen Jungerē auer den sprink to cederon*).

Vgl. die ähnliche Passio oben p. 99. — Bl. 303—308 leer.
9. Bl. 309ᵃ—380ᵃ (andere Hand): *hyr volghet söte augusti-*

nus hatbock dat he altyt plach by syk to hebbede vn is ghās marklik vn dep van sȳnen vn sante augustinus hefft id suluē maket. || *de vorrede augustinus. Wante wi in den myddele der stricke gesct syn, so vorkolde wy lichtliken vā der hemelscher begheringe, warōme wy stedeliken bewaringe behouen* etc. = 37 Capitel. Schl.: *Hyr eyndet Sāte Augustines vnses hylgen vaders syn hantbock. god Sy dar van gelauet Eyn aue maria vor den schariuer(?) ī̄m Jhesus willen. A—M—E—N.*

Vgl. über andere mnd. Fassungen des Werkes oben S. 104. — Bl. 380ᵇ—383 leer.

10. Bl. 384ᵃ—391ᵇ (andere Hand): Gebete.

No. III: Pap. in kl. 8°. Anfang des 16. Jh. Weicher Lederband. Auf dem Rücken die alte Sign. CXXII.

Nd. Andachtsbuch.

1. Bl. 1ᵃ—60ᵇ: ein sehr ausführliches Kalendarium, das wohl verdiente, als Muster in seiner Art abgedruckt zu werden. Unter den zahlreichen Anhängen des Kalenders führe ich nur die beiden letzten auf:

a) Bl. 52ᵇ: *De regherynghe der XII tekene*, kurze physiognomische Bemerkungen. Anf.: *De Buck regeret dat ghantse houed. Dat antlath vn de oghen.*

b) Bl. 52ᵇ—60ᵇ: *Ene lere wo sick de ouersten hebbē scolē to sick ēn to eren vndersaten Merket see woll an.* Anf.: *Eyn yeweclick ouerste dede vndersaten heft to regeren* etc. — Schl.: *wente hee in allē dynghen alletyd de beste ys. Dat ys waer ane twyuel. Deo gracias.* — Bl. 61—62 leer.

2. Bl. 63ᵃ—141ᵃ (andere Hand): *Hyr gheyt an de psalter van vnser leuen vrouwen den schalmē gherne lezen vā des herten grūt.* Es sind genau 150 Abschnitte (Psalmen), alle an die Jungfrau Maria gerichtet. Dasselbe Werk mnd. auch in Wolfenb.-Helmst. 1274, Bl. 1—129ᵇ, aus dem Ende des 15. Jh.

Angehängt ist dem Psalter in unsrer Hs.:

a) Bl. 134ᵇ: *De letanya*, nur an Maria.

b) Bl. 139ᵃ: *Oratio* = Reimgebet an Maria. Anf.: *Ghegrot systu alderhilgeste moder der ewighen salicheit eyn blome vn eyn rose der godliken schoenheit des ewighen daghes morgenrot vn schyn aller claerheit eyn hēmelsch robyn* etc. = 58 Verse. Bl. 141ᵃ die Subscriptio: *Anno dn̄i MVᶜXVII frater Michael Campis professus in Segeberghe scripsit. Orate pro eo.* — Bl. 142—143 leer.

3. Bl. 144ᵃ—159ᵃ (erst nachträglich in den Codex eingeheftet, von anderer Hand): *Hyr begynet syck eyn gebeth dat sancte augusti-*

nus gemaket heft vn is genomet der engele beth vnde me schal it lesen wenme tho deme hilgen sacrimente gan wil efte weset heft gade tho laue vn to eren. — Bl. 159ᵇ leer.

No. IV: 274 Bll. Pap. in 8⁰. 15. Jh. Holzdeckel mit Lederüberzug. 2 Klammern. Auf den Deckeln die Inschrift *help got* und je 6 Bildchen der Chimaera eingepreßt.

1. Bl. 1ᵃ—234ᵃ: Gebetbuch für das ganze Kirchenjahr, vom 1. Adventsonntage bis Allerheiligen. Darin unter den Weihnachtsgebeten ein Gespräch Gottes mit der innigen Seele, wie oben p. 102 f.

2. Bl. 235ᵃ—269ᵃ (von anderer Hand): *Dit is van den blomen dat hir na volghet, vn dat hefft ghemaket eyn kartuser dat les gerne.* Anf.: (*N*)*Ach begheringe (der) salicheyt juwer zele so hebbe ik ghedacht dat ik juw screue behende kostel dink vte der hilge scrifft* etc. Ein geistlicher Tractat, der nach einer Einleitung sofort ganz in Gebete aufgeht. — Bl. 269ᵇ—274ᵇ bis auf Federproben leer.

Weitere so compacte Gruppen mnd. Handschriften, wie die bis jetzt besprochenen, besitzt die Hamburger Stadtbibliothek nicht. Ich habe deshalb die Hss. des Convents und die sich ihnen anschließende Gruppe vorangestellt und werde nun die großen Abteilungen der Hss. der Stadtbibliothek überhaupt auf ihre mnd. Bestandteile hin durchmustern. Allgemeiner bekannte Hss. werden nur kurz aufgeführt.

Abt. A: Scrinium.

No. 20b in Scrinio: 78 Bll. Pg. in Fol. Gepreßter Lederbd. mit Spuren von 2 Schließen. Diese Hs. ist besprochen von Joh. Joach. Rasch, Fortgesetzte historische Beschreibung der öffentlichen Kirchen-Bibliothek zu St. Jacobi ... (Hamburg 1755) pag. 19—21.

Nd. Collectenbuch der St. Jacobikirche zu Hamburg von 1553.

Bl. 2ᵃ (rot): *Anno Domini XV⁰ vnd LIII hebbenn de Ersamen herenn vnd Schwaren der karcken Sancti Jacobi binnen Hamborch .. .... Dith Boeck, vth vorderinge vnd begerte des Achtbaren vnd werdigen herenn M: Johan Boedeker, pastorenn obgemelter karckenn dorch eren dener vnd schriuer Jacobus Schultenn schriuenn lathenn.*

1. Bl. 3ᵃ: *Exhortatio edder Vormaninge vor dem Altare.*
2. Bl. 5ᵃ—48ᵃ: die Episteln nd.
3. Bl. 49ᵃ—53ᵇ: *Formula desponsationis* nd.
4. Bl. 54ᵃ—70ᵃ: *Volgenn de Dudeschenn Collectenn* etc.
5. Nachträge von etwas jüngerer Hand: a) Bl. 71ᵃ—72ᵃ: Episteln. — b) Bl. 72ᵇ—76ᵇ: *Forma ordinandi ministros uerbi in Ecclesia celeberrimę urbis Hamburgae.*

6. Nachträge von viel jüngerer Hand: a) Bl. 77ᵇ—78ᵃ: Epistel auf den 28. Sonntag n. Trin. b) Bl. 70ᵃ⁻ᵇ: Nachtrag zu den Collecten.

No. 89 in Scrinio: 236 Bll. Pap. und 3 Bll. Pg. in 4°, z. T. sehr lädirt. 1314. Aus Uffenbachs Bibliothek, vgl. Biblioth. Uffenb. Universalis, Tom. III (Francof. a. M. 1730) p. 92 und Catalogus Mscr. Codicum Bibliothecae Uffenb. (Francof. a. M. 1747) p. 19.

Die Handschrift ist sehr ausführlich von Uffenbach beschrieben in der Bibl. Uffenb. Mssta (Halae Hermund. 1720) Pars IV, Sp. 63—78, kurz u. mangelhaft im Anz. f. Kunde d. d. MA. 2 (1833) 47 f. Sie enthält das Magdeburger Stadtrecht, den Sachsenspiegel (= Homeyers No. 308 [Bh], zur Classe I [ohne Büchereinteilung] gehörig) und das s. g. kleine Kaiserrecht. Uns kommt es hier nur auf die kleineren nd. Gedichtchen und Sprüche an, die der Schreiber der Handschrift auf S. 1—4 und S. 476 eingetragen hat; sie sind wie die Rechtsbücher selbst in einer ndrh. gefärbten Mundart geschrieben. Das in der Subscriptio des Sachsenspiegels genannte Paffendorf liegt zwischen Cöln u. Jülich, im Reg.-Bez. Cöln, vgl. Westdeutsche Zs. 1, 405. Die Eintragungen auf S. 1—4 druckt Uffenb. Sp. 63 f. alle ab bis auf die folgenden beiden:

S. 3 Spr. e) *Qui plus vult zerē quā suā ploech kun gceren,*
Tāc sequitur stelē et postea der galge beuelen

und S. 4 Spr. b) *Wir syn hie geste*
Inde burēn groesse reste
Mich wundert dat wir neit murēn,
Due wir execlich soelē duren (wiederholt S. 476 Spr. g).

Zu S. 3 a) *Munera da sūmis. sy machē recht dat dar krū is*
Qui caret hic nūmis. en hilpt in neit dar (l. dat) *hie vmb (is)*

und S. 3 c) *Qui dare scit nūmus. de macht recht. dat due krūp is*
Qui caret nūmus. de en douth neit. wat hic vrōe is

vgl. die nd. Fassung aus einer Hs. der Oldenburger Bibl. im Nd. Jb. 4 (1878) 27, dazu Bartsch Nd. Jb. 5 (1879) 55; ferner nfr. in der Hs. der Erkelenzer Stadtchronik bei Eckertz, Fontes adhuc inediti rerum Rhenanarum 1 (Köln 1864) p. 148.

Zu S. 3 d) *DIe ein Stat soelē regieren*
Die soelē dese pūtē hantieren etc. = 18 Verse,

vgl. die nfr. Fassungen in einer Hs. des Weseler Gymnasiums, bei Frensdorff, Dortmunder Statuten u. Urteile, in den Hansischen Gesch.-Quellen III (1882) p. 256 u. 257 (vgl. 255). Aehnliche Sprüche sind auch abgedruckt von Eggers im Deutschen Magazin 1795, 10. 27—29 (vgl. unten eine Hs. der Hamburger Stadtbibl.,

Hamburgensien II, 18): *Wultu eine Stadt regeren* etc., und von Lisch, im Mecklbg. Jb. 27 (1862) 278—79 aus dem ältesten Stadtbuche der Stadt Ribnitz: *Bistu Stad Reghementes man* etc.

Die auf S. 476 eingetragenen 7 Sprüche von zusammen 28 Z. sind abgedruckt an der oben erwähnten Stelle des Anzeigers f. K. d. d. MA. (Z. 1 lies *roemsche*, Z. 3 *vurwaer*, Z. 18 *large = lange*). Spruch S. 476 g = S. 4 b.

No. 102c in Scrinio: Das s. g. Hartebok, die bekannteste Sammlung mnd. Gedichte.

No. 146 in Scrinio: 148 z. T. sehr lädirte Bll. Pap. in 4°. 1474. Aus Uffenbachs Sammlung, vgl. besonders Bibliotheca Uffenb. Mscr., Pars IV (1720), Sp. 40—43.

Bruder Philipps Marienleben in einem hd.-nd. Mischdialekte. Außer der Beschreibung in der Bibl. Uff. vgl. J. F. Schütz in Eggers Deutschem Magazin Bd. 8 (1794) p. 575—92 und Rückert in der Ausgabe des Gedichtes p. 282 f.

No. 151b in Scrinio: 204 Bll. Pg. in 8°. 15. Jh. Moderner Lederband mit Goldschnitt. Auf dem Rücken der Titel: *Catholisches Geb.Buch MStum*.

Auf Bl. 1ᵃ sind folgende Besitzer eingetragen: *1526. (?) beatu Wytyck. — Elizabeth Witikes virgo pulcherrima, filia Dorothiae Witikes foeminne venustae et politae. Anno 1543 nata est. — maria magdalena Kratzenberg. — M. Jo. Carolus Koken 1758.*

Nd. Osterbrevier.

Bl. 2ᵇ: *In dem alder vrolikeste goldfletende Pasche auede de dar is ey klang der hemelschen vroude* etc. Die Hs. ist ganz deutsch, scheint sich aber in ihrer Anlage an die lat.-nd. Osterbreviere anzuschließen, die wegen der in ihnen enthaltenen Reste nd. geistlicher Lieder bereits häufiger angezeigt worden sind, vgl. die Zusammenstellung unten zu Hannover, Kgl. Bibl., No. 74 u. 75.

No. 157 in Scrinio: 228 Bll. Pg. in gr. 8°. 15. Jh. E legato Goezii. In mod. Lederbde m. Goldschn. Auf dem Rücken steht: „Psalter Niedersächsisch Handschrift". Diese Hs. ist ausführlich besprochen bei Joh. Melchior Goeze, Fortsetzung des Verz. der Sammlung ... v. Bibeln p. 179—183.

Bl. 1ᵃ: *Dyth boeck horet Mester Caspers frouwen, vnde eren kynderen.*

Bl. 3ᵃ beginnt der Psalter, mit kurzen orientierenden Einleitungen zu jedem Psalm. Anf.: *Synte Augustinus sprikt dat de salter nicht allene to sprikt dem vtwendighen mynsche Men ok dem inwendighe myschen* etc. — Schl.: *hir endighet sik de salter.*

Es folgen als Anhänge:

a) die Lobgesänge des Ezechias, der 3 Jünglinge im Feuerofen, des Zacharias, Mariae, Symeons, Hilarius (= Te deum laudamus); der Athan. Glaube. — Subscr. (Bl. 216ᵃ): *De dit bok hefft ghescreuē de mote mit gode ewichliken leuē. Amen.*

b) nach einem leeren Blatte, von etwas jüngerer Hand: *Hir volgen na de cantica vnde to dēm ersten canticum ysaie des propheten*; ferner die Lobgesänge des Ezechias, der hl. Anna, Moyses (nach der Ueberschreitung des Roten Meeres), Abacucks, Moyses (*do he scholde sterven*). — Ueber andere mnd. Psalterien vgl. Nd. Jb. 17 (1892) 85 (Königsberg); Germania 31 (1886) 126 f. (Luzern); oben pag. 83 f. (Emden). Weiter unten führe ich noch auf: Celle, Bibl. des Kgl. Oberlandesger. C 18; Leiden, Bibl. d. Maatschappij, No. 233; Haag, Kgl. Bibl., C 5; Bruchstücke werden angezeigt von Friedr. Wiggert, 1. Scherflein zur Förderung der Kenntniß älterer deutscher Mundarten etc., Stück 1 (Magdeburg, ist aber md.); im Anz. f. Kunde d. d. Vorz. 8 (1839) 229—32. (Weimar?). Dazu unten Brüssel, Kgl. Bibl. II 573 (ndrh.); Osnabrück, Kgl. Staatsarch., Mscr. No. 20, 1. Ein noch unbekanntes Bruchstück endlich, im Göttinger Stadtarchive, ist mir durch die frdl. Mitteilung des Herrn Archivars Dr. Priesack bekannt geworden.

No. 213 in Scrinio: enthält auf den zum Einbande mitverwandten Pg.blättern die seitdem von Fr. Burg in der Zs. f. d. Alt. 42 (1898) 108 ff. veröffentlichten Hamburger Fragmente einer ndfr. Ursula-Legende.

Zur Zeit verschollen ist die im Katalog des Scriniums auf p. 25 angeführte Hs.: „*De epistolen vn ewangelien va dē som'deile....* Cod. chart. 138 foll. In fine: *Opictus est iste lib. āno dnī Mº CCCº XCº....* Geschenk der Averhoffschen Stiftung durch Herrn Dr. J. Geffcken". Ist diese Hs. etwa identisch mit der von Lübben im Quellen-Verz. zu Bd. V, Sp. XIVᵇ aufgeführten Hamburger Hs. der Perikopen?

Dem Scrinium gehörten bis vor kurzem die jetzt bei den Codd. ms. germ. aufgestellten 3 Handschriften an:

1. Cod. ms. germ. 15, 4: 3 Bll. Pap. in Fol. 2 spaltig. 15. Jh., Ende. Ohne Einband.

Lat.-nd. Glossar. Anf.: *Abstractū ippe affyhctaghen vl dicit gheuryget vel ghcentleddighet vel affghescheyden.* — Schl.: *Zelator eg deghe eg kempe vor rechticheyt Vnde eyn rechtuerdegher.*

2. Cod. ms. germ. 15, 6: Pg.-Doppelblatt in kl. 4º. 14. Jh.

Lat.-nd. und lat.-lat. Glossar, vorn und hinten defect. Anf.: *Perpedichm. snor. Colūpna. i. statua.*

3. Cod. ms. germ. 15, 7: Pg.-Doppelblatt in gr. 4°, nur auf den Innenseiten beschrieben. 15. Jh. Kalendarische Tabellen mit nd. Text (Praktik, Tabelle zur Berechnung des Neumondes etc.).

Das Scrinium enthält endlich eine Reihe der wertvollsten alten nd. Drucke.

Abt. B: Manuscripta Theologica.

Theol. No. 1019 in Fol.: Bl. 1—246. Pp. Schrift des 17. Jh. In orig. Schweinslederband, in dem Reste eines alten lat. Druckes stecken. Einzelne gedruckte Bilder sind eingeklebt, zu ihnen gehören immer hd. Verse. Titelblatt mit kunstvoller Zeichnung:

Eine kleine Eintfoldige Erkleringe der hemeliken Apenbahringe S. Johannis, allen Bedröueden Herten tho Troste, den auerst, so in groter Sekerheit leuen, tho einer hertliken Vormaninge dorch Petrum Höppener, einen eintfoldigen Mundtbaden des hilligen Evangelij kortlich beschreuen.

Die Vorrede schließt Bl. 6ᵃ: *Datum in der hochwithberömbten Erentriken Stadt Hamborch, den 27. Dach Aprilis, Anno Christi 1571.* Darunter in weitem Abstande: *Petrus Hoppener, ein Deener* etc.

Theol. 1055 in Fol.: 178 zweispaltig beschriebene Bll., von denen 35 Pg., die übrigen Pap. 15. Jh. Gepreßter Lederband.

Johannis Cassiani Collationes Patrum nd. Anf. Bl. 1ᵃ: *Hyr beghinnen de Collacien der vaderen. De vorredene: He het Johanes Cassianus de dusse veer vn twyntich vader collacie ghemaket heuet.* Schl. Bl. 178ᵇ: *Dyt bock is gheendet In den Jare vnses leuen heren do men schref MCCCC vn LXXVIII Vp Sante barbaren dach in der suster hues to sunte Agneten berghe in dulmen.*

Ex bibl. Geffcken, vgl. Auctions-Katalog No. 109 (unter den Incunabeln!).

Theol. 1059 in Fol.: Pap. Aus Geffckens Besitze. Geschenk der Frau Dr. Geffcken. Moderne Abschrift eines alten Druckes:

Erklärung der 10 Gebote in nd. Sprache.

Die Abschrift ist nicht von Geffckens Hand, aber für ihn besorgt. Die Blattzahlen der Vorlage sind der Abschrift beigefügt, ebenso sind die Zeilenschlüsse (ca. 33 auf der Seite) markiert. Bl. 1ᵇ der Vorlage enthielt das Register des ganzen Buches, von dem das abgeschriebene Stück nur der erste Teil ist: *Dat register van deſſeme boke·: (I)N deſſeme boke vindt me wo een yslik gud cristen*

mynsche de theyn gebade gades wol vnemen schall na der vthwisinge d'
hilligen schrifft etc.

Bl. 2ª begann: *EEn iungelinck vraghede vnseme heren Christo
Jhesu, wor meede he mochte dat ewige leuent verdenen? Do sprak
cristus* etc. — Mit der letzten Zeile von Bl. 2ᵇ begann das 1. Gebot:
Du schalt louen in enen goth. (Bl. 3ª) *Dat eerste both hefft vns
god de here gegeuē in dessen worden* etc.

Bl. 3ª enthielt, laut Fußnote unseres Codex, zwei Holzschnitte,
und zwar die ersten beiden des Druckes überhaupt. Die Fußnote
lautet: „Bl. 3ª enthält zwei Holzschnitte. Der obere: die An-
betung des goldenen Kalbes; der untere: ein blutiger Regen. Die
Holzschnitte haben folgende Unterschriften:

> *Loue in eenen god*
> *Dat is dat eerste both*∴
> *Men bruck dit both*
> *Dat meer wart bloet roet*".

Ein coloriertes und ein uncoloriertes Facsimile des ersten Holz-
schnittes befinden sich weiter hinten in unserem Codex, aber ohne
die Unterschrift. Auch ein Facsimile der ersten 4 Zeilen von
Bl. 1ᵇ der Vorlage ist der Abschrift beigefügt.

Mit Bl. 23ᵇ, Zeile 10 der Vorlage endigt die Abschrift und
zwar mit den Worten: *ewichliken mit em to bliuende Amen*.

Der hier abgeschriebene Druck wird von Geffcken selbst in sei-
nem Bilderkatechismus des 15. Jh. I (1855) noch gar nicht er-
wähnt; auch sonst hatte ich ihn bisher nirgends verzeichnet ge-
funden. Jetzt aber ist, wie mir Dr. Burg freundlich mittheilt, in
einer Incunabel des British Museum, wenn nicht die Vorlage un-
serer Hs. selbst, so doch ein mit ihr identischer Druck zu er-
erkennen: die von W. A. Copinger, Supplement to Hain's Re-
pertorium bibliogr., Part II, Vol. I (London 1898) p. 264 unter
No. 2648 aufgeführte Incunabel des Brit. Mus. stimmt (abgesehen
von einigen offenbaren Flüchtigkeiten Copingers) in der Titelangabe
durchaus zu unserm Codex und in der Zeilenzahl zu dessen Vor-
lage. Die Incunabel, die unvollständig ist, hat noch 31 Bll. —
Copinger vermutet als Druckort: Lübeck, als Drucker: Lucas
Brandis, als Druckjahr: 1475, während Rob. Proctor, An Index
to the early printed books in the Brit. Mus. etc., Section I (London
1898) p. 173 No. 2665, offenbar dasselbe Exemplar als Rostocker Druck
der Fratres domus horti uiridis ad Sanctum Michaelem verzeichnet.

Theol. 1066 in Fol.: 229 Bll. Pap. von 1411. Aus der Uffen-
bachschen Sammlung.

1. Lectionarium (Episteln) für das ganze Jahr, 2. Harmonia evangelica s. dictorum factorumque Jesu Christi recensio, ex 4 Evangelistarum libris collecta.

Diese Hs. ist nicht, wie der Hamburger Katalog angab, nds., sondern md. Vgl. auch die Beschreibung der Hs. in Bibl. Uffenb. Mssta, Pars IV, col. 34, vol. LV (wiederholt in Bibl. Uffenb. Univ. III, p. 84).

Theol. 1077 in kl. Fol.: 66 unbez. Bll. Pg. Neuer Pappband (das im Katalog als Bl. 1 bez. latein. Blatt ist nicht mit eingebunden). Prachtvolle, große Schrift vom Anfange des 15. Jh.

Auf dem jetzigen Bl. 1ª steht: *Here handell nicht na vnsen sunden.*

Lectionarium der Episteln und andere liturg. Stücke.
1. Bl. 2ª—38ª: Nd. Episteln auf die Sonn- und Festtage vom 1. Advent bis Michaelistag.
2. Bl. 38ᵇ—40ᵇ: Das Credo, nd. mit Noten.
3. Bl. 40ᵇ—42ᵇ: *Exhortacio edder Vormaninge vor dem Altare vam Sacramente an de Communicaten.* Anf.: *Mine alder leuesten, vns werth stedes dorch de predige des Euangelij Christi vorgedragen* etc.
4. Bl. 43ª—56ª: Liturgie f. d. Hohen Festtage, lat. mit Noten.
5. Bl. 56ᵇ—58ᵇ: Das Vaterunser, nd. mit Noten. — Abendmahlsfeier, nd., die Einsetzungsworte mit Noten, dagegen die rituellen Angaben ohne Noten.
6. Bl. 58ᵇ—63ª: Nd. Gebete für d. Festtage.
7. Bl. 63ᵇ—64ª: Lat. Liturgie.
8. Bl. 64ᵇ—66ª: Epistel für den *guden Donredag.*

Blatt 66 ist zur Conservierung beiderseits mit Papier überzogen; auf der Rückseite hatte eine jüngere Hand angefangen zu schreiben, ebenfalls nd.

Theol. 1191. 1194. 1197. 1206 in Fol., sowie 1775. 1781 in 4° sind Krohns Abschriften nd. Drucke des 16. Jh., die sich durchweg auf die Geschichte der Wiedertäufer beziehen. Die Abschriften stammen aus der Mitte des vorigen Jh.

Theol. 1195 in Fol.: Nd. Fassung der Chronik Ertwin Ertmans, in Runges Ausgabe der Chronik (Osnabrück. Geschichts-Qu., Bd. II [1894], p. XXI f.) = *H*; cf. Pertz Arch. VI (1838) 229 unter *Hist. eccl. LXVI.*

Theol. 1479 in 4°: 174 Bll. Pap. und 1 Pg.-Doppelbl. (= Bl. 1 u. 11). 2 sp. Ende des 15. Jh. Ndrh. Moderner Einbd. Aus Geffckens Bibl., Katalog No. 65; vorher im Besitze von „P. V.

Hasak, Cap. Arnsdorfii 1853" (vgl. Vorsetzbl. 2ᵇ), davor von Clemens Brentano (cf. Vorsetzbl. 1ᵇ)[1]).

Zwischen Bl. 1 und 2 fehlt 1 Bl., und am Schluß ein wenig.

Das Bonaventura-Ludolfianische Leben Jesu in ndrh. Dialekt.

Bl. 1ᵃ˙ᵃ: *Hie begynt de vurrede op dat leuen ons heren ihesu xpi.* Anf.: *GEyn ander fundament cyn mach neymant setzen dan dat gesat is. Dat is xps ihus.*

Bl. 11ᵃ˙ᵈ: *Hie endet der prologus. Hie begynt dat leuen vns heren ihu xpe.* Schl. (im Capitel: *We dat der heilge geist gesant wart*): *wan allet dat is in ertrich dat vergeit snellichen als eyn scheme also dat wäne si geledē sint dat schynen off si nye en hauen geweist dur* ‖ Die letzten Worte fehlen.

Andere nd. Bearbeitungen der Vita Jesu in der s. g. Bonaventura-Ludolfianischen Recension sind 1. in Prag vgl. Zs. f. d. Alt. 19 (1876) 93 ff. u. 471; 2. Wolfenb.-Helmst. 1162 (Hein. 3, 87), Bl. 1—270ᵇ; u. 430 (Hein. 1, 335) von 1456. Im Verlaufe dieses Berichtes bespreche ich ferner: 4. Hannover, Kgl. Bibl. No. 237. 5. Zwolle, Emanuelshuizen, No. 12. 6. Amsterdam, Univ.-Bibl., Mollsche Sammlg No. 14. 7. Haag, Kgl. Bibl. V. 22. Dagegen ist die Fassung der v. Arnswaldtschen Hs. No. 3155 (vgl. Reifferscheid Nd. Jb. 10 [1884] 33) mnld. Nicht hierher, sondern zu einer Uebersetzung, die streng dem Texte Ludolfs folgt, gehört die in dem Katalog No. 221 von O. Harrassowitz unter No. 17 aufgeführte ndrh. (nld.) Hs., die genau dasselbe Stück des Ganzen enthält, wie die von Moll, Joh. Brugman II, 41 Anm. angeführte nld. Hs. aus dem Haag. — Unsere Handschrift hat nicht den gewöhnlichen Anfang dieser Bearbeitung, sondern den der Vita Ludolfs. Vgl. überhaupt Moll, Johan Brugman, II (1854) 39—45 u. 262—71 und W. Meyer, Hss. von Göttingen II, p. 397.

Theol. 1547 in 4°: 15 Bll. Pg. 15. Jh., erste Hälfte. In mod. Pappbde. Aus Geffckens Bibl. No. 197 des Auctionskataloge.

1. Bl. 1ᵃ—11ᵇ: (Speghel des sunders). Anf.: *O Myn aller leifte vrunt. wät wi syn ī den weghe der blinder werelt. vnde onse daghe vervarē vnde verghaen.* Bl. 11ᵇ: Subscriptio: *Hyr endet dat boek dat ghcheiten is eyn speghel des sunders ghemaket ryt deme latine als ment best ēn nauwest mochte gheraken* (rot).

Die Sprache des Schreibers, wie sie sich in dieser Subscriptio

---

[1]) Ueber 2 weitere Codices aus Clemens Brentanos Bibl., die Hasak besaß, vgl. Hasak, Dr. M. Luther u. die religiöse Literatur s. Zeit bis z. Jahre 1520 (Regensburg 1881) p. 236.

zeigt, ist nld., im Stücke selbst kommen Formen wie *ryt*, *ende* nicht vor. Trotzdem ist der Einfluß des nld. Schreibers auch im Texte an manchen Stellen deutlich, und es lohnte sich wohl, eine genaue Untersuchung der Sprache unserer Hs. anzustellen.

2. Bl. 11ᵇ (nach einem Zwischenraume von 11 Z.) —14ᵇ: *Van vulkomene penitencie, ryt en bocc dat Rusbroech ghemaket heuet van gheesteliken oeffenenghen* (rot). Anf. (Bl. 12ᵃ): *Uolen ludē dunckt dat sye grote penitēcie doē wānēr sye grote utwendighe harde dinge doen.* — Schl. (Bl. 14ᵇ): *Want nye nyemēt ghchorsamer enwas dan he seluen. Die ghelouet mot syn vn ghebenedyt ewelyc. Amen.*

Bl. 15 leer.

Die Hs. wird kurz angeführt von ihrem Besitzer Geffcken in s. Bilderkatechismus, p. 41 Anm. ***, wo er zugleich einen nld. Druck des „Spiegels des Sünders" anführt (Ex. in Göttingen, Univ.-Bibl.). Ein Irrtum ist es jedoch, wenn auf einem Vorsetzblatte unserer Hs. jemand bemerkt hat, dieser Spiegel des Sünders sei „gedruckt in hd. Sprache zu Augsburg", nach Hain No. 14945—48. Einmal sagt nämlich Geffcken, der Besitzer unserer Hs., im B.-K., Beilagen Sp. 47, wo er die erwähnten Augsburger Drucke ausführlich bespricht, er kenne keine Hs. dieses Werkes; zum andern aber sind es inhaltlich, nach Geffckens Angaben, zwei ganz verschiedene Werke: unsere Hs. nebst dem nld. Drucke wird von G. an einer Stelle aufgeführt, wo er alle Werke, die den Titel „Spiegel" führen und nicht die 10 Gebote behandeln, aufzählt; die Augsburger Drucke enthalten dagegen ein ausführliches Beichtbuch, mit Zugrundelegung gerade der 10 Gebote, woraus Geffcken a. a. O. Sp. 47—80 große Partien abdruckt.

Theol. 1550 in kl. 4⁰: 178 Bll. Pp. 1472. Alter gepreßter Lederband mit Spuren von 2 Klammern. Rücken restauriert. Aus Geffckens Bibl. No. 67 des Auctionskatalogs.

Eȳ speyghel des cristē gholouen, per Ludolfum Gottingen. Die Hs. hat ausführl. besprochen und Bl. 58ᵇ—70 daraus abgedruckt Geffcken in seinem Bilderkatechismus, Beilagen Sp. 88—98. Nur diese Proben sind benutzt von Lübben, cf. Qu.-Verz. zu Bd. V, Sp. XIIᵃ. Vgl. auch Bahlmann, Deutschlands kathol. Katechismen etc., Münster 1894, S. 20—22. Eine 2. Hs. des Werkes habe ich unten angeführt: Leiden, Bibl. der Maatsch. No. 346; sie ist ndrh.

Theol. 1554 in kl. 4⁰: 150 + 97 Bll. Pap. Alter gepreßter Lederbd. Aus Geffckens Bibl., Katalog No. 30.

1. Bl. 1—150: *Marcus van der lyndauwe, de tzyen gebode mitter glossen.*

2. Bl. 1ᵃ—97ᵃ: *Dit is van sente franciscus Ersten gesellen.* Anf.: *Dyt synt de namen van Sente fraciscus gesellen.*

Beide Stücke geschrieben von *broder Johan van Kochem zo den Olyuen bynnen Collen 1509.* Bl. 97ᵃ: *Geendet op sent bartholomius dach Anno dni XVᶜ vnd IX Ind is geschreuen zo der eren gots vnd synre liuer moder maria dorch broder Johan* etc.

Die Hs. wird kurz beschrieben von Geffcken im B.-K. p. 43. Ueber die verschiedenen Recensionen des Werkes des Marcus v. d. Lyndauwe vgl. besonders W. Meyer, Handschriften von Göttingen II, 469 f. u. 379 f. Außerdem das nds. Bruchstück des Werkes, das im Nd. Jb. 7 (1881) 62—70 abgedruckt ist. Von den beiden Fassungen der v. Arnswaldtschen Hss. (vgl. Reifferscheid, Nd. Jb. 10 [1884] p. 21 u. 11 [1885] 106) ist die erste mnld., die andere ndrh. — Eine weitere Hs. des Werkes führe ich auf unter Hamburg, Stadtbibl., Mscr. Theol. 1934 in 4°.

Zu dem Leben des hl. Franciscus vgl. besonders Reifferscheid im Nd. Jb. 10 (1884) 6. Ich führe an nd. Hss. des Werkes an: 1. Stuttgart, Kgl. öff. Bibl., Cod. theol. et philos. in 4°. No. 135 (aus Herzebrock). 2. Berlin, Kgl. Bibl., mir bekannt aus Harrassowitz, Catalog 221, No. 21 in 4°. Bl. 117—203: *Dit synt de namen van sente franciscus gesellen* (ndrh.). 3. Wolfenb.-Helmst. 761 (Hein. I 2, 196 = Scheller, Bücherkunde No. 246): *Van dem leuende vnd den dogenden sunte Francisci.* 4. Die bei Scheller sub No. 249 angeführte Hs.: Helmst. 88. Theol. 4°. *De Vita St. Francisci et sociorum ejus* fehlt bei v. Heinemann, scheint also verloren gegangen zu sein.

Theol. 1584 in 4°: 258 S. Pap. Mod. Pappbd. Aus Uffenbachs Sammlung, vgl. Bibl. Uffenb. Univ. III, p. 638, Vol. LXIX, wo eine dürftige Beschreibung gegeben wird.

Geistl. Miscellanhs., in der neben lat., moselfrk. und rheinfrk. Stücken auch einige ndrh. enthalten sind.

1. S. 1—192: Anonymi opusculum de custodia animae patriae et corporis. Anno 1480 vollendet. Lat.

2. S. 193—206: Sermo de morte, des *predicantmeister Johannes Fabri lessmeister zu Couelentz.* Moselfr. Anfang fehlt.

3. S. 207—220 (andere Hand): Legende von St. Apollonia. Moselfr. Subscriptio: *Eyn Aue maria dem schriber.*

4. S. 221—228: Legende von St. Aldegunt. Ndrh. Vorn defect. Anfang: *vmb so bidde ich dich dattu myr vort an keynē anderē brudgū*

ī neñes. Subscr.: *Och lieue susterē bit doch vmb j̄hūs willē vur suster Aldegūt clyngÿ die vch dit geschreūe hait v/s susterlicher lieffdē* etc. S. 229—230 leer.

5. S. 231—245 (2 spaltig): *Dif s ist van sent bernardus des sussē lerers sync legende.* Rhfrk. Subscriptio: *Lieb Margretgin dyf s hain ich dir geschreben mit groif ser arbeit ich bieden dich dastu is vor gut wolles nemen v̄n got vor mych wullet bieden allsament.*

S. 246—250 leer.

6. S. 251—256: Kleine theolog. Tractate. Ndrh. Anf.: *DEr meister ß' zo dē yunger ich wil dir dru pūte sagē vā dē selē dat erste ist wac an liget die pyne der selē ī dē vegefu'e.* — S. 254: *(O)nser lieuc' h're sp'ch So wer die wcrelt vluget de suchet mich.* — Ibid.: *(D)it ist dat vnsicherheit (!) der gueder vn d' boser.* — S. 255: *S. augustī₉ ß' diese ziene stuck gehorent zo rechte' andaicht.* — S. 256: *(Su)nt bernardus ß' mensche leue ī gotlicher vorten v̄n haue die warheit lief f.* — Bl. 257 f. leer.

Theol. 1934 in 4°.: 12 + 133 Bll. Pap. Ende des 15. Jh. Ndrh. Mod. Pappbd. Auf d. Rücken der Titel von Hasaks Hand: Ein deutsches Erbauungsbuch, Mscr. 1492. Aus Geffckens Bibl., vorher im Besitze V. Hasaks 1850, der vorn eine ganz dürftige Inhaltsangabe eingeschrieben hat.

A) Bl. 1—12 (von mod. Hand mit Bleistift foliiert): Autoritates und kurze asketische Stückchen. Anf.: *Sent gregorius spricht Die sele is soe edele geschaffen dat sy sunder mynē neit sien en mach.* Unter den zahllosen Stückchen hebe ich hervor:

1. Bl. 1ᵃ: geistl. Sprüche:
    a. *In allen landen vnbekāt | Van alle myschē vngemyt Ongetroist in alre pynē | Alsus leeft got myt den synē*
    b) *Suyss nae soer Dat is goit speil Mer soyr nae suyss en smaicht neit well*
    c) *Lydt swich ind lach | Gedoult vercynt all sacke*
    d) *Der altzyt swyge ind neit en sprecche Wer wyste wes yme gebrecche*

2. Bl. 2ᵇ—3ᵃ: *Seneca der wise lerer spricht du der myschē alle syne leue dage neit anders en soilde doin dan leren sterven. Vp dattu nu die const mogest wif sē wancer got ouer dich gebuidt Soe saltu wif sē dat dar tzo VI dinge ghehuerē. dese VI puntē vinstu in dē vierdē geboide by sulchē tzeichē* T. (vgl. unten den Tractat über die 10 Gebote.

Es folgt ohne Absatz sofort: *Hyr begint sent bernartz testament. Do sunte bernardt in sinē lesten ende lach ē̄n soulde sterven, doe leiss hy sine broder dit testamēt achter en sprach.*

3. Bl. 6ᵇ—7ᵃ: *Dit spricht die mynende sele tzo yrem gemyde* (= kurzes pros. Gespräch der minnenden Seele mit Gott).

4. Bl. 7ᵃ—8ᵃ: *Die craft der doigde is gelege in III dyngen als gescreue steit i copedio theoᵉ.* — Kurzer Tractat mit Citaten aus *Tullius, sent bernart, Job, Plato i Thymeo, Gregorius*.

Bl. 12ᵃ: Subscriptio: *aº Dni 1492 in die dedicacois portiuncule*.

B) Bl. 1—133 (davon Bl. 1—113 vom Schreiber, Bl. 114—133 von mod. Hand foliiert).

1. Bl. 1ᵃ—113ᵇ (dieselbe Hand wie A):
Marcus v. d. Lindaue Historie vom Auszug der Kinder Israel, mit Einschiebung des Tractats über die 10 Gebote von demselben Verfasser.

Bl. 1ᵃ: *Hye begynnet die Eirwerdighe ynnyge historie va de kyndere van ysrahel wy sy vyss Egipten tzoige durch die woistenige tzo deme geloueden lande, myt der geistlicher bedudinge jnd ouch die X geboide myt der vnderscheide der degelicher ind duitlicher sude na der bewysunge der lerer der heilger kirche*.

Anf.: *Noli timere, sed descende i egiptũ etc. Also steit gescreuē in deme eerste boicke der alder ce.* — Bl. 12ᵇ beginnt die Auslegung der 10 Gebote mit der Frage des Jüngers: *Nu wyste ich gerne wat synnes dat dy X gebot in yn seluer droege*.

Die beiden Werke des Markus v. d. Lindauwe in derselben Weise verknüpft, finden sich nd. nur noch in der v. Arnswaldtschen Hs. No. 3112 in Berlin (vgl. Nd. Jb. 11 [1885] 106); im Uebrigen vgl. die oben p. 124 angegebene Litteratur über diese Werke.

2. Bl. 113ᵇ—119ᵇ: Eine Reihe ganz kurzer katechetischer Aufzählungen und asketischer Tractätchen. Hervorzuheben:

a) Bl. 117ᵃ—118ᵃ: *Twelff meiste' ind XII kneechte machden onsem heren eynē behegelichen tēppel*. Schl.: *Ganck in die vreude dyns lieuen heren Amen*.

b) Bl. 118ᵃ⁻ᵇ: *Dyt is eyne gulden katte jnd is eyn figure eyns volkoemenē leuens jnd also, als eyn lit an deme anderē henget, Also henget ouch eyne dogede in der andere(n) in deser geistlicher ketten*. Anf.: *Soe wer tzo rechter bescheidenheit koemen wil, der sal vleyn der werelt wyssheit* etc.

3. Bl. 120ᵃ—132ᵃ: Verschiedene Stücke, die Beichte betr.

a) Bl. 120ᵃ—127ᵃ: Ausführliche Beichte. Anf.: *Benedicite Dno, here Ich kome tzo bychten gode van hemelrich ind synre lieuer moider marien* etc.

b) Bl. 127ᵃ—131ᵃ: Tractat über die Beichte. Anf.: *Tzo der erē gotz ind nutz der sele ermaynt vā etzliche vreme mysche etzwat zo scriuē van der byget dar sich mānich mȳsche vnordeclich in heldet — Also wil ich mit der hulppe gots de begerdē der goitwilliger mȳschē neit afslagē jnd.... vā etzlichēn stuckē der byget vp dat kurtzste ich ȳmach tzo scriuē.* — Schl.: *In desē stuckē wāne der mȳsch sich willt( )cher maissen ernstlichē besynnē, so hait hy goit zo( )stē, jnd hy is ouch goit zo vnderwysē als vurgescre(uen) is* etc.

c) Bl. 131ᵃ—132ᵃ: Tabelle der Sünden für die Beichte.

4. Bl. 132ᵃ—133ᵇ: Verschiedene kurze Asketica, darin Bl. 133ᵃ⁻ᵇ: „*Wie Jhc dy mȳnsɇde sele noedit yme tzo volgē, ind yrs selfs vss zo guen, dar vp dy mȳnende sele antwort clagende yr kranckheit.* Es folgt dann das geistl. Lied: *Hyff vp dyn crutz, my alrelieffste bruyt* etc. = 18 Str., von dem ich außer dieser noch 10 andere nd. Fassungen nachweisen kann; zu den 5 bei Jellinghaus § 4ᵇ aufgezählten kommen noch hinzu: 1. Liederbuch der Anna v. Köln No. 39 (Bl. 60ᵃ), vgl. Bolte in Zs. f. d. Ph. 21, 135; 2. Wolfenb.-Helmst. 1155, Bl. 284ᵃ—285ᵇ, vgl. Germania 15, 366 f.; 3. Osnabrück, jetzt Bibl. des hochw. Bischofs, vgl. Berlage, Progr. Realsch. I. Ordng. Osnabrück 1876, S. 10; 4. Ebstorf, Mscr. VI, 12, vgl. unten; 5. Hölschers Hs. (Lieder aus d. Münsterlande S. 93; vgl. auch die Anm. S. 95).

Theol. 2052 in kl. 8°: 233 Bll. Pp. 16. Jh. Anf. In mod. Schweinslederbd. Ex bibl. Geffeken. Katalog No. 73.

Nd. Gebetbuch.

1. Bl. 1—8: Von verschiedenen jüngeren Händen mit ganz wertlosen asketischen Stückchen beschr. Nach dem Aussehen des Bandes zu schließen, sind diese 8 Bll. erst später der Hs. vorgebunden, Geffekens Stempel steht auf Bl. 9ᵃ.

2. Bl. 9ᵃ ff.: Verschiedene Gebetsammlungen.

Bl. 9ᵇ—55ᵇ: *Hyr begynnet eyne suuerlyke betrachtynge vā dē lyde vnses leuē herē* (= Gebete). Neue Hände beginnen Bl. 56ᵃ, 62ᵇ etc. Subscriptionen innerhalb der Hs.: *denckel ya der schrynerschē wes namē ys Anna wypperman* (an 2 Stellen). Bl. 233ᵇ (Schl.): *Dyt heft geschreuen Cristina luttyckhus byddet yo god den heren vor er yn den leuen vā na eren dode.* — Ein Ablaß des Papstes Leo X. wird erwähnt Bl. 61ᵇ.

Theol. 2059 in kl. 8° (14×11 cm). 394 Bll. Pp. 15. Jh. in gepreßtem Lederbande mit Spuren einer Spange. Ex bibl. Uffenbach.; vgl. Bibl. Uff. Univ. III, p. 530, No. XLIV.

Ndrh. Gebetbuch.

1. Kalender.

2. *Die lange getzide van dem heilgen cruce.* — *etzliche Antiffen ind versickel van . . . . Augustynus.* — *die getzide van der ewiger*

wisheit. — die IX Antiffen die mē helt in dē Aduent. — die getzide van dē heilgen geist. — die korte gezyde van dem heilgē sacment. — Abendmahlsgebete. — Die seuen Psalmē tzo duytschē. — Litanei. — Eyn ȳnich letanye van dē lyden vns lieuē heren. — die vigilie in duytschē. — dat gulden gebet (vur die selen). — die VII bloitstoirtzinge vns lieuē herē. — Dry pr ūr. — die Comendacie die man lyst vur die doden. — Die hondert Artickel off gedenckenisse der martelyē vnſs herē ihūs xpūs, samt 5 Paternostern des hl. Franciscus. — Gebet zo der moder gotz. — die zeyn selmē Die heischt die anderhalff hondert versē die vns lieue here ihūs xpūs spch An dē heilgen cruce. — vnser liuer vrauwē pselter samt Letanie und Gebeten. — Beichtgebete. — Ostergebete.

Bis Bll. 391ᵇ von éiner Hand.

Theol. 2074 in kl. 8⁰ (15×11,5 cm). Pp. 15. Jh. Ende. In mod. Pappbd. Auf dem Rücken der Titel: „*Ascetica varia germanice M.S. ant.*" Das Ganze von éiner Hand geschr. Ex bibl. Uffenb., vgl. Bibl. Uff. Univ. III p. 511, No. VII.

Auf Bl. 1ᵃ steht von etwas jüngerer Hand: *Anno dn̄i XVᶜ XIII hait mater (......) | jn das siechhuse geben, das de krancken | zu disch da ȳne lesen, vnd ist das gescheit(t) | vff des hielgē crutz dach Exaltaciōis, d(...) | jairgczyt was XXXIIII yare das de siech meisters jn das siechhuse quā, vnd sal jr | das vur aller mālich ey vrkūt vnd wartzeichen syn, das sy vurbass sere verduldich | sal syn, dar zu ryl me dan sy biss her | gewest ist, das geschie das geschie om zu vrkūt aller obgemalter sachen han jch | notariq, mȳ jngesiegel her an gezeichēt.* Folgt die Unterschrift *bauer* mit dem Notariatszeichen.

Asketische Miscellanhandschrift in ndrh. Dialekt.

1. Bl. 2ᵃ—34ᵃ: *eyn boichelgȳ sere ȳnicher betraichtāgen vnses h. vaders sci aug(ustin)i* = Augustinus' Betrachtungen. Anf.: *Mit wackerre sorgē vnd mit sorchueldigē hertzē..... bezemt vns zo vndersoeckē vnd zo lerē, wie vnd mit wat wege wir moegē de helsche pyne intvleȳ vnd de hemelsche vrauwde verkrigē.* — Vgl. Scheller, Bücherkunde p. 53 f. No. 277 (Excerpt).

2. Bl. 34ᵃ—67ᵃ: *sent Augustinus hātboechelgyn.* Anf.: *Want wir ī deme myddel der strick gesat syn* etc. Subscr.: *Hie endet dat manuale off hantbuchelgē des gloriosen buschoffs Augustini des guldē lerers oeuer alle lerer.*

Ueber andere nd. Fassungen dieses Werkes vgl. oben p. 104. Unsere Hs. ist wahrscheinlich bei Jellingh. § 15¹ unter der Hamburger Hs. gemeint.

3. Bl. 67ᵇ—70ᵇ: *Van vnderscheit der genadē vnd d' naturē.*

Mircke de bewegingē der naturē vnd der graciē dat sy sere weder eȳ ander synt.

4. Bl. 70ᵇ—76ᵃ: *Wie mā dē grūt da alle sundē vß komēt erkennē sal. It ī sy dā dat dat weisē korn ī de erde valle vnd ersterue, so blyfft it alleȳ* [1])*.*

5. Bl. 76ᵃ—78ᵃ: *Her na folget etzliche goide rūg.*

6. Bl. 78ᵃ: *Sieben dynck sullē wir alzyt bedenckē.*

7. Bl. 78ᵃ—89ᵇ: kurze theolog. Bemerkungen und Ratschläge über *Dugīt gewȳnē*; daran schließen sich Aussprüche der Kirchenväter.

8. Bl. 89ᵇ—93ᵇ: *De VIII pūtē beuelē ich dir zo bewarē vnd off du de wail oeffs, so saltu ouermitz der genad͂ godes vorkriegē alle volkomenheit vnd vollenbrenginge der duchdē* (mit vielen Citaten aus den Kirchenvätern).

9. Bl. 93ᵇ—94ᵇ: *Mircke dese nageschreuē pūtē* (wider den Wunsch nach einem langen Leben).

10. Bl. 94ᵇ—95ᵇ: *Mirck allē bekoringē sal mā ī desen veir wysen wederstaȳ.*

11. Bl. 95ᵇ—100ᵃ: Anstands- und Sittenregeln für Nonnen. Anf.: *Her zo saltu myne alre liueeste alle dynē vlys legē dat du haues eyn sleicht oitmoidich gesicht.*

12. Bl. 100ᵇ—120ᵇ: Von der Vollkommenheit. Anf.: *Unse here spricht Syt volkomē also als vre hemelsch vader volkomē is.* Am Schluß unvollständig. —

Ich schalte hier eine Hs. ein, die ein interessantes Stück in moselfr. Mundart (Coblenz, Trier) enthält:

Theol. 2178 in 12°. Pg. Anf. der 2. Hälfte d. 15. Jh. Alter Lederbd., eine Spange. Ex bibl. Uffenb., vgl. Bibl. Uffenb. Mssta, Pars IV, col. 62, No. LXXXIX.

Auf dem Pg.-Vorsatzblatte: *Libellus iste ptinet frib̄ȝ Carthusienͣ in mōte sci Bīi ͺppe Confluenciam.* Eine jüngere Hand hat die letzten 3 Wörter durchstrichen und darunter geschrieben: *Michaelis prope Mogātiā emptus seu cōmutatus cā alio libro ȳpresso per me Fr.* (?) *Florētinā professā ciusȝ domͻ. A⁰ 1559 altera Eulaliæ virgȝ et pu(ellæ) in domo Cōfluentina orȝ Carthusienȝ et hospitantem tunc ȳpis ibiȝ. — Hæc manu mea propria et veritate pura.*

Inhalt (vgl. Bibl. Uff. Mssta, a. a. O.):

1.—8. Lat. Tractate, manche davon in Briefform, alle aus den Kreisen der Carthäuser. Stück 4 = *Epistola eiusdem fratris missa*

---

1) [Vgl. Zs. f. d. Alt. 8, 452. R.]

cuidam fratri monacho montis sc̄i Beati contra metum pestilenciae anno jubilei 1450.

9. Bl. 112ᵃ—118ᵇ: *De inicio pallij gloſe r̄gis Mariē.* Lat. Anf.: *In Alamaniā ſupiori Argentine et 1 ptib; circnadiacentib; pſone q̄dā religioſe intātā prout audiuim9 in xpi caritate et deuocione ſeu pſcerūt, et nulla prorſus alia cogente īfirmitate lectulis decūbāt, solo dīno languētes amore . . . . . nobisq; huc Treueri et aliis in partes alias est transmissum.* = Prosaischer Bericht und Tractat über das mystische Exercitium des Pallium S. Mariae.

10. Bl. 118ᵇ—123ᵇ: *Incipit pallia gloſe r̄gis marie.* Lat. Verse: *Sapiētes nie et r'ligiose | Laudes pres offerūt satis copiose, | Quib; magnā pallia ml'ta studiose | Cōficiūt dn̄e n̄re g̅cioſe* = 63 Reimpaare, 22 davon bilden einen Lobgesang.

11. Bl. 123ᵇ—128ᵇ: *Hyr begynt mariē mātel zo duytsche* in Versen. Anf.: *Maria konygī jungfrau reyn, Hore dyne dyner alle gemeyn, Uns allen di ycyr zu dyr wachen, Ind dyr dieſen mātel machen, Dor zu thuen helfen ader geben, Erwyrff vns allen dat ewige leben* etc. 81 Reimpaare, davon die letzten 23 zum Lobgesange gehörend; vgl. Stück 10.

12. Bl. 128ᵇ—136ᵇ: *Was mariē mātel bedudet. Vnd we ma die materie ſulle verstaen myt exempel* = Uebersetzung von 9; Anf.: *Marien der hogeloſſtē konyg̅īn̄e mātel ys nyet nuwe. vnd wirt nyet yest nu gemacht* etc. — Bl. 131ᵇ: *Do vns dy materia dyſs mātels van straesb'g gesant wart vur dem gnadē ryche jare, do wart vnſs broder eyne geweyst yn dem ſlaeff eyn marien bylde* etc. Bl. 136ᵇ: *Explicit pallia bt̄e marie virgis.*

13.—15. wieder lat.

Auf dem Pg.-Blatte, das dem auf den Rückdeckel geklebten Blatte anhängt, hat eine etwas jüngere Hand folgende Priamel eingetragen: *Fünff dynge synt sere guyt, Er ist ſelych der sy düyt: dat erste yst zyt verlyesen seldenn, dat ander loeben wedder scheldenn, dat drytte yst nȳmen da van leyde doet, dat vyerte in betrüpnyſs ſenfter müyt, dat fünffte yst gedolt in versmahet: Dy funff dynge heyſſcn̄ volkommenheyt.* Auf der Rückseite des Bl.: *Carthuſiæ Moguntinæ.*

Theol. 2179 in 12⁰ (9,5×7,5 cm). 225 Bll. Pp. 16. Jh. erste Hälfte. Alter gepreßter Lederbd mit 2 Spangen. Aus Geffckens Bibl., Kat. No. 15.

Bl. 1—6ᵃ leer. Bl. 6ᵇ: *Carl Haxthausen. Coloniae emit 1819*

Ndrh. Gebetbuch = Cyclus von Gebeten *van* (?) *VII vndrissich vellen Jesu Christi.* Anf.: *Ich dancken dir leiff her ihs des mynlichen nederrals den du viels vp dem berge ran oliueten, doe du aller mynlichste here scheides van dyne leiffen iongeren ind gynges alleyn zo dem stryde.* — Schl.: *deo gracias bit vur die arme schryfferschi.* — Die Lagen der Hs. sind von Bl. 7 an durch rote Buchstaben unten auf der Seite bezeichnet.

Nur kurz hinweisen will ich auf 2 Handschriften in Groninger Mundart, die beide direct oder indirect mit der wiedertäuferischen Bewegung des David Jorisz zusammenhängen.

1. **Theol. 2190 in 12°.** 177 Seiten. Pp. Laut Ausweis der Vignetten am Schlusse jedes Stückes vom 20. Dec. (15)78 bis zum 26. Jan. (15)80 geschrieben.

Gebete, predigtartige Ansprachen und erbauliche Stücke. P. 88—111 ist das bei v. d. Linde, David Joris, Bibliographie 1867, p. 49 unter No. 192 aus einem Druck aufgeführte Stück. Die Hs. stammt aus Uffenbachs Bibl., vgl. Catalogus Bibl. Uff. (1747) p. 315 No. 48.

2. **Theol. 2197 in 12°.** 253 Bll. Pp. 2. Hälfte des 16. Jh. Ex bibliotheca Wolfiana. **Vier größere Tractate des David Jorisz.**

1. Bl. 4ᵃ—94ᵇ: *Een vermaninge ja een gebieden vn woort des heeren, do er den heylyghen geest tot hyllichmakinge vn beholdinge des grooten eysselyken duches gode, die in die doore is, ja al begint oplegaen, in den welcken alle ongherechtickeyt sal openbaer werden.*

2. Bl. 95ᵃ—113ᵇ: *Van die groete ombekende sonde der noeminghen Godts, een korte vermaninghe.*

3. Bl. 114ᵃ—136ᵇ: *Waerschouwinge allen broederen vnde susterē, die de stēme des heeren ghehoert hebben.* Anf.: *Ick D. protesteer in den name des heerē voer v allen* etc. — Bl. 137 leer.

4. Bl. 138ᵃ—251ᵇ (neue Hand): *Nēmt waer des menschen vianden* etc. 32 Capitel. Schluß fehlt, anscheinend ausgeschnitten. — Bl. 252—253 leer. — Der Dialekt ist mehr nld.

Theol. 2192 in 16 (10×7,5 cm). 157 Bll. Pp. 15. Jh. In altem Schweinslederbande, aber mit neuer Pappdecke überzogen. Ex Bibl. Uffenbach., vgl. Bibl. Uff. Univ. III, p. 529, No. XXXIX u. Catalogus Bibl. Uff. p. 205.

Ndrh. Sammelhandschrift asketisch-mystischer Excerpte und Tractätchen.

Aus der Unzahl kleiner und kleinster Abschnitte dieser von

verschiedenen Händen geschriebenen Handschrift kann ich nur die wichtigsten kurz hervorheben.

1. Bl. 1ᵃ—47: Hand 1.

a) Bl. 1ᵃ—ᵇ: *Dat mā sich vor ydelht v̄n vil sprechēs hoedē sal.* Anf.: *Du salt dich alzyt yn hoedē haldē vor ydelht an wordē v̄n werckē, ader du v'luyß drier hande genaden.*

b) Bl. 1ᵇ—2ᵃ: *Dese V synt kunst aller kunste.*

c) Bl. 2ᵃ—3ᵃ: *Wie mā got soeckē sal v̄n fangen Eyn gelichenīß.* Anf.: *Der m̄ sal vnsē he'n soeckē v̄n fangē als der jagehūt dē hirtze dut* etc.

Bl. 4ᵃ—9ᵃ: *Eyn geistlich m̄ das ī cyme ordē ist sal myt gotz hulffē dese* [aichzen durchstrichen!] *stuck de hic erna gescrevē synt haldē.*

Bl. 9ᵃ—ᵇ: *Eyn m̄ sal sich haldē op ertrich als eyn weichter of eyner vaster guder burch.* — Bl. 9ᵇ: *Buschoff Albrich spricht* (vgl. Bl. 54ᵃ f.) — Bl. 13ᵃ: *Eyn groy/s meist' beswoir eyns dē vyant vā der hellē v̄n twanck yn mt der krafft gotz dat he eme de wairht sulde saigē, wat dat groiste wonder were dat sy yn der hellē vā dē m̄ hetdē* etc. — Bl. 23ᵃ—29ᵇ: *Ist qua vil volcks zo eyē heilgē v'luchtē vader der yn eyme wailde waynd* = Lehren, einem hl. Einsiedler in den Mund gelegt. — Bl. 33ᵃ—35ᵃ: *Van der soessicheit gotz. O Jhesu spegel der augen, harffe der ortē, Eyn balsam des roichs* etc.

Bl. 38ᵃ—47ᵇ: Ausgeführte Allegorie: *Dit synt gut leren v̄n ist vā herē selbhartz regel.* Anf.: *Van dē hemelrich flu/set ey wa/s(er) dat heischt de liebde, da/s īspryngt yn dē reynē hertzē Jhu xpi.* Bl. 39ᵇ: *Dit ist vā dē duchdē de by dē wa/sere bezeichtē synt.* Bl. 41ᵃ: *Dit ist vā dē valschē troist.* Bl. 42ᵇ: *Hie hebet sich de rede an vā dē cloist'.* Bl. 43ᵃ: *Dit ist der ampūude eyn deil. So sagē ich nu vā dē conuentzbroderē.* Bl. 45ᵃ: *Wie mā de erkenē sal de yn dese regel gehorent.* Bl. 46ᵃ: *wat dese doȳ sullen, abe sy wed' zo dē rechtē wege willent keren.* Bl. 46ᵇ: *Wie man sich zo der vorsē sal wegē an dē rechtē weg.* Bl. 47ᵃ: *Zo dē rechtē troist kumet mā ouch mt VII dȳgen* ¹).

2. Bl. 48ᵃ—52ᵃ: Hand 2 (Buchschrift, während Hand 1 sich stark dem Current zuneigt): Gebet an Maria, das sie dem Canonicus regularis Arnoldus in einer Vision selbst mitgeteilt hat. Die Sprache dieses Stückes nähert sich ganz dem Hd.

3. Fortsetzung von Hand 1: Bl. 53ᵃ—100ᵇ. Darunter:

Bl. 61ᵃ—74ᵃ: *Van reynicheit. Jonferschaff ist eȳ edel gekrude der duchdē, eyn suster der engel.*

---

1) Vgl. Wackernagels Lesebuch 1 (1839) 901—906. Geschichte der d. Litt. (1879) I, 431 (nach e. hd. Hs. der Wasserkirchenbibl. zu Zürich).

Bl. 74ᵃ—77ᵇ: *Bernart spͥ zo d' ȳniger selē vā dē steȳ locherē alsufs: Bifs eine duue v̄n mach dyn nyst yn de loecher des steyntz.*

Bl. 78ᵃ—88ᵇ: *Vā acht'sprachē vn ordel eyn sere treifliche nutze lere.* Anf.: *Vnse l here Jhs x̄p̄s spcht Ist dat dyn brod' weder dich mysdeit* etc.

Bl. 89ᵃ—94ᵇ: *Eyn nutze lere wie eȳ geistlich m̄ syne V syne regeren sal.* Bl. 94ᵇ wird *Meister eckert* citiert.

Bl. 100ᵃ⁻ᵇ: *Eyn lere brod' claifse yn swytzen.*

4. Hand 3. Bl. 101ᵃ—125ᵇ. Darunter

Bl. 101ᵃ—117ᵇ: *Dyt is vns leuen frouwē krone v̄n ist van dreyn roisen die an dē roisenkrantz synt* etc. Anf.: *De eirste rose is dat aue maria.*

5. Hand 4. Bl. 126—127ᵇ: *Id ist zo wyssē das der boefse geist süderlich sere hasst de liebhaber der hogeloften muder gots.*

6. Hand 5. Bl. 128ᵃ—133ᵇ: *Eyn ex(emplu)m va eȳe brud' der af nā an syē gudē leben.*

7. Hand 6. Bl. 134ᵃ—145ᵇ. Darunter:

Bl. 139ᵇ: *Eyn nutze lere. Itē is sassē cȳs V eynsiedel in sprachen zo samē vā geistlicher oiffenē*, mit Exemplum. Bl. 140ᵇ: *Meister eckart sait.* — Bl. 142ᵃ⁻ᵇ: *Itē broid' bertolt der qua eys tzo dē buschoff albrecht* etc.¹). — Bl. 143ᵇ—144ᵇ: *Eyne nutze lere: Lectulus ur floridus Myt dysen bloymē sul des heilȳē geist bettegē getzeirt werdē. Das bet is vnse sele, de sullē wir alsus zerē mt dē blomē, dt is mt duchdē zo de eirstē mt fiolē* (= Allegorie von den 5 geistlichen Blumen, mit denen das Bett des hl. Geistes, d. h. unsere Seele geziert werden soll)²). — Bl. 144ᵇ: *Vnse leue here spruch op ey zyl zo sent mechtylt.*

8. Hand 7. Bl. 146ᵃ—157ᵇ; sehr kleine und schwer lesbare Schrift. Am Anfang fehlt etwas.

Bl. 149ᵃ—152ᵇ: *Ascendēs xᶜ ī altā. Man vint vunff küne geveckenis, de eirste is dt d' ī wirt gevangē mt mȳe d' creaturē, sy syn doit of leuēde.* — Bl. 156ᵃ—157ᵃ: *Op ey zyt do sy voir eȳ ysone bat affecke sy dese antwert.* Also Excerpt aus einer Revelatio. Schluß (der Handschrift): *na gelichenis eȳs adellē vogels zo mȳe wysc.*

Abt. C: Hss. aus der St.-Petri-Kirchenbibl.

Nur zwei Hss. dieser Gruppe kommen hier in Betracht:
Cod. XXXb in kl. 4°; Pp. u. Pg.; vgl. Staphorst, Hamburg. Kir-

---

1) [Vgl. Zs. f. d. Alt. 4, 575. Germ. 8, 105 ff. R.]

2) [Mit der ebenfalls an die Worte 'Lectulus noster floridus' anknüpfenden Allegorie, die Schulze Zs. f. Kirchengesch. 11, 610 analysiert, scheint obiger Tractat also nicht identisch zu sein. R.]

chengesch. Teil I Bd. 3 (1727) p. 343—55; und Nd. Jb. 1 (1875), 15—54. Die Handschrift enthält unter vielen verschiedenen Schriften nur 4 nd.:

a) No. 3: Drei Gebete, und No. 4: *hir volget na de nutteghcyt vnd bedudinghe der XII ghulewen vrigdaghe* (vgl. unten Lüneburg, Stadtb., Mscr. Theol. 83 in Folio, Bl. 190ᵇ). Beide Stücke sind vollständig abgedruckt bei Staphorst, a. a. O. p. 343—345.

b) No. 16 u. 17: Die beiden lat.-nd. Glossare, die Walther im Nd. Jb. a. a. O. besprochen und abgedruckt hat, nachdem bereits Staphorst Proben daraus gegeben hatte.

Cod. II in Schmalfol. (Staph. p. 383) enthält auf der letzten Blattlage (= 24 SS.) ein lat.-nd. Glossarium mit vielen nd. Erklärungen. Anf.: *Auctoritas de wall* etc.

Abt. D: Manuscripta Historica.

(Vgl. Pertz Arch. VI (1838) 229—48 u. 615—35).

Hist. 22 in Fol.: Die von Weiland, Deutsche Chroniken II, 612, beschriebene Sammelhs. Friedrich Lindenbruchs.

Hist. 23 in Fol.: 103 S. Pp. 1549—50. Pg.-band. Ex bibl. Lindenbrogiana, dann Joannea.

Auf der Innenseite des Vorderdeckels der Wahlspruch Adolfs, Herzogs zu Schleswig-H., des Begründers (1544) der Gottorpschen Linie.
{ G. V. T. I. M. F.
 A. H. Z. S. Holsteen. }

1. S. 1—81: Holsten Chronicon, vom Jahre 1—1540, hd. = Johannes Petersens Holsten Chronica, ursprünglich in nds. Sprache abgef., vgl. ADB. 25, 505 f.

2. Genealogia Comitum Holsatiae et Linea comit. Schaumburg.
 a) S. 86—90 latein.
 b) S. 91—96 nd. Anf.: *Anno dñi 1106 do Gotfrydt de luteste Grewe van holsten gheslaghen was van den wenden tusschen Hamborgh vnnd Ratzeborgh .... ghaff eyn hertych to Sassen Luder ghenometh ... de Greueschoppe van holsten Greuen Alffe to Schowenborgh to lene.* Schl.: *Konnyngk Johan vnnd hartich Frederick Joness, des herñ konnÿges Christernes nafolgher Im hartichryke to Sleszewygk vnnd Holsten regheren nu.*
 c) S. 98—101: dasselbe Stück, wie S. 91—96, von einer anderen Hand, nd.: *Anno Dñi MCVI* etc.
 d) S. 102—103: die zu 2. gehörigen Tafeln.

Das nd. Stück kehrt wieder in der Russeschen Hs., Kopenhagen, Kgl. Bibl., Gamle Kong. Saml. 820 in Fol., Stück g; und in Hs. No. 1283b der Kgl. Bibl. Hannover, Bl. 114ᵇ ff. (Bodemann p. 267); vgl. Weiland, Dtsche Chr. II¹ 612 f. Weiland nennt es: „Von d. Bekehrung Holsteins, besonders von Vicelin, nd. frei nach Helmold".

Hist. 24 in Fol.: 103 S. Pp. 16. Jh., erste Hälfte; aus Erpold Lindenbruchs Sammlung. Die Hs. wird genauer beschrieben von Lappenberg in Pertz Arch. VI (1838) 628—30, vgl. p. 238. Sie enthält außer der lat. Compendiosa historia regum Daniae a primordio ad Christianum II (p. 1—56) eine n d. Uebersetzung der Historia gentis Danorum, die unter dem Namen des Königs Erich bekannt ist (= Annales Ryenses), nach der Bearbeitung, wie sie Korner seiner Chronik zum Jahre 868 eingelegt hat (p. 57—102); vgl. die Auseinandersetzungen Lappenbergs a. a. O. p. 629 u. 604 u. in seiner Ausgabe der Annales Ryenses, Mon. Hist. Germ., Script. T. XVI (1859), p. 387. Das nd. Stück beginnt: *Van deme ortlisprunge der Denen un van deme talle erer konynge hebbe yck eyn kleyne gedacht hyr to samede* etc.

Hist. 33 in Folio: Die große Hamburger Detmar-Hs., vgl. Koppmanns Ausgabe des Detmar, Chroniken der dtschen Städte Bd. 19.

Hist. 75 in Fol.: 190 Bll. Pp. 17. Jh., erste Hälfte: a) Bl. 1—125: Eggeric Beningas Chronik von Ostfriesland (—1497); vgl. oben S. 82. b) Bl. 126—190: Oude oostvriesische Landrechten. Vgl. Pertz Arch. VI 245 und S. Muller, Lijst van Noord-Nederlandsche Kronijken, Utrecht 1880, p. 60.

Hist. 94 in Fol.: Pp. ca. 1430. Ex libris Erpoldi Lindenbruch, dann ex bibl. Hambg. Joannea. Bremische Chronik des Gerhard Rynesberg und Herbord Schöne. Nach dieser Hs. herausg. von Lappenberg, Bremische Gesch.-Quellen, p. 55—176, vgl. p. XXX f. und oben p. 94.

Hist. 102 in Fol.: Ca. 300 S. Pp. Ex prisca bibl. Hambg., olim Erpoldi Lindebrog.

Collectaneen-Heft zur Geschichte Schleswig-Holsteins.

1. p. 1—52: *Chronicon Bremesia c. 39* (= Auszug aus Adam v. Bremen) lat.

2. p. 53—74: *Ex collectaneis Eiderstediesibus*; hist. Notizen nd· von Ao. 1240 ff.

3. p. 74—76: *Haxtenius ante chronica Bremesia sequetia gxit de cet,*, lat.

4. p. 77—92 (Hand 2): Auszüge aus Spangenbergs Adelsspiegel, hd.

5. p. 93—100: Bruchst. eines Protokolls aus d. 15. Jh.: Klage Herzog Aleffs v. Schleswig vor lübischen Richtern über Gewalt-

thätigkeit *bynnen fredes*, von den Dithmarschen in Nordfriesland geübt etc., vgl. Dahlmann, Neocorus I, 637.

6. p. 101—122 (wieder Hand 1): Dithm. - Holst. - Nordfries. Oertlichkeiten von c. Hand des 16. Jh., nds.; zwischendurch wieder aus d. Adelsspiegel (= p. 104 u. 109—116), cf. 4.

7. p. 123—128 (Hand 3; 16. Jh.): Fabelhafter Indischer Ursprung der Westfriesen und ihres karolingischen Rechts. — Nicht fertig geschrieben; nds.: *Vhann der herkumpst der frijsen vnnd ohrer friheitt fso mhe vindt jn velen loffliken historienn vnnd kroneken. Nha der Hemelfardt vnnses heren Jesu Christy, fso mhe vindt jn den historienn vā den hilligen, duth Sunte Thomas de hilgke apostoll duth landt Indien bekerde tho den Cristen gelouen, So was jm suluen landhe India eyn Eylandt gehetenn fryfsa.* — Schl.: *Inn dher suluenn tidth was de Ertzebischop vā Bremē vorgaderth tho Norden — vnd toch nochtans mith weldiger handt jn Dennemarkenn.*

8. p. 129—246 (wieder Hand 1): *Dyt naschreuen jn dufsen bock hefft my de Erbar vnd woll gelerde Witten Johans Johan Rufse selig Peters Swyn sustersson börger tho lunden fruntlich vnd gutwillich mit gedelt año 1553 mēse Augusto, des ick ohm billich danck wet* (ab anno 1209—1523) = Abschrift der jetzt in Kopenhagen (Kgl. Bibl., Mscr. Thott. 1802 in 4°) befindlichen Russe'schen Collectaneen, aus denen manches bei Westphalen, Monum. ined. IV, 1439 ff. abgedruckt ist. Vgl. auch Dahlmann, Neocorus, I, p. X f. und Prien, Nd. Jb. 10 (1884) p. 90 Anm. Doch ist die Hamburger Abschrift nicht vollständig, so enthält sie z. B. von den 5 Liedern der Dithmarschen der Kopenhagener Hs. nur zwei (= Liliencron II No. 215 u. 216), und auch diese nur in verkürzter Form; vgl. außer Prien noch Weiland im Jb. f. d. Landeskunde der Herzogth. Schlesw. Holst. Lauenbg., Bd. IX (1867) p. 107 ff.

9. p. 247—251: *Dat Dytmarsch nene jngedrunḡ vnd sulff vpgeworpen ouericheit hefft* etc., *anno 1542 geholden dorch Mag. Nicol. Boyen, pastorn tho Meldorp.*

10. p. 251—255: *Eine fryheit so dat lant tho Dytmarsch is begauet mit priuilegien tho ewigen daḡ vnd fry gestoruen, dorch Mester Gunter Wernher secreterer des landes vorfatet.*

11. p. 257—291 (andere Hand): 9 Dithmarsche Urkunden.

12. p. 293—296: Verzeichnis der holst. Nebenflüsse der Eider, und Nachricht von c. alten Schlachtfelde bei Rendesborch; nds.

13. p. 297—299: Copie eines lat. Briefes über den Ursprung der Friesen; und endlich 14. noch einmal hd. Excerpte (Hand 2) aus Spangenbergs Adelsspiegel.

Hist. 107 in Fol: 528 S. Pp. 16. Jh. Ex bibl. Hambg. Joannea, olim Lindenbrogii. Alter Pg.-bd. mit Pappe überzogen.

Nd. **Lübeckische Chronik** bis 1430, im Auszuge gedruckt bei Grautoff, Lüb. Chroniken II, 457 ff. Vgl. Pertz Arch. VI, 246.

Hist. 108 in Fol.: 692 S. Pp. 16. u. 17. Jh. Einband wie bei No. 107. Ex bibl. Uffenb., vgl. Bibl. Uff. Univ. III, 329 No. LXXX; Catalog. Mscr. Codd. Bibl. Uff. p. 568.

Volget dat ander part dusser Croniken = 2. Teil der Nd. Lübeck. Chronik von No. 107, umfaßt die Jahre 1439—1500. Ebenfalls im Auszuge gedruckt bei Grautoff II, 663 ff. Pertz Arch. VI, 246.

Hist. 253 in 4°: 222 S. Pp. Deutsche gereimte Uebersetzung der **Dänischen Reimchronik Nigels von Sore**. Diese Handschrift wird, nach Lappenberg in Pertz Arch. VI, 238 f., immer unter den nd. Hss. des Werkes aufgeführt, sie ist aber schon durchaus hd., eine Abschrift aus dem Ende des 17. Jh. Andere Hss. dieser Reimchronik sind 1. Kopenhagen, Kgl. Bibl., Gamle Kong. Samlg. 820, vgl. Falcks Staatsbürgerl. Magazin 6 (1826) 601 f. u. Weiland, Dtsche Chr. II, 612; 2. Hannover, Kgl. Bibl. No. 1693 (Bodemann p. 356). 16. Jh.; 3. Lüneburg, Stadtbibl., Mscr. D 1, vgl. unten¹).

Hist. 259b in 4°: 181 Bll. Pp. 17. Jh. Anf. Gleichz. Einbd.

1. Nd. **Uebersetzung des dänischen Bergens Fundats von Herluf Lauritssön**, das 1580—83 verfaßt ist; vgl. Koppmann, Hans. Gesch.-Bl. Jahrg. 1877, 140—143, wo er auch das Capitel *Van spelen und regemente by dem cuntor tho Bargen* abdruckt.

Bl. 2ᵃ: *Cronica Kurtze historische beschriuinge van Erbauwinge vnd van af vnd tho nemen der Stadt Bargen jn norwegen, dar by denn ferner melding vnd Bericht van anfanck vnd tho wassinge des Itzsthenden Deutschen Contors* (= 68 bez. Bll.).

2. *De Nordische Sauw*, eine wol ursprünglich deutsch (nicht dänisch) abgefaßte Satire aus den 80er Jahren des 16. Jh., die sich besonders gegen das Hansische Contor zu Bergen richtet; vgl. Koppmann a. a. O. 141 und Mitth. des Ver. f. Hambg. Gesch. II (1879) 28—30. Neun weitere Hss., alle in Dänemark oder Norwegen und alle in einer bald dem Hd., bald dem Nd. Näherstehenden Sprache führt Nicolaysen, Norske Magasin II (Christiania 1868) S. 3 Anm. 1 an; Auszüge ebda. S. 7—50 und schon in Suhms

---

1) Die von Lappenberg a. a. O. erwähnte Stockholmer Hs. enthält die dänische Fassung des Werkes und ist abgedruckt als Den Danske Rimkrønike, udg. ved Holger Nielsen, 1. Hefte (Kopenh. 1895).

Samlinger til den Danske Historie II 1 (Kopenh. 1781) S. 3—32. Die Hamburger Hs. hat das gereimte Titelblatt des Werkes.

Hist. 326—28 in 4°: 3 Hss. der nd. Fassung von Ertwin Ertmans Osnabrückischer Chronik; in der Ausgabe von Runge, Osnabrücker Gesch.-Qu. II, p. XXII f. werden sie bezeichnet als *H¹*, *H²*, *H³*.

Hist. 329 in 4°: Pp. 16. Jh., 2. Hälfte. Alter gepr. Lederbd., z. T. erneuert. Ex bibl. Hambg. Joannea, früher Lindebrogs. *Cronica Oldenburgensis Anno 1589* = Johann v. Harens nd. Uebertragung der Chronik Schiphowers. Anf.: *Na dem gemeinen Regenualle, offte Wulckenbrocke, de vmme Sunde der Minschenn willenn sint jun Noe tiden gescheen* etc. — Hand 1 geht bis 1589, Nachträge bis 1591. Ueber andere nd. Hss. dieser Chronik vgl. oben p. 89.

Hist. 359 in 4°: 120 bez. Bll. Pp. 16. Jh., 2. Hälfte. Alter gepr. Lederbd., z. T. erneuert. Ex bibl. Hambg. Joannea, früher Lindebrogs. (Bromes') nd. Lüneburgische Chronik von 785—1562. Anf.: *Keiser Friderick de Ander makede erst de Herschop Lüneborch tho einem Hertochdome.* Cf. Pertz Arch. VI, 248. — Ueber andere Hss. dieser Chronik vgl. Mscr. Jurist. 112 in 4°; Hannover, Kgl. Bibl. XXIII 844a—g. 846 (Bodem. p. 535—37); Wolfenb.-Blankenburg 127ª, Bl. 159—187 (Lübben, Nd. Jb. 6 [1880] 73); Göttingen, U.-B., Mscr. Hist. 353 (W. Meyer II, 122 f.); Kopenhagen, Kgl. Bibl., Gamle Kongl. Saml. 667 in Fol. (Potthast, Wegweiser² I 273ᵇ); ferner unten unter Lüneburg; Hannover, Hist. V. f. Nds. No. 52; Kgl. Staatsarch. J 2.

Hist. 360 in 4°: Pp. 17. Jh. Alter Schweinslederbd. Ex bibl. Hambg. Wolfiana. Abschrift von H. Bonnus' Lübeck. Chronik, deren erster Druck wahrscheinlich bereits 1539/40 erschien, vgl. Spiegel, Herm. Bonnus, p. 34 Anm. 2. Hand 1 von S. 1—195 = Chronik bis 1536. Hand 2 von S. 207—269 = Liste der Ratspersonen bis 1608. Endlich S. 269—272 Nachträge bis 1626. Cf. Pertz Arch. VI, 248.

Hist. 361 in 4°: 1187 bez. S. Pp. 16. Jh. Alter gepr. Lederbd., 2 Spangen. Ex bibl. Uffenb., vgl. Bibl. Uff. Univ. III, 329 No. LXXIX; Catalogus M. Cod. bibl. Uff. p. 129. Originalhandschrift von Hans Reckemanns nd. Lübeckischer Chronik. *Chronica der vornemelikesten geschichte vnde hadel der keyserliken Stadt lubeck vp dat korteste vorvatet Anno 1537*; darunter: *Anno 1537 hoff an tho schryuē dusse Cronice Ick Hans reckemā* etc. Angehängt sind verschiedene historische Stücke, z. T. Fortsetzungen der Chronik. Die genaue Beschreibung der interessanten Hs. kann ich dem zukünftigen Herausgeber der Chronik überlassen; bis jetzt haben wir ja nur die hd. Uebertragung unseres Werkes in der Ausgabe von Joh. Friedr. Fausten von Aschaffenburg. Verlegt durch Gotthard Vögelin Jm Jahr 1619. Fol. 304 S. — Pertz Arch. VI, 248.

Hist. 361b in 4°: Pp. 17. Jh. Mod. Pappbd. Ex prisca bibl. publica, olim Lindebrog. *Lindebrogii (Erpoldi) Collectanea Historica urbium aliquot Germaniae.* Darin auf S. 217—260 eine Abschrift des s. g. kurzen Auszugs der Wendischen Chronik (bis 1531), vgl. Lappenberg, Hbg. Chroniken in nds. Sprache No. VI.

Hist. 415 in 8°: 36 Bll. Pp. 17. Jh. Hs. Joachim Lindenbruchs. Eiderstedtsche Geschichte, geht nur bis 1502, mit kurzen Nachträgen aus 1304—1420. Andere Hss. dieser nd. Eiderstedter Chronik bei Weiland, Dtsche Chr. II, 612 f. (Hamburg, Kopenhagen, Hannover); Scheller, B.-K. No. 509. Vgl. unten Hannover, Kgl. Staatsarch., Mscr. X 6, und mehrere Hss. der Kieler Universitätsbibl.

Abt. E: Manuscripta Geographica.

Geogr. 58 in Fol. (29×21 cm). 88 Bll. Pp. 1447. 2spaltig. Eingebunden in ein Pg.-Doppelblatt, das später mit roher grauer Pappe beklebt wurde.

Aus Uffenbachs Bibliothek, vgl. Bibl. Uff. Univ. III, 455 No. XLII; Catal. M. Cod. Bibl. Uff. p. 170.

Johan v. Mandeville, Itinerarium in terram sanctam, in der Bearbeitung Ottos v. Diemeringen, nd.

Uffenbach a. a. O. giebt den Dialekt der Hs. fälschlich als nld. an, er ist vielmehr rein nd. Anf. (Bl. 1ª): *Ek Otto vā dimeringen eyn domhe' to mertze in lotringhen hebbe ik dut buck ghewandelt vth walsche vnde latine in dudessche sprake vp dat de dudessche ok dar inne moghen lesen* etc. Das Werk zerfällt in 5 Bücher. Schluß (Bl. 85ᵇˣ): *vnde myt alle dynē lenē hilghen De dy in dyner cwicheyt louede vnde erende synt Dat wy nāmer van dy schryden mothen werden Amē. — Et sic est finis. — Anno domyny myllesymo quadringentesymo quadragesymo septimo ffinitus et conpletus est lyber iste ipso die jnuoca(cionis) hora quasy duodecima.*

Andere nd. Hss. von Mandevilles Werke befinden sich in 1. Magdeburg, Stadtbibl., im Sammelbande Ludolfs v. Münchhausen, Stück 4, vgl. Wiggert, 2. Scherflein, p. 78 f. (Demeringens Recension). 2. Berlin, Kgl. Bibl., vgl. Kinderling, Gesch. etc., p. 325 No. 156; Scheller, B.-K., No. 322 (p. 65). Diese Hs.

scheint identisch zu sein mit der früher in der Paulinischen Bibl. zu Münster vorhandenen nd. Hs. Mandevilles, vgl. Ständer, Chirographorum in Reg. Bibl. Paul. Ms. Catalogus p. XIII u. XV.
3. Lüneburg, Stadtbibl., Mscr. C 8, vgl. unten.

Abt. F: Mscr. Hamburgensia.

Diese Abteilung liefert für unsern Zweck nur geringe Ausbeute und ist bereits fast ganz ausgenutzt:

Realkatalog der Hamburg. Bd. I, p. 47: 20 S. Pap. in Fol. Hs. der kleineren Holsteinischen Reimchronik. Vgl. Weiland, Dtsche Chr. II, 614.

ibidem I, p. 47: Stephan Kempes Bericht über die Einführung der Reformation in Hamburg; als 3. Stück einer Misc.-Hs. in Fol. Pp., die u. a. auch noch Aepins nd. Kirchenordnung f. Hamburg enthält. Kempes Bericht findet sich noch in verschiedenen anderen Hss. dieser Abteilung, vgl. Katalog Bd. I, 49. II, 103[b]. III, 66 etc. — Vgl. Staphorst, Hambg. Kirchengesch. Teil I, Bd. 5.

ibid. I, p. 54: Nd. Fassung der hd. Hamburgischen Chronik Tratzigers. 198 beschr. u. 235 unbeschr. Bll. Pp. in Fol.

ibid. II, p. 18: Pp. in 4°. 16. Jh. Eine Abschrift des Hamburger Stadtbuches von 1497, mit dem Schiffrecht und Regesten zu beiden. „Sequuntur versus dialecto inf. Germaniae scripti in laudem legum." Es ist derselbe Spruch, den Eggers in seinem Deutschen Magazin 1795, 10. 27—29 ohne Quellenangabe, aber aus einer andern Hs. als der unsrigen, abgedruckt hat:
Anf. (Bl. 93[b]): *Wiltu eine Stadt regeren, vnd ehr mit Truwen voersthan*
    vnd voerwesen,
So schaltu disse twolff stucke euen marcken vnd auerlesen etc.
= 28 Z. Vgl. ähnliche Sprüche oben p. 116.

Angehängt sind noch 2 Spruchzeilen (Bl. 94[a]):
    Eigen Nuth, Junck Raedt, Hemelick haeth
    Vorduruet mannich Landt vnd schone Staedt.

ibid. II, p. 103[b]: Pp. Fol. Hs. der Chronik Tratzigers, von Rövers Successionen etc. enthält auf den letzten 6 Bll. des Codex, „Anno 1654 In Hamburch geschrieben", das Hamburger nd. Lied gegen die Lübecker (1561—69) und spaltenweis daneben geschrieben *der Lübschenn Andtwert*; abgedruckt in Zs. d. Ver. f. Hambg. Gesch. II (1847) 292—300.

Abt. G: Mscr. Juristica.

Jurist. 107 in 4°: Pp. 1433. Statuta Bremensia. Als Subscriptio p. 132 von der Hand des Schreibers:

Starck vordrach vnd grote othmot,
Bringt alle dinck thom besten,
De dar kan dwyngen synen modt,
Gedult is dar tho gudt,
He gewint daranne thom lesten.

Jurist. 112 in 4°: 229 Bll. Pp. 16. Jh., alter Schweinslederbd., jetzt mit Pappe überzogen.

Bl. 1ª (Titel): *Der stadt Lunenburg Privilegia et Statuta. Item Chronicon des landts Lunenburg.*

Bl. 2ª: *Laus Deo. Als man schreff bauen Dusent Jar*
Na Gottes geburt all apenbar etc.

= 18 Z., die nd. gereimte Uebersetzung des lat. Epitaphiums auf den Ueberfall Lüneburgs durch Herzog Magnus 1371.

Bl. 2ᵇ—3ª: Verzeichnis der Gefallenen von 1371.

1. Bl. 4ª ff.: Statuten und Privilegien der Stadt Lüneburg (ohne Titel), nd.

2. (Nach einem Zwischenraume von 11 leeren Bll.) Bl. 97ª ff.: (Bromes') nd. Lüneburgische Chronik 785—1562. Anf.: *Keiser Friderick de Ander makede erst de Herscop Lunaborch tho einem Hertochdome.* — Ad a. 1416: *Vth D. Harmanni Corneri Chronica genamen.* Angehängt: *Etwes van Bardewick.* — Auf der letzten beschriebenen Seite, Bl. 200ª, eine Notiz von 1562 eingetragen. — Ueber andere nd. Hss. dieser Chronik vgl. oben p. 138.

Abt. H: Mscr. Medica.

Med. 835 in 4°: Pg. 14./15. Jh. In mod. Pappbande. Ex bibl. Uffenb., vgl. Bibl. Uffenb. Mssta P. IV, col. 118 No. CVIII = Bibl. Uff. Univ. III, 96 No. CVIII; Catalogus etc. p. 21.

Sammelhs. lat. medicin. Tractate.

Nd. Bestandteile sind:

1. p. 70: Zwei nd. Bemerkungen zu e. lat. Osterkalender: *dry luen nyen na epipha des durden sundays dar na heyst payschen vur waer. — nv Suke na Marcelli wane de luen IV dage alt sy, des neysten sundays dar na so leygt men allo.*

2. p. 111—114: Lat.-nd. Glossar medicinischer Pflanzennamen. Anf.: *Archemesia binat. Asconia aschloie. Anisa anis* etc. Alphabetisch geordnet (A—Z), die Seite in 4 Columnen geteilt. Eine 2. Hand hat mit blasserer Tinte einzelne Nachträge hinter den einzelnen Buchstaben eingetragen; eine Glosse von einer 3. Hand.

3. p. 115—116 (2 spaltig): Verschiedene Recepte, beinahe nld.: *Dit is med'ie tgegen viel ongemake besalue pulu en dranc natulike.*

Tgegen dē stein nē pet'silie vā macedonie ēn lege d'e pet'silien saet etc. Von jüngerer Hand ist am Schlusse ein Recept beigefügt.

4. Das medicinische Glossar p. 181—216 (= Uffenb. 9) enthält auf p. 184ª, 186ᵃ·ᵇ, 216ᵃ·ᵇ jedesmal eine deutsche Glosse.

5. p. 242ᵇ: *Van deme latene. Is dat bloet scumende, so is dye suede in der burst.*

6. Die lat. Berechnung der Eklipsen des Mondes und der Sonne für die Jahre 1330—1386 enthält oben auf p. 244 einen nd. Segen: *Dit is dye seynnynghe da ma dat bloet mit stopt: Mach eyn cruce mit deyme blūd vur des mēschē hooft, ēn spīch Im namē des vaders jn des sons ēn des heyligē geiste(s): Longin⁹ was der eyrste man, dye ons hēn sylen jnt ghan, da' vys ran wasser ēn bluet, dat bluet was heylich ēn guet, nu stant bluet stille, dor des heyligen karstes wille, dat sy waer in goets namē amen. dit salt du driwerf lesen.*

Der Kreis zu einer astronomischen Berechnung (p. 244) zeigt die Jahreszahl 1375.

Med. 858 in 4º: 368 S. Pp. Verschiedene Hände des ausgehenden 15. und beginnenden 16. Jh. Nachträge von jüngeren Händen. Ex bibl. Hambg. Joannea. Auf d. Rückseite des Vorderdeckels rechts unten: *Schlegel*. In altem Pg.-band, mit Pappe neu überzogen.

Sammelhandschrift medicinischer und naturwissenschaftlicher Tractate und Recepte.

1. S. 1—10: *Ein Buchlein mit kurtzer vnterricht die natur des wachalters baums vnd des obhs kraft van denn Wachalter bern kunstlich ane Zusatz distilleret vnd rectificirt zu offinbaren.* 1536. hd. — Dazwischen von jüngerer Hand: Varia Medicinalia.

2. S. 11—14 (andere Hand des 16. Jh.): *Ein bewert Borstdranck dorch Gades gnade*, u. a. Recepte.

3. S. 15—21 (ältere, sehr verblaßte Hand): *Item eŋ ghude rode reruc to maken*, u. a. Recepte, mit roten Ueberschriften u. rubricierten Anfängen. S. 22 leer.

4. S. 23—72: Recepte von verschiedenen Händen des 16. Jh., und jüngere Zusätze.

5. S. 73—107: *Dit boek is gemaket vnde genomē uth Bartolomeeis (!) boke vnde is war in XIII boken ypocratis Galicnus Constantinus Auicenna etc. principales.* Anf.: *De mynsche is gemaket van veir stucken, van der erden van der lucht van vure vnde van water.* — Schl.: *So wrink id denne dor enen dok de schone sy vnd do id in ene bussen.* — Andere nd. Hss. der Practica Meister Bar-

tholomaei sind 1. Gothaer Arzneibuch, Bl. 85ª—103ᵇ; 2. Kopenhagen, Kgl. Bibl., vgl. Jellinghaus § 20¹.

6. S. 107—205: *Incipit primus liber Johannis de hollandria Reuerendi doctoris.* Anf.: *Nota quando medicina sit sumenda* etc.; lateinisch bis S. 112, dann geht es ohne größeren Absatz nd. weiter: *We nu willen wil enes iuwelkens myschen sekedomes, de mirke vil euene de varwen der vrinen.* — S. 205: *Et sic est finis huis libri.*

7. S. 206—302: Kräuterbuch. Anf.: *We der worte vnde der krude naturen bekennen wil vnde ere crafft De mot welen dat dit bok spreket van verhande nature* etc.; dann z. B. S. 207: *Arthimesia heit to dude bibote* etc. Die Pflanzen sind alphabetisch geordnet, am Schlusse Nachträge.

8. S. 302—335 (ohne jeden Absatz sich an 7. anschließend): *mercke nu hire na: De mynsche is gemaket van vere stucken* etc. = Anfang des Tractats aus Bartholomaeus, cf. oben S. 142; jedoch im Verfolg abweichend. — S. 335: *Et sic est finis Amen.* Der Rest von S. 335 u. S. 336 ist mit jüngeren Recepten ausgefüllt.

9. S. 337—360: *Assit ad incepta sancta ma'ia. Desse medicina is gud to deme grauel(?)* etc. = Reihe von Recepten. Mit S. 360 bricht die Hand, die Stück 5—9 geschrieben hat, am Ende einer Lage ab, der Schluß fehlt. Der Rest der Hs. (S. 361—68) ist mit jüngeren u. jüngsten nd., lat. und hd. Recepten ausgefüllt. S. 365: *Habeo a Doct. Joachimo Curtio.*

Abt. I: Mscr. Alchymistica.

Alchym. 191 in Fol.: (3 + XII + 409 + 1) Bll. alter Foliierung. Pp. In altem Lederbande. 1547 ff. Ex bibl. Hambg. Joannea.

Sammelband astrologisch-alchymistischer Tractate in nd. u. lat. Sprache. Inhaltsverz. von jüngerer Hand auf der Innenseite des vorderen Deckels.

Register: Bl. I—XII. a) Bl. 1ª—IVª: Lat. Register der Capitel des ersten in diesem Bande enthaltenen Werkes. *Quomodo a triplici mundo Magi virtutes colligant tribus his libris monstrabitur.* IVª: *Capita Libror; Finis.*

b) Bl. Vª—XIIª: Nd. Register sämtlicher in dieser Hs. enthaltenen Stücke mit Angabe der Blätterzahl bei jedem Capitel.

1. Bl. 1ª—268ᵇ: *Nobilis viri hinrici Cornelij agrippe Equitis aurati et utriusque juris Doctoris* etc. *de occulta philosophia, siue de magia Libri tres.* — *Wodane wifse van der dreuoldigen welt de Magi dat is de wisen Samlen ere doget, wart in dessē dren bokeren angetagen* etc. nd. 3 Bücher. — Bl. 169ᵇ: *Libri II. finis*

Des frigdages vor deme hylgen Crist 1547. — Bl. 268ᵇ: *Libri Tertii Finis Sabbati ante Palmar, 1548.*

Anhänge zu diesem Stücke sind:

a) Bl. 268ᵇ—273ᵇ: Drei Briefe Agrippas in nd. Uebersetzung: α) an Augustinus ab Aqua pendenti, *1527 Lugduno.* β) *ad eundem Lugduno 25.* γ) *cuidam amico suo in Aula regis. Lutetia parisior, 28 romano calculo.*

b) Bl. 273ᵇ—274ᵃ: *Eyn lickmakinge efte vnvchalinge van der Magia vt den Declamatien Henrici Agrippi Cornelij van der Idelheyt der kunste vnde der groten gewalt des wordes gades van der Magia dath gemeyne.* Anf.: *Desse loco fordert it ok, dat wy van der magia seggen* etc.

Bl. 280ᵇ: *Ende de occulte philosophie H. Cor. Agrip. 1548 a avede Matei appostoli.* Bl. 281 leer. — Die Ausgabe der Occulta Philosophia in den Werken Agrippas, Lyon 1550, Bd. 1 enthält dieselben Anhänge, nur der Brief *ay* fehlt.

2. Bl. 282ᵃ—337ᵃ: *Marsilij Ficini van Florentz Bock van dē hēmelschē leuende to erlangende gemaket* etc. Bl. 282ᵃ—283ᵃ: Register. — Bl. 283ᵃ: Titel und Anf.: *So allene disse twe sin in der welt hir vor ware, eg vorstandt, Dar na ouerst ein licham Sunder schal de sele Dar an syn, So kan dar ok nē vorstant tom licham getagen wente he is unbowechlick.*

Anhänge zu diesem Stücke sind: a) Bl. 337ᵃ—340ᵃ: *Apologia edder Boschermygh jn welker van der Artzenie, van der Astrologie, van deme Leuende der werlt, van den Magis dē xpm So balde he gebare was groteden* etc. = Epistel des Mars. Ficinus vom 15. Sept. 1489.

b) Bl. 340ᵃ⁻ᵇ: (D)*at van noden si tom Leuende Sekericheit vnde rowsamicheit des gemotens.* Auch in Form einer Epistel; Bl. 341—348 sind herausgeschnitten, damit der Schluß dieser Epistel und etwaige weitere Anhänge zu 2.

In der Ausgabe des Mars. Fic., Paris 1641, Bd. I, p. 517—558 bildet dieses Buch unter dem Titel: *Mars. Fic. Florentini Liber de Vita Coelitus comparanda* das 3. Buch des *Liber de Vita* in 3 Büchern. Dem Werke folgen unmittelbar, p. 559—61 und 561 f., die beiden Anhänge unserer Handschrift.

3. Bl. 349ᵃ—359ᵇ: *De kunst Magia Na der mening der olden.* Anf.: *Hyr heuet sik an dat erste bock van den wanyngen des manes. Bellenitze de hogeste vnde aller erfarenste philosophus heft geseeht to synem Meister Hermete van den XXXVIII wanyngen des mans.* — Bl. 349ᵃ unten steht in einem Spruchbande: *Hir heft mer by gehorth is wech.*

4. Bl. 360ᵃ—380ᵇ: *Incipit liber imaginū Ptolomeii.* Anf.: (Pt)olomeꝰ ein furste der sterne kunst hefft geseeht van den angesichten der XII teken. Bl. 379ᵇ: *Hir hevet sik ein ander Bok an.*

5. Bl. 381ᵃ—397ᵇ: *Dith is de spegel des meisters Hermetis* dar in du suluen machst sen alle warhaftige vnde vorborgen dy(n)ge.

Der Rest der Hs. ist ganz lat., außer Bl. 405ᵃ⁻ᵇ.

6. Bl. 398ᵃ—399ᵃ: *Collectae de malis fortis reprimendis,* von einer viel jüngeren Hand. — Bl. 399ᵇ leer, die Blattziffern springen von 399 direkt auf 403 über.

7. Bl. 403ᵃ—405ᵃ: *Compositio rotule fortune;* andere Hand, der ersten ähnlich.

8. Bl. 405ᵃ⁻ᵇ: *Dit is de sünnē figure in jed' rege sit III vnde is nutte dar mede to vragen grote kscop vn grote dinge* = alchymist. Recepte. Bl. 405ᵇ: *contra Podagram.*

9. Bl. 406ᵃ—408ᵇ: *Incipiūt septē figure septē planctarū;* mit angeklebter Figurentafel. — Bl. 409ᵃ: kurze lat. Bemerkungen astronomischer Art.

Auf der Innenseite des Rückdeckels ist ein nd. alchym. Recept eingeklebt.

Gegenüber dem Reichtum der Stadtbibliothek an nd. litterarischen Handschriften treten alle übrigen Bibliotheken und Sammlungen Hamburgs weit zurück.

Die **Bibliothek der St.-Catharinenkirche** besitzt wohl eine Reihe seltener nd. Drucke des 16. und 17. Jh., aber nicht eine einzige nd. Handschrift; No. 578 in 8°, „ein auf Pg. sauber geschriebenes Missale", ist nld. —

Der kleine Hss.-Bestand der **Bibliothek des Commercii** kommt eigentlich nur für die Geschichtsquellen von Hamburg selbst in Betracht. An andersartigen nd. Hss. kann ich nur zwei anführen: 1. die des nd. Seebuchs (vgl. die Ausgabe von Koppmann und Breusing im Bd. I der Nd. Denkmäler, herausg. vom Verein f. nd. Sprachf. 1876) vgl. den gedruckten Hauptkatalog der Commerzbibl. S. 737. 2. Katalog der Hamburgensien Bd. III, 96: Nd. protestantische Beichte aus der 2. Hälfte des 16. Jh. (sign. als I. 692 Kps. 659).

Die verschiedenen kleinen **Hamburgischen Chroniken,** die der erste Band des Hamburgensien-Katalogs einschließt, sind bereits sämtlich von Lappenberg in seinen „Hamburger Chroniken in nds. Sprache (1861)" ausgenützt worden, weshalb es unnötig ist, hier eine genaue Aufzählung der einzelnen, z. T. herzlich unbedeutenden Hss. zu geben. Ich hebe nur die Hs. der Hamburger Chronik von 799—1559 (= Lappenberg No. XI) heraus, vgl. p. 93 des Katalogs, weil sie auf der vorletzten Seite den von Lappenberg a. a. O. p. LIII abgedruckten nd. Spruch von den 4 Mauern eines Reiches (16 Z.) enthält.

Das **Hamburger Staatsarchiv** endlich hat durch den großen Brand von 1842 auch einen bedeutenden Teil seiner nd. Hss. eingebüßt. Zu den verlorenen Schätzen gehören die Originalhs. von des Bürgermeisters Herm. Langenbeke Bericht über den Aufstand zu Hamburg Anno 1483 (= Lappenberg, Hbg. Chr. No. X); die Haupthandschrift von Bernd Gysekes Chronik (= Lappenberg No. I); der sehr wertvolle Folioband, in dem der Hamburger Domherr Johannes Moller, ein Gegner der Reformation, Juristisches und Geschichtliches, darunter besonders viele nd. historische Lieder seiner Zeit, gesammelt hatte (vgl. bs. Zs. d. Ver. f. Hambg. Gesch. 2 [1847] 119 ff.; Lappenberg, Hbg. Chr. No. XIII); und endlich die Hs. des gereimten Hamburgischen Pasquills von 1455 (Liliencron I, No. 105). Die noch erhaltenen nd. Hss. des Staatsarchivs sind folgende:

1. 1 Bl. Pg. des 15. Jh. = Hamburgische Jahrbücher f. 1388—1413 (Lappenberg, Hbg. Chr. No. V).

2. Renners Bremische Chronik, beschrieben von Lappenberg, Brem. Gesch.-Qu. p. XXVII f.

3. Verschiedene Hss. von Stephan Kempes Bericht über die Einführung der Reformation in Hamburg, vgl. Lappenberg, Hbg. Chr. No. XII.

4. Staphorsts Nachlaß enthält an nd. litterarischen Hss. nichts von Bedeutung.

An die Hamburger Bibliotheken schließen sich, gleichsam als Anhang, Altona und Stade an; beide sind mit ein paar Worten abzumachen:

Altona, Bibl. des Kgl. Christianeums.

Mscr. No. 17 R $\frac{Aa\,9\,\delta}{18}$ 1: 130 Bll. Pg. in 12°. Ende des 15. Jh. Vielfach defect.

Mnd. Gebetbuch f. das Stift Bremen-Verden, mit ausführlichem Kalendarium.

Eine nähere Beschreibung der Hs. giebt Lucht, Progr. des Christ. 1878 p. 19 f. Das Kalendarium ist abgedruckt von K. Schirmer im Nd. Jb. 9 (1883) 41—47. Vgl. Progr. des Christ. 1897 p. 8.

Stade, Magistrats-Archiv.

Bd. 8 der Stadtkundebücher enthält auf S. 928 ff. (4 Folio-Seiten) eine im Anf. d. 17. Jh. entstandene Abschrift der Stader Reimklage über Vorkäuferei, die Krause aus der Originalhs. in der Zs. des hist. Ver. f. Bremen u. Verden 1 (1862) 129—133 bekannt gemacht hat. Die Originalhandschrift (Heft von 64 S. Pg. des 14. Jh., in der Knochenhaueramts-Lade zu Stade) habe ich nicht vorgefunden. — Eine weitere Abschrift der Reimklage findet sich übrigens in Göttingen, U.-B., Mscr. Jurid. 764, Bd. III, S. 65 ff. (W. Meyer I, 511); sie stammt aus dem 18. Jh., und es fehlen ihr die letzten 18 Zeilen des Gedichtes.

Die Stader Hs. enthält weiter auf S. 265 ein nd. Spruchgedicht von 43 Z., das beginnt:

Wiltu up erden erbarlich unde düchtig leven
So merk un betracht wat hier steit screven
Godes gebot in groten achten
Unde sinen bevele will na Trachten etc.

(Durch frdl. Mitteilung des Herrn Jaretz-Stade).

Lüneburg, Stadtbibliothek.

Die im alten Franciscanerkloster aufgestellte Lüneburgische Stadtbibliothek hat einen großen, noch vollständig undurchforschten Reichtum an mittelalterlichen Handschriften, unter denen natürlich die nd. nicht fehlen. Die Handschriften der Stadtbibliothek stammen zum größten Teile aus der alten Lüneburger Rats-Bibliothek, nur wenige aus der Bibliothek des im Mittelalter hochangesehenen Benedictinerklosters St. Michael innerhalb Lüneburgs, da weitaus die meisten Hss. dieses Klosters bei der Auflösung der aus dem Kloster hervorgegangenen Ritterakademie im Jahre 1852 nach Göttingen, einige auch in die Kgl. Bibl. zu Hannover gelangten; vgl. W. Meyer, Hss. von Göttingen II (1893) 491. Von den Hss. des Klosters St. Michaelis hat im Jahre 1827 Adolf Martini in seinen Beiträgen zur Kenntniß der Bibliothek des Klosters St. Michaelis in Lüneburg p. 27 ff. ein kurzgefaßtes, aber brauchbares Verzeichnis gegeben, nachdem schon Jo. Ludw. Gebhardi in seiner dissertatio secularis de re litteraria coenobii St. Michaelis in urbe Luneburga (L. 1755) einige dieser Hss. besprochen hatte. Dagegen steht die Katalogisierung der Hss. der alten Ratsbibliothek noch in den allerersten Anfängen: nur über die Hss. der Abteilung A (= Luneburgensien) ist in jüngster Zeit ein Zettelkatalog angelegt worden, alle übrigen Abteilungen sind überhaupt noch nicht katalogisiert worden, sondern enthalten nur eine kurze Signatur auf eingelegten Zettelchen. Eine systematische Durchsuchung jeder einzelnen Hs. der Stadtbibliothek war deshalb unbedingt nötig, hat aber die aufgewandte Mühe durch reichen Erfolg belohnt. Der Verwaltung der Stadtbibliothek gebührt für die große Liberalität, mit der sie meinen Nachforschungen die Schätze der Bibliothek in ausgedehnter Weise zur Verfügung stellte, mein aufrichtiger Dank.

Abt. A: Manuscripta Luneburgensia.

Mscr. A 1 in 4°: Pp., alter Schweinslederbd, mit Calico neu überzogen. Junge Abschrift des 18. Jh.:

1. S. 1—232: Schomakers nd. Chronik der Stadt Lüneburg.

Anf.: *Vorrede der Luneborger Chroniken. In dem namen des Vaders etc. wente me alle geschichte und handling de geschen sinth, nicht tho male in Gedächtnufs hebben vnd beholden Kann* etc. — Andere nd. Hss. dieser Chronik sind Hannover, Kgl. Bibl. XXIII No. 478. 847—847⁴ (Bod. p. 538 f.) u. No. 900 (Bod. p. 546). Kgl. Staatsarch., Mscr. J 1 u. 8; Göttingen, U.-B., Cod. mscr. hist. 352 (W. Meyer II, 122) und andere in Lüneburg selbst. — Vgl. Mittendorff im Vtl. Arch. des Hist. V. f. Nds. 1843, p. 144 Anm. 1; Schaer, Progr. Hannover, Kaiser Wilh.-Gymn. 1889.

2. S. 237—576 und, nach einer Lücke von 6 Seiten, 583—617:

Eines Anonymus nd. Beschreibung des Praelatenkriegs (= Anonymi Praelatenkrieg).

Anf.: *Sodder der tidt dut de dogetsame Vorste hertog wilhelm de olde van dodes wegen verfiel vnd starff* etc. Nach der erwähnten Lücke beginnt S. 583: *Alse de dach was bespraken vnde vorschreven van vnsen gnedigen Heren van Hildensen* etc. Vgl. unten die ausführlichen Nachweise von Hss. zu Hannover, Kgl. Bibl. XXIII No. 899, Stück 2.

3. (ohne Seitenzahlen): *Historia von Her Johan Springenguth Dorch Her Dirick Dorinck Beschreven, De dosulvest dat alles erfaren het by synen dagen. Luneborch gescreven 1554.* Das Stück behandelt die Ereignisse des Praelatenkriegs. Andere Abschriften des Werkes in No. A 123 in Fol. (vgl. unten!) und in Hannover, Kgl. Bibl. XXIII No. 899, p. 403 ff. (Bod. p. 545).

Mscr. A 2 in 4°: Pp. gegen 1560. Im ursprünglichen grünen Pg.-Bd.

Bl. 1ᵃ: *Hunc librum per hereditatem Avi mei Ludolfi Ottonis ab Estorff adeptus sum. Bernstadii d. 28. Sept. 1771.* — *Ernst August von Estorff, den 3. Jul. Lüneburg 1775. Symbol: Laus virtutis erit.*
Cronica luneburgensis = (Bromes') Lüneburg. Chronik. Vgl. oben p. 138 u. 141. Anf.: *Keiser Friderich de ander makede erst de Herschop luneburch Tho einem Hartochdome* etc. Geht bis 1414. Dann folgt von den gewöhnlichen Anhängen dieser Chronik zunächst ohne jede Bezeichnung das aus Herm. Korner genommene Stück; dann *Etwas vonn denn Vischeulenn*, stark gekürzt. — *Eticus vonn Bardewick*. — Liste der 1371 Gefallenen etc. etc.

Im Ganzen stimmt die Hs. mit ihren zahlreichen Anhängen am meisten mit Hannover, Kgl. Bibl. XXIII 844 g (Bod. p. 536 f.) überein, vgl. auch XXIII 846.

Mscr. A 3ª in Fol.: 205 bez. u. viele unbez. Bll. Pp. 17. Jh. Mitte. Pappband.

Schomakers Lüneburgische Chronik bis 1561.
Anf. (auf dem Vorsetzblatte): *Dewile men alle geschicht vnd Handelinge de geschehen sint, nicht thomale in Düchtnifse hebben vnd beholden kan* etc. Bl. 1ᵃ: *Anfanck der Römischen Kayser. Vor der geburt Christi vnsers Säligmakers 47 Jhar, wardt gesettet de Anfangk der Römischen Monarchye, Do Julius Consul wardt.* — Bl. 195ᵇ: *Huc usque Cronicon quod D. Jacobus Schomaker, Præpositus ad S. Johannem in Lunæborch Canonicus Bardewicensis colligi et conscribi curavit.*

Bl. 196ᵃ ff. folgen Urkundenanhänge bis zur Mitte des 17. Jh.

Mscr. A 5 in Fol.: „(Schomakers) **Cronica Luneburg.**, bis 1598. Plattdeutsch. 1882 von v. Witzendorff gekauft". Zur Zeit verliehen.

Mscr. A 10 in Fol.: 82 Bll. Pap. 2. Hälfte 16. Jh. Alter Schweinslederbd. Auf der Innenseite des Rückendeckels Einzeichnungen der Besitzer von 1585—1740.

(Bromes') nd. Lüneburgische Chronik, 785—1421.
Anf.: *Keyser Friederich der ander makede erst de Herschop Luneburg Zu einem Hertzogdome.* Bl. 63ᵃ (ad a. 1421): *Finis.* Mit denselben Anhängen, wie Hannover, Kgl. Bibl. XXIII 844ᵈ.

Mscr. A 11 in Fol.: Pp. 2. Hälfte 16. Jh. Eingeheftet in ein Pg.-Doppelblatt.
Dieselbe Chronik, wie die vorhergehende, doch geht noch ein Stück voran über die älteste Geschichte Lüneburgs. Anf.: *Vor der geburt Jesu Christi vnsers Seligmakers 47 Jar dosuluest*

werenn tho dem Romischenn Ryke dre Koninge mit namenn *Pompeius, Crasus vnnd Julius*. Erst Bl. 3ᵇ beginnt das Stück, mit dem Mscr. A 10 einsetzt. Von den Anhängen von A 10 fehlt nur der vorletzte (*Etwas von Bardowick*).

Mscr. A 11 in 4⁰: Pp. 1547. In einem Pg.-Doppelblatte.

Nd. Reisebeschreibung von Lüneburg nach Orleans 1547. Anf.: *Anno XVᶜXLVII: dewilenn de erb. her heinrich garlop bedacht synen Son henrich intsampt Casparo Nothwer in gallias genn orligens tho verschickende: hebbe ick my vorgenam̃e mith godthliker hulpe: dar mith henn tho ridende: godt verlene vns gelucke vnd heil tho dusser reise vnd dat wir gluckzelig moge widderum heim kamenn. Amen.*

Es ist keine ausführliche Beschreibung, sondern nur ein knapper Bericht, doch nicht ohne Interesse.

Eine ähnliche Hs. ist Mscr. A 13 in 4⁰., doch gehört sie bereits dem 17. Jh. an und ist ganz hd.

1. *Wegweiser Etslicher fürnehmen Strafsen durch Deutschlandt Vnd Anderswo mit einem Register zusammengeschrieben durch Heinrich Witsendorff. Anno Christi 1625* (hd.).

2. *Itinerarium in quo continentur cum omnia loca in quae me contuli, tum observatu dignissima, quae in illis vidi. Conscriptum ab Henrico Witzend. Franc. Senat. inceptum Anno 1623* (lat. u. hd.). Darin führt W. p. 80 unter *Rostock* den bekannten nd. Spruch über die 7 × 7 Rostocker Kennewarden an: *Söven Döhren tho S. Marienkirch, Söven Straten van dem groten marckte* etc. 8 Z., mit dem Zusatze Witzendorffs: *Verum haec antiquitas: iam n. numerus hic septenarius alicubi desideratur: Namque quinque saltem portae hoc tempore superstant.* — p. 92 führt er unter *Dassow* ein paar nd. Verse an, die um die Rose in der Wirtsstube gestanden haben. — p. 103 endlich über ein interessantes Gemälde in der St. Johanniskirche zu Lüneburg: *Das Altar ist gar allt. Hinter dem Altar seint eitell gemahlte Bilder, vnter welchen ist ein darauff ist gemahlet ein Brun darein stehet Jesus Christus auff welchem das Chreutz liget, vnd aus seinen wunden lauffet das rothe bluth in den brunn. Zu diesem brunnen kommen viell arme leuthe, die daraus holen wollen.*

Mscr. A 13 in Fol.: 375 bez. und ein paar unbez. Seiten. Pp. 16. Jh., 2. Hälfte. Pappband mit Perg. überzogen.

Hammenstedts Lüneburgische Chronik.

Voran gehn die Stammtafeln der Herzöge von Braunschweig-Lüneburg und der Hammenstedtschen Familie.

p. 1 Titel: *Beschriebung der Keiser, vnder welchen das Fürsten-dohm Luneborch und sonderlichen de Stadt defselven Nahmens uffge-kommen und ihrn Anfang gehatt.* Anf.: *Dath Slott uff dem Kalck-berge, gehelen de Vasteburg up weken Barge elrcann ein Affgodt ge-standenn und geeret heff geheten Luna* etc. Endigt p. 352 mit dem Jahre 1574. Das hist. Lied auf den Streit Ottos v. Harburg mit Hamburg 1566 (vgl. Zs. d. Ver. f. Hamburg. Gesch. IV (1858) 621—26) steht p. 316—319.

Ein zweites, wie es scheint, dem ersten ganz gleiches Exemplar dieser Chronik ist Mscr. A 14 in Fol., nd. bis 1574, das zur Zeit ausgeliehen ist. Beide Hss. des Werkes und Hannover Kgl. Bibl. XXIII 845 werden angeführt von K. Schaer, Lüneburger Chroniken der Reformationszeit, Progr. Hannover, Kaiser Wilh.-Gymn. 1889; vgl. A. Wrede, Einführung d. Ref. im Lünebg. p. 9. Zwei Handschriften des Hannoverschen Stadtarchivs werden unten besprochen.

Mscr. A 21 u. 22 in 4° siehe unten p. 164 f. unter Mscr. Theol.

Mscr. A 22 in Fol.: Pp. 17. Jh., in altem gepreßtem Leder-bande mit e. Schnalle.

(Bromes') nd. Lüneburgische Chronik, *collecta a Ja-cobo Ricomanno* (vgl. Hannover, Kgl. Bibl., Mscr. XXIII No. 846, Bodem. p. 538). Allein zwischen den einzelnen Abschnitten des Werkes sind die verschiedensten hd. chronikalischen Aufzeichnungen und Notizen, meistens ganz ungeordnet, eingeschaltet, sodaß die ganze Hs. mehr ein Collectaneenheft des gelehrten Bearbeiters der Chronik genannt werden kann. — Der Anfang der Chr. ist derselbe wie in A 10. Auf Bl. 27ᵃ hört Chronik und Blattzählung auf. Es folgt zunächst *Christl. Kirche Ordenung . . . des Domstifts Bardewick 1544*; dann *Von der Stadt Bardewik* (halb nd.), 4 Seiten. Aus dem nun folgenden Chaos von Notizen tauchen, außer dem kurzen nd. Spruch auf die *instiginge* 1371 (vgl. oben p. 141), nur die 3 bekannten An-hänge der (Bromes'schen) Chronik hervor: der Auszug aus Korner, *Van den Vischkulen* u. *Etwafs von Bardewick*. Ziemlich am Schlusse der Hs. sind 3 hd. historische Lieder aus den ersten Jahrzehnten des 17. Jh. eingetragen (Braunschweig 1605 und Magdeburg 1631).

Mscr. A 121 in Fol.: 79 beschr. Bll. Pp. 2. Hälfte 16. Jh. Gleichzeit. Schweinslederband. Bl. 1ᵃ von moderner Hand der Titel: „Geschichte des Praelatenkrieges bis 1455. Der Verfasser schrieb 1476" = Anonymi Praelatenkrieg (vgl. oben p. 148).

Anf.: *Sodder der tit do de dogentsame Fürste Hertoge Wilhelm* *de olde van dodes wegen vorfel vnde starff na Godes bort XIII^c in dem LXIX jare* etc.

Mscr. A 122 in Fol.: 351 Bll. (Zu Anfang V unbez. Bll., dann 257 beschriebene und von alter Hand bis 146 bez. Bll.; endlich 89 leere Bll. am Schluß). Pp. In grünem Schweinslederumschlage mit einer Spange zum Ueberschlagen. **Tzerstedischer Codex**. Auf Bl. V^a in wundervoller Ausführung die vereinigten Wappen des Nicolaus de Tzerstede und seiner Gemahlin Barbara Mutzeltins 1563.

Eine ausführliche Notiz des Schreibers auf Bl. 76^b und die von der zittrigen Hand eines früheren Besitzers der Hs. (vgl. Bl. I^a unten: *à Parente mihi traditum 1641. 23. Martij*) an verschiedenen Stellen eingetragenen kurzen Angaben über die verschiedenen Hände, die an unserer Hs. geschrieben haben, lehren uns, daß Nicolaus Tzerstede selber, mit Unterstützung seiner vier Söhne Statius, Brand, Claus und Albert, diese Handschrift geschrieben hat. Ueber diesen Mann und seine Familie, den von ihm begründeten jüngeren Zweig des Hauses Tzerstede, vgl. die Tafel der Tzerstedes bei Büttner, Genealogie der Lüneburgischen Patricier-Geschlechter (Lüneburg 1704).

Die Hs. ist ein **Sammelband historischer und juristischer nd. Stücke**.

1. Nach einem kurzen (Bl. 1—2) lat. *Exordium litis salinae Luneburgen.*, beginnt

Bl. 3^a—127^a: **Anonymi Praelatenkrieg** (vgl. oben pag. 148). Anf.: *Tho wetende, dat tho der tide do de dogentsame Vorste Hertoch Wilhelm der Older van dades wegen voruell vnd starff* etc. — Ueber die Vorlage und die Schreiber dieses Stückes in unsrer Hs. unterrichtet uns die Auseinandersetzung auf Bl. 76^b von der Hand des alten Claus, der Bl. 1—76 geschrieben hat: *Dewilen duth vorige Jck Claus van Tzerstede geschreuen vnd dath folgende Statiꝰ mynes sans Hant, so mangelt hir twischen gar nichtes . . . . . vnd hebbe dusse materie van Hern Benedicto Copping bokamenn, de se sich vth bouelich Sines Erbarn Vaders vth der kisten Cordt Rolcues so in der Garwekamer tho vnser leuen fruwen vorwart stundt, auer andtwordē latenn, vnd nah dem my her Benedictus Erstlich dath Statiꝰ affgeschreuē bohandelt vnd gesecht dat ander vorkamē dach als lestlich dat vorige ock gefundē vnd my mith gedelt, hebbe Jck solkes, vnangesen ick my dar mith vast vorsumet, affgeschreuē.*

Bl. 77^a setzt *Statius handt* ein.

2. Bl. 131^a—143^b: Chronologisch geordnete Sammlung nd.

historischer Lieder und Gedichte, zum größeren Teil auf Lüneburg bezüglich; von *Brandes hant*. Die Fassungen der Gedichte sind, wie die ganze Hs. selbst, noch niemals benutzt.

a) Bl. 131ᵃ—132ᵃ: Keppensens Lied auf die *instiginge* 1371 Liliencron I, No. 21.

b) Bl. 132ᵃ—137ᵃ: Die 3 Lieder auf den Praelatenkrieg 1454—55 = Liliencr. I, No. 101—103.

c) Bl. 137ᵃ—139ᵃ: 2 historische Gedichte auf Braunschweig 1490 u. 1493 = Lil. II, No. 164 und 184.

d) Bl. 139ᵇ—140ᵃ: Lied auf die Schlacht bei Soltau 1519 = Lil. III, No. 326.

e) Bl. 140ᵃ⁻ᵇ: *Ein dialogus, warth dem kantzler van Luneborch vor sine Herberge vp de doer yn der nacht gestcken, alse de Borgemester van Hyldensen Johan wildefuer vnnde he twisschen dem rade vnnd vorsten der suluest handelenn geschenn anno 1538.*

Anf.: *Dat dem godt schende*
De alle dinck anfenckt by dem vnrechtenn ende
= 42 engl. lange Z. Dieses Streitgedicht ist bis jetzt erst aus einer einzigen Handschrift bekannt geworden (Wolfenbüttel, Herzogl. Haupt-Landes-Archiv, Msc.-Bd. von 490 Bll. Pap. in 2°, Bl. 481) und danach herausgegeben von Hänselmann, Nd. Jb. 9 (1883) 93 f.

f) Bl. 140ᵇ—141ᵇ: *Ein gedichte, welcker den Borgemesteren Tho Hamborch in der kercken S. peteri darsuluest in ore stole gelecht anno XVᶜ vnnd XL Jare am sondach Letare.*

Anf.: *Erbarm dy here der groten Noth*
Den hir nu lydt de armodt groth etc. = 66 Zeilen.

Das Gedicht habe ich bis jetzt nirgends erwähnt oder abgedruckt gefunden.

g) Bl. 141ᵇ—143ᵇ: *Ein gedichte vp de Stadt gemaket vnd de Sulffmester Tho Luneborch Js tho Lune gesungenn worden vp des tolners Melodie, Darna den Borgemesteren tho handen komen Anno XVᶜ vnnd XLIII in der weken Jubilate.*

Anf.: *Wat helpet dat ick veele trure*
Jn mynen vngewal etc.
= 16 neunz. Str. Liliencron IV, No. 504 (aus 2 Hss.).

3. Bl. 145ᵃ—231ᵇ: *Hirna folget Dat Lüneborger Stadtrecht, etlicke Priuilegia Edduge Statuta Ordele Vnde gefunden Sentencien Item de Process Des nedderen gerichtes.*

Bl. 145ᵃ—226ᵇ sind, laut Notiz auf Bl. 145ᵃ, geschrieben von dem jüngeren Claus; nur das letzte Stück dieser Rechtsaufzeichnungen und Urkunden, Bl. 227ᵃ—231ᵇ: *Concordia der van Lubeck Anno MDXXXV vpgerichtet*, ist von der kräftigen Hand des alten Claus.

4. Bl. 232ᵃ—248ᵃ: Nd. Uebersetzung zweier juristischer lat. Tractate.

a) Bl. 232ᵃ: (rot) *Folgett Dinus van vorhorynge vnde pinenn*, und mit kleinem Absatze darunter: *Bartolus van Heertekenn vnd wapenen vnnd allerhande Merken.*

Bl. 232ᵇ: *Van pinen vnnd vorhoringen der misdeders* (rot). Es folgt zunächst eine interessante *protestatio offte vorrede des duders* (grün), worin der Uebersetzer auf 5 Seiten seine Arbeit rechtfertigt. Der Anfang lautet: *Nu rude ock ju vortidenn* | [soweit reicht des alten Claus Hand, alles Uebrige bis Bl. 248ᵃ ist, laut der Randnotiz, von *Alberdes handt* geschrieben] *is van my begeret van wegen vnde tho behoff des Rades des achtbaren wichbeldes lüneborch do ick erre dener vnd Secretarius was, dath ick wolde yttike naschreuen lantinsche boeker ju dudesche spracke bringen vnde sunderlick eyn bock dat van pinen vnde vorhoringen vorborgener missedade beschreuen heft de vtherwelde lerer her dinus van Mugillo lerrer geistlikes vnde werlllikes Rechtes dar tho ick denne Itwes trach suslange gewesen byn, beide dorch vnnochofftickeit vnde dümheit myner witte vnde synne de jck nocht trager bokenne wefsen wen eyne kruppende snigge vnde ock dorch vorkeringe der lude de my dar ane vormetenheyt vnde jdele boroninge mogen tho leggen vnde ock dorch jtlikes anderen anxtes willen. Darumme er ick dessuluen bockes dudinge vnde ock yttike(r) anderen de uelikte nocht hir tho geuoget werden moge begynnen odder vullen bringen, so is my grotlyken nodt jtlike hir na screuenen protestalien beschede vnde vorwordt dar vor tho setten, de ick jo bidde van eynem ywelken lesere dusses bockes tho vorn ouer tho lesende vnde de volget aldus:* etc.

Bl. 235ᵃ beginnt die Vorrede des eigentlichen Werkes.

Bl. 244ᵇ endet das Stück mit folgender Subscriptio: *Explicit perutilis tractat͡q eximij dni dini de mugello vtriusq꞉ juris doctoris de questiōib͡q et torment͡e ad instantiā p̄clari uiri d̄ni Alberti de molendino legū baccalaurij ac proconsulis oppidi jnsignis luneborch de latino yn uulgare p̄scriptum jdeoma translatus per quendam dicti oppidi secretariū legū baccalauriū lic꞉ jndignū Anno a natiuitate xp̄i 1463 die mart octaua mensis marcij.* (Bl. 245ᵃ) *Etsi opus laudis et pfectionis q̄i q̄i haberet, dei donū non hōis magisteriū erat Si commodū afferre repiri possit dicto meritu debetur proconsuli, q̄ adulescentie fructuosum florē ista reipublicae cura quondam p̄miscuit, ut huig libelli rarissum exemplar de Italie partib͡q ju salutem et decorem singularē oppidi p̄dicti inter libros suos conduceret* etc.

Der hier erwähnte Albert v. d. Möhlen ist aus der Geschichte des Praelatenkriegs bekannt; er reiste damals (1453) als Bürgermeister von Lüneburg nach Rom, um am päpstlichen Hofe die Machenschaften der Praelaten zu hintertreiben, mußte aber unverrichteter Sache 1454 wieder zurückkehren. Uebrigens war die Frau des Nicolaus von Tzerstede, Barbara Mutzeltins, eine Tochter des Thomas Mutzeltin und der letzten Erbtochter des Geschlechtes v. d. Mühlen (vgl. die oben angeführte Schrift Büttners), sodaß unserer Handschrift wahrscheinlich das Original des Stückes aus dem Besitze Alberts v. d. Möhlen zu Grunde liegt.

b) Bl. 245ᵃ—248ᵃ: *Nu uolget hir na eyn ander lustich gesette des keyser rechtes van hertekenen effte wapenen vnde uan mercken vnde signeten aller hande lude dath ute den rechte tho hope tagen hefft de uterwelde lerer geistlikes vnde weltlikes rechtes her Bartolus van dem jserne steyne Borgere tho perus.* Anf. (Bl. 245ᵇ): *Men vint beschreuen jn keyser rechte dath van anbeginne allen dingen sint namen egentliken angesat* etc.

Bl. 248ᵃ. Subscriptio: *Hic finitur tractatul₉ dn̄i Bartoli de saxo ferrato de jnsignijs et armis translatus de latino jn teutonicā ad jnstantiam et p opam p̄dictor₃. deo laus.* — Vgl. Bartoli de Sassoferrato Opera omnia, Basil. 1588/89, p. 340—344.

5. Bl. 249ᵃ—257ᵃ (ohne Bezeichnung der Hand, aber es ist keine von den vorigen):

Ein schone Gedichte wo de van Lubeck mith Koninge Hanse gefeidet hebben im Jare MDXI. Es ist das historische Lied vom lübschen Krieg 1511 bei Liliencron III, No. 263. Der dort abgedruckten Handschrift des Vereins f. Lüb. Geschichte fehlen aber die ersten 4 Strophen des Liedes, die erste erhaltene ist mit 5 bezeichnet. Hier tritt die Lüneburger Hs. ergänzend ein, sie bietet sowohl die ersten 4 Strophen vollständig, als auch am Ende des langen Gedichts eine wichtige Autorstrophe. Ich gebe beides hier vollständig wieder:

Str. 1: *Jewelck swige vnnd hore wat ick seggen wil,*
    Wo konning hans vann Denemarcke mackede styll
    Ein vorbunth mit denn hollanders gegen de Stede
    To wercke bringenn, de van lubeck nicht allein,
    Se menden den andern de vedderen ock to then
    Men wor gudt hodt is, dar is gudt frede.

  2. *Des heft konning huns vtgesand*
    Den groten Engel gants wol bekanth
    Vth Dennemarcken der kronen ricke.
    He quam tho Crutzerordt al vnder dat landt,
    De denen lepen dar an den strandt,

> *Sin ancker let he dar strikenn.*
> 3. *De scipper tho Jonſsholexen rep,*
>   *Hir js idt wol achtein vaden dep,*
>   *Vor dem ancker wil wi ridenn.*
>   *Marien horne bi den engel lep,*
>   *De beiden wolden vor den anderen striden.*
> 4. *De denen makeden dar nicht vel worth,*
>   *Se setteden ore Bote al ouer bordt,*
>   *Na der schantse dat se drungen.*
>   *Se menden tho donde einen groten mordt*
> (Bl. 249ᵇ) *Mann alle vpsate en gann nicht vort,*
>   *Idt js one miſsgelungenn* etc.

Die Schlußstrophe (76), die bei Liliencron fehlt, lautet in unserer Handschrift:

> *Hirmede is min gedicht gedann,*
> *Ein juwelck schal int beste vorstann*
> *Loffwerdigen mannes vnnd fruwen van eren,*
> *Marienn kind mothe juw jn sin hode entfan.*
> *In duſser victorien wil vnſs de frede vpstan;*
> *Kamet alle vnnd lauet godt den heren*
> *Hulpe van gade kan nemant vorkeren.*

Die Anfangsbuchstaben dieser um eine Zeile verlängerten Strophe ergeben den Namen *Helmikh*, den ich nicht anstehe, für den Dichter unseres Liedes zu halten. Vergleiche damit das Lied der Hamburger gegen die Lübecker 1561—69, das *vt meister Helmkens schole* stammt (abgedruckt in Zs. d. Ver. f. Hambg. Gesch. 2 [1847] 295 ff.), und die weiteren Nachweisungen über Meister Helmke ebenda p. 294 f.

Mscr. A 123 in Fol.: 314 bez. u. versch. unbez. S. Pp. 2. Hälfte 16. Jh. In altem Schweinslederbde.

1. S. 1—155: *Handlung Zwischen den prelaten vnd einem Erbarrn Rade zu luneburg, vnd van dem Nigen Rade vnd Sostigen durſuluest* = **Anonymi Praelatenkrieg** (vgl. oben p. 148). Anf.: *Sodder der tidt, dat de dogetsame forste hertog wilhelm de olde, van dodes wegen verfel vnd starff* etc. — S. 113—128 leer. — S. 129 hat die Ueberschrift: *Fragmentum*. Anf. *Do vorrameden do de borgere mit dem rade des dages, als des Mandages na Martini, tho wesende binnē luneborg.* — S. 150—152 leer. — S. 153: *Aliud fragmentum*. Anf.: *Des Mandages vor Simonis et Jude quam in luneborg de Bischop van lubeck.*

Das Ganze gehört zu demselben Werke; unserer, wie verschiedenen anderen Hss. des Stückes, scheint eine fragmentarische Hs. des Werkes zu Grunde zu liegen. — S. 156—162 leer.

2. S. 163—188: *Historia der vneinicheit zwischenn dem oldenn vnnd Nigenn Rade to Luneborg, Anno 1450. Ex parte veteris Senatus, per düm Theoderici Doring conscriptum.* Es ist dasselbe Stück, das in Mscr. A 1 in 4° (vgl. oben p. 148) als *Historia von Her Johan Springenguth* etc. bezeichnet war. Anf.: *Ein Erbar Rath vann Luneburg hadde in mennigen enden grote sware teringe gehatt.* — S. 189—190 leer.

3. S. 191 und alles was noch folgt, sind Abschriften nd. u. lat. Urkunden, die sich auf die Streitigkeiten des Praelatenkriegs beziehen.

Der Hs. ist eingelegt eine weitere, gleichzeitige Abschrift des Stückes unter 2.

Mscr. A? in Fol. (noch ohne nähere Sign.): Pp. Schön gepreßter Lederband. Auf dem Rücken: *Chronicon Lunebg. | usq; An. 1499.* Auf dem Vorderdeckel eingepreßt: *Helmold Rodewold Anno 1587* [1]). Die Schrift ist damit gleichzeitig. Die Hs. ist erst kürzlich von der Lüneburger Stadtbibl. angekauft worden.

Bl. 1ª Titel: *Chronicon von der Stad Lüneburck. Fons mons pons hic dant 1587.* Der eigentlichen Chronik gehn auf ein paar unbez. Seiten voran hd. und lat. chronologische Verzeichnisse und Notizen, dann auf Bl. 1ª—3ᵇ das gewöhnlich als Anhang der Lüneb. Chronik auftretende Stück: *Etwas von Bardewick*.

Bl. 4ª beginnt das Chronicon: *In dem namen des vaters* etc., *weil men alle schichte vnd handelinge de geschehenn, nicht thomale in dochttnifse hebben vnd beholden kan, ... Des hebbe ick vth warhafftigen briuen, olden Kronickenn . . . . . . tho hope sochtt vnd in ein Kleine Summeken gesamelt, Die stichtlinge des Herttichdoms tho Luneborch . . . . wendt ahn defse tidtt alfse me schriftt na godes gebordtt 1414 Jahr*.

Ganz denselben Anfang hat die Lüneburger Chronik in Hannover, Kgl. Bibl. XXIII 899, Stück 1; Bodemanns Angaben p. 544 sind irreführend, er läßt die Vorrede ganz weg. Diese Fassung der Lüneburger Chronik hat den gewöhnlichen Anfang der Schomakerschen Chronik, giebt aber im Uebrigen die s.g. Bromessche Chronik wieder.

Bl. 49ª wird unter 1371 citiert: *Ex antiquo Quodam Chronico: Her Dirick Bromes de tho Luneborch geboren js Anno domini 1338 schrieftt ihn seiner Chronichon* etc., cf. Hannover, Kgl. Bibl. XXIII 844⁵ Abschn. 15.

---

1) Vgl. Hannover, Kgl. Bibl. XXIII 911 (Bod. p. 549). — Staphorst, Hambg. Kirch.-Gesch., T. I Bd. IV, Beilage 6.

Bl. 65ᵇ: Hd. (ursprüngl. nd.) Verse auf Herzog Magnus Torquatus:

*Hat gebracht der jugend freudicheit
Hertzog Magnus in grofs leidtt* etc. (16 Z.).

Bl. 66ᵃ⁻ᵇ: Das lat. Epitaphium auf die *instiginge* 1371 und die nd. Uebersetzung desselben. *Als men schreff bouen dusent Jahr* etc. 18 Z. (vgl. oben p. 141 u. 151).

Bl. 68ᵃ—69ᵇ: Koppensens Lied auf dasselbe Ereignis (Liliencr. I No. 21).

Bl. 69ᵇ: 8 nd. Verse auf „Anno 1371":
Mercklichen ifs geschen vorwar | Do man geschreuen hefft jm Jahr etc.

Bl. 241ᵇ: 8 nd. Verse auf den hohen Salzpreis.

Bl. 316ᵃ ff.: Die 3 nd. Lieder auf den Praelatenkrieg (Liliencr. I, No. 101—103). Die Chronik ist fortgeführt bis 1499; am Schlusse hat die Hs. noch eine ganze Menge unbeschriebener Blätter.

Abt. B und Manuscr. Theologica.

Die Abt. B ist ein unbedeutender Annex zu den Luneburgensien und enthält keine nd. Handschriften. Ich reihe deshalb die noch keinem Buchstaben zugewiesenen Manuscripta Theologica hier ein, die bedeutendste Abteilung der Lüneburger Handschriftensammlung.

Mscr. Theol. No. 10 in 4°: Pg. 14. Jh., eingeheftet in ein Blatt starken Pergaments. Lateinisches Passional mit vorgebundenem kürzeren lat. Tractate. Die Rückseite des Vorderdeckels ist ganz beschrieben mit 3 nd. kleineren asketisch-mystischen Stückchen des 15. Jh.

a) *Desse negen stucke worden geopenbart eynē heyligen menschen in deme geyste* etc.

b) *Alse de sele des ukdich ict, dat se to hemelrike comen sal, so comt er god entegen mit allen hemelschen h'e* etc.

c) *It was en gūd clost'vrowe do se st'ven solde, do beden se de anderen vrowen dat se en wat segede van erme levene, wo se gelevet hedde* etc. In diesem Stücke ist die Seite zu Ende.

Mscr. Theol. No. 13 in Fol.: Pg. 15. Jh. 2spaltig, sehr schön geschrieben. Alter Lederband mit 2 Spangen.

Nd. Postille, beginnend mit dem 1. Sonntage im Advente. Jedes Evangelium von einer ausführlichen Auslegung in Form einer Predigt (*sermon* oder *predekinge*) begleitet. Auf der letzten Seite: *Duth boeck hort Margareten Stoterogge*. Es ist die erste evangelische Aebtissin von Medingen, sie lebte 1493—1567, vgl. Büttner, Genealogie der Lüneburg. Patricier (1704) Tafel 3 der von Stöterogge.

Mscr. Theol. No. 28 in Folio: Pp. 15. Jh. 2spaltig, alter Lederband mit Messingbeschlag und 2 Spangen. Lateinische Postille. Angehängt sind aber dieser Postille auf 9 Bll. kurze nd. predigtartige Ansprachen auf die Sonntage des Kirchenjahres, alle anfangend mit der Anrede *Brodere*. Anf.: *Myne aller leueste brode wetet, dat io to is de tyd dat wy scholle vp stā vā deme slape* etc. Es folgen dann noch mehrere Blätter mit lat. Inhalte. Die Hs. wird aus dem Lüneburger Franciscanerkloster stammen.

Mscr. Theol. No. 32 in 4° und die folgenden 4 Hss., die ich hier zu beschreiben habe, sind zu einer größeren Gruppe zusammenzufassen. Sie stammen aus der Bibliothek des letzten katholischen Propstes zu St. Johannis in Lüneburg, Mag. Joh. Koler † 1536[1]), und lassen uns einen tiefen Blick in das litterarische Treiben der katholischen Partei in Lüneburg zur Zeit der Einführung der Reformation thun. Eine Reihe der in diesen Bänden vereinigten Schriften entstammt der Feder des bedeutendsten und gewandtesten unter den Widersachern der Reformation in Lüneburg, des Augustinus v. Getelen[2]). Die Bedeutsamkeit dieses Mannes hat zum ersten Male Uhlhorn in seinem Leben des Urbanus Rhegius ins rechte Licht gerückt; von seiner Darstellung (vgl. p. 179 ff. und die Quellennachweise p. 359 f.) abhängig ist, was Wrede, Die Einführung der Reformation im Lüneburgischen durch Herzog Ernst den Bekenner (Göttingen 1887) p. 112 ff. über Getelen bringt. Beiden haben Hss. Getelens aus unserer Gruppe vorgelegen. Eingehender bespricht W. Sillem in der Monatsschrift für die evang.-luth. Kirche im hamburgischen Staate, Bd. V, p. 335—344 Getelens Leben und vor allem seine einzelnen Schriften. Er giebt eine Menge neuen Materials aus den Lüneburger Hss., verfährt aber in der Bestimmung der Schriften Getelens viel zu unkritisch; die 5 Hss. der Lüneburger Stadtbibliothek enthalten auch eine ganze Anzahl Schriften anderer Männer als Getelens, vor allem Kolers selber; erst eine genaue

---

1) Das noch erhaltene „Inventar des Nachlasses des wl. Propstes zu St. Johann in Lüneburg M. Joh. Koller 1536" enthält in dem Abdrucke im Jahresb. des Mus.-Vereins f. d. Fürstentum Lünebg. 1882/83 p. 73 ff. nichts über seine Bücher. Vgl. aber p. 85: *Hyrmit wardt dat Inventarium geendiget, de boke hyrvan buten bescheden, wente darran hyr beneven eyne sunderlige bescrivinge geschen und hyr per transfixum annectert befunden.*

2) „Einige Hss. des Augustinus Getelen waren in der Resenischen Bibl. zu Kopenhagen vorhanden", Lappenberg, Hamburgische Chroniken in nds. Sprache, p. 575 f Vgl. P. Joh. Resenii Bibliotheca etc., Hafniae 1685, p. 347ᵇ: „No. 134 (in 8°). Augustini ab Getelen Lubecensis Harmonia vulgaris IV. Evangelist. vixit sub Ao. 1540." Diese Handschrift ist mit der gesamten Resenischen Hss.-Samm.

bis ins Einzelne gehende Untersuchung der Handschriften kann da definitive Resultate erzielen. Hier kommt es uns nur darauf an, die zahlreichen nd. Stücke aus den Hss. dieser Gruppe herauszuheben:

1. **Mscr. Theol. No. 32 in 4°. Pp. 16.' Jh., erste Hälfte.**

Die Hs. wird gebildet aus einer Reihe von Einzelheften, die lose in einem Schweinslederbande liegen.

Heft 1 enthält lat. theologische Schriften und Briefe, zum großen Teile von Getelens Hand. Nd. ist nur ganz am Schlusse ein Einzelblatt in Folio mit einem ausführlichen P̄r. n̄r. und einem kurzen Avemaria.

Heft 2: 42 Bll. in 10 Lagen: *Grundt vnd bowys vth der schryfft vam vegefur vnd standhe der Zelē na dessem leuende* etc. *Dorch Joannem Carbonarium* [= Mag. Joh. Koler!] *vth Doctor Caspars Sasgers* [Bl. 7ᵃ: Ord. s. Francisci] *latynsche Bocklinn Jn sassesck dudesck auergesat vnd eynem Erbarn̄ Rade to Rostock* [untergeschrieben *Luneborch*] *geschencket.* Bl. 13ᵃ: Neue Ueberschrift: *Boslutlyke rede vpp des vegevures bowerynghe.* 25 Capitel; Bl. 1—12 sind nur die weitläufige Vorrede. Das ganze Stück ist mit rother Dinte durchcorrigiert und mit kurzen Citaten am Rande versehen, doch ist nur ein Teil dieser Randnotizen von Getelens Hand.

Die auf dem Titelblatte ursprünglich mitangezeigte Schrift: *Angehangenn Hieronymi Emsers anwysinge, vth wath lyckmalen Eyn waraftlich elder valssck Euangelisck Prediker to kennende*, fehlt jetzt, auch ist der Titel wieder ausgestrichen.

Heft 3: ein Papier-Umschlag mit lose darinliegenden Einzelheften. Der Umschlag gehört aber ursprünglich gar nicht hierher, sondern wie der darauf geschriebene Titel: *Closterstandes vn̄d leuendes vorbiddinge vnd boweringe vth der schryfft* beweist, in die folgende Handschrift, wo dieses Stück mit neu ergänztem Titel unter No. 5 sich findet. — Der Umschlag enthält folgende Stücke:

a)—c) lat., z. T. von Getelens Hand.

d) 6 Bll. mit eingeheftetem halbem Blatte: Ein nd. Brief an Getelen oder einen anderen geistlichen Gegner der evangelischen Sache von einem Anhänger derselben. *Gnade sy myth yw vnde frede* etc. *Nach deme leue her kerchere gy ein leser vnd bade Jhesu Crysti nach jwer eskynge scolen syn, ... Szo hebbe yck leue her kerchere ellyke van yweñ Sarmonē gehorth welker my voruorderen tho yc tho scryuenn... Ock bydde yck leue her kerchere, gy wyllenn dusse myne scryffte nycht myt deme ersten anseith hynder de banck wɩ̄penn, wenthe me lest wol synes vyendes breue dorch De yck doch yegen yw nycht byn Sunder mer*

lung bei dem großen Brande der Kopenhagener Universitätsbibliothek im Jahre 1728 untergegangen.

yme olde dener vnde gude frunth etc. Bl. 3ᵇ wird de grage monnyck Tymme Kruse erwähnt. — Am Schlusse unvollständig.

e) 12 Bll. Bl. 3ᵃ: *Van twyerleye gadesdenste vth doctor mychael vee bokelyn.* Anf.: *Dem almechtigen gade i/s men twyerleye eren tho irlegende schuldich.* Schl.: *dar tho willen wy vnfs vpp syn wort v̄n nicht vpp vnfs sulues trossende vorlathen.*

f) 10 Bll. Bl. 2ᵃ: *Eyn Gebeth tho den heren Jesu vor frede der karcken effte Chrystlyker Sammelynghe durch Erasmū Roterdamū latynsck ghemaket vnnd so vele donlick jn dudesck auerghesath durch M. Jo. K.* [= Mag. Joh. Koler]. Anf.: *O here Jesu christe de du nach Dyner almechtyghenn ghewalth alle creaturen Sichtbar vnnd vnsichtbar hefst geschyppet.*

g) 6 Bll. Bl. 1ᵃ: Lat. Belegstellen zum Folgenden. Bl. 2ᵃ: *Dat Jemant v̄m christlichen gelouen, he sy olt edd' Nye, den he vormalls nicht angenamen: tegen synen willen nicht to engende noch to drengēde sy* etc.

h) 6 Bll. Nd. Gedicht über die Ars moriendi (vgl. oben p. 108).

Es ist eine Versificierung von 16 kurzen Abschnitten (vgl. das Register Bl. 1ᵃ), nach Art der von Sillem a. a. O. p. 339—341 abgedruckten beiden poetischen Vorreden, mit vielen Bibelstellen am Rande versehen.

Bl. 1ᵇ Ueberschrift: *Wo eynn ider schall rechte steruenn.*
         O leue here lere my rechte steruen,
         Dath ick dyne hulde moge vorweruen.
Anf.: *Wy hebben hyr nene blyuende stadt,*
     Darūme schole wy soken de tokamēde stadt etc.
Schl.: *Wēlc als vorhauč de slange* (in der wostenye am Rande hinzugesetzt)
     Muste de sone gades in dem cruce hangen.
     Vnnd alle de an em louen schollen nicht vorgā
     Sunder jnn dat ewige leuent gan. Amen.

i) 12 Bll. Ein nicht hierhergehöriges lat. Stück, das von derselben Hand geschrieben und im selben Format ist, wie die in der folgenden Hs. befindlichen Stücke aus der Zeit des Interims. Auch unser Stück gehört in jene Zeit: *Explicatio disceptationum aliquot ɋplexarum, qᵫ in his periculosis motibus Germanię valde pturbant et ɋpemoɉ fascinant animos multorum* etc. *Authore Eusebio Pimeno.*

k) 10 Bll. Bl. 1ᵃ (quergeschrieben): n̄gro *Joanny Roden.* Bl. 2ᵃ: *Martinvs Luther wath manes de sy vnnd wat vann syner lere leuende vnd ghëste to holdende: dorch Erasmū van Roterdam mesterlick affgemalet, jm anderen Boke vā des fryenn willens vorbiddinghe.* Anf.: *Wath getuchnisse Luther jn gemeyner werllt by allen redeliken hefft, js jnth gemeyne kundich.* Schl.: *Van dessen dingen mehr alfse to vell, auer ëne der sake wyllen hebbe ick desse menīghe angelagen, darmyt de jenne fso Luthers schriuenth alle vor Gades worth achten, vorstaen moghen, wath gheeste fse orer fsele heyll vnd wolfartt betruwen vnd Boluoen.*

Heft 4: 8 Bll. in einem Papier-Umschlage, auf dessen Innenseite steht: *Pro christianissimo Christiano Lampo. Vann dem Klange dar by dat wortt gades gelyck also de mūthe to werderēde* = Gespräch zwischen Varus und Merula. Anf.: *Varus: Wath schal ick by dem klange vornemen? Merula: De gemeynen cyndrechtigeschen dudynghe des wordes: fso men vyndt by der gantzen kercken* etc. Schluß: *Blyff by deme golt steyne welcher ist Christus Jesus de gecrutzigele* etc.

Heft 5: 14 Bll. lat.

II. Mscr. Theol. No.? in 4° (es liegen in dem Bande 3 Signaturzettel: Theol. 35. 36. 38). Pp. 16. Jh., erste Hälfte. Der Band, in einer Decke aus dickem, außen rotem Pergament mit einer Messingschließe, enthält eine Reihe jetzt völlig losgelöster Einzelhefte. Der Inhalt aller Hefte, bis auf das letzte, sind, wie in der vorigen Hs., **Streitschriften der katholischen Partei in Lüneburg.**

Heft 1: 20 Bll. in 3 Lagen: *Vann Lyckmalen vnd Tekenn, dar by de warhafftyge Christlike kercke van der Bosen geystes Synagogen effte sammelynge to vnderschedende. — Vth oren fruchten schole gy fse kennen.* Anf.: *Van allen Redelicken is angenhamen vnd bowereth, dath eyne fsy aller gelouigen kercke* etc. Die Schrift zerfällt in Einleitung, 37 Capitel und Conclusio; sie ist mit roter Dinte durchcorrigiert und mit Randbemerkungen versehen.

Heft 2: Eine Lage von 8 Bll., davon 4½ beschrieben: *Leffhebber der warheit dem Christlikenn lefser heyll in godt.* Anf.: *Ifft jemanth denn Luther noch Bethher nicht genochfsam kanth So he doch vth velen orfsaken der werlt allen vorstendigen vasth kentlick: de mach jtz ohne noch jnnerlich vnde vterlick vth der kortē schryfft wo jungsth . . . jegen den hern konnīgk to Engelandt jn hochdutzscher ock neddersassesschen sprake wytlufftich vthgegaenn rygentlick kennen leren* etc.

Heft 3: In einem besonderen Umschlage liegen 4 Stücke, von denen nur das 2. darin festgeheftet ist.

a) *Vorrede vppt nye testamēt recht jn dudesck gestallt* = Vorrede zu Hier. Emsers Uebersetzung des N. T., das Privilegium

Herzog Georgs von Sachsen von 1527 enthaltend. Vgl. Sillem a. a. O. p. 341 f.

b) 9 Bll.: *Orſsake vnd rede worāme ick broder Nicolaus herborn ordens sancti ffrancisci myne scriffte den luterschen richtern lerern vnd ordel nicht vnder werpen will vnd schall (myt eyn' irmanīge an dē adell)*; vgl. Sillem a. a. O. p. 341. Ueber Nic. v. Herborn vgl. Allg. D. Biogr. XII, 42 ff.

c) und d) lat.

Heft 4: 12 Bll.: *Vann valschenn Prophetenn vnſser tydt, worann de tho erkennende.* Anf.: *Cristus vnd de Apostele hebben orhe Jungherenn vnd nakomelinghe truwelikenn vnd ernsthlikenn ghewerneth vor de lesthenn ghevarlykenn tyde.*

Zwischen Heft 4 und 5 finden sich verschiedene lose Lagen mit lat. Inhalte, darunter auch ein zweimal geknicktes Folioblatt mit der Abschrift eines lat. Wittenberger Druckes einer kurzen Erklärung der 10 Gebote durch Martin Luther vom J. 1518.

Heft 5: 62 Bll. in 9 Lagen, rubriciert.

Des closterleuendes boweringe vnnd bostendige grundt jn gottlikem worde gefestet etc. Der ursprüngliche Umschlag dieses Stückes liegt in Mscr. Theol. No. 32, cf. oben.

Anf.: *Ortsprungk der Closterlude, dut ys de einsamich by einander wanen. Cap. 1. Samuell, den Anna de prophetynne myt dem ghebede des gheloues van gade vorwarff, hefft alderést eine Lerschole angeslagen, nicht wydt van Betell* etc. bis Bl. 18ᵃ.

Bl. 19ᵃ: *Dat ander boeck van closterlichen leuendes vorbiddinge jegen de Closterstormer vnd Junckfruwenschender* bis Bl. 61ᵃ.

Heft 6: 42 Bll. in 6(?) Lagen. Eine zweite Abschrift des in der vorigen Handschrift Heft 2 enthaltenen Stückes. Beide Abschriften stimmen genau überein, selbst in den Randbemerkungen, nur hat unsere Hs. am Schlusse ein Register der Capitel des Werkes hinzugefügt. Die auch hier auf dem Titelblatte angezeigte Schrift Emsers fehlt ebenfalls. Die beiden Abschriften sind außerdem in die beiden Hälften einer und derselben Pg.-Urkunde eingeheftet, die aus dem Archive von St. Johannis zu Lüneburg stammt.

Heft 7: 36 Bll., jetzt in 4 lose Teile auseinandergefallen. Dieses Heft, zusammen mit dem Heft 3i der vorigen Hs., fällt aus unserer Gruppe ganz heraus. Es stammt, wie die den einzelnen Stücken unsers Heftes vorgesetzten Nummern 21 und 22 beweisen, aus einer größeren Sammelhandschrift, die Schriften über den Interimsstreit von 1548 ff. enthielt. Allein nicht nur zeitlich, sondern vor allem auch inhaltlich sondern sich die Stücke dieses

Heftes von ihrer Umgebung dadurch, daß sie den streng protestantischen Standpunkt der Interimsgegner vertreten.

a) Bl. 1—11. *No. 21. Oft men den papisten vnde falschen Christen ock in Middelding, wyken schal.* Erasmus Alberus D. Das Zeugnis unserer Hs. sichert dem Erasmus Alberus endgültig die Autorschaft dieses Stückes, da die sonst allein bekannte hd. Fassung der Wolfenbütteler Hs. aus Helmstedt 883 (Bl. 236—246) den Namen des Autors nicht ausdrücklich angiebt, vgl. Schnorr von Carolsfeld, Erasmus Alberus, p. 123—125. — Bl. 12 leer.

b) Bl. 13ᵃ—36ᵇ: Geistliches Spiel auf das Interim, in nd. Versen. *No. 22. Eyn schoen vnde loflick Colloquium vnses heylandes vnde heren Jesu Christi myth itliken ppheten Apostelen vnde erluchteden Menneren Goddes, van dem geistlik₇ rike vnde myt syner leuen Brudt, der Christlik₇ karck, trostlick tho lesen in dussen grusamen geswinden tyden sunderlick den de vmme Christi willen vorfolget werden, vnde endigeth Anno 1548 am daghe Marien offering₇.*

Als Verfasser nennt sich am Schlusse der gereimten Vorrede *Lyborius Hoppe*. Ueber diesen Mann hat seitdem Dr. Nirrnheim in den Mitteilungen des Vereins für Hamburger Geschichte, Band VII Heft I (August 1898) p. 13—24 aus Acten des Staatsarchivs zu Hamburg ein reiches Material zusammengetragen. Hoppe war ein geborener Hamburger und hatte frühzeitig das Kürschnerhandwerk mit der Stellung eines *Vorspraken* vertauscht. In diesem Berufe hatte er es zu einer angesehenen und bedeutenden Stellung im Staate gebracht. Sein Drama hat er in einem fließenden, reinen Niedersächsisch geschrieben, seine Reimtechnik ist genau, aber der Versbau überladen. Unsere Handschrift ist nicht sein Autographum, sondern eine Abschrift, wie sich aus der saubern Glätte der Schrift und besonders aus einer Stelle des Spiels ergiebt, wo der Abschreiber eine Verszeile nur zum Teil hat lesen können. — Ueber den Inhalt des Stückes habe ich ausführlicher berichtet in einem Vortrage auf der Jahresversammlung des Nd. Sprachvereins zu Einbeck Pfingsten 1898, vgl. Nd. Jb. 23, 120—124.

III. Mscr. theol. No. 39 in 4°, jetzt neu signiert als Mscr. A (Luneburgensia) 21 in 4°: Ein ähnlicher Sammelband, wie die vorigen, aber noch fest gebunden in einen Umschlag von starkem Pg. Auf dem Rücken: *Augustini ab Getelen Varia*, saec. XVI, auf dem vorderen Umschlag: *1532.*

1. *Van dren houetartikelen vnsers Christliken gelouens eyne predige Augustiny van Getelen 1532*, von Getelen selbst geschrieben und mit *A.G.* unterzeichnet.

2.—11. lateinisch, Stück 2 bis 10 ebenfalls mit Getelens Unterschrift.

12. Lat. Tractat *De gratia dei* etc. mit nd. gereimtem Vorwort: *Eyn vormanynge dat vth der Gnade gades alle guth kumpth.* 38 Verse, abgedruckt von Sillem a. a. O. p. 339 f.

13. *Tractatus . . . de Baptismo Eucharistia Penitentia 1534,* ebenfalls mit nd. gereimter Vorrede. 30 Verse, abgedr. von Sillem p. 340 f.

IV. **Mscr. Theol. No. 42 [und 37] in 4°**, jetzt neu signiert als **Mscr. A** (Lunebg.) 22 in 4°. Ein Sammelband, wie die vorigen, die einzelnen Stücke liegen lose drin. Einband wie bei III.

1. 12 Bll. in 2 Lagen: *Van guden werckenn.* Anf.: *Die Ertseketter Eunomius eyn Junger vnd nachfolger des vortwiffelden Bosenwichtes Arrij, ys guden werckenn so gar nydesch* etc. — Unterschrift: *Augustinus von Gethelen.* 1535. Vgl. Sillem p. 340.

2. 24 Bll.: *Vam Rechtschapen worde gots vnde synen fruchten.* Anf.: *Alle lere buten dem worde gades sint vordechtlich. Caput 1* etc. Unterschrift *Aug. v. Gethelen.*

3.—7. lateinisch.

V. **Mscr. Theol. No. ? in 4°** (ohne Signaturzettel!). Aeußerlich ganz Mscr. A 21 ähnlich. Auf dem Rücken: *Varia theologica, saec. XVI.*, auf dem Vorderblatte des Umschlages: *1532.*

1. 12 Bll.: *Enthschuldunge eynes olthlouigen christliken predicanten dar vp dat de myssedaeth, na der dope begangen ane des mynschen medewercken vnde todaeth nicht afgelecht moge werden. Anno etc. XXXII.* Anf.: *Allen christlouigen wil geleuen to weten, dat ik N.(?) ethwan vp der Cancell defse menynge geredet, dath goth almechtigh dorch Christum . . . den ersten mynschen Adam vnde syn fsamen . . . gnedichlich hebbe gefryget vnde erlost* etc. Von Bl. 7ᵇ an wird es ganz lateinisch.

Von den übrigen Bestandteilen der Hs. sind nd.:

2. 12 Bll.: *Rekenschop der predikanten tho Luneborch van der rechten olden Christlyken lere* = 121 Artikel. Bl. 12 leer.

3. 4 Bll.: *Eyn fryg gerichte vp den sendebreff Vr. reg. an einen frunt to Hildensheim* = 17 Artikel, von Getelens Hand. Angeführt von Uhlhorn, Urbanus Rhegius p. 174, dazu vgl. p. 359 Note 14.

Mscr. Theol. No. 64 in kl. 8°: Pp. 15. Jh. Brauner Lederband.

Die Hs. enthält mehrere lateinische theologische Tractate, nur auf den letzten beiden Blättern ein zwei Seiten langes nd.

Stück: *p lib'tate r̃ligiosor, a: r̃ligiosar, amoñ*(ammonitio?). *de ghistlikē lude de hir bestediget syt vnde de hyr er dusser tyt ghewesen syt, de hebben van godde vnde va orer gheystlyker acht* etc. *grote vryheyt beschermīghe v̄n gnade* etc. Schl.: *also langhe dat he to bekātenisse kame v̄n syn leuft betere v̄n dur va ghe loset werde v̄n on vor gheuē werde* etc.

Mscr. Theol. No. 68 in kl. 8°: Pg. 15. Jh. In altem Lederbande mit 2 Spangen.

Nd. Gebete auf das ganze Kirchenjahr.

Anf.: *Dit les des ersten sondaghes in deme hilghen aduente.*

Mscr. Theol. No. 73 in 12°: Pg. 15. Jh. In altem Lederbande, eine Spange.

Lateinische Gebete, zum größten Teile an den hl. Jacobus, zum Schlusse an die hl. Anna gerichtet. Darin an einer Stelle ein Gebet an den hl. Jacobus in lat.-nd. Mischversen. Anf.: *Salue o gl'ose p̃rceps toto orbi bn̄ cognit9 Jacob3 maior vocal9 ex regali p̃gēie exort9 m̃ris x̄pi cōsobrīn9. Q's te laudabit plenius, Du bist en apostel louelik, ouer milde v̄n dogentlik. In rade wcrestu by gode hoch, myt Petro v̄n Johane he dy vore toch. Tu veitatis doctor, et x̄piani fidei ĩstructor. Gallicīe hefstu vorluchtet myt dyn' lere, v̄n vele myschē brocht to der ewyghē ere* etc. etc. 3 Seiten lang.

Mscr. Theol. No. 74 in 12°: Pg. 15. Jh. In altem Lederbande, 2 Spangen.

Lateinisches Gebetbuch, besonders für die Verehrung des Philippus und Jacobus (minor). Darin ein kurzes nd. Reimgebet an den hl. Jacobus, mit Neumen: *Sūte lutteke jacob de was gode lik. he was de erste bischop ycrosolomis. he bedede vp synē kny dach v̄n nach. nv heft he grote wīdicheyt bi gode v̄n macht. kryōl.*

7 Bll. weiter ein nd. kurzer mystischer Tractat. Anf.: *Deinde ypēde ĩ dulcedīe ĩ die tāte sollēpnitatis et letīcie, quomodo prīcipes isti glosissimi Philippus et Jacob9 werdē ghe hetē de meyen herē. So mach di dat vorē, dat du hute spasserē ghast v̄n beschouwest den warē meyen bom de to nazareth wart geplātet an eynē garden maria ghe nāt* etc. = 5 Seiten. Schl.: *waneer we va hēnen scheydē dat he salichlikē an synē gharden leyde. Amē.*

3 Seiten weiter: mehrere nd. Gebete an S. Philippus u. Jacobus. Anf.: *Weset grot O gy werdigē hēmel vorstē* = 13 Seiten.

Mscr. Theol. No. 79 in 4°: 259 Bll. Pp. 15. Jh. (z. T. von 1424). In altem Lederbande. Ex bibl. coenob. St. Michael., vgl. Martini a. a. O. p. 63 No. 77, aber seine Beschreibung ist ungenügend, die beiden nd. Stücke erwähnt er überhaupt nicht. *Ludolphus de Schulenborch mynor*, *ʓ* nennt sich auch als Schreiber; auch Stück a) ist 1424 geschrieben.

Den Hauptinhalt der Hs. bilden lat. grammatische Schriften. Dazwischen sind 2 nd. Stückchen versteckt:

1. An 2 Stellen sind n d. R e c e p t e von gleichzeitiger Hand eingetragen, einmal 1 Seite: *Nota weme de worm is ghe crogen ī dut ore, de neme* etc., das andere Mal 1 Bl.: *Dit heft des roweschen koniyhes arste yhemakʒ wedd' de drose v̄n pestilcīien* etc.

2. Auf der Rückseite des letzten Blattes ist von gleichzeitiger Hand das n d. g e i s t l i c h e L i e d : *Droch werlt mych greset vor din wesēt* eingetragen. Vgl. oben p. 98 (Hamburg, Hs. aus dem Convente No. I).

M s c r. T h e o l. N o. 82 i n k l. 8⁰: Pg. 15. Jh. In altem Lederband mit 2 Riemen zum Schließen, einer fehlt jetzt. Ex bibl. coenob. St. Michael., vgl. Martini a. a. O. p. 72 No. 95.

1. Nd. Gebete von Weihnachten bis Advent. Anf.: *O du hilge gheist du bist en band ēn en leue des vaders vnde des sones.*

2. Der kleinere 2. Teil der Hs., der am Schlusse unvollständig ist, enthält ein lat. Gebetbuch mit ein paar nd.-lat. Mischstellen.

M s c r. T h e o l. N o. 83 i n 8⁰: Pg. 15. Jh., in altem Lederbande mit 2 Spangen.

Lateinisches Gebetbuch, dem ein 15 Seiten langes nd. Gebet angehängt ist: *Wes willekamen mg here v̄n mȳ god* etc. — Der Schluß des Buches ist wieder lateinisch.

M s c r. T h e o l. N o. 83 i n F o l.: 206 Bll. Pp. 15. Jh. 2spaltig. In altem Lederbande mit Messingknöpfen und 2 Schließen. Ex bibl. coenob. St. Michael., vgl. Martini p. 44 f. No. 11.

Wichtige und reichhaltige S a m m e l h a n d s c h r i f t t h e o l og i s c h e r S t ü c k e, lat. u. nd. Leider ist sie an manchen Stellen bereits arg durch Moder beschädigt.

1. (= Mart. *a*) Bl. 1ᵃ: Eine Reihe asketischer lat. Tractate: *De septem viciis* etc.

2. (= Mart. *b*) Bl. 64ᵃ: *De Vita Jude Scariotis et de vita Pylati* etc. lat. 5 Bll. Hinter Bl. 68 auf einem eingehefteten Quartblatt u. a. der nd. Spruch: *Do ick wol dochte vnde wol mochte, do was ick leff vnde wert, de tyd hefft syk myt my vorkerd.*

3. (= Mart. *c*) Bl. 69ᵃ: Lat. Postille; auf dem letzten Blatte derselben, Bl. 133ᵇ, die Copie einer nd. Lüneburger Urkunde von 1884 (= Martini *d*).

4. (= Mart. *e*) Bl. 134ᵃᵃ—147ᵃᶜ: *Dit is dat ewāgē nicodemi vā deme lidende vnses herē ihū xpi.* Anf.: *Dat geschast*(!) *in deme achteynden jare des keysers tyberij vnder herodem konīghe .... heft nychodemꝰ bescreuē myd warē redē de daghe vnses heren ihū cristi.* — Eine andere nd. Uebertragung („Paraphrase") des Ev. Nic. in Wolfenbüttel-Helmst. 430, Bl. 131ᵇ—155ᵇ (Hein. I 1, 336).

5. (= Mart. *f*) Bl. 147ᵃᵈ: *Ewangeliū xpi de passione eius.* Anf.: *In palme auende, Alzo de meister scrift in der scolastiken histoi'en, sprak vnse here tho sinē junghere* etc. — Schluß: *Do ghunghen se vnde tekeden den stein myd den hoderen. Explicit liber iste, deus in eternū sit bndicte.*

5ᵃ. Stück 5 sind eingeheftet a) ein Folioblatt, b) ein halbes Folioblatt, beide mit kurzen nd. Autoritates über Abendmahl und Christi Leiden; von gleichzeitiger Hand.

6. (= Mart. *g*) Bl. 160ᵇᵃ: Kurzer lat. Tractat *de informacione confitentium* etc.

7. (= Mart. *h*) Bl. 162ᵃᵃ: *Hir tho vindende vnderschede der sunde vn arstedie | vnde Doghede* (umstellen!) *dar en theghen.* Anf.: *Dat sint erfsunde vnde eghene sunde* etc. = scholastische Aufzählungen.

8. Bl. 163ᵃᵃ: Lat. Vocabularius, vgl. Martini unter *k.* — Auf Bl. 163ᵃᵈ, an einer sehr morschen Stelle der Hs., sind die kurzen historischen Notizen eingetragen, die Martini als *i* anführt.

9. (Mart. *l*) Bl. 188ᵇⁱ—193ᵃᵈ: *Nō Sibillen prophesien* = ein nd. Gedicht von der Sibylle; ohne Versabsätze geschrieben und zum Teil jetzt durch Moder sehr schwer lesbar gemacht.

  Anf.: *God was ju vn blifft jāmer*
    Vnde sin wesent vorgheit nummer.
    Alle ghe walt steid an siner hant
    Her ist ende vn anevank
    Vn heft ghe scapen alle dingh
    De gy waren vn jāmer sint etc.

Es ist eine vollständige Hs. des Gedichtes, die als zweite nd. der bis jetzt allein bekannten Fassung in der großen Sammelhs. aus Kloster Marienstuhl (Hannover, Kgl. Bibl., No. 84ᵃ [Bodemann p. 619], Bl. 426—440) zur Seite tritt. Ich habe die Handschrift in meinem Einbecker Vortrage kurz erwähnt, vgl. Nd. Jb. 23, 112.

Bl. 190ᵇ ist leer gelassen und nachträglich mit einem Tractat *Van den guldenen vrigdaghen* (= Mart. *m*) ausgefüllt. Dasselbe Stück in einer Hamburger Hs. aus der Bibl. der St. Petri-Kirche, vgl. oben p. 134. — Dagegen ist Martinis Stück *n:* „Fragment einer plattdeutschen Legende Bl. 191ª weiter nichts als die Fortsetzung des Gedichtes von der Sibylle.

10. (= Mart. o) Bl. 193ᵃ·ᵇ—198ᵇ·ᵇ: *Apocalipsis tho dude myd der glosen* = nd. Gedicht über die Apokalypse; ohne Versabsätze geschrieben, vollständige Hs.

Anf.: *Apocalipsis is dit bok ghenant*
       Dar inne vele wunders wert bekant.

Subscriptio: *O leue sote mylde here īhū crist,*
             Wente du ynedich v̄n barmhertich bist,
             So wes gnedich vnde hebbe leff
             De dit lest vnde scrift
             Jōhes vrigdach dat sin name is. Amen etc.

Schon bekannte vollständige Hss. der nd. Apokalypse sind: 1. Hannover, Kgl. Bibl. No. 84ª (Marienstuhler Codex), Bl. 417ᵇ—425ª (Bod. p. 619). 2. Wolfenb.-Helmst. 1211, Bl. 23ª—50ᵇ (Hein. I 3, 112). Dazu gehört auch die hd. Fassung in der Hs. der Wiener Hofbibl., Hist. prof. No. 1076, Bl. 45ª—97ᵇ, vgl. Mone im Anz. f K. d. d. Vorz. VII (1838), Sp. 498—500; und die von Maßmann in v. d. Hagens Germania X, 125 ff. mitgeteilten 3 alten wertvollen Bruchstücke in einem Gemisch von Hd. und Nd. Zwei weitere Hss. des Gedichtes aus der Trierer Stadtbibliothek werde ich in der 2. Abteilung meines Reiseberichts besprechen. Die Lüneburger Hs. habe ich kurz erwähnt Nd. Jb. 23, 112. — Eine Ausgabe des Gedichtes bereitet Herr Licentiat Hj. Psilander in Upsala vor.

11. (= Mart. p) Bl. 198ᵇ·ᵇ: *Arstedie wedder de sunde der tunghen.* — *Gude jnnighe lere* = 12 scholastische Aufzählungen; ebenfalls von Vrigdach geschrieben.

12—13. (= Mart. q—r) Bl. 200ᵇ·ᶜ: 2 kürzere lat. Tractate, vgl. Martini.

14. (= Mart. s) Bl. 204ᵃ·ᵃ: *Vā den pharissen f͞eia sexta p̄ dn̄ica VIII p͞ethecost.*

15. (= Mart. t) Bl. 204ᵃ·ᵈ· (noch 2½ Spalten, teilweise zerstört): Fragmente einer Dominica: *Wo J̄hs xp̄c is ghetreden vā deme schote sines h͞emlischen vaders an den schōt der eddelen jūcvruwē mariē.*

Mscr. Theol. No.? in 12° (Signaturzettel verloren): Pp. 15. Jh. In ein Pg.-Blatt geheftet, das Ganze wieder in ein großes Pg.-Blatt eingeschlagen. Enthält unter vielen lat. Stücken von verschiedenen Händen ein kürzeres nd. Stück: *Dyt testam͞et eines waren cristen m͞yschen*, eine Art von Ars moriendi in Gebetsform. Vgl. oben p. 108.

Abt. C: Manuscripta Historica.

Mscr. C 7 in Folio: Pp. 1459. In altem Lederbande mit 2 Spangen.

Enthält an 2. Stelle die nd. Auszüge aus Korners Chronica novella, die Jak. Schwalm in seiner Ausgabe der lat. Chronica novella (Göttingen 1895), Einleitung p. VIII Anm. 6, eingehend bespricht und würdigt.

Mscr. C 8 in Folio: 168 Bll. Pp. 15. Jh., in altem, schön gepreßtem Lederbande mit 2 Spangen; die Ecken mit Messingbeschlag. Die Hs. ist schön geschrieben und mit einzelnen Bildern ausgeschmückt.

Nd. Bearbeitung der Reise Johans von Mandeville ins hl. Land. Auf Bl. 1ᵇ ein großes Bild, den Reisezug eines Fürsten darstellend, im Hintergrunde eine Burg und eine Stadt. Darunter ein orientalisches Alphabet.

Bl. 2ª—7ª: Das Register der Capitel des Werkes: *Incipit prologus libri mandeuilēn. De prologus van dem hilghen lande. In wat jare Johan mandeuile toech ou meer.*

Bl. 7ᵇ: Das Bild einer befestigten Stadt, darunter das griechische Alphabet.

Bl. 8ª: Anfang des eigentlichen Werkes: *Incipit liber ordine bono etc. Want dat also is, dat dat landt van ouersee dat men hetet dat hilghe landt van belusten vnd' alle ander lande is dat [dat] uterkornste vnde dat alder werdeste vnde dat alder ouerste vn vroude van allen andern landen* etc. Die Einleitung beklagt den Verlust des hl. Landes und bedauert, daß noch kein Kreuzzug wieder unternommen sei. Dann erhält sofort Mand. selbst das Wort. Nachdem er erzählt hat, wann und wie er seine Reise gemacht habe, sagt er Bl. 9ᵇ selbst (!): *Item wetet dat ik dyt bok hadde gheschreuen in latin v̄me der korte willn̄, men up dat mēnich het vorsteit dudisch den latin So hebbe ik id in dudesch ghesett vpp dat id eyn jewelk vorstaen moghe v̄n ok dat de herē v̄n de Ridder' vnde ander eddel māne de nen latin enkönen vnde ok ouer see moghen ghewesen hebbn̄, moghen weten effte ik war segghe effte nicht.* — Otto v. Demeringens Name wird nirgends genannt, auch fehlt jede Büchereinteilung.

Am Ende der Hs. 10 leere Bl. — Ueber andere nd. Hss. des Werkes vgl. oben p. 139.

Mscr. C 15 in Folio: Pp. 1684. Schweinslederband.

(Hans Detlefs) *Dithmarschen Historische Relation* —1655. Nd. Subscriptio auf der letzten Seite: *Diefses Buch Habbe Ich Peter Dierkfsen Am Helfsiger Teich, abgeschrieben, vor*

den *Ehr vnde Achtbahren wollfürnehmen Hinnerich Denker Am westerteich Aufs Schl. Hanfs Dethelfffsen von windt Bergen Seinen Schrifften. Der Jfs Nun Befser Macht, Lafs mir alterman vn veracht.*
Efs jst geschrieben jn den 84 Jahr, Da der Harder winter wahr.

Also scheinbar eine Abschrift aus dem Original, Kiel, Univ.-Bibl., Mscr. S. H. 192. Auch S. H. 193—195 sind 6 Abschriften des Werkes; ebenso Göttingen, Univ.-Bibl., Mscr. Hist. 557. Wolfenb.-Extrav. 66 fol. etc. — Vgl. Neocorus ed. Dahlmann I, p. XXII und XV.

Mscr. C 18 in Folio: Pp. Ca. 1600. In Papier geheftet.

1. Bl. 1—112: Hd. Braunschweigisches Chronicon bis 1580 (Schoppius); mit 2 kurzen Anhängen, auf Braunschweig bez.

2. Nd. **Braunschweigische Chronik** (eine Art Fehdebuch von der Braunschweigischen Fehde 1493 bis 1550/51). Den Hauptbestandteil dieser Chronik bilden die **historischen Lieder auf die einzelnen Fehden**, ein dürftiger Text umschließt und verbindet sie miteinander.

a) Braunschweigische Fehde 1492/93. Anfang des Textes: *Anno 1494 Tho Sunte Morcus Dage do kemenn dusse vorgeschreuen forstenn wedder vpp denn dach tho Saruested.* Dann folgen die 3 Lieder Liliencron II, No. 185. 186. 184.

b) *Van des Stiffts veide tho Hildensenn.* Nach 8 Zeilen Text folgen die Lieder Liliencron III, No. 329. 324.

Von den folgenden Stücken kommen noch in Betracht:

c) *Van der Wulffenbuttelschen veide vnnd defs gantzenn Euagelij vorbuntnisse Ao 1542.* 8 Bll. Text, dann die Lieder Liliencron IV, No. 480 und das hd.: *Ich stundt ann einem Morgenn heimlich an einem ortt,* 21 sechsz. Str., Liliencron IV, No. 482.

d) *Geschicht von Lambertus Balunn, Abtt tho Ridderfshusenn vnnd Baltzernn von Stechawen* etc. 2½ Seiten Text, dann die Lieder auf den Abt, Liliencron IV, No. 581 und 580.

e) Die Ereignisse von 1550/51. Darin ein Lied auf die Belagerung von Magdeburg 1550:

Der schantzen greuer sprack herann heran alle gram
De minenn heren hertzog Moritz geschworen hann etc.

18 Z. Wie es scheint, noch ganz unbekannt.

Mscr. C 22 in Folio: Pp. 17. Jh., in einen Teil eines Pg.-Blattes geheftet.

Abschriften historischer Stücke, Braunschweig betr., 1550 ff.

Darin eine Abschrift des *Dialogus Gespräch zweier Geuattere Der Eine genandt Author* etc. = Gespräch Authors und Heinrichs von 1600. Vgl. unten Mscr. D 1.

Mscr. C 24 in Folio: Pp. 17. Jh. In dünnem Pappbande. Sammelband historischer Sachen, betr. Pommern, Brandenburg etc. Die einzelnen Stücke sind numeriert. Nd. sind folgende Nummern:

1. No. V (Bl. 32—46): **Frantz Wessel,** Historia der Stadt Stralsund. Anf.: *In dem Jahre MCCXXX do wardt die Stadt to dem Sunde aller ersten begrepen* etc. bis 1510.

2. No. VI (Bl. 48—67): *Ettike Stücke, wo idt vormals im Pawstdome mit dem Gadesdienste tom Sunde gestahn hefft beth vp dat Jahr 1524 . . . ., dorch Hern* **Frantz Wessel** *Borgermiester tom Sunde beschrefen Anno 1530.* Anf.: *Van dem Advente: Erstlich im Advente vor winachten helt man alle morgen to 6 schlegen vnd hoef an eine swigende*(?) *mifse.* Vgl. Franz Wessels, wl. Bürgermeister zu Stralsund, Schilderung des katholischen Gottesdienstes kurz vor der Kirchenverbesserung. Nach einer [anderen] Hs. herausg. von Zober. Stralsund 1837. 4°.

3. No. VII (Bl. 70—99): *Des Erbaren, vornehmen vnd wolweisenn herrn Frantz Wefsels öldistes Borgermiesterfs*(!) *thom Stralfsund gantzes Lebenn vnd Christlicher Abscheid* etc., *Dorch Geerdt Dröcsenn* [l. *Droegenn*] *Körtlick vorfatet tho Rostock dorch Steffen Mollerman gedrucket Anno MDLXX.* Abschrift dieses Druckes, der wieder abgedruckt ist in Mohnikes Sastrow, vgl. Wiechmann, Mecklenbgs. Nds. Litt. II, 67—70.

(Bl. 108ᵃ—109ᵇ: Hd. Gedicht: Colloquium zwischen Daniel Zöllner und Ernest Cothman, 28 vierz. Str.).

Zum Schlusse möchte ich noch einen hd. Codex dieser Abteilung hier kurz einreihen:

Mscr. C 37 in Folio: Pp. 1466. 2spaltig. In einfachem Schweinslederband des 16./17. Jh.

1. **Historie von Troja,** hd. Prosa. Anf.: *Es was ain künig Ze Troja der hiefs Priamꝰ gewaltig reich vnd mechtig, der het ain herczen schönes beib geporn von Edler Art, die was genant Eckuba.* Die Geschichte Trojas wird fortgeführt bis auf Romulus und die Gründung Roms. Schl.: *Finitus est iste liber in quo tractatur Troya historia in die parascecue Sub anno dn̄i MCCCC sexagesimo sexto* (1466). — Nach einem Zwischenraume von 5 leeren Bll. folgt von derselben Hand

2. *Hye heb sich das puch von Akkers, wye dy zerstort ist worden von den vngelaubigen haidn̄* (rot). Es ist eine noch unbekannte Hs. der großen Episode von der Zerstörung von Ackers aus der weitläuftigen Steirischen Reimchronik Ottokars. Auch

die Wolfenbüttler und St. Galler Hss. (bei Seemüller No. 6 und
7) enthalten nur dieses Stück des Ganzen. — Unsere Hs., die
auf 65 Bll. in doppelten Columnen geschrieben ist, schließt auf
Bl. 65ᵃᵃ (Seemüller V. 44597 ff.):

>Das do ergie vnd geschach,
>Das was nach christi gepurd czwar
>Achczigk vnd czweliff hundert Jar
>Vnd gants' Jar funfczehen,
>Also wart mir verjehen
>Von den dy pey den Jarn
>Enhalb mers gewesñ warn,
>Das puch lasst euch
>Geuallen wol omb dew,
>Das ewr mut vnd ewr sin
>Stee czu den haiden hin,
>Mit werleicher hant
>Nach dem heyligen lantt.

*Hye hat ein ennd das puch von Akkers. Anno LXVI*ᵗᵒ*.

Abt. D: Manuscripta Miscellanea.

Ms cr. D 1 in 4°: Pp. Miscellanhandschrift vom Anf. des 17. Jh.

1. Verschiedene hd. historische Lieder des 17. Jh.

2. *Dialogus compendiosus Zweyer Gefattern, der eine genandt
Author, ein Bürger von Braunschweig, der ander Heinrich ein Bürger
von Wulffenbeutel aufs der Heinrich Stadt, gehalten auff der Her-
strafsen zwischen Wulffenbüttel vnd Braunschweigh am 22. May Anno
1600.* — Author spricht nd., Heinrich hd.; Gegenstand ihres Ge-
spräches ist das Verhältnis der Stadt Braunschweig zu ihrem Her-
zoge. Vgl. oben Mscr. C 22; Hannover, Kgl. Bibl. XXIII 473,
Bl. 263ᵃ ff.; 480. 483, Tom. II, Bl. 580ᵇ ff.; ferner Scheller, B.-K.,
No. 173 (p. 299), wo ein Abdruck dieses Dialogus in „(Heinr. Jul.)
Histor. Bericht die Stadt Braunschw. betreff. (1608) T. III. S. 1268
—1282, ohne Jahranzeige" angeführt wird. Unsere Hs. bestätigt
Schellers Vermutung, daß der Dialog ins Jahr 1600 gehöre.

3. Nach verschiedenen urkundlichen Stücken folgt das hd.
Lied auf die versuchte Ueberrumpelung Braunschweigs 1605; cf.
Goedeke² II, 311³⁰⁴.

4. *Stambůch aller Könige Zu Dennemarken. Wie einer auff den
andern gefolget, lifs auf jtzigen Christianum 4.* Eine noch unbekannte
Abschrift der nd. Uebersetzung von Nigels v. Sores Reim-
chronik der Dänischen Könige, vgl. oben p. 137; die Hs.
ist aber bereits völlig verhochdeutscht.

5. *Ein Schön new Lied von der Löblichen Alten Teutschen Hanse*, hd., *Authore J. D. J. V. D. ex cuius authographo descripsi Anno MDXCX*(!). Nach 5 andern Hss. abgedruckt in Zs. d. Ver. f. Hambg. Gesch. II (1847) 451—471 als „Des Syndicus Domann Lied von der Teutschen Hanse".

Mscr. D 25: Sammlung losgelöster Pg.- und Pp.-Blätter in verschiedenen Formaten. Darunter nd.:

1. 2 Pg.-Doppelblätter in Fol. 2sp. 51 Z. Etwa 1400. Die 4 Bll. folgen alle unmittelbar aufeinander. Sie haben als Einband eines Quartanten „Praesentation-Schreiben Beneficiorū Lunebg. ab A° 1661 usq; A° 1679· gedient, Bl. 1ᵇ. 2ᵃ. 3ᵇ. 4ᵃ sind fast ganz zerstört.

Bruchstücke eines nd. pros. Passionals, von etwa 1400.

Bl. 1ᵃᵇ beginnt im Leben des hl. Petrus mit einem Berichte über die Entstehung des Festes Petri Kettenfeier.

Anf.: *wys vnde durbar gewracht vnde gink do vppe synen stol stan in de stede dar de sūne ersten eren schyn vp gaf* etc. (von Nero ist die Rede). — Bl. 2ᵃᵇ: *Van der vindinghe des bēles sūte steffens.* — Bl. 3ᵇᵃ: *Van sunte laurencio.* — Schl.: *Do wart decius tornisch vnde sede O gy romeschen manne hebbe gy wol ge*‖.

2. Rest eines Pg.-Doppelblattes, oben abgeschnitten; erhalten 17,5×11,5 cm. 2spaltig, mit 16 erhaltenen Zeilen. 15. Jh.

Rest einer mnld. Reisebeschreibung in den Orient.

Bl. 1ᵃᵇ: *ander riuiere heet nil och te gron Dats te segghene in egypscher spraken tourble dat es donker. Die derde riuīe heet tygs dats te segghene huestelike lopende.* Die Bruchstücke gehören höchstwahrscheinlich zu einem mnld. Mandeville; in der hd. Recension Ottos v. Demeringen entspricht Bl. 1ᵃ eine Stelle aus der Beschreibung des Paradieses, Buch IV Cap. 12 (in dem Drucke Straßburg 1501 = Göttingen, U.-B., Itiner. 169ᵇ); Bl. 2 enthält den Schluß des 4. Buches.

Bl. 2ᵃᵇ: *Itē vā liede die langhe naghelē hebbē.* — Bl. 2ᵇᵇ: *Van desen lande coemt mē weder acht' īt tē lande vā dē groten can, d' ic hier voren af hebbe gheseit.*

Mscr. D 29: Eine zweite Sammlung losgelöster Pg.-Blätter aller Formate. Davon nd.:

1. Ein Pg.-Doppelbl. in Fol. 2spaltig. 51 Zeilen. Etwa 1400. Die Bll. folgen nicht aufeinander. Früher der Umschlag eines Rechnungsbuches des Eerhard Töbing 1642—50. Es sind Bruchstücke desselben nd. Passionals, aus dem die Reste in Mscr. D 25 stammen. — Bl. 1 aus dem Leben des hl. Ambrosius. Anf.: *also dat he by de kerken en hus buwede vnde hadde in deme huse enen*

reden wughē etc. (auf dem die Kaiserin Justina dann den hl. Ambrosius ins „Elend" bringen läßt).

Bl. 2 aus dem Leben des hl. Apostels Jacobus. Anf.: *dat vele lude in erer beyden staltnisse twyvelden. Hyrūme alse de yoden vth ginghen xpm to vanghende, do neme se en teken van Judas vppe dat se nicht Jacobum antasteden vor cristum.*

2. Ein 2. Pg.-Doppelblatt desselben Passionals, aber jedesmal sind nur die obersten 15 Z. erhalten; die Bll. folgen aufeinander. Sie enthalten ein Stück aus der Geschichte St. Jürgens; Bl. 2^{ba} beginnt: *Van sunte Marcus deme ewāgelisten.*

Mscr. D 30 in 4° (21,5×14,5): 197 Bll. Pp. 1448. In altem Lederbande mit einer Spange. Auf der Rückseite des Vorderdeckels: *Iste liber frm̄ minor, in luneborch ff.; a prē iohe haghē lectore ciusdem conventus donatus* von 2. Hand hinzugefügt.

1. Bl. 1ª—170ª: Lat.-nd. Glossar des fr. Johannes Haghen.

Anf.: *Ex quo vocabularij varij sūt* etc. = kurze Vorrede des Verfassers, dann beginnt das Glossar in alphabetischer Anordnung. — Bl. 170ª: *Explicit vocabulariū p frem Johem haghen. Anno dn̄i M°CCCC°XLVIII° Idibus marcij* [ī anglia rot hinzugesetzt].

Die Hs. wird kurz erwähnt von Gebhardi, Dissertatio secularis etc., p. 80; danach von Hoffmann v. Fall. in Mones Anz. f. K. d. dtsch. MA. II (1833) 156 ff. und von Jellinghaus § 21ª ohne nähere Bezeichnung. Ein Excerpt aus dem Glossar, 18. Jh., ist die Hs. Göttingen, U.-Bibl., Mscr. Philol. 229 (W. Meyer I, 61).

2. Bl. 170ᵇ—192ª: Lat. logisch-grammatischer Tractat, von derselben Hand. Bl. 192ᵇ ein lat. Cisiojanus.

3. Bl. 193ª (am Rande): a) *Justicia is ghe slaghē dot.*
   Veitas lidet grote not.
   ffallacia is ghe boren
   ffides heft dē stryt vorlorē.
b) *Hor see vn̄ swich*
   wultu leuē sund' krich.

Zu a) vgl. Balt. Studien 21, 78 und die unten aufgeführten Hss.: Brüssel, Kgl. Bibl., Mscr. II 144 Bl. 1ᵇ. Münster, Stadtarchiv, Mscr. XIV 17. Anz. f. K. d. d. Vorz. VIII (1839) 546 f. (No. 26).

4. Auf dem oberen Rande des letzten Blattes:
De kukkuk. De is vrodich vā synnen
  De des sōmers zo vele kā wÿnen
  Dat he zik des wÿters of bedraget
  Nu dā rikē he dēne nycht en vraget.

Mscr. D 36 in Folio: 159 unbez. Bll. Pp. Anf. 15. Jh. In altem Lederbande mit 2 Spangen. Auf Bl. 1ᵃ stehn 12 Verse aus Stück 2 = Bl. 88ᵇ, v. 1—12: *De ryle de mynsche heft gud vnde ere, So wynt he vrunt mer vnde mere* etc. Bl. 2 leer.

1. Bl. 3ᵃ—83ᵃ (2sp.): Nd. Evangeliar, vom 1. Adventssonntag bis zum Gründonnerstage. Subscriptio (Bl. 83ᵃ⁻ᵃ): *De Ewangelia hebbet hir enen ende God gheue dat ik my dar na wende. Amen. Biddet vor den scriuer* etc. — Bl. 83ᵃ·ᵇ—84ᵇ leer.

2. Bl. 85ᵃ—157ᵇ (einspaltig): Eine noch unbekannte nd. Hs. des geistlichen Lehrgedichts *De spegel der mynsliken salicheyt*. Von Bl. 85ᵃ—153ᵃ ist oben jedesmal Raum für ein Bild gelassen, aber es findet sich ein Bild nur Bl. 99ᵃ. 101ᵃ. 115ᵃ. 117ᵃ. 121ᵃ. 123ᵃ. 127ᵃ. 131ᵃ. 133ᵃ. 151ᵃ; und diese Bilder sind aufgeklebte Holzschnitte. — Bl. 85ᵃ: *Lucifer superbit diabolus sit dominus in celo sedes eius.* Dann der Anfang des Gedichtes:

Dit boek is den vnghelerden luden bereyt
Vnde heet eyn spegel der mynsliken salicheit etc.

Schluß Bl. 157ᵇ: *De spegel der mynsliken salicheyt heft hir enen ende*
God gheue dat ik my dar na wende. Amen.

Vier nd. Hss. dieses Werkes zählt Jellinghaus § 3⁷ auf; dazu kommt noch die Marienstahler Hs. in Hannover, Kgl. Bibl. No. 84ᵃ, Bl. 363ᵇ—410 (Bodem. p. 617). Die Lüneburger Hs. habe ich kurz erwähnt Nd. Jb. 23, 114.

Mscr. D 59 in 12°: Pp. Alter Lederband, stark von Würmern zerfressen. Enthält in Schrift des 16. Jh. auf einigen wenigen Blättern die verschiedensten kurzen medicin. Recepte in nd. Sprache. Der größte Teil der Hs. ist leer.

Abt. E: Manuscripta Juridica.

Mscr. E 30 in Folio: Pp. Etwa 1400. In altem gepreßtem Lederbande, mit 2 Spangen.

Nd. Abcedarium des Sachsenspiegels.

Anf.: *Almosen. Twierleie sint de Almosen, etlike sint* etc. Der ursprüngliche Anfang scheint also zu fehlen. Schl.: *wn̄den. q̄re. clage XV. XVI der. V. achte. i. Et sic est finis.*

Wie in Hamburg, treten auch in Lüneburg die übrigen Sammlungen für uns hinter der Stadtbibliothek weit zurück. Das an archivalischem Materiale sehr reiche Stadtarchiv war mir leider bei meinem Aufenthalte in Lüneburg nicht zugänglich, da der Herr Stadtarchivar auf einer Urlaubsreise abwesend war; doch ist auf keine reiche Ausbeute zu rechnen¹). — Der Museums-Verein für das Fürstentum Lüneburg besitzt nur 2 Manuscripte, die hier zu verzeichnen wären, ihr Wert ist aber für unsere Zwecke gering:

1. Mscr. No. 164e in Folio: Historischer Sammelband des 18. Jh. Compilationen aus verschiedenen Lüneburger Chroniken, nach Jahren geordnet.

2. Mscr. No. 164f in Folio: Historischer Sammelband des ausgehenden 16. Jh., der aber nur durch seine vielen, wunderschönen Bilder einen Wert hat.

Von allen Klöstern unserer Provinz haben nur zwei mit den Resten ihrer alten handschriftlichen Bestände auch ein paar nd. Handschriften bewahrt, einmal das alte Benedictinerinnenkloster Ebstorf, jetzt ein adliches Fräuleinstift, und dann Kloster Loccum, ehemals das wichtigste Cistercienserkloster unserer Provinz, in dem jetzt ein evangelisches Prediger-Seminar seinen Sitz hat.

Kloster Ebstorf.

Der jetzt noch etwas mehr als 50 Hss. umfassende Rest der alten Klosterbibliothek ist im Jahre 1886 von Herrn Archivrat Dr. Jacobs sorgfältig geordnet und katalogisiert worden und wird jetzt in einem besonderen Schranke wohl verwahrt. Abt. I—VII des im Kloster aufbewahrten handschriftlichen Katalogs sind von Jacobs selbst, Abt. VIII—IX von Herrn Lehrer Strathmann-Ebstorf geschrieben. Die Abteilung VI enthält die Deutschen Hss. und ist kurz charakterisiert von Edward Schröder, Nd.

---

1) Bei einem nachträglichen Aufenthalte in Lüneburg konnte ich auch dem Stadtarchiv einen Besuch abstatten. Allein der augenblickliche Zustand dieses alten, reichen Archivs ist derartig, daß an eine erschöpfende Uebersicht der Denkmäler mnd. Litteratur, die unter seinen Schätzen stecken mögen, noch längst nicht gedacht werden kann. Seit etwa 2 Jahren ist Herr Stadtarchivar Dr. Reinecke mit der Ordnung und gründlichen Aufarbeitung des allzulange ungebührlich vernachlässigten Archivs beschäftigt. Auch nach seiner Ansicht dürfte das Archiv, außer einer Reihe Lüneburger Chroniken, unter denen Dr. Reinecke z. B. erst kürzlich das Original der Schomakerschen Chronik entdeckt hat, keine wesentlichen Schätze für die mnd. Litteratur enthalten. Was sich an fliegenden Blättern und ähnlichen Kleinigkeiten unter den Acten des Archivs finden sollte, wird mir Herr Dr. R., wie er bereitwilligst zugesagt hat, bei Gelegenheit übermitteln. Hier kann ich z. B. bereits auf ein jüngst von ihm gefundenes Nd. Schmähgedicht auf Hildesheimer Klostergeistliche hinweisen, das auf einem Folioblatt Papier vom Anfange des 15. Jh. eine eng beschriebene Seite einnimmt. Es beginnt: *Antonius de nu tor tyd to Luneborgh wil prior wesen* und ist ohne Versabsätze geschrieben. Das Gedicht ist bisher völlig unbekannt.

Jb. 15 (1889) 1 f. Sie enthält bei Jacobs nur 10 Handschriften; seitdem sind aber aus einem Haufen ungeordneter alter Reste 6 weitere Handschriften durch Frl. v. Plato, die thätige und liebenswürdige Bibliothekarin des Klosters, den verstorbenen Dr. Ulrich-Hannover und Herrn Cand. Borcherding herausgesucht und mit kurzer, zuweilen zu kurzer Beschreibung in den Jacobsschen Katalog eingetragen worden (= No. 11—16). No. 17 ist dann die berühmte, von Edw. Schröder im Nd. Jb. 15 edierte Ebstorfer Liederhandschrift, die Jacobs nicht vorlag, weil sie Jahrzehnte lang sich außerhalb des Klosters befand und fast verschollen war. No. 18—19 endlich habe ich bei meinem Aufenthalte in Ebstorf unter den noch übrigen Resten gefunden. Aus den andern Abteilungen des Katalogs sind hier nur Abt. V, No. 1—3 „Lat.-nd. Hss." aufzuführen.

Abt. VI, No. 1: 201 Bll. Pp. in kl. 8°. 15. bis Anfang 16. Jh. In rotem Leder-(Maroquin-)Umschlag.

Geistliche Betrachtungen und Gebete in nd. Sprache.

Bl. 1—8: *eyn sulich ouer trachtinghe aller dinghe* (diese 8 Bll. von etwas kleinerem Format).

Bl. 9 ff.: *IX dies ante sacram communionem* etc. (Gebete).

Die Hs. ist namentlich am Anfange stark angemodert.

No. 2: Pg. Kleinstes Format. 15. Jh. Alter gepreßter Lederband mit Messingschließen.

Nd. Gebetbuch, mit Miniaturen (hl. Mauricius u. a.)

Bl. 1ᵃ: *wan du beden wilt, so lade erst to dy den hilghen gheyst.* — An verschiedenen Stellen Aufforderungen zur Fürbitte für die Schreiberin: *I. P. bidde vor de scriuerschen.* — *Les en aue maria uor de treghē scriuersche.*

Das Gebetbuch enthält u. a. den Anfang des Evang. Joh. nd. und Excerpte aus dem *Seyger der ewigen gotliken wysheit* (= *Horolog. et. sapient.*). In seiner 2. Hälfte findet sich ein interessantes Reimgebet an die Märtyrer in der Mission unter den deutschen Slavenländern. Die Verse sind nicht abgesetzt. Es beginnt:

Ghe grotet zin gy marteler heren | gode si loff to ywwen eren etc. etc.

Dann weiter unten:

Borghe lant na ywwen hoghen staten | hebbe gy willich dorch god vorlaten vn sint mit willen ghekomen in desse lant ' dar de leue godes nicht was bekant gy wolden dat volk in dem louen sterkē | mit warē lerē vn guden werkē de hoghesten kerden sik dar nicht an | se dachtē wo se gy mochtē to dode slan hertoghe baruch was der suluē art | vā dem rechte louen was he vor kart hulpe he leo broder (?) by den boden sin | To dansc te stargart vn steltyn

wan se sine bre(ue) erst vornemen | dat se snel mit (w)apender hant quemē
vn̄ hulpen om in sinē nodē | de cristenen vanghē pyneghē vn̄ doden
Dar vam sunte peters daghe | quemē se stark modich in grotem baghe
To hamborch dar se laden weren | ghelik den lowen vn̄ den grīmighē deren
de scape godes se vor delghē wolden | se sconden noch jun(g)hē efte olden
bouen ses dusent worden ge slaghen | dar an de vor ghedodet wordē
vor warde straten wordē vā blode rod | dar de vrūde xp̄i leden den iamerliken dod
Ore leuēt is vullenbracht in doghet | Ere sele sint by gode vorhoghet.

Vgl. Leibniz, Scr. rer. Brunsvic. I 188 ff.

No. 3: Pp. in kl. 8°. 15. Jh. Schön gepreßter Lederband (Mariae Verkündigung u. a., auf dem Vorderdeckel die Jahreszahl 1581).

Nd. Gebetbuch. Anf.: *de seuen dot sunden*. — Bl. 177 beginnt eine 2. Hand. — Besonders in der Mitte stark angemodert.

No. 4—6, sowie No. 11 waren an Herrn Dr. Ulrich in Marburg ausgeliehen.

No. 4: 94 Bll. Pp. in 4°. 15. Jh. In einem beschriebenen Pg.-Umschlage. Teilweise stark angemodert.

Van eyner nutten korten forme eyns geystliken leuendes.
Mystisch-asket. Schrift, in der Form eines Gespräches der Weisheit mit ihrem Schüler.

No. 5: 346 Bll. Pp. in 4°. Anf. des 16. Jh. In rotem Leder-(Maroquin-)Bande. Durchaus gut erhalten.

„Diese, gleich der folgenden, für die innere Geschichte des Klosters besonders merkwürdige Hs. enthält, gleich jener, nd. Homilien, welche zu Ebstorf selbst von dem Geistlichen oder confessionarius der Religiosen gehalten wurden. Die Zeit pflegt am Rande der Homilien bemerkt zu sein, vgl. Bl. 1ª: Aº etc. *1501* etc." Jacobs. Die Homilien umfassen die Zeit von 1497—1515.

No. 6: 200 Bll. Pp. in 4°. Einband und Erhaltung wie bei No. 5. Eine 2. Sammlung nd. Homilien, die zwischen 1497—1521 im Kloster Ebstorf gehalten worden sind.

No. 7: 6 Bll. Pp. in kl. 8°. In einem alten beschriebenen Pg.-Umschlage.

Nd. poetische Spruchsammlung, nach Jacobs während der Reformationszeit von einer älteren Person niedergeschrieben. Die Sammlung ist abgedruckt in der Zs. des Hist. Vereins f. Niedersachsen 1850, p. 309—314. Anf.: *Kercken gan sumet nicht* etc.

No. 9: 346 Bll. Pp. in 4°. 15. Jh. In altem gepr. Lederband mit beschädigten Messingschließen.

1. Bl. 1—199: *Horologium sapiencie van der ewyghen wiisheyt.* Bl. 200 leer.

2. Bl. 201—346: Nd. Schrift über das Gebet des Herrn, von kleinerer und zierlicherer Hand geschrieben, als 1.

Für das berühmte Werk Susos kann ich noch an vollständigen nd. Hss. anführen: 1. Oldenburg, Großh. öff. Bibl., Mscr. No. 71, vgl. oben p. 85; 2. Berlin, Kgl. Bibl., MGO., aus der v. Arnswaldtschen Sammlung No. 3129 in 8°, vgl. Reifferscheid, Nd. Jb. 9 (1883) 132 f.; 3. Amsterdam, Univ.-Bibl., Mollsche Sammlung No. 38; 4. Haag, Kgl. Bibl. V 52. (Eine nld. wird unten erwähnt: Haus Offer b. Münster, v. zur Mühlensche Sammlung, No. 645.) Auszüge aus dem Werke sind wohl häufiger, als man annimmt, unter den verschiedensten Titeln versteckt.

No. 10: 142 Bll. Pp. in kl. 8°. 15. Jh. In einem beschriebenen alten Pg.-Umschlag. Zu einem großen Teil stark angemodert.

1. Bl. 1—71: *Dit sin excerpta ghenomen vt enem boke dat het der selen trost.*

2. Bl. 71ᵇ—72: Das geistl. Lied: *Love zedewerbom love* etc., abgedruckt von Mielck im Nd. Korresp.-Bl. VII (1882) 84 f., vgl. Schröder Nd. Jb. 15 (1889), p. 12 (= Große Ebstorfer Liederhs. No. IV). — Bl. 73 leer.

3. Bl. 74—139: *von Konig Salomon — ran der ewigen wysheid* etc., mit leeren Zwischenräumen innerhalb des Ganzen. Schröder nennt dies Stück: „Mystische Passionsbetrachtungen".

4. Bl. 139—142: Gebete an verschiedene Heilige.

Die Hs. wird besprochen von Edw. Schröder a. a. O. p. 32, wo er aus 4 ein Reimgebet an die hl. Gertrud abdruckt.

No. 11 (war verliehen, vgl. No. 4): Pp. in 8°. Um 1500. In ein Pg.-bl. geheftet; durch Moder beschädigt.

1. Klostervorschriften (Erklärung der regula Benedicti).

2. Geistliche Ansprachen einer Nonne an die Klosterschwestern über ihre Klosterpflichten *anno '99*.

No. 12: Pp. in 16°. Um 1500. In Leder geheftet. Durch Moder vielfach beschädigt.

Die Hs. enthält in der Hauptsache ein lat. Gebetbuch von 2—3 Händen; angehängt sind

1. einige nd. Gebete, mit leeren Bll. dazwischen.

2. 13 Bll.: kurzer nd. Tractat über die Nachfolge Christi. *Cristꝯ de warheit spriket ī deme euāgelio aldꝯ: de dar nicht vndrecht sȳ cruce vn volget my na, de en mach nicht wesen mȳ jūgher.*

3. 4 Bll.: *Dut is en guldē kede dar mede me wert vp toghē to dem ewigē leuēde.* Anf.: *De to der beschedicheit kom wyl, de vle der*

werlde wisheit. Also rele ik bescēdē bỹ, so vele bỹ ik horsam etc., wie alle diese catenae gebaut sind.

4. 7 Bll.: *Hir heuet sick an eȳ suuerlick ghedichte twusken ᛣ vsem heren, vn̄ der ynighē zelen. dede gherne sůder lydēt zalich wesen wolde. Cristus vse hē sprickȝ aldǫ to der zelen:*
Hef vp mȳ crutze mȳ sole brud etc. = 17 Str.
Vgl. oben p. 127.

No. 13: 144 Bll. Pp. in 8°. In ein Pgbl. aus einem lat. Antiphonar geheftet.

Im Katalog wird der Inhalt der Hs. irrtümlich als Nd. Gebete bezeichnet, es ist vielmehr eine große Sammlung nd. geistlicher Lieder. Leider ist unsere Hs. beinahe 100 Jahre jünger, als die berühmte Ebstorfer Liederhs., und deshalb ohne jede Bedeutung für die mittelalterliche geistliche Lyrik. Sie gehört vielmehr in eine Reihe mit den gedruckten protestantischen Gesangbüchern, ohne daß sie, wenigstens so weit ich habe ermitteln können, eine einfache Abschrift eines der bekannten nd. Gesangbücher wäre. Es ist eine Sammlung geistlicher Lieder, die sich eine evangelische Bewohnerin des Klosters gegen Ende des 16. Jh., vielleicht nur aus gedruckten Quellen, zusammengestellt hat. Von den 80 Liedern, die unsere Handschrift enthält, finden sich 37 in den beiden nd. Sammlungen des Herm. Vespasius wieder, den *Nyen Christliken Gesengen vnde Leden* etc., *Lübeck 1571*, und dem *Paradifs vnd Lustgarde der Selen 1589*; vgl. Wackernagel, Kirchenlied IV, p. 737 ff. No. 1086—1143. Von den übrigen Liedern unserer Hs. lassen sich nur sehr wenige in nd. Fassung, eine ganze Reihe in hd. Fassungen bei Wackernagel nachweisen; etwa 20 Lieder finden sich weder bei Wackernagel, noch bei Geffcken, Die Hamburg. nds. Gesangbücher des 16. Jh., oder Bachmann, Geschichte des evangelischen Kirchengesanges in Mecklenburg.

Die Hs. beginnt Bl. 1ª: *en geystlyck ledt. lauet godt getrost myt syngen* etc. = hd. bei Wack. III, p. 360 No. 434. Nach diesem ersten Liede folgt auf Bl. 2ᵇ—3ᵇ eine kurze Collecte, sonst reiht sich bis Bl. 104ᵇ ein Lied an das andere, von derselben festen Hand regelmäßig, aber schmucklos geschrieben. Von Bl. 16ª an wird den Ueberschriften der einzelnen Lieder regelmäßig der Ton beigefügt, nach dem das Lied gesungen werden soll.

Von Bl. 104ᵇ Z. 3—144 sind nur folgende Blätter beschrieben:
a) Bl. 100ª⁻ᵇ nimmt wieder ein Lied von derselben Hand ein.
b) Bl. 117ª—118ª hat die gleiche Hand, nur mit einer spitzeren Feder, ein fast ganz hochdeutsches Lied eingetragen.

c) Bl. 121ᵃ: 5 hd. vierzeilige Sprüche erbaulichen Charakters.

d) Bl. 129ᵃ: Der Anfang eines Liedes, nur 3 Zeilen. Alles von derselben Hand. — Ich habe die Hs. erwähnt Nd. Jb. 23, 119.

No. 14: Pp. in 8⁰. Um 1500. In Pg. geheftet. Eingelegt ist ein gleichzeitiger Holzschnitt, ein Marienbild mit einem nd. Gebete darunter.

Nd. Gebete, am Anfang defect. Eingelegt ist einmal eine nd. Passio Christi. Anf.: *Passio dni n̄ri ihū x̄ sed₃ Johānē i illo t̄epore. Jhus ghick myd synen jngherē an den beck Sedron, dar was en garde dar ghick he i etc.* 10½ Bll. Vgl. Passiones Christi mit ähnlichem Anfange oben p. 100.

No. 16: Pg. u. Pp. in 4⁰. Um 1500. In Pg. geheftet. Sehr beschädigt und angemodert. Sammelband lat. und nd. religiöser Hss. und Drucke.

1. Calendarium (auf Pg., das Uebrige auf Pp.).
2. Lat. u. nd. Gebete, darunter besonders bezeichnet:

a) *De 100 gedechtnisse des lydendes x̄* (= das 3. Buch des Horolog. eterne sapientie des Suso); hier wohl nur ein Auszug.

b) *De beklaghinge des hilghē Bernardus auer dat hilghe bitter lydent x̄.*

c) *Psalter Augustini,* nd.

3. Druck: Lat. Psalterium; Schluß, von Psalm 132 an, fehlt.
4. Lat. Gebete.

No. 17: Die berühmte Ebstorfer Liederhandschrift, herausg. von Edward Schröder, Nd. Jb. 15 (1889) 1—32.

No. 18: 13 Bll. Pp. in 4⁰. 16. Jh., erste Hälfte. Ohne Einband. Kurzer nd. Tractat über die Bedeutung der Messe.

Bl. 1ᵇ: *Wan du kumst in de kerkē, soltu dy de tyd nutte maken* etc. Zwischen Bl. 1 und 2 fehlt etwas. — Schluß (Bl. 10ᵇ): *Nu hestu horet de bedudighe der missen. Nocht vint men mangher hande ander bedudighe: vīstu ene de bet' is, so scoltu desser nicht straffen, wente ic hebbe desse bedudinghe ser ukortet, dat se nemēde idrete to lesende.*

No. 19: 22 Bll. Pp. in 4⁰. Um 1500. Ohne Einband. Von einer Hand geschrieben.

Reste einer nd. Predigt-Handschrift. Erhalten sind 2 vollständige Adventspredigten, die erste bildet eine Lage von 10 Bll., die zweite eine von 12 Bll. Sie sind in einem Frauenkloster gehalten, wie die wiederholten Anreden *Dil'* (Kine) *ma, et so,* beweisen; stammen also höchstwahrscheinlich aus Ebstorf selbst. Stehn sie in irgend einem Zusammenhange mit No. 5 und 6? Beiden

Predigten ist viel Latein eingemischt; sie sind ohne besonderen eigenen Gehalt; in der ersten wird ein großes Stück aus einem lat. Sermon des Doctor Conradus Holtnicker benutzt, die zweite folgt ganz und gar einem lat. Sermon des Petrus von Ailliaco.

Anf. Bl. 1ᵃ: *Dicite filie syon, ecce rex tuꝰ veñt t' masuetꝰ* etc. *Segget d' docht' va syō, se dyn konīg de kūpt dy sachmodich* etc. — Schl. der ersten Predigt Bl. 10ᵇ: *Dat olene vns diuia clem̄cia p bn̄ficiū sue piissiē īcarnacionis, Amen.*

Bl. 11ᵃ: *Ecce ewagl'izo vob- gaudiū magnū, Luce sed'o capl'o. Dil₁ ma₁ et so₁ disse wort de jk h₁ vor my genamē l themale so juice leue gehort hefft,* etc. — Schl.: *Dat de dorch dȳ vorbiddēt vns wille samdelich make syn' ewige ere vū salich⁴, Jhc xp̄c dȳ sone, vnse here, Qⁱ c̄ sū oīa bn̄dict₉ ds ī fcl'a. Am̄.*

Abt. V, No. 1: Pp. Fol. 1471. In altem Lederband. Vocabularius latino-germanicus (= nd.).

No. 2: Pp. in 4°. Ende 15. Jh. Anf. defect. In altem Lederbande.

1. Lat. hymnische Stücke mit nd. Glossen und nd. Interlinearversion.

2. Ein ziemlich umfangreiches lat.-nd. Glossar, *completum 1494* (verbunden!). Dieses Mscr. scheint Mielck, Korresp.-bl. VII (1882) 85 zu meinen.

No. 3: 268 Seiten. Pp. in 4°. Jüngere Hs. 1. Erklärung und Umschreibung kirchlicher Hymnen mit Zuhilfenahme des Nd.

2. Lat.-nd. Commentierung von Hymnen und Sequenzen.

No. 4. Pp. in 8°. Enthält auf Bl. 1—39ᵃ ein sachlich geordnetes lat.-nd. Glossar. Anf.: (*D)eus god. Deitas de gothcyl. Creator en schipper. Rede̊ptor en vor loser* etc. *De hebis. De arboribꝰ. De partibus interioribus* etc. etc. — Bl. 33ᵃ: *Sequitur de Verbis.* Letzte rubricierte Glosse: *Tumulare begranē.* Darunter noch 3 Reihen nicht rubricierter Glossen.

Kloster Loccum.

Die Klosterbibliothek zu Loccum hat noch weniger von ihren alten handschriftlichen Schätzen gerettet als Ebstorf. Der im Juli 1891 nach den Bestimmungen des Herrn Prof. Dr. Hülscher aus Goslar angelegte handschriftliche Katalog der Manuscripte umfaßt nur noch 21 Hss. und 2 Pakete einzelner Blätter aus alten Einbänden.

Die mnd. Bestandteile der Sammlung sind folgende:

No. III: Nd. Sachsenspiegel von 1454; vorne defect. Auf Papier. Noch nicht bei Homeyer.

No. VI: 58 Bll. Pp. in Folio (29×21 cm). 2sp. Brauner gepreßter Lederband. 15. Jh., letztes Drittel.

Codex der s. g. Loccumer Erzählungen (vgl. Lübben, Qu.-Verz. V, col. XV*b*, Jellinghaus § 11), einer freien nd. Paraphrase der Geschichtsbücher des Alten Testamentes bis zum Buche Daniel, eingeteilt nach den Weltaltern, *Etas prima—quinta*. Zu Anfang fehlen 6 Bll., das Erhaltene beginnt: *roddelachtig vme d' krallen wille de me dar yne vindet* = Etas prima, Cap. IX Mitte, Beschreibung des Roten Meers. Auch in der Mitte fehlen einige Bll. und am Ende 5 Bll.; die Erzählungen brechen ab in Etas V, Cap. XIII. Der Codex verdiente eine nähere Bearbeitung.

No. VII: Pp. in Folio. (29×21 cm). „1,5 cm stark". Um 1450. In braunem gepreßtem Lederbande mit Lederschließen.

„Lat.-lat. Glossar der mittleren Latinität" mit einigen nd. Bestandteilen. Bl. 1 fehlt. Auf der Rückseite des letzten Blattes: *Iste liber contentu9 est viginti sext'nor, exceptis qualuor folijs emptus pro 12 β 3 ₰ nouis et vno antiquo in festo petri et pauli apostolor, in Brunsw. Anno dñj 1476.*

No. IX: Lat. Anweisung für Priester von 1380. Subscriptio: *Explicit iste liber sb' anis dñi MCCC⁰ 80ᵐᵒ. feīa secūda post festā lucie etc.* — Unmittelbar darauf hat dieselbe Hand, nur mit kleineren Buchstaben, einen lat.-nd. Spruch in leonin. Hexam. eingetragen: *Vxoris pellem si nosceris ce rbellem,*
    Sla sleghe dre vere si pacem queris hre.

No. XI: Pp. in 4°. (20,5×14 cm.) Schadhafter Pg.-Band.

Enthält unter lauter lat. Stücken 3 Seiten mit ein paar kurzen nd. medicinischen Anweisungen:

a) (½ Seite): *In n. d. Amen. Item heuestu vth der aderen gelaten, so drynck dre dage neue nochter dranck.*

b) (1 Seite): *Item van den Tekene des blodes: Is dat bloet also schum, so is dy we yn der borst etc.*

c) (1 Seite): *Item wultu en schone antlaet hebbe, so nȳ leuerstock etc.*

No. XIII: Pp. in 4°. (21,5×15 cm.). „3,5 cm. stark". Gepreßter brauner Lederband. Metallecken. Auf der Innenseite des Hinterdeckels: *Liber beate marie virginis in lucka.*

Lat.-nd. Glossarium, fertig gestellt am Tage von Pauli Bekehrung 1467 von Hermann Busche. Angeführt von Lübben, Qu.-Verz. Bd. V, col. IXa No. 6, danach bei Jellinghaus § 21. — Anf.: *Ex quo vocabularii varii autentici* etc.; das erste Wort des Glossars ist *Aleph*, das letzte *Zugum grece jugum* etc. (rot) *Et sic* *est finis. ffinito libro sit laus et $\overline{gla}$ $\overline{xpo}$ sub āno $\overline{dni}$ etc. LXVII°, ipo die Pauli 9isiou.* Ganz unten .mit schwarzer Tinte: *Quicāqȝ ı̄ me legerit memor sit pecoris k̄māni Buschē qui me procurauit.*

No. XIX: Pp. in 4° (21×14 cm.). „5 cm. stark". In stark beschädigtem altem Holzdeckel. Der Inhalt ist ganz lateinisch, bis auf ein Blatt am Ende von Stück III (*Sermo Holtinchers de corpore Christi*). Es enthält auf je 2 Spalten lat. Composita verborum ins Nd. übersetzt. Anf.: *Ago: ab-driuen, de-liden, abi-touoghen, am-twinclen, con-dwinghen* etc. Schluß: *jacio* mit seinen Compositis.

No. XX: Pp. in 12° (9×6 cm). „3 cm. stark". In modernem Pappbande. Eine Notiz auf dem ersten der 6 modernen Vorsetzblätter besagt:

„Dieses Buch, das Gebete u. Lieder auf die Fest- und Heiligentage der römischen Kirche aus den Schriften St. Bernhardi enthält, ward am 26. Juli 1815 in dem Sacramentshause beim Hochaltar unserer Stiftskirche beim Reinmachen gefunden; — in losen Blättern — auf der ersten Seite, die gänzlich zerfressen war, fanden sich folgende Worte:

..... | *Marie $\overline{ste}$ virginis in* | *lucca 9scriptus p* | *me frem Bernardum* | *Swarten ibidem professum.* — Dieser B. Swarte(n) findet sich im Catalogo Conventualium Abb. Molani unter den Aebten Johann IV, Balduin und Burckbard, — also von 1492—1528.

Loccum im November 1893.

Hölscher, Conventual Studiendirector".

Für uns kommen von der ganzen Hs., die auf den ersten 40 Bll. Beicht- und Meß-Gebräuche, auf dem Reste der Bll. Gebete und Andachten, alles lat., enthält, nur die zu dem ursprünglichen Einbande der Hs. verwandten 2 Pg.-Doppelblätter in Betracht; Bl. 1—2 (vorne) und 3—4 (hinten) gehören zusammen; Bl. 3—4 steht auf dem Kopfe. Bl. 1ᵃ ist schwer lesbar, Bl. 4ᵇ ganz unlesbar. Bl. 2ᵇ und 4ᵃ waren mit Fetzen dünner wertloser Bildchen beklebt, die jetzt abgelöst sind. Bl. 1 ist stark vom Wurm zerfressen, alle Blätter sind stark beschnitten; 16 Zeilen auf der Seite, im Abstande von je 5—6 mm, sind noch erhalten; das jetzige Format der Blätter ist wie das der Hs. 9×6 cm. Die Blätter sind alle von derselben Hand des beginnenden (?) 14. Jh. geschrieben, nur ist die Schrift auf den früher überklebten Seiten ein wenig breiter geworden.

Die Blätter enthalten Fragmente eines niederdeutschen epischen Gedichtes, mit nld. Spuren in der Schreibung. Die

Verse sind nicht abgesetzt, sondern nur durch Reimpunkte bezeichnet. Die Spur einer Rubricierung zeigt Bl. 1ᵇ Z. 11 am Anfange.

Ich gebe hier einen getreuen Abdruck der sehr schwer zu entziffernden Fragmente, indem ich Bl. 1ᵃ und 4ᵃ, die lückenhaftesten von allen, zeilengetreu nach der Hs. wiedergebe, auf den übrigen Blättern aber die Reimzeilen absetze. Unsichere Lesungen sind durch untergesetzte Puncte bezeichnet

Bl. 1ᵃ: 1. . . . . . . dar gewan . . . .
2. . . . r. ſo manih . . . . . gehu . . .
3. . . . geuangen . . . . en ther . j
4. . . . . e ſtolte hauUr . Lintí
5. ſin wapen waſ geſſe en hake .
6. gardelake . Iſenhart de raſch
7. d.r vlaſche . ſpanyerol de rik
8. . . . . emhpt: (?) en waſ oc . . .
9. . . . ſtolte uan anyowe . . eſ con
10. erre . gamuret de . . . . junge v
11. ſin manhet ni.t ne halp . ſi
12. uorloſ he half de w . . . h enb
13. art . en worden daſ . . ang
14. en dar to menih . . . . ih man
15. . . . n niet en . . . . e
16. . . . ſie ſic hadden uor |

Bl. 1ᵇ: . . | . . uelenie nō pitit .
dat . . . . | . . grot .
en iſ en not uor alle . . .
. . . . en vrenden nemet de hane .
. . . . uianden winnet ane .
menſh . . . . uoge dunnen quam .
alſe men . . . . vˡ)reidel nam .
en rep fiance mo . . . . porcoi .
dat quit ſikeret here . j . . . .
ic bin en urent nu lat dat ſta
. . . . | . en ſpanyol en rike man .
. . nu . . . . ſit .
wach arme deſ nen kennic . . . .
. . . ²) an ſcef uoſ ſaueben .
j hebbet . . . . n .
dat ic ſin gcuerde bin .
it iſ . . . . et en niet en ſin .

---

1) b?
2) Hier die oben erwähnte Spur von Rubricierung.

dat ſmi ṃe . . . . . . gewin .
de uſande ulet hi uor . . . .
. . . ſ ſumet jv ſeluer en̄ mi .
ge . . . . | . . . .
dat j vnſ be |

Bl. 2ᵃ: . . . | yerſte ᴢappel alle dag . . eṇ
. . . . . . niet mer urowen .
rike j . . . . . . to howen .
dreget the weṛ . . . . . . tit .
Er̄ alde rep aß an der ſṳ
. . . . . uerdrucket alle lof .
he ſṳ . . . . artuſeſ hof .
de wile dat . n¹) . . . . .
alſe de blomen dor dat graſ .
. . . . . . rehte gerne leuen .
em iſ de . . . . . gegeuen .
werrdeliker ere .
. . . . . . wol gemeren .
mit menige . . . . . . doget .
he iſ en blome der j . . . .
. . . . ahte net up dat got .
na h . . . . ſtot je ſin mot .
jt rep al . . . . . . rre .
hir comet en uaṇeſu . . .
. . . . gehorde dat .
dar he lag . . . .
de ſtolthet dar uan moṭen |

Bl. 2ᵇ: . . | . . rde alto hant .
den helm he . . . . . . p bant .
de uan ſlegen waſ . . . .
en herteſ gewige dar uppe . . .
. . . mohte men wnder ſcowen .
. . . . . . ſ to howen .
dar ſa men de enē . . .
. . . . den helme hangen .
de ander . . . . . . ſte ſtan .
mit den ſporen ſloh . . . . . . lan .
en̄ hurtede uort ouer . . . . .
entgegen den uianden
uore . . . . . . vanaſurye helt .

---

1) Mit kleinerer Schrift ist he d übergeschrieben.

de maniger . . . . . . vell .
De uorsten bethe wol ge . . . .
. . logen de ors mit den sporen
. . . . . . to samene ge ulogen .
en yoste . . . . . . u . elogen .
dar it menih . . . . . ꝭ gesach .
galant den vana . . . .
. . | . . . . . . mit alle . . . ę in |

Bl. 3ᵃ: . . | un ha . aſ umbecant .
ginder . . . . scildeſ rant .
de stolte haulir . . . . .
. . n̄ heimellahter ſzampenois
. . . . . . bethe harde uuale .
sie steken . . . .
ēn ten ons uore de muken .
. . . . e scluken .
dat ware en dinc . . . . . . e
tut pedut eht nohter ſᵶosc
. . . . . ŋſe hane iſ gare uorloren .
dar . . . . e wol geboren .
dat castelan uan . . . . . .
di stolten uan birtanien .
ge . . . . stunden .
dat sin helm vp ge . . . .
. . . sine herteswige ho .
de uan sa . . . .
geciret wol uan golde .
de . . . . n wolde .
de rorde vor dem stol . . . .
. . . m waſ got gewin .
menih orſ . . . . .
ēn manich hoge castelan .
wart |

Bl. 3ᵇ: . . . | an enen ucitane .
ēn va . . . . wall .
do dat gesah de helet balt
. . . . . . sone uan hardeniſ .
do gelet her . . . .
dat em nie leder negescah .
dę . . . . . . he do sprach .
sie stappeden . . . . . .

.. *he minniclike do .*
helpe he . . . . . .
en̄ ſegede ine quā nie an nine . . . .
. . . . je oppede ſele min .
dar ic alſo g . . . . . .
. . . . got ridder ware .
nara hṿede . . . .
. . . uß noh got dar wither .
howet . . . . nider .
en̄ gelatet alſe gi blint . . .
. . . . geuan ic makene quit .
er de . . . . . .
mi dot utermate we .
dat unſ . . . . . . uere here .
hebbet gedan ane . . . .
. . . . . ſtrus dauoret .
wahte we he . . . . .
. . . . . then bome
the jungelinc de |

Bl. 4ᵃ: 1. . . . . *her .*
2. *ther he iſ uan arde en*
3. *puṇturtoiṣ. Ine ſa ne heleth*
4. *op orſ i geſat . he iſ . . engel*
5. *. . . . . ne he ſper uorſvinden*
6. *. . . . . do det dat wy(?) wi ſolē*
7. *. . . . . . . dat ſpreket ſage .*
8. *drage . . . . . neide io na*
9. *. . . hoger anker uan golde*
10. *. . . . me ſvmen dat iſ geſṭ*
11. *. . . . . hoger werdicheite*
12. *. . je ſe . . riker dat . dat iſen en*
13. *do uele . he houet den priſ. ſo wā*
14. *nt he iſ de duuel up der brac .*
15. *here vſenyae . uor den ſtolten*
16. *iſ ors mit couerturen wolge |*

Aus diesen traurig verstümmelten Bruchstücken läßt sich nur ersehen, daß wir es mit einem Epos aus dem Kreise des Königs Artus zu thun haben. *artuſeſ hof* wird Bl. 2ᵃ, *di ſtolten uan birtanien* Bl. 3ᵃ angeführt. Besondere Bedeutung erhalten die Reste aber durch ein paar darin vorkommende Namen, die beweisen, daß das vorliegende Epos aus dem Kreise der von Wolfram beeinflußten

Dichtungen stammt. Bl. 1ᵃ wird *Iſenhart*.¹) *de raſche, de ſtolte uan anyouwe*, und unmittelbar darauf *gamuret* selbst genannt. Doch treten diese Namen, wie es scheint, zum Teile nur in Anspielungen auf, die eigentlichen Helden des Gedichtes dürfen wir wohl in den übrigen in unsern Bruchstücken vorkommenden Namen suchen: der Kampf Galants (Bl. 2ᵇ), des tapferen Ritters mit dem Hirschgeweih auf dem Helme, mit dem van Asurye, der einen Hahn als Abzeichen trägt, nimmt den größten Teil der erhaltenen Partie ein. Außerdem werden noch erwähnt: Bl. 1ᵇ *en spanyol en rike man* (= dem von Asurye?); Bl. 3ᵇ *ſone van Hardenis* (= Galant?); Bl. 3ᵃ *heimeliuhter ſzampenois* (steckt in dem ersten Worte ein Name?); Bl. 4ᵃ *here Vsenyac* und vielleicht *punturtois* (?).

Hinzuweisen ist auch auf die häufigen französischen Phrasen, die meist mit angehängter Uebersetzung überall eingeschoben werden.

Eine eingehendere Würdigung des Bruchstückes muß ich einem andern Orte vorbehalten.

Eine von Lüneburg aus unternommene Bereisung der zahlreichen kleinen Bibliotheken und Archive der **Altmark** ist, trotz der thätigen Unterstützung des Herrn Pastors O. Radlach in Zethlingen, eines ausgezeichneten Kenners dieser Sammlungen, durchaus resultatlos verlaufen. Ich könnte hier nur anführen:

1. **Salzwedel.** a) **Gymnasialbibl.** (vgl. Progr. des Gymn. 1878, p. 3): Eine im vorigen Jh. angefertigte vollständige „Abschrift eines nd. Gedichtes des presbyter Goslar. Konemann, Viridarium beato virginis genannt, aus einem [v. d. Hardt gehörigen] Mscr. des 15. Jh. zu Helmstedt abgeschrieben". Dieses Mscr. v. d. Hardts ist jetzt in Göttingen, Univ.-Bibl., Mscr. Theol. 153 (W. Meyer II, 384 f.). Das bisher ganz unbekannte Werk des Pfaffen Konemann, des Verfassers des Kalandgedichtes, ist in mehrfacher Hinsicht von großer Bedeutung und erfordert durchaus eine nähere Beachtung. Eine kurze Inhaltsangabe des Werkes habe ich in meinem Vortrage auf der Jahresvers. des Nd. Sprachvereins zu Eimbeck, Pfingsten 1898, gegeben, vgl. Nd. Jb. 23, 115—119. — Ich will hier erwähnen, daß sich auch in Hannover, Kgl. Bibl. No. 483, unter den, meistens von Eccards Hand herrührenden, Abschriften und Excerpten älterer deutscher Gedichte des IX.—XV. Jh., auf einem Fol-

---

1) Oder *Isenbart*? Da auch *gamuret* nicht ganz sicher ist, so könnte man wol auch an Ifembart und Gormond denken. Doch schließen wol schon die Namen Artus, Anjou und Britannien das aus.

Blatte (= Bl. 68 der Sammlung) eine Abschrift der ersten Verse unseres Gedichtes aus v. d. Hardts Hs., mit kurzer Inhaltsangabe des ganzen Gedichtes, findet. Man sieht, das Gedicht war im vorigen Jahrhundert nicht so unbekannt, wie in diesem.

b) **Bibl. der Katharinenkirche**: Eine Marienmesse aus dem 15. Jh. hat J. Luther, Nd. Jb. 12 (1886) 143—150, bekannt gemacht. Das vierbändige, um die Mitte des 18. Jh. geschriebene Sammelwerk, Soltquellensia maiora, aus dem dieses Gedicht genommen ist, war bei meinem Besuche nicht am Orte. Es soll aber weiter nichts Nd. enthalten.

2. **Calbe** a. d. unteren Milde (Kreis Salzwedel), **Kirchenbibl.**: Ein dieser Bibl. gehörender Sammelband (419. 8) von nd. Drucken (und Hss.?) ist angezeigt und ein Stück daraus abgedruckt worden von Hölscher, im Nd. Jb. 21 (1895) 147 f. und 148—155. —

Ebenso erfolglos war ein Besuch in der **Ministerial-Bibl.** zu **Celle**, obwohl der bekannte in dieser Bibl. befindliche Sammelband alter Drucke, der uns allein die nd. Lieder von Hildebrand, dem Rosengarten und von Dietrich von Bern erhalten hat, zu großen Hoffnungen auf die noch verborgenen Schätze der Ministerialbibliothek berechtigt hatte. Die der Stadtkirche gehörige Bibliothek, deren sorgfältige Katalogisierung von Herrn Dr. Kampfmeyer begonnen worden ist und jetzt von Herrn Candidat Brauns fortgeführt wird, besitzt gar keine nd. Handschriften; über den Reichtum an alten Drucken wird der demnächst fertiggestellte Katalog näheren Aufschluß bringen; für die Zeit bis 1530 steht indessen für das Nd. nicht eben viel zu erwarten.

Dagegen besitzt die **Bibl. des Kgl. Oberlandesgerichts** zu Celle eine Reihe sehr wertvoller Hss. aus dem Nachlasse des Consistorial-Raths und Bürgermeister der Altstadt Hannover Christian Ulrich Grupen († 1767). Außer Grupens eigenem litterarischen Nachlasse, der zum größten Teile in seinem „Apparate zur Herausgabe der Sächsischen Rechtsbücher" besteht[1]), führt der Katalog der Bibl. (= Katalog der Bibl. des Kgl. Hannov. Ober-Appellations-Gerichts zu Celle, Hannover 1862) in der Abt. C „Handschriften" p. 645—648 noch 42 weitere Hss. an, aus denen ich folgende nd. heraushebe:

No. 2 (Kat. p. 645): Pg. in 4°. Nd. Sachsenspiegel des 14. Jh.[2]). Am Schlusse des Registers der Landrechtcapitel ein Schreibervers:

---
1) Vgl. Homeyer, Des Sachsenspiegels Erster Theil, p. 82.
2) Homeyer, Sachsensp. I 1, p. 26 No. 120.

*Der arme scribere von pruzenlant
screif dit buch mit sinir hant.*

No. 5 (p. 646): 147 bez. Bll. Pg. in gr. 4°. 15. Jh. 2sp. In altem Lederband mit Messingknöpfen. 2 Spangen, jetzt eine verloren. „Codex Surlandinus olim Ludolphi de Münchhausen nunc Grupenianus sive Cellensis".

Abcdarium speculi Saxonici, nd.

Bl. 1ᵃ: *Hanc igitur sūmam seu abcedariū speculi Saxonum Anno dn̄i M°CCCC° jn ciuitate Gripeswolde Caminen̄ diocis. ex speculo et eius glosis sed̄m ordinē alphabeti ꝑptꝰ faciliorē modū īveniendi materias collcam rudibȝ offero et ꝙuectis* etc. Dann: *Hir beghint dat abcete des speyghels to sussen, God gheue dat dat also mote wassen* etc. 10 einleitende Verse. Das Abcdarium geht von *Acker* bis *Wunden*.

No. 6 (p. 646): Pp. in Fol. 15. Jh.

„Codex Hildesheimensis inscriptus: Repertorium. Script. anno 1451". Enthält 1. das **Repertorium** (= Abcdarium!) über das Süchs. Landrecht; es beginnt mit: *Achte: we jn des rykes achte is, den en leth neyn erue* etc., schließt mit: *Wunden què clage XV|XV deir V‚achte 1* etc.

2.—3. lat.: Constitutiones feudorum, und ein lat. Gedicht s. Bernhardi de planctu mundi.

No. 9 (p. 646): Pp. in Fol. 15. Jh. 2spaltig, in altem Lederbande mit Messingknöpfen, früher 2 Spangen. Auf dem Vorsetzblatte von Grupens Hand: Vocabularius A. 1479 in Univ. Lips. scriptus; auf der Rückseite desselben Bl.: In fine subjectus Vocabularius Germanico-Latinus A. 1479 in Univ. Lips. finitus.

Das lat.-nd. Glossar, das den Hauptinhalt des Codex ausmacht, beginnt: *Ex quo vocabularii varii sūt* etc.; das Lexicon geht von *Aleph* bis *Zozim₉*. Dann folgt auf 14 Bll. das kurze nd.-lat. Glossar; es beginnt: *Abeccte abeceda'iᵐ āl alphabetū. — Abeckē apotheke* etc. bis *Wünschen opta'e.* — Subscriptio: *Ano 1479 īpo die aplis doīca ql̄ m̄o geniti hda l'ciar, il ql finit₉ ē iste vocabulā i₉ 1 vniūsitate lipsēsi ꝑ me* etc.

No. 10 (p. 646): Pp. in Fol. 15. Jh., erste Hälfte. 2sp. In altem gepreßtem Lederbande mit einer Spange.

Bl. 1ᵃ: *Anno dn̄i M°CCCC°XLVI venerandus pater ac dominus Albertus de loppenstede vicarius maioris ecclesie ac n̄r ꝑpositus cuius laudabilis mēoria in benedictione sit ꝑpetua inter diuersa beneficia nobis pro āie sue salute exhibita contulit etiam hūc libellū. Qui vtitur hoc libro deū oret pro eo.*

Lat.-nd. Glossar. Beg. Bl. 1,: *Quoniamquidē p̄sens collectio arti grammatice deseruit que sc̄dm quosda in hām | ...am et dictionē diuidit'* etc.

Das Lexicon geht von: *Apina* (?)—*Aaron* etc. bis *Zomrtū h°.|. tegula en decke latte.* Subscriptio: *Explicit hic liber sit scp̄tor a crimie liber. Regnat' sup ethea possessor scp̄tor. et autor. fiat. fiat. fiat.*

    An mil. bis duo c. vi x tria. i p̄oc̄ bina
    Dū quadra. fulsēat die finitq; letde = 1466 (?).

No. 12 (p. 646): 245 Bll. Pp. in Fol. 2spaltig. 1470. In altem Lederband mit Messingknöpfen, früher 2 Spangen.

Die Hs. scheint aus Hildesheim zu stammen, wie No. 6. 10 (?). 17 (aus Maria Magdalenen zu Hild.); beim Einbande ist eine hildesheimische lat. Urkunde von 1444 benutzt. Bl. 1ᵃ (verschriebene Seite = Bl. 2ᵃ) nicht rubriciert. Bl. 1ᵇ: Von der Hand des Schreibers (rot): *Dut boeck hort der rythuschen*, darunter von andrer Hand: *vn̄ düt schal hebbē ryckel twedorpes vn̄ myner bestē hantrwe cyn vn̄ 11 kussē myner best(.*

Nd. Predigtsammlung. Anf. Bl. 2ᵃᵃ: *Dut is de erste sermon van dē hillighē lichāmē* etc. (rot). — *Accedite ad deū et illuiami* etc. — *Desse vorghe sprokē wort, dar vppe stan schal myn predekate v̄n myne rede sint de wort de de hilghe gheyst langhe vor ghe sprokē hcft* etc.

Bl. 245ᵃ·ᵇ: *Explicit p̄ūs liber p̄ me hēnīyhū nerīgh. Anno d̄ni milesimo qudrīgētesīō septuagesimo* (= 1470).

No. 14—15 (p. 646) sind nicht nd., sondern nld. Gebetbücher, No. 16 (p. 646) hat nld. Schluß.

No. 18 (p. 647): 268 Bll. Pg. in Fol. 15. Jh. 2spaltig. In altem Lederband mit 2 Spangen.

Lat.-nd. Psalterium mit der Glosse.

Bl. 1ᵃᵃ: (rot) *Hyr begynnet syk de salter dauites to dude vnde cyn yowelk salme myt syner vor rede.* — Den lateinischen Textesworten folgt die nd. Uebersetzung und eine ausführliche nd. Erklärung; dazu geht jedem Psalm eine ausführliche nd. Einleitung voran. Der Anf. des Textes ist: *Hyr begynnet also de lerer segghen Eyn bok van deme loue goddes myt vroliken danken* etc.

Bl. 253ᵃ·ᵇ reihen sich den Psalmen, ohne nähere Bezeichnung, die übrigen Cantica der Kirche an; den Schluß bildet der *sank symeonis*.

Bl. 268ᵇ ist von ähnlicher Hand die Notiz eingetragen: *Psalteriū hoc datum est nobis a diderico breyger et illud est emptum pro duodecim florenis. cuius anima in regnis viuet celestibus ciuibus cum supernis temporibusq; per hennis.*

Der Hs. sind als Vorsetzblätter 4 einzelne Pg.-Blätter eines andern nd. Psalteriums, ebenfalls aus d. 15. Jh., umgelegt. Bl. 3 zeigt den Anfang dieses Psalteriums, der mit dem unsrigen genau übereinstimmt. Trotzdem sind diese 4 Bll. keine verworfenen Blätter unserer Handschrift, da sie andere Orthographie zeigen, auch auf den einzelnen Seiten bedeutend mehr enthalten, als unsere Hs. — Ueber andere nd. Psalterien cf. oben p. 118.

No. 42 (p. 648) ist ein Sammelband ganz junger Abschriften verschiedener Glossarien, darunter an 3. Stelle das Memoriale Linguae Frisicae von Cadovius-Müller.

Aus Abt. B des Kataloges, der die „nichtjuristischen Wissenschaften" umfaßt, sind ein paar historische Manuscripte hervorzuheben:

B II No. 681 (Kat. p. 427): Pp. in Fol. 17. Jh. Schweinslederband. Auf dem Rücken steht „Nachricht von der Stadt Bremen". Es ist der 2. Band von

Renners Bremischer Chronik 1511—1583, mit Nachträgen von derselben Hand von 1630—1638. Nd.

B II No. 417 (Kat. p. 409): 263 Bll. Pp. in Fol. Anf. des 18. Jh., Schweinslederband.

Hd. Braunschweigische Chronik (des Schoppius), 1583 verfaßt; mit einzelnen nd. Capiteln und vielen historischen Liedern. Vgl. 1. Bl. 97ª—102ª: Ludeke Holland 1488 = Liliencron II No. 164 f. 2. Bl. 132ª ff.: Braunschweiger Fehde 1492/93 = Lil. II No. 184—186. 3. Bl. 192ª ff.: Hildesheimer Stiftsfehde 1519 = Lil. III No. 329 u. 324. 4. Bl. 202ª ff.: Wolfenbüttler Fehde 1542 = Lil. IV No. 480. 5. Bl. 205ᵇ ff.: Abt Lambert von Riddagshausen 1549 = Lil. IV No. 581 u. 580 [1]).

An den Schluß meiner ersten, den Bibliotheken und Archiven der Provinz Hannover und einiger benachbarten Territorien gewidmeten Rundreise, setze ich die Bibliotheken und Archive der Stadt Hannover selbst. Ein reicher Schatz nd. Hss. ist hier zusammengetragen. Allen Sammlungen voran steht die Kgl. und Landes-Bibliothek; sie allein besitzt, neben ihren zahlreichen Hss. historischen Charakters, eine erfreuliche Fülle litterarischer Nummern im engeren Sinne. Das Kgl. Staatsarchiv hat deren eigentlich nur eine, das kostbare nd. Arzneibuch des Arnold Doneldey von 1382;

---

[1]) B II No. 652 (Kat. p. 425): Schomakers Lünebg. Chr. bis 1561, fortges. bis 1590. Hd. in Folio.

B II No. 626 (Kat. p. 425): Joh. Oldekopps Annalen, hd. in Folio.

dagegen ist die Sammlung historischer Manuscripte des Archivs sehr umfangreich und von großer Wichtigkeit. Stadtbibl. und Stadtarchiv geben viel weniger für uns aus. Das Kestner-Museum und die Sammlung des Historischen Vereins für Niedersachsen endlich enthalten ein paar interessante nd. Codices.

Kgl. und Landes-Bibliothek:

Die Hss. dieser Bibliothek sind beschrieben in Ed. Bodemanns Katalog (Die Hss. der Kgl. öffentl. Bibl. zu Hannover, beschrieben und herausgegeben von Eduard Bodemann, Hannover 1867). Allein nur bei einer Reihe von historischen Hss. konnte ich mich auf Bodemanns Beschreibung beschränken; alle anderen Hss. mit nd. Bestandteilen erfordern für unsern Zweck mehr oder minder ausführliche Nachträge. Ich habe dazu sämtliche nd. Hss. der Kgl. Bibliothek noch einmal sorgfältig durchmustert und hoffe deshalb mit diesem Nachtrage zu Bodemanns Kataloge den Freunden der mnd. Litteratur und der schönen Hannoverschen Sammlung im Besonderen ein erwünschte Gabe zu bieten [1]).

No. 10 (Bod. p. 3): 48 Bll. Bl. 43—48 leer. Die Hs. stammt aus der Bibl. des Klosters St. Michaelis in Lüneburg und gehörte früher mit No. 272. 273. (10). XXIII 1144. 184. 217 zu einer großen Sammelhandschrift, wie sie noch Martini, Beiträge zur Kenntniß d. Bibl. des Klosters St. Michaelis in Lünebg. 1827, p. 59 f. unter No. 61 beschreibt. — Der obere Rand der Hs. ist fast unlesbar.

Das Vocabularium (Bl. 17—42; 3spaltig; bis auf Bl. 30—36 und 42^b rubriciert) ist höchstwahrscheinlich ein Glossar zu der

---

1) Die in der folgenden Uebersicht ausgeschalteten nd. hist. Hss. sind folgende: No. 757: der deutsche Korner, vgl. jetzt Schwalms Beschreibung der Hs. in der Einleitung zu seinem Korner, p. XV. — No. 778. 1127. — No. 1209: Chronik des Goslarer Stiftes S. Simon und Judas, vgl. Weilands Abdruck, Dtsche Chr. II, 586—604. — No. 1219. 1283^a. — No. 1283^b: Chronik der nortelvischen Sassen etc., vgl. Weiland, Dtsche Chr. II, 612 f. — No. 1302. 1303. 1356. 1356^a—^{b}. 1374. 1375. 1395^a. — No. 1407: aus dieser Hs. ist Stück 7 (= Bl. 49—66) „Gerard Oldeborchs kleine Ostfriesische Chronicke, auf die Jahre 1558—1605" abgedruckt von H. Deiter im Jahrb. der Ges. f. bild. Kunst u. vtl. Alt. zu Emden, Bd. 4 Heft 2 (1881) p. 75—95. — No. 1408. 1693. — Aus Abt. XXIII die Hss. No. 467. 476. 844^a—^{s}. — No 845: Hammenstedts Lünebg. Chronik wird angef. von K. Schaer, Lüneburger Chroniken der Reformationszeit, Progr. Hannover, K. Wilh.-Gymn. 1889. — No. 846. — No. 847 und 847^a—^{d}: Schomakers Lünebg. Chr., vgl. K. Schaer a. a. O. — No. 900. 922^a—^{b}. 955. 1057. 1059. 1061—1062. 1126. 1127. 1128. 1136.

Für verhochdeutschte Fassungen nd. historischer Lieder kommen endlich noch in Betracht: Abt. XXIII No. 467. 472. 475. 477. 482. 492. 493. 496. 506.

vorangebenden Reimbibel. Es zerfällt nicht, wie man nach Bodemanns Angabe meinen sollte, in 2 Teile, sondern ist ein einheitliches griech.-lat.-nd. Lexicon, in dem die dentschen Wörter nicht sehr zahlreich sind. Unter jedem Buchstaben kommen zuerst die Eigennamen, dann andere Wörter. Anf. Bl. 17ᵇᵃ: *ADam hō ūl treñ₉*; das erste nd. Wort Spalte β: *Amigdalā nux löga eȳ mādel kerne*; Sp. γ: *Arthimesia bibot*; Bl. 18ᵇᵃ: *.... theñ warmete*; Sp. γ: *Aruina smerlof* etc. etc. — Das Alphabet schließt Bl. 35ᵇᵃ mit *Zisania radel*. Angehängt sind Nachträge ohne alphabetische Ordnung, sie schließen Bl. 42ᵇᵃ: *Procurator q̄ in c̄a curator, est sicut pconsul 9sulib₉ preest etc.*

No. 74 und No. 75 (Bod. p. 13 f.) sind prachtvoll ausgestattete **lat. Osterbreviere** mit vielen eingestreuten nd. gereimten Stellen und Resten nd. geistlicher Lieder. Diese beiden Hss. sind eng verwandt mit folgenden bereits näher beschriebenen lat.-nd. Osterbrevieren: 1. Hildesheim, Josephinum, Hs. No. 17 von 1478 (Müllers Katalog p. 9, No. 34), beschrieben von Wilh. Müller in Zs. 1 (1841) 546 f.; 2. Hannover, Privatbesitz (wo?), beschrieben von Hoffmann v. Fall. in Pfeiffers Germ. 2 (1857) 164 f. [1. und 2. vergleicht Bartsch im Nd. Jb. 5 (1879) 46—54]; 3. Kopenhagen, Kgl. Bibl., Mscr. Thott. in 8° No. 130, angeblich von 1370, beschrieben von Jellinghaus im Nd. Jb. 7 (1881) 1 ff.; 4. Bremen, Hs. Martens, von ihm selbst beschrieben Germ. 20 (1875) 341 —348. Vgl. oben p. 117: Hamburg, Stadtbibl., Scrinium No. 151 B. Dazu kommt endlich noch Münster, Bibl. des Altertumsvereins No. 301.

Der No. 75 liegt ein Zettel bei: „P. N. Dem Prof. Hoffmann von Fallersleben in Breslau zugesandt unterm 25. Febr. 1837 und am 8. Xbr. ejusd. ai zurückerhalten. H. S.". Trotzdem ist diese Hs. nicht identisch mit der unter 2. angeführten, wie gleich der abweichende Anfang von No. 75 zeigt: Bl. 1ᵇ: *In sacratissiā et glosissiā vigilia Pasche ad matutinas cū p̄mo cuigilaue'is* etc. Die erste nd. Stelle auf derselben Seite: *Help v̄s dat heyliker graf. dar god suluc ine lach myt sinē wūden also her. vrolike motē varē tho ihrl'm. Kyril'.*

Auch No. 74 kann nicht die von Hoffmann beschriebene Hs. sein, da diese 217 Bll., No. 74 aber nur 148 Bll. zählt.

No. 76 (Bod. p. 14): **Lat.-nd. Gebetbuch**, beginnt Bl. 1ᵇ mit einem lat. Hymnus: *O figura p̄ris substācia, tu es splēdor p̄rne gl'e* etc. Die nd. Gebete beginnen erst Bl. 177ᵇ, von derselben Hand, ohne Absatz: *Itē III p̄r n̄r myt dessē navolghēden bedē synt* *ser nutte gelesē*. — Bl. 180ᵃ: *Dyt nauolghēde is gehetē de gulde zelē trost* (= Seelengebete, vgl. oben p. 99). — Bl. 188ᵃ: *III jnnighe bede vor de sele*.

No. 77 (Bod. ibid.): Schöne, energische Schrift des ausgehenden 14. Jh.; rubriciert; schöne Initialen in gold, blau, rot. In neuem Pappbande, aus dem alten Einbande ein Blatt aus einem lat. Legendar des 14. Jh. (Simplicius u. Faustinus) vorgebunden. Auf sehr vielen Seiten sind Stellen unleslich geworden.

Nd. Erbauungsbuch über die Hauptfeste des Jahres.
Die Vorrede beginnt Bl. 1ᵃ: *Jn des Almechtighē godes namē Am̄. Myn* (l. *Dyn*) *Andachtighe begheringhe vn̄ vlitich biddēt hebbet to na schreuenē arbeyde my beweghē, des du ho beghcrende langhe tid hefst ghewesen. wol wetende dat* etc. — Z. 15: *Enkede hebbe ik erkand dyne leue to godes worde vn̄ gude menīghe ī godes denste* (Sy)*t dy doch aue entbrikt der schrift vornapst in latines sprake Des wil ik gode to* (Bl. 1ᵇ) *leue vnde allen milden hertē to andacht reytzinghe. van houet hochtidē in dudeschem uth der schrift. ichtes wat to samende bringhen dat eghē sy to den hochtiden. alzo dattu vnde na dy weme dat wert. ichtes wat dar van wete dem he to tyden vyret van titlikem arbeyde vnde yo vyrē schul van sunde vnde nūmer van godes loue*. — Schl. Bl. 3ᵇ: *Vind hir yemēt wat dat billiken* (Bl. 4ᵃ) *mishegelik sy. milden oghen dat sy vn̄ ghe schrcuen. Wat to godes loue sy des dancke ik gode allene.* Dann beginnt das eigentliche Werk: *Hir beghȳnet van dem Aduēte vnses heren ihu xp̄i. GOd ewighe vader milde here dyner ghude vulle gnade hefstu ī ouermatigh' leue my manichuolder wyse so mildeliken bewyset*. — Schluß Bl. 96ᵇ: *vn̄ dur na in dyn̄ upstādighe vn̄ hēmeluart hebbe ik to lone. dē loue dyn̄ vndotlikē ere dar bring my na dessē elende. Amen.*

No. 78 (Bod. p. 14): Die Pg.-blätter der Hs. sind sämtlich folia rescripta aus einem lat. Missale. Brauner gepreßter Lederband mit 2 Spangen; rubr., mit einfachen, z. T. eingeklebten Initialen.

Nd. Fastenandacht für Nonnen.
Bl. 1ᵃ: *Des lestē södaghes vor vastelauēde so scoltu dyn̄c alder leuestē leuekē Jhū xp̄o betīghē enē kras to makēde dē du eme ghcuē moghest to dē vastelauēde. also en lef vrūt deme ādcrē plecht. na enē geystlikē sinne. De bogel scal wesē de dechinisse der dornē kronē* etc. — Den Schluß bilden die Betrachtungen am stillen Freitage, Bl. 323ᵇ: *Dit is de beslutighe* bis Bl. 325ᵃ: *vn̄ myne ynnerē veruullet werdē deme dracke de(r) bitterē medelidighe.*

Bl. 299ᵃ: *. . . desse bede wēle se sū ghenumē vte der passiē de dar ghesettet heft de grote meyster Jordan₉*. Eine vollständige nd. Hs.

dieser Passio benutzt Fr. Wiggert, Erstes Scherflein zur Förderung der Kenntniss älterer deutscher Mundarten und Schriften (Magdeburg 1832). Sonst vgl. W. Meyer, Hss. von Göttingen II, 425 ff.; Moll, Johan Brugman 1, 162 Anm.

In der Hs. liegt ein schmaler Papierstreifen mit der Notiz: *Katherina Hauemesters ex pte Asslep.* Auch Stellen in dem Werke selbst beweisen, daß es für Nonnen geschrieben ist, vgl. z. B. Bl. 4ᵇ.

No. 79 (Bod. p. 14): Holzband mit rotem Lederüberzug, Messingbuckeln (Löwenköpfe) und dünnem Messingbeschlag auf den Ecken. 2 Spangen, eine abgerissen. Rubr. rote Init., liniiert. Auf der Innenseite des Vorderdeckels ein Herz Jesu mit einem Spruche im umgebenden Rahmen: *gegrotet sistu erhaftige herte vnses heren Jhu xpi Ghegrotet sistu ok bloyende vnde lefhebbende herte vnses.* Darüber: *Sum M. Henningi Brauns aō 1632*; unter der Zeichnung *Gerardus Abbas Luccensis.*

Vorbereitungsbuch für die Novizen eines Jungfrauenklosters. In der Form von vier belehrenden und erbauenden Ansprachen des vorbereitenden Vaters.

1. Bl. 1ᵃ: *In ieiunio dicatur eis de vita monastica. Jhesus Cristus* (rot). Am Rande dazu von späterer Hand bemerkt: *De dilectione.*
EGo vos elegi de mūdo vt eatis et fructū afferatis et fruct₉ vr̄ maneat. Dusse wort de sprikt de lefhebber Jhuc xpc to synem lefhebberinen alse to gik geystliken kynderē. I[i]k hebbe gik myne allerleuesten vterkoren vthe dusser bosen werlde vnde hebbe gik ghe bracht hir in dussen geystliken wingarde dar gy nu schult yne arbeydē etc. — Vgl. Bl. 2ᵃ: *Sunderlikē gy nouiciē dede gy noch nicht en wetet den willen des brodegāmes wu gy deme schult denē* etc.

2. Bl. 32ᵇ: *Incipit co'nacō et cōsecracō virginū. Dicat' eis ī sex` fe'ia ante Corōacionē* (rot). *AVdi filia et vide et inclina aurē tuā qs cōcupiuit rex speciē tuā. De he[l]melsche vader de benomet eȳne iowelke geistlike brud syne dochter* etc. Vgl. ferner Bl. 38ᵃ: *Hir negest so singet mē dēne de letanyē.* Bl. 50ᵃ: *Post letanias interroget epūs singulas psonas et dicet: Uis sacrū velamē quod cōtēptū mūdi significat suscipere So sechstu denne Uolo Jk wille.* Bl. 52ᵃ: *Hic īcipit pfacō vginū Dor wil ik ichtes vā vthleggē dat gik rligiosas antrid.* Aehnliche Anweisungen, alle rot geschrieben, noch Bl. 56ᵃ. 57ᵃ. 58ᵇ. 59ᵇ. 66ᵃ.

3. Bl. 66ᵇ: *Jtē de co'nacōe ī t'cia f'ia* (Bl. 67ᵃ): *O Anima et'ni regis filia, audi mēte deuota et inclina aurē tua ad sc̄a et salutifera concilia. De leue sc̄ūs Gregorius de vormanet eyner iowelkē*

lefhebbende sele vnde secht so frütliken to ore: O du lefhebbende sele de du bist eyn dochter des hemelschen vaders etc. Die Ansprache enthält auf Bl. 79ᵃ ff. eine mystisch breit ausgeführte Partie von dem geistlichen *gardeken*.

4. Bl. 93ᵃ: *In vigilia Conūsiōis dicaʳ eis: HOdie scietis quia veniet Dn̄s. Seyt gy geistlikē kindere de gy nu hude scult benomet werden eyn dochter des hȳmelschē vaders Eyn brut Jhu xp̄i* etc.

Schl. Bl. 126ᵇ: *Hyr hebbe gy nu alle dingk cōsumet. Hyr singet me nu vth de missen Vnde gy scult dar stille sitten contra altare Also lange wente to deme Agnus dei so bringet gik de p̄positus pacem. Amen. — Hyr heft dit bok eyn ende De almechtige god syne gnade to vns wende. Amē.*

Auf Bl. 129ᵃ steht oben von zittriger Hand: *ad prōptuariā p̄ p*, das Uebrige ist weggefressen.

Eine ähnliche Hs. beschreibt R. Priebsch, Deutsche Hss. in England I (1896) p. 127—128; vgl. auch Wolfenb.-Helmst. 1251, Bl. 163—200 (Heinemann I 3, 135).

No. 80 (Bod. p. 14): Rotbrauner Lederband mit zwei Schließen.

Das Leben Jesu in 25 blattgroßen Miniaturen mit begleitendem Text in nd. Versen. Jedesmal die Seite a eines Blattes ist von einer Miniatur ausgefüllt, während auf der Seite b des vorhergehenden Blattes die zugehörigen 6—11 nd. Reimpaare in abgesetzten Verszeilen geschrieben sind; Bild und Text stehen sich also immer gegenüber.

Bl. 1ᵃ leer. Bl. 1ᵇ beginnt: *O maria iūcvrowe vterkoren. Got wolde suluē van dy werden gheboren. He kos di to ener moder vn̄ maghet. Alseme in der scrift van di saghet. Du bist gelyket der beslotenē portē. de doch an nyweme arte Ne wart vp ghe sloten. Also ys alle heyl vt dy ghesproten* etc. = 11 Reimpaare.

Bl. 2ᵇ: *Ghe louet vn̄ benedyet sistu reyne konggynne. Aller bedroueden eȳ trosterȳne. Du quemest to elizabet ghe gangen. Mit groten vrouden wordestu van er vntfangē* etc. = 6 Reimpaare.

Bl. 3ᵇ: *Ghe louet vn̄ ghe eret sistu ma'ia jāmermer. Du hefst ghe telt süder we. Unsen he'n ihm crist. De van deme hilghē geiste yn di gekomē is* etc. = 6 Reimpaare u. s. w. u. s. w. Am Schlusse fehlt mindestens ein Bild, die Himmelfahrt Christi, zu der Bl. 21ᵇ den Text giebt.

No. 80a: noch nicht bei Bodemann, Geschenk des Directors a. D. Dr. Ritter 1894. 188 gezählte Seiten Pap. in 12° (S. 10 doppelt). 15. Jh. Umschlag abgerissen. Rubr., rote und blaue Init.

Nd. Horarium, am Anfange unvollständig.

1. S. 1: (Horae b. Mariae virg.) *antiffe̅*. *De porte des paradises is ouermyddest euen allen menschen ghesloten*; geht bis S. 79. S. 80—81 leer.

2. S. 82: *Hir begynet de getyde van den hilligen gheiste*.

3. S. 134: *Hir begynne de tyde van alle godes hillige̅*.

Schl. S. 188: *Ach myn sote here ihū xpe na di is al myn vorlangen amen. — ene aue marien vor de̅ schriuer*. Es folgen noch 4 leere Bll.

No. 81 (Bod. p. 14): Der Codex der Gedichte **Wernhers vom Niederrhein** und des **Wilden Mannes**. Die Hs. ist beschrieben von Wilh. Grimm, Wernher vom Niederrhein (Göttingen 1839) p. III—VI, alle Stücke derselben sind von Wilh. Grimm abgedruckt:

1. Bl. 1ᵃ—92ᵇ: Marienlieder, in Zs. 10 (1856) 1—142.

2. Bl. 93ᵃ—133ᵃ: die Gedichte des Wilden Mannes und *Di vier schiven*, alles abgedr. in W. v. Ndrh., p. 1—70 (Veronica, Vespasianus, Von der girheide, Christl. Lehre) und das Gedicht Wernhers.

3. Bl. 133ᵃ—134ᵃ: Prosa-Segen, abgedr. Altd. Blätter II (1840) 1. 2.

4. Bl. 134ᵇ—137ᵃ: *vnsir vrowen clage*, abgedr. Zs. 1 (1841) 34—39.

5. Bl. 137ᵃ⁻ᵇ: Subscription des Schreibers, abgedr. in W. v. Ndrh., p. IV—VI; vgl. dazu Köhn, Gedichte des Wilden Mannes S. VIII.

No. 84a (Bod. p. 617—621): Der prachtvolle Sammelband mnd. geistlicher Gedichte und Prosastücke aus Kloster Marienstuhl vor Egeln bei Halberstadt. Ueber die Herkunft giebt der Vermerk auf der Innenseite des Vorderdeckels Auskunft: *Ex donatione Venerab. etc. Dnæ Abbatissæ præpositi totiusq; Conventus stimonialium sedis Marianæ ante Egelen, hic liber Bibliothecæ Monrij Marienrodensis afscribitur Ao 1700*. Derselbe Vermerk in No. 189a und No. 195a (Bod. p. 31).

Bodemanns Beschreibung im Nachtrage seines Kataloges ist recht ausführlich, ich habe eigentlich nur zu den Prosastücken noch einiges hinzuzufügen:

Gepreßter Lederband, Schließen abgerissen. Bl. 1—168 zweispaltig, rubr.

Auf der Innenseite des Vorderdeckels stehn noch folgende interessante Notizen über die Entstehung des Codex: *Año LXXIIII so veel het dut bock kostet It(III sc. my̅ VII g) vor XIX boke pappirs sint to dussem boke v̅n vor j bock pappirs IX olde g), It(XII* sc. g} to scriuē vor XL sexternen vor j sexternen VI nyge to scriuen It ij sc. g} to binden Sāa sūmar, XVI sc. XXiij g}.

Darunter von einer Hand des 17. Jh.: *Manuscripta antiqua nuncupata der Seelen Trost 1473 Cū scriptis Engelhusen.*

1. Der Seelentrost hat auf den ersten 12 Bll. sehr starke hd. Färbung, dann hört das auf. — Die Hs. wird angeführt von Reifferscheid, Nd. Jb. 11 (1885), 101 Anm. 5; Jellingh. § 15¹⁰.

2b und 3. Die regula laicorum und die ars moriendi des Dedericus Engelhusen finden sich ebenso vereinigt in der Engelhusen-Hs. Wolfenb.-Aug. 30, 8 in 8°, Bl. 404ᵇ ff., vgl. Lübben im Nd. Jb. 6 (1880), 72; „Thiderici Engelhusii liber de arte moriendi, plattdeutsch" auch in Wolf.-Helmst. 422, Bl. 96ᵃ—105ᵇ, vgl. v. Heinemann I 1, 329.

Die regula laicorum ist eine Art Katechismus in 24 Capiteln; Cap. 1 vom Glauben, Cap. 2 von tugendlichen Werken, Cap. 3 vom Fasten u. s. w. Geffcken im Bilderkatechismus des 15. Jh. I (1855) Beilagen Sp. 179 erwähnt das Werk ganz kurz nach der Wolfenbüttler Hs.; bei Bahlmann, Deutschlands katholische Katechismen (1894), fehlt es. Es schließt in unserer Hs. Bl. 196ᵃ: *So is id bether dat me dusse stucke also halde also vo' ghescreuē sint we dat me sie nicht eyn helde etc. Et sic ē finis.*

Die ars moriendi beginnt: *Synt deme male dat van schult der nature den liffliken dod neyn mȳsche vor myden mach* etc. — Schl.: *gheschut des nicht so vor twiuelt he vil lichte dar vns god alle vor be hode. Et sic est finis.*

4. Auch diese Predigten sind nd. Anf.: *Sequit' ſmo de concepcione (Bl. 199ᵇ) P'Rotulit terra herbam virentem* etc. *Geneſ ſmo caᵒ. Die erde het vor ghe bracht eyn krut dat dar gheyronet vnd hefft vrucht ghebracht nach synem samen* etc. Neue Predigten beginnen Bl. 202ᵇ. 205ᵃ. 206ᵇ. 208ᵃ. 210ᵇ. 215ᵇ. 217ᵇ. 220ᵃ. 221ᵇ. 223ᵇ. 224ᵃ.

5. Die Exempla beginnen: *Dat waſs eyn boſse mañ* etc. Bl. 239ᵃ—242ᵇ: St. Elizabeths Geschichte.

6. Die Erzählungen aus den 5 Büchern Mosis und dem Buche der Richter sind zusammenzustellen mit den s. g. „Loccumer Erzählungen", vgl. oben pag. 184. Sie sind eingeteilt nach den biblischen Büchern, zugleich aber auch nach den Weltaltern.

Anf. Bl. 249ᵇ: *IN principio creauit de͜g celū et t'ram etc. Also heuet sik an dat erste buck moysi gnant in deme latine Geneāco.* Der Genesis ist ein Anhang von. Bl. 282ᵇ—286ᵃ angehängt: *Sequit' aliud:* a) Geschichte der XXX guldē penni͜ghe *dar crist͜9 vor vorraden ward.* — b) 3 Gründe, weshalb die hl. Kirche Bilder der

Heiligen in den Kirchen habe. — c) verschiedene Bemerkungen über Sendungen des hl. Geistes.

Bl. 286ᵇ beginnt das 2. Buch Mosis, Bl. 313ᵃ Buch III, Bl. 316ᵃ Buch IV (und V). — Bl. 332ᵃ: *Als₉ hebben de viff boke moysi eyn ende etc.* — Bl. 332ᵃ Mitte: *Dat buck der' richter'* bis Bl. 340ᵇ: *Explicit quiȝ libći moysi sub anno dnj MCCCCLXXIII (III aus VI corr.!).*

7. ist der Ausgabe des Zeno von A. Lübben, Bremen 1876, hauptsächlich zu Grunde gelegt, vgl. p. V.

8.—10. sind ohne Versabsätze geschrieben. Ueber andere nd. Hss. des Speculum humanae salvationis vgl. oben p. 176 [1]).

9. Die nd. Visio Philiberti ist der Ausgabe Seelmanns, Nd. Jb. 5 (1879), 21—45, neben der Berliner Hs. zu Grunde gelegt, vgl. p. 23.

10. Apokalypse, vgl. oben p. 169. Jellingh. § 1³.

11. Sibille, vgl. oben p. 168. Jellingh. § 1⁴.

12. Dorotheenpassion, vgl. Wolfenb.-Helmst. 1231 (Hein. I 3, 120); Brüssel, Kgl. Bibl. Mscr. II No. 143, cf. unten. Jell. § 1¹⁹.

13. Katharinenpassion, angeführt von Jell. § 1¹⁴. Vgl. noch Brüssel, ibidem; Wolfenb.-Helmst. 1086, Bl. 48—68 (Hein. I 3, 47; vgl. P. Zimmermann, Germ. 25, 200 f. Jellinghaus führt sie fälschlich auch § 13¹⁴ noch einmal unter den prosaischen Fassungen auf).

14. Margarethenpassion, vgl. Jell. § 1²⁰. Andere poetische nd. Fassungen derselben in Göttingen, Univ.-Bibl., Theol. 199, Bl. 1—23 (W. Meyer I, 420); Wolfenb.-Helmst. 1231; die Fassung der Fürstenwalder und Oldenburger Hs. ist herausgegeben von P. Graffunder, Nd. Jb. 19 (1893) 131—151. Vgl. Paul-Braunes Beiträge I, 263—287 etc.

17. Bl. 468ᵇ—470ᵇ: *Regimē pestilencie Doctor, Mewerersch*, hd. *Czum yrsten wie wir vns halden sulle vnd bewaren vor der vorghifften lufft.*

18. Bl. 470ᵇ Mitte bis 471ᵇ Mitte: Nd. Recepte. *Sequit' aliud. WElk mynsche de gevallen hefft edder geboét dat he bẏnen to broken is de schal me nemē holt wort twe deil etc.*

19. Bl. 471ᵇ—479ᵇ: Kurze Auszüge aus Predigten, oder Dispositionen dazu (1456 ff.).

Ueberschriften: a) *Snytker des sundaghes vor lucie ad sc̄m ioheȝ.* — b) *Des sondaghes vor lucie tō dome Anno LVI etc.* — c) *In die Johānis Anno LVI vor dem nygen Jars daghe ad sc̄m iohānem.* — d) Anno 57 im Dome, Sonntags vor Pauli. — e) Im

---

[1]) Diese Hs. fehlt bei Jellingh. § 3¹, sie wird aber genannt in der Aufzählung der nd. Hss. des Speculum bei H. Schmidt-Wartenberg, Publications of the Modern Language Association of America, Vol. XIV No. 1, p. 151 f.

Dome, Sonntags vor Lichtmeß Anno 57. — f) *Anno LXX bonaventua to den beruoten ghespdighede von der bicht.* — g) *Anno 63* etc.

Die Auszüge schließen mit Bl. 479ᵇ abrupt.

Auf der Rückseite des Nachsetzblattes: *Duth bock hort tho marien stol jn dat closter.*

No. 85 (Bod. p. 15 f.)[1]: Auf dem Vorsetzblatte Noten mit lat. Text (Hymnus: *Patrem omnipotentem factorem celi et terrae*), auf der Rückseite u. a.: *Mynen wilghen denst to voren leue om her duleree westfal welen schulle gi dat ek hanse rotzen hebbe ghe dan de dre honen dar gi mek vmme beden in sunte Johēs daghe.*

No. 87 und 88 (Bod. p. 16 f.): Evangelische **Missalia** aus **Bardowick** vom Ende des 16. Jh. Diese beiden Hss. sind von Bedeutung für die Geschichte der lateinischen Liturgie in der evangelischen Kirche; sie sind fast durchweg lateinisch, ich zähle die nds. Stücke hier kurz auf:

A) in No. 87 (zerfällt in 4 für sich paginierte Bücher):

1. Buch III, pag. 108—110: *Kyrie Germanicum*.
2. ibid. p. 133: (das Agnus dei) *Germanicum*.
3. Buch IV, pag. 18—24: *Dath Dudesche Te Deum laudamus*.
4. ibid. pag. 131 ff.: *Sequuntur Cantiones, quae interdum loco Benedicamus diebus festis, nimirum Natiuitatis Christi, Paschae, Ascensionis Christi et Pentecostes cani solet:*

a) p. 132—133: *Puer natus in Bethlehem*, mit lat. und fast ganz nds. Text.

b) p. 134—135: *Surrexit Christus*, mit lat. und fast ganz hd. Texte. 4 Strophen. Zu beiden Hymnen sind die 4 Stimmen einzeln aufgeschrieben.

B) in No. 88 (Bl. 1—60 herausgerissen):

1. Bl. 115ᵃ⁻ᵇ: *Kyrie germanicum*. Auch die letzten drei Reihen von Bl. 114ᵇ sind schon deutsch, sie enthielten das Agnus dei, sind aber fast ganz weggerissen.

2. Bl. 122ᵃ—126ᵇ (Bl. 127 herausgerissen): *Melodię der deutschen psalme*; eine Aufzählung der im Bardowieker Stifte gebräuchlichen nds. Kirchenlieder nach ihren Anfängen: 1. *Nu kom der heiden heilandt.* 2. *Myne sehl erhebet den heren.* 3. *Myne sehl o here moth lauen dy.* 4. *Christum wy schollen lauen schon.* 5. *Gelauet sistu Jesu Christ* etc. etc.

[1] Aus dieser Hs. des nd. **Speculum humanae salvationis**, die von Jellingh. § 8⁷ angeführt wird, druckt H. Schmidt-Wartenberg a. a. O. p. 148—151 das 25. Capitel des Werkes ab; voraus geht p. 147 eine sorgfältige Beschreibung der Hs.

No. 94 (Bod. p. 17): 15. Jh., 2. Hälfte (vgl. Bl. 199ᵇ, wo Papst Nicolaus V u. Calixt III erwähnt werden. Gepreßter brauner Lederband, 2 Spangen. Rubr., Init. rot, braun, blau. Bl. 7ᵇ wird ausgefüllt durch eine Miniatur, Mariae Verkündigung, in viereckigem Rahmen mit reicher Ornamentierung.

Aus Kloster Lüne?, vgl. im Kalender Bl. 4ᵇ sub 24. August: *Bartholomeus apostel. kermisse to lune.* — Das Gebetbuch beginnt Bl. 8ᵃ: *Domine labia mea aperies* etc. *Here opene myne lippen v̄n my mūt schal kūdighē dȳ loff. God decke an myne helpe here snelle dy my to helpende.* — Schluß Bl. 228ᵃ: *vorlath nicht de sele aller louigē kristē myschen men vor se dar se seen de ere dynes vrolikē antlates to ewighen tyden Amen.* Bl. 229 liniiert, aber leer.

No. 189ᵃ (Bod. p. 30): Nds. Uebersetzung der **Legenda Aurea**; angeführt von Jellinghaus § 13¹. — Brauner Lederband. — Aus Kloster Marienstuhl bei Egeln, vgl. Bl. 4ᵇ.

Bl. 1ᵃ—3ᵇ: Das Register (H)*Jr begynt dat buck van deme passionale der leuen hilgen apostelen vnd, marteler'n vnd, bichteger' jacfrouwen vnd, wedewen dor dat gantze Jar.* — Bl. 4ᵇ derselbe Vermerk über die Herkunft der Hs., wie oben in No. 84a.

No. 237 (Bod. p. 41): Gepreßter weißer Lederband; rubr., rote und blau-rote Init. Wertvolle **mystisch-asketische Sammelhandschrift**. Bodemann giebt nur die kurzen Titel der Abschnitte an:

1. Bl. 1ᵃ: Ein Auszug aus dem Bonaventura-Ludolfianischen **Leben Jesu**. Anf.: *SO alse de apostel sancte pawel scrift in syner ersten epistele in den derden capittel to den van Corinthē Nement enich ander fundament setten mach dan dat fūdament dat geset is dat xp̄s jhesus is.* — Schl. Bl. 24ᵃ: *he is schone van forme bouē alle kynder der menschē.* — Ueber die nd. Hss. dieser Vita Christi vgl. oben p. 122.

2. Bl. 24ᵇ (rot): *Hijr begynet pynufius jnsettynge. Also vngemetene glorie also berd wert den gennen de vnsen leuen heren truweliken denen nu insettynge erre regulen vnde myt dogeden godde anhangen. liker leyewijs so wert alto sware pine beredet den gēnen de vorsuemeliken vnde laulike dat don dat se godde gelouet hebben.* — Schl.: *Vnde also komet men to aller vullen comenheit vnde hir na to ewiger zaligeit.*

3. Bl. 40ᵃ Anf.: *DE twelf rade des ewangelyens mach men geliken twelf edelen stenen* etc. — Schl.: *allent dat berispet wert dat wert geopenbart van den lechte.*

4. Bl. 51ᵇ Anf.: *WAnt vns de here vormant dat wy waken vnde vns bereden sollen to syner vnwissen tokumpst vp dattu stedes vp*

clēmest to werkē der dogede. — Schl.: sunder gewolen egener vnvullencomenheit vnde vnychtinge.

5. Bl. 57ᵇ Anf.: *DAt was in den lande van vngeren enes weldygen raedmvns sone in ener groten stat.* Neue Exempel beginnen Bl. 65ᵇ. 66ᵇ. 67ᵃ. 75ᵇ. 76ᵇ. 77ᵃ. 79ᵃ. 82ᵃ. 85ᵇ. 88ᵇ. 90ᵇ. 95ᵇ. 96ᵃ. 96ᵇ. 99ᵃ. 103ᵃ (Mönch von Heisterbach). 104ᵃ. 106ᵇ. 107ᵇ. 109ᵇ. 110ᵇ. 113ᵇ. 114ᵃ. 117ᵃ. — Bl. 88ᵃ: *Jn den jaren vnses heren do men seref MCCCC v̄n LII was ene jācfrouwe ghehetē Margareta van den colke eyn van den regularissen des closters depenuē gheleghen int sticht van vtrech bi deuēt'.* Beschreibung der Erscheinung einer Verstorbenen 30 Tage nach ihrem Tode.

6. Bl. 119ᵇ: Die Auszüge aus dem „**Spiegel der Jungfrauen**" (Pelgrym und Theodora) beginnen: *Teodera secht: Ik vormode (v̄me my to bewysen am Rande hinzugefügt) dat dat cranke kāne neen achterdeel in der doget en heuet wat dat gewalt dickewil dat in den stride goddes de starke van den krankerē vorwōnen wert.* Schl. Bl. 146ᵇ: *V̄n dit sternē bewalt goldde bet vnde is em genochliker walet van lewe schut dan efte he hadert dusent doden dede vpstaen.*

Eine vollständige nds. Hs. des Werkes ist mir noch nicht bekannt geworden; eine ndrh., die die erste Hälfte des Werkes umfaßt, und mehrere nld. führt Reifferscheid, Nd. Jb. 11 (1885) 108 und Anm. 17, an.

7. Bl. 146ᵇ—147ᵃ: *Dit synt veer artikel de en mensche hebben mot de in vorghadderġge vredeliken v̄n leisliken staen* (Bl. 147ᵃ) *wil. Dat erste is dat he nene elene dynge en weigere synen susteren.*

8. Bl. 147ᵃ: Andachten für die einzelnen Wochentage; angehängt sind Bl. 158ᵇ—167ᵃ Auctoritates: *SAnte bernardus secht de sone goddes en hadde nicht dar he penitencien īne don mochte* etc.

9. Bl. 167ᵇ: Der Sermon beg.: *SAnte pawel de apostel secht Myn alder leuestē broders pynt ju vornyget to werden in den geiste juwes herten.* — Schl. Bl. 180ᵇ: *Dar vns allen to mote bryġgen de vader v̄n de sone v̄n de hilge geist.* Dann folgt die Subscriptio.

No. 239 (Bod. p. 43): Anf. 16. Jh. — In biegsamem Pg.-Umschlag; rubr., Init.

Reiche Sammelhandschrift theologischer Stücke, von Bodemann nicht ausreichend beschrieben.

1. Bl. 1ᵃ—9ᵃ: Mystischer Tractat **vom Palmbaume**, der dem Anfange nach zu urteilen eine kürzere Fassung des oben p. 102 besprochenen Tractats in der Hs. aus dem Hamburger Convent No. V zu sein scheint. Unsere Hs. beginnt: *Ascenda in palmā Cant. Jck wil vpstighē in dē palmbom etc. Aldₒ styt gescreuē in*

cāticis. De palmbom is nedden vnbewōrē vn̄ enge vn̄ he is bauē gās breet vn̄ beteket vns de īnighen zele de dar wil vpstighē etc. . . . . . *Desse boem de schal hebbē sceuē telghen vn̄ eyn itlick telghe schal hebbē enē voghel vn̄ ene blomen dar to.* Schl. Bl. 9ᵃ: *dat vs god allē mote vorlene de dar leuet vn̄ regneret to ewighē tide amē*. Außer den oben p. 102 angegebenen Hss. ist auch der Lübecker Speygel der dogede von 1485, Bl. XV—XXIIII heranzuziehen.

2. Bl. 9ᵃ—ᵇ (andere Hand): *It(̄) dit synt de tekene dar me by merckē schal ofte kēnē enē sāguinen̄*. Ueber die *complexien* (*sanguinica, melancolica, colerica*), unvollst.

3. Bl. 10ᵃ—186ᵃ (andere Hand): Passio domini nd., vgl. Bodemann. Das Stück ist von lagenweise wechselnden Händen geschrieben. Angehängt ist die Pfingstgeschichte und etwas über Joseph von Arimathia. — Schl.: *Dar so mote vns to bryn̄gē de almechtige vader vnde mogēde vn̄ de gebn̄diede gades sone kōnīck der gl'en vn̄ de ewige troster de guderterēheit god de hilge gest. Amen.* — Nd. Passiones Christi mit ähnlichem Anfange sind besprochen oben p. 100.

4. Bl. 186ᵃ—212ᵇ: *hir begȳt de rosen garde. Wultu nu dat ōse here Jh̄s xp̄s vakē kamē an dynē garden vn̄ hemelike vrūtscop vn rede myt dy make So vlite dy dar na dattu vakene kamest ī synē gardē Dat* (Bl. 186ᵇ) *is de Rosen gardē synes hilligē lidendes.* — Schl.: *So komestu sūder twyne[we]le in dat ewige leuēt Amē*. Das Stück erscheint als Teil eines größeren Ganzen in einer unten zu besprechenden Hs. aus dem Haag.

5. Bl. 212ᵇ—268ᵇ: Kleinere asketische Stücke und Exempel.

a) Bl. 212ᵇ: *wo wy vns hebbē scholen ī dē myschlikē gerichtē ofte du en behagest ofte myshagest*.

b) Bl. 214ᵇ: *wo du dy hebbē schalst als dy achter ghesprakē wert vn̄ wo du myt vorduldicheit auerweynen scholst*.

c) Bl. 215ᵃ: *wat sūde vn̄ quades dar na volgē de vā allē wil werdē lef gehat*.

d) Bl. 216ᵃ: *vā synes sulues vndersokȳge vn̄ welke to vlene sq welke to regerene vn̄ welke dȳge to lidē synt*.

e) Bl. 218ᵃ: *ey gestlick mysche de syne zele wil salich maken* etc.

f) Bl. 219ᵃ—259ᵇ: Exempel. Anfänge Bl. 219ᵃ. 223ᵇ. 225ᵃ: *vā XV kameren dat gās mercklick is. Up ene tid reysede sūte Dominicꝰ vā rome to parys vn̄ seyde auer al dat lāt dat wort godes* etc. — Bl. 232ᵃ. 233ᵃ. 237ᵇ. 240ᵃ (Amicus u. Amelius). 245ᵃ. 247ᵃ. 247ᵇ. 248ᵃ. 248ᵇ. 249ᵃ. 249ᵇ. 251ᵃ. 254ᵇ.

g) Bl. 259ᵇ: *wo du dy hebben* [Hs.: *hebbest*] *scholest ī lidende vn̄ yn drucke vn̄ ī wedderstote*.

h) Bl. 263ᵇ: *en ytlick lopet to bedde als he ī crachcyl is geuallē.*
— Schl. Bl. 268ᵇ: *Dat mochte ey mȳsche so duldich wesē ī synem lidēde teyn iar vegenurs ī enē dage durmede aflede.*

6. Bl. 268ᵇ: *hir beggt s ū t c m a r y a r e t ē p a s s i e n. Na deme lydēde vn̄ vpstādȳge ūses herē J͞h͞u͞ a͞p͞i̅ . . . Sȳt gemartert vele marteler ī synē namē* etc. — Schl. Bl. 287ᵇ: *dor de vntenlikē* [l. *unentlikē?*] *ewicheit der ewicheit Amen. Ex est. Finitū et ₉pletū Anno dn̄i MCCCCCXXIIII* (1524) *sab͞h͞t͞o p₉ doīci ₉fessoris.* — Eine pros. nd. Margaretenlegende auch in Wolfenb.-Helmst. 1228, Bl. 25ᵇ—40ᵃ (Hein. I 3, 118).

7. Bl. 287ᵇ: *Va sūte mariē magdalenē bekeryghe* (Bl. 288ᵃ) *Scrift de meyster ysodorus De dar scrift va deme dode der hilȳē. to iherusalē was eȳ rike ēddele man de heet Cyrus* etc. — Schl. Bl. 296ᵇ: *Hir is en ende va der bekerȳge mariē magdalenen.* Angehängt sind 2 Gebete an die Heilige, bis 298ᵇ. — Stück 6 und 7 sind gemeint bei Jellingh. § 13¹⁵ ᵘ· ²⁰.

8. Bl. 298ᵇ—300ᵃ: Nd. Sprüche:

a) *Vortorne nāmēt des hebbe achte
Dat wedder sonē en is nicht sachte* etc. = 10 V.

b) Bl. 298ᵇ: *Mercke dit ghar euē vn̄ slutet dit an juwo herte: De duge sȳt kort De dot is snel Dar ūme leue eȳ iewelick als he sterue wil.*

c) *Nō: Nen mȳsche is deme bosē geiste so lick alse* (Bl. 299ᵃ) *de dar hatet vn̄ ī vnvrede vn̄ kyuet leuet. Mercke wol*

Nicht segge		wetest: tace
Nicht do	allēt wat du	kanst: quiesce
Nicht loue		horest: fac.
Nicht richte		sust: et viues.

d) Bl. 299ᵃ—300ᵃ: Excerpte aus der großen Reimchronik auf den Sieg der Ditmarschen Anno 1500. Nach Priens Abdrucke im Nd. Jb. 10 (1884) p. 89—102 sind es die Verse 1—6. Str. 3—4 des angehängten Epigramms. V. 217—230. 231—262.

9. Bl. 300ᵇ—304ᵇ: Kleinere lat. und nd. Stücke:

a) *nota bn̄: Quis petit hoc qd' nō sperat Amat vero eū cui co̅i̅ū̅g̅i desiderat* etc. — b) 301ᵃ: *de gaudia* (!) *celor, dicit s͞c͞s augustin₉.* — c) 302ᵃ, letzte Zeile: *Nota bene seqūtes: Achte dy kleyne Holt dy reyne Wes gerne alleyne Dencke vp den dach Den nāmēt vorghan en mach Gades strēge richte Vp dyn̄ doth Vp de pyne der helle Vn̄ vp de vroude des ewigē leuēdes.* — d) 302ᵇ: *de doīca ān̄ūciacoe. Cātate dn̄o cāticū nou̅ū* etc. (lat.). — e) 304ᵇ: *eyn exempel. Dat was eȳ weldich konȳck de hadde dre sons.* — f) 305ᵃ: *Anulo suo sb'arrauit me etc. Anulo īquā fidei et gre* etc. (lat.).

10. Bl. 305ᵃ—309ᵃ: *de s͞c͞a mechtelde et fratre ei₉ Alexandro*

qui fuit monachᵍ cisterciẽsis. (305ᵇ) Sɑ̄te Mechteldis de was des koníges dochter vn̄ schollat etc. — Schluß: Se dede vele miraculen yn erē leuẽde Vn̄ ock na crē dode.

11. Bl. 309ᵃ: *Nota bn̄. Aude vide luce Si vifs viuere ī pace.*
        Lidē is küst Cluffē maket vngunst.
        Ick lide ick myde ick lere vordragē
        ick en kan des nemāde klagen.

12. Bl. 309ᵃ: *pphecia repta verone ī libro antiquissimo.* (Bl. 309ᵇ) *Karolus filiᵍ Philippi ex nacōē illustri Julij Habēs longā frontē suptilia*(!) *alta* etc. = Propheceiung auf Karl V. Mit angehängter nd. Uebersetzung (Bl. 310ᵇ—311ᵇ).

13. Bl. 311ᵇ: *Hir na volget en wūderlick geschichte dat geschē is ī der Thurkye to Cōstātinopel Anno dn̄i MDIX* = Bericht über ein Erdbeben zu Constantinopel 1509.

14. Bl. 314ᵃ: Lat. Betrachtungen *de natiuitate xp̄i. Ite jlico ī ictu oculi sn̄ oī dolore puer Jhs sr̄ solē splēdidior de vtero īgis nuscit' clauso manēte* etc. — Bl. 315ᵃ: *de circūcisiōe dnj.* Bl. 315ᵇ: *de codē: bleckēde strale der ouerstē sūne iūcfrouwe M., wat vroude haddestu wāner* ∥ Damit bricht die Hs. ab.

No. 280 (Bod. p. 51): 3. *Remedia pro equis* nd. *Deme perde deme de vōd to spaldet is nym bradene roue de hēd sin v⁻ bint ome vppe den vōd* etc.

No. 369 (Bod. p. 65): Diese Hs. habe ich hier aus dem Spiele gelassen, weil der sehr merkwürdige Dialekt derselben nicht mnd., sondern eher ndrh.-nld. ist. Er erfordert eine besondere gründliche Untersuchung.

No. 483 (Bod. p. 82): Eccards Sammlung von Abschriften und Excerpten aus alten deutschen Dichtern des IX.—XV. Jh. Die Blätter und Zettel sind durchnumeriert. Von Interesse sind folgende Bll.:

1. Bl. 63—64: Doppelblatt in 4°, kurze Auszüge aus einer Hs. des **Spegels der Mynslicken Salicheit**, von der Hand des Jo. Jul. Bierdemann aus Clausthal. Ein Brief desselben an Eccard liegt bei.

2. Bl. 68 in Fol.: Kurze Inhaltsangabe und Excerpte aus dem **Viridarium B. Virginis** oder Sunte Marien wortegarde des **Pfaffen Koneman**, nach der Hs. des Praepositus v. d. Hardt, die sich jetzt in Göttingen, Univ.-Bibl., Theol. 153 (W. Meyer II, 384) befindet. Vgl. oben p. 190 f. (Salzwedel).

3. Bl. 76: Anzeige von „Paphnutij liber in platdeutschen Versen, circa 1300. Lips. in Paullina Mttum; vid. Iter Nostrum

Saxon." Dr. Karl Meyer in Hannover giebt mir dazu folgenden Hinweis: „Vgl. Catalogus Codicum Mss. Bibl. Paul. von L. Joach. Feller, Lips. 1686, p. 166: Repositorii Theolog. III. Series IV in 4° et 8°: *Rythmi Saxonici de Paphnutio.* Zu dem *Iter Nostrum Saxon.* ist vielleicht heranzuziehen die Hs. der Kgl. Bibl. No. 1925 (Bod. p. 388): J. G. Eccards Gelehrtes Reise-Journal". Ein mnd. Gedicht von Paphnutius ist mir sonst noch nicht bekannt geworden.

4. Bl. 213 in Fol.: Anzeige einer noch unbekannten Hs. des nd. Zeno.

„*De tribus regibus quomodo translati sunt in Coloniam.* — Ms. S. Ludgeri in 8° in papyro, 24 qvartblätter lang.

Anf.: *We dat gerne vornemen | We de dre Konninge to laude quemen Dat na Goddes bort vif hundert jahr | So ick gehort hebbe vorwar Unde sefs unde drittich weren gau | Do dufse dink worden ane van. In Lamberden is eyn Stad verona genandt | De is vil wyde wol bekandt* etc.

Schl.: *Und we wat verloren had | De ere de Koninge, dat is min rad Alsus de mere einen ende had | Gode geve unser zele rad.*

Ad marginum additum: *Anno domini 1488 compositio est facta secundum hunc tractatum sic inventum fuit, quod tres reges in Colonia saltem trecentos minus qualuor annis quieverunt. Scriptum die ipsorum anno quo supra.*"

5. Bl. 220—221: Auszüge aus der Helmst. Hs. von Eberhards Reimchronik von Gandersheim.

6. Bl. 222—225: Auszüge aus der *Kronica van Sassen Rimwise*, nach Gobler, Leibniz und der Wolfenb. Hs.

7. Bl. 236—239: *Eyn ynnich Beth van sunte Autor unses erwerdighen Patrones 1450.* Ohne Bezeichnung der Herkunft; vgl. unten die Handschrift des Kestner-Museums.

No. 669 (Bod. p. 114 f.): Diese sehr wertvolle Handschrift einer der Boteschen Bilderchronik nahestehenden nd. W e l t c h r o - n i k erfordert die Untersuchung eines Historikers. Ich beschränke mich hier darauf, die äußere Beschreibung der Hs., besonders ihrer Anhänge, zu vervollständigen:

Die in der ersten Hälfte des 16. Jh. geschriebene Hs. ist im Laufe des 18. Jh. neu eingebunden worden in einen mit Leder überzogenen Pappband. Dabei sind eine Menge Blätter renoviert worden, am Anfange und Ende der Hs. aber fehlten bereits damals verschiedene Blätter. Das auf den 3 Vorsetzblättern des neuen Einbandes damals eingetragene Register umfaßt nur noch die jetzt erhaltenen Blätter und schließt mit Cap. 47 des 2. Teils:

De Doet (: oder *Todten-Tantz und Beschreibung des jüngsten Gerichts*:) Fol: 450 bis 454. Anders das von der Hand des Schreibers der ganzen Handschrift herrührende alte Register auf Bl. 1ᵃ—12ᵃᶠ. Es sind eigentlich 2 Register:

a) Bl. 1ᵃ—10ᵃ: alphabetisches Register über den ersten, annalistischen, Teil des Werkes, mit Ausschluß der ersten 23 Bll., auf denen außer den Registern die Geschichte der Welt bis Christi Geburt abgemacht wird; Bl. 24 ist von der Hand des Schreibers bezeichnet als I. Dem Register ist mit dem Anfange der Hs. der ganze Buchstabe A und der größere Teil von B verloren gegangen; es beginnt jetzt: *Blinden to lubke XCV*.

b) Bl. 10ᵇᵃ—12ᵃ¹ (2spaltig): *Dat ander Reygister düsses bokes* = die Capitel-Ueberschriften des 2. Teiles. — Dieses Register nun giebt als die letzten 8 Capitel des Werkes folgende Zusätze und Anhänge zur Chronik:

1. *Heydensche loue alse de loue hir jn Sassen was ere dat wij Cristen worden wat vest wij do helden vnde nach sunderlike dage wij cristen jndem jare holden.*

2. *Sybbillen alle vesteyne wu se prouyteret hebbē lange vor der gebort cristy vā vnses heren tokumpst.*

3. *Dat slechte der hiligen fruwes namen sunte Annen myt oren dochteren.*

4. *Cristen geloue dede twolff Apostelen makeden na dem pater noster vñd deme Engelschen grote gabrielis.*

5. *Endes des mynschen he sy hoge syt eddele vñd vneddele de mod alle jnden dans der doden.*

6. *Dat strenge richte godes vñd de XV teken dede scheyn schullen to dem jungesten dage.*

7. *Jodden loue alse one jn orer ee gegeuen was vñ den de jodden nach holden.*

8. *DE besluttynge vnde ende dusses bokes myt velen Artikule dar vth vñd wor van dusse kroncke gesat is vñd gemaket etc.*

Von diesen 8 Capiteln erscheinen nun hinten nur:

1. Bl. 447ᵃ—449ᵇ: *De Hystorien der gelouen*.
5. Bl. 450ᵃ—454ᵃ Mitte: Der Totentanz beginnt abrupt: *De doet: Alle dyne jusage her kardenal enholpet dy nicht du most hir mydde anden dans. bystu rechtuerdich gewesen alse dyn stad schal syn, so de hiligen appostelen weren, so dorff dy nicht gruwen vor dem richter.* — Im Ganzen enthält dieser Totentanz 26 solcher Anreden des Todes, ohne daß der Angeredete antwortet; eine Schlußrede ist dem Ganzen angehängt. Die 26 Personen des Erhaltenen sind nach der jedem Absatze beigeschriebenen Angabe: *Kardenal, Konigk, Bisschop, Hertogen, Abbet, Crucckerē, Monick, Grauē,*

Canoneke, *Riddere*, *Papen*, *Borgermester*, *Clucener*, *Borger*, *Nunne*, *Bure*, *Begyne*, *Ruther*, *Fruwe*, *Jodde*, *Juncfruwe*, *Jungelin*, *Maget*, *Knecht*, *Heyden*, *Dat kint*. — Bl. 453^b—454^a: drei Aufforderungen zur Todesbetrachtung, im Anschluss an den Totentanz.

6. Bl. 454$^{a.\,b}$: *To deme jungesten dage so wel sick hymel vnd erde beweyhen wente Sunte Jeronimus schrift dat vesteyn teken scheyn schullen vor deme jungesten daye* etc. — Schl.: *Des help vns Cristen de vader de sone vnd de hilige geyst, dat wij jo by godde blyuen moten. O maria beware vns vor der helleputte vor dem Ewigen dode Amen.* — *O mors $\bar{q}$ amara est memoria tua homini pacem habenti in substaciis suis ecclesiastici XLI.* Damit schließt die Handschrift. —

Dem oben erwähnten alten Register der Hs. folgt noch:

a) Bl. 12^a: Bild einer Rose, darunter: *DE rose sprickt swich redeliken vn sprick to male straffe lere neynmende hate Do du alse du nemen wult so hast du jo neyne schult etc.*

b) Bl. 12^b: Eine Zeichnung: zwei sich schneidende Kreise, in dem Kreise links das phantastische Bild „des Mannes, wie er sein soll" (vgl. den Spruch unten!), im Kreise rechts eine Frau. In dem beiden Kreisen gemeinsamen Stück steht *glosa*. Unter den Bildern: (rot) *Eyn wijs man schal hebben dusse vor stantenisse vnd welck man an sick hefft wysheyt vor nufft de sprick gernne dussen sproke vnd volget d$\bar{e}$ worden myt der dayd* etc. — Dann (schwarz) der Spruch:

He is wys vnde wol ge lert | De alle ding to dem besten kert
Vore bedacht dat na mach kom$\bar{e}$ | Dat deyt dicke vnde vaken vrom$\bar{e}$.

Dann wieder rot: *Eyn wijs man schal horen alse eyn swin vnd seyn vth synen oghen alse eyn strus vnd hebbe eynen hals gekrumet alse eyn kran eyn slot vor syner*(!) *munt vnd eynes lauwen mod jn syner borst dat swert achter ome vnd de lillige vor synem angesichte so wart he nicht va bosen wyuen bedrogen vnd deyt dussem sproke vul etc.* — Vgl. hierzu Reinmar von Zweter (ed. Roethe) p. 461, No. 100. p. 557 f., No. 302$^{a.\,b}$[1]); Jüng. Titurel Str. 1857—1863.

No. 673 (Bod. p. 115 f.): Engelhusii Chronica etc., enthält auf Bl. 80$^{b,\prime}$ ein paar nd. Sprüche (nicht, wie Bod. sagt, ein nd. Gedicht):

a) Priamel: *Sur loin sware leste | kerghe werde vn h$\bar{u}$gghe geste eg wid loch vn eg klene nagel | Eg wolheṣsich wif vn eg kleyn sagel korte wulle vn wide k$\bar{e}$me | dusse dīyk vogel sick seldē to sem$\bar{e}$.*

b) *P'lat$\bar{e}$ dede god nicht enseyn | Moneke dede or klost' vleyn vorst$\bar{e}$ vrebel vn vngnedich | Jūge vrow$\bar{e}$ scho$\bar{e}$ vn vnstedich*

---

1) [Der Spruch ist um so interessanter, als er durch Schwert und Lilie die Brücke schlägt von Reinmar von Zweter zu Ulrich von Hutten: vgl. S. 293 meines Reinmar v. Zweter. R.]

Ridder de or erue vorkopē | Jūge vrowē dede vele ūme aflat lopē
Eŋ scholer dede vro ment | Arme lude dede wol wīn kent:
seldē der vele deghen | de dusser stucke vele pleghē.

c) *Grawe rock rith nicht | Mŋ hē ifs milde vn̄ gift my nicht*
Dene lange vnde essche nicht | So vorlustu dines hēn hulde nicht.

Zu b) vgl. andere Fassungen 1. in einer Erfurter Hs. (bei Jellingh. § 8[10]). 2. Coblenz, Gymnasialbibl., in einem Bande von Gregorii Nazianz. opp. 4°. Argentinae Knoblauch 1508; ndrh. Abgedruckt von Droncke im Anz. f. Kunde d. d. Vorz. 8 (1839) 549. Vgl. ibid. 6 (1837) 175 f. eine hd. Fassung aus Hs. No. 146 derselben Bibliothek. 3. Brüssel, Kgl. Bibl., Mscr. II 144, vgl. unten.

Auf Bl. 81ª: *Anno 1503 wart hertoge Cristoffer jnt stifft to Verden jn geuort vnd geschach vp den Sondach Na vndecim milium Virginum q̄ erat sabbat.*, und 2 andere Notizen.

No. 777 (Bod. p. 150). Moderner Pappband mit Lederüberzug, beim Neueinbinden sind die Blätter der Hs. gut renoviert.

„Die Plattdeutsche Reimchronik von Adam bis auf den Kaiser Maximilian", wie Bodemann sie nennt, ist vielmehr eine noch ganz unbekannte Hs. der **gereimten nd. Weltchronik des Johan Statwech**. Der Name des Verfassers wird zwar nicht genannt, aber die Anlage des Werkes und vor allem die 7 Autorzeilen, die Bodemann abdruckt, weisen mit ihrem *ud dem poppendyke* deutlich auf das Richtige hin. Seelmann, der im Nd. Jb. 13 (1887) 121—128 Anfang und Ende der Reimchronik abdruckt, kennt außer dem verlorenen Originale in Görlitz nur 2 Abschriften des 18. Jh.; da tritt also unsere Hs. aus dem Ende des 15. Jh. als wertvolle Ergänzung hinzu. Vielleicht ist auch die Hs. des Hildesheimer Archivs, aus der Leibniz (Script. rer. Brunsv. 3, 263—276) eine prosaische Weltchronik des Johann Statwech aus Poppendick veröffentlichte, für die Reimchronik heranzuziehen; ich habe sie bisher noch nicht einsehen können.

Die Hannoversche Hs. hat ein vollständiges Tintenlinienschema, der Text ist in 2 Spalten zu je 50 Zeilen geschrieben.

Bl. 1ª enthält den modernen Titel und die Autorverse.

Bl. 2ªª beginnt die Reimchronik, auf Bl. 3ªª die Stammtafel Christi, die neben dem Texte der Reimchronik herläuft und außer auf Bl. 3ᵇ, wo sie zwischen Sp. α und β geschoben ist, die Rückseiten der Blätter 4—10 vollständig einnimmt. Auf Bl. 10ᵇ endigt diese Stammtafel; an ihre Stelle treten von Bl. 11ᵇ an lat. annalistische Aufzeichnungen, jede durchlaufende Reihe umfaßt ein Jahr, jede Seite also 50 Jahre. Die Diadoche der Päpste in

Spalte α, die der römischen Kaiser in Spalte β, zieht sich in der Form von kleinen roten, resp. goldenen Kreisen, die durch Striche von der gleichen Farbe verbunden sind, zwischen den lat. Aufzeichnungen hindurch. Auf den Vorderseiten der einzelnen Blätter läuft der Text der nd. Reimchronik, correspondierend mit der Stammtafel und den lateinischen Aufzeichnungen, bis Bl. 40ᵃ. Sie endigt da mit Papst Eugen IV (1431—1447):

Eugeniȝ is nu ome worden | Vorsocht he hadde manige orden.
Va vrochte dusse va rome toch | To florens vñ benome vloch.

Jedoch scheinen die letzten 12 Zeilen, über die drei Päpste Alexander V, Johann XXIII und Eugen IV, bereits Nachträge zu sein, da sie 8 Zeilen von dem Vorhergehenden abgerückt sind. Unmittelbar vorher gehn die Verse über Martin V:

Alse vele pewese weren wesen | De mochten nu alto male nesen
Vn sek to der kerken teyn | De in ome was worden eyn.

Der Rest von Bl. 40ᵃ ist mit einigen sich an Bl. 39ᵇ anschließenden lat. Notizen ausgefüllt, darunter sind auch ein paar niederdeutsche. Bl. 40ᵇ und 41ᵃ enthalten nur prosaische Notizen, die letzte zu 1486 ist bei Bodemann abgedruckt. Bl. 41ᵇ und 42 sind noch liniiert, Bl. 41ᵇ sind den einzelnen Reihen die Jahreszahlen mit blasserer Tinte vorgeschrieben, aber Eintragungen finden sich nur von späterer Hand zu 1520 in Spalte β: *karolȝ jn regem electȝ jn frakfordia*, und zu 1522 in Spalte α: *Adrianus VI*.

No. 1129 (Bod. p. 227): Bl. 35—50 von derselben Hand, wie Bl. 20—34. Die Segen und Recepte, von denen die meisten gegen Pferdekrankheiten sind, beginnen: *Desse seghenige schal me drie sprekē vñ dre p̄r n̄r vñ na der seghenige sal men sprekē viff p̄r n̄r den viff wūden.* — Bl. 46ᵇ—50ᵃ sind von jüngerer Hand nachgetragen.

Das letzte Stück der Hs., Bl. 51—73, sind Erfurter Statuten.

No. 1173 (Bod. 236 f.): In dünnem Papierumschlag. Einzige mnd. Hs. der Kgl. Bibl., die nachweislich in Hannover selbst geschrieben ist.

1. Bl. 1ᵃ—67ᵇ: Das Leben der hl. Elisabeth ist offenbar eine Prosaauflösung, viele Reime schimmern noch durch; den gleichen Anfang hat die prosaische nd. Vita in Wolfenb.-Helmst. 894, Bl. 211ᵃ—254ᵃ u. 1136, Bl. 141ᵃ—213ᵇ, vgl. Lübben, Nd. Jb. 6 (1880) 70; Heinem. 1 2, 288 u. 3, 72; Jellinghaus § 13ᵛ⁻¹¹.

2. Bl. 67ᵇ—68ᵃ: Reimgebet an die hl. Anna: *O Anna eddel vrauwe reyne Uā godde vthirwelt alleyne* etc. 13 Reimpaare.

3. Bl. 68ᵇ—71ᵃ: Das von Bodemann angeführte *byspel*, *wu*

vnstede sy der werlde leuen ist in nd. Versen. Anf.: *MEmorare nouissima tua et ineternum non peccabis. Hec dicit sanctus Bernhardus abbas etc. Anbeghin.*

Ik klaghe der werlde vnstedicheyt. Ik klaghe yammer ende hertcleyt. etc. Die Verse sind nicht abgesetzt, sondern nur durch Reimpunkte bezeichnet. — Schl.: *Spreket allensamen In goddes namen Amen.* Es folgt die von Bod. abgedruckte ausführliche Subscriptio, aber lies Z. 2 *icu dan icys*; 4 *worme*; zwischen 4—5 fehlt eine ganze Zeile: *des ertrikes Vñ dat de bode*; 5 *vth*; 6 *aldermeyst*.

3. Bl. 71ᵇ: Das ganz kurze Stückchen **von den 4 Graden der** *othmodicheyt* ist auch gereimt.

No. 1220 (Bod. p. 251): Barings Abschrift des Vocabulars, die wohl nur ein Excerpt ist, beginnt nach den drei von Bod. abgedruckten Worten gleich mit den Vocabeln: *Achte vel vorvesynghe proscriptio, bannus imperialis.* Schl.: *icint en hoff area, in areola*.

No. 1226 (Bod. p. 253): Bl. 39—43 ist nd. Anf.: *Anno 1428: Liepen Eilff Schoduuels tho Hildensheimb Vp der Straten.* — Schl.: *Anno 1609 Abermahl die Pest Dominirt* etc.

No. 1228 (Bod. p. 254): Anhang Bl. 108—126:

a) Bl. 108ᵃ: Nd. Hochzeitscarmen des 18. Jh.

b) Bl. 110ᵃ (Hand des 17. Jh.): Die **Narratio rhythmica** über die erste Hälfte der Hildesheimer Stiftsfehde, abgedruckt bei Lüntzel, Die Stiftsfehde (= Zs. des Museums zu Hildesheim, Bd. 1, 1846) p. 161—191, und zu einem Teile in Spangenbergs N. Vtl. Archiv 1829. 4. 16—19. Zu den dort benutzten 6 Hss. (vgl. besonders Lüntzel p. 161 Anm.) kommt noch Göttingen, Univ.-Bibl., Mscr. hist. 441 (vgl. W. Meyer II, 145), und Hannover, Kgl. Bibl. No. 1245, vgl. unten.

c) Bl. 126ᵇ: Ein Lied aus der Hildesh. Stiftsfehde = Liliencron III, No. 324; aber nur Str. 1—5.

No. 1229 (Bod. p. 254): Das angeführte Lied ist wiederum Liliencron III, No. 324. Es steht auf Bl. 38ᵇ—42ᵃ, Str. 1 mit der übergeschriebenen Melodie.

No. 1245 (Bod. p. 258) enthält dieselben beiden Gedichte zur Hildesheimer Stiftsfehde, wie oben Nr. 1228. Hand des 17. Jh.

No. 1283 (Bod. p. 265 f.): Die Hs. wird genau beschrieben von Weiland, Deutsche Chroniken II, 613. — Das Gedicht über die Ditmarschen, Bl. 42ᵃ—43ᵇ, ist eine vollständige Hs. der nd. **Reimchronik auf die Ereignisse von 1500.** Die Fassung wird noch nicht aufgeführt von Prien, Nd. Jb. 10 (1884) 80. Vgl. auch oben p. 207 unter No. 239, Bl. 299ᵃ.

No. 1301 (Bod. p. 269 f.): Moderner Pappband.

Stück 3 (Bl. 114—128) ist nd. Anf.: *Tho der tidt des Kaysers Frederici secundi ist Hertzog Otto dat Kindt genomet . . . ., tho Mentz vp dem Rickesdage im Jhare 1238 gekamen.* Schließt Bl. 128ᵃ—ᵇ: *Disse vorgeschreuene historien hat d' hochwirdigster durchleuchtig, hochgeborner furst vnd herr George* (vgl. Allg. D. Biogr. 8, 635 f.), *Ertz vnd bischof zu Bremen vnd Veerden, Administrator zu Minden Hertz, zu Brunschwick vnd Luneborch, in dem stift Minden zum Petershag, vp dem schlate mit dissen volgenden dudeschen rithmis begriffen: Hat ge bracht d' jugent freudigkeit | Hertog Magnus in grosses leidt* etc. = 16 Z. Vgl. oben S. 158.

Aus dem Rest der Hs. ist noch hervorzuheben:

Bl. 132ᵃ—147ᵃ: **Lüneburger Reformationsbericht**, nd. Noch Schaer, Lüneburger Chroniken der Reformationszeit (Progr. Hannover, K. Wilh.-Gymn. 1889) und Wrede, Die Einführung der Reformation im Lüneburgischen. Göttingen 1887, p. 110, ist dieser Bericht nur aus dem hd. Abdrucke bei Bertram, Das evang. Lüneburg 1719, p. 38 ff. bekannt. Nd. Hss. des Berichtes sind aber gar nicht selten, vgl. Hannover, Kgl. Bibl. XXIII No. 844ᵇ, Bl. 60ᵃ; 844ᶜ·ᵈ·ᵉ (Bod. p. 535 f.) und Göttingen, Univ.-Bibl., Mscr. Hist. 353, p. 125 (W. Meyer II, 123).

No. 1370 (Bod. p. 291): Stück 3: **Ulrich Vernes Uebersetzung** (und Bearbeitung) von Levold von Northoffs Märckischem Chronicon. Gedruckt bei Seibertz, Quellen zur westphäl. Gesch. I, 14—42, vgl. Lorenz, Deutschlands Gesch.-Qu. im M.A.³ II, 71 Anm. Unsere Hs. schließt auf Bl. 21ᵃ im Jahre 1391: *dartho dat Sticht van Collen gebrandt, bifs tho Orsey VI myle wegs. Summa XXX myle.* — Die Hs. stammt aus der 2. Hälfte d. 16. Jh. 1538 ist das Abfassungsjahr.

No. 1406 (Bod. p. 302 f.): Pg.-Pappband des 17. Jh. 1782 im Besitze Wiardas.

1. p. 1—47: Eine Hs. der Werdumer Recension der **Jeverschen Chronik**; vgl. oben p. 92. — p. 1: Titel, cf. Bodemann; dann: *Van die Veiden so sich twischen den Wangers, Vndt Ostringers Rustringers und Harlingers tho gedragen hebben.* Anf.: *Jm Jare Christi 1148, do starff ein rieke Mann Wange gehēten* etc. Schl.: *vnd also von Beiden sieden mit Gelde und Arbeit den Sihl vnderholden, nu antal des landes, he ist angefangen vngeferlich āō. 1520 in der Vasten, Vnd ist Bestandich gebleven.*

No. 1412ᵃ (Bod. p. 306 f.): Pg.-band. — Stück 2—17 von einer Hand des ausg. 17. Jh.

2. beginnt: *Jm Jahre 1268 alfs König Ludowich der negende aufs franckreich, sich thom andern mahl rüstede tedder de Saracenen in Asia tho strydende, hefft he mit sonderlichen flidt hulpe vnd bystand van den Freesen . . . gesocht* etc. — Schl. (1454): *Jfs also int korte angetöget, wat voränderunge ifs geschehen ehr v. bevor Ulrich thom Grafflichen Ehren ifs erhaben.*

3. sind dürftige annalistische Aufzeichnungen.

4. beg.: *Anno 1514. Everwin Groff van Bentum die Schwartehoop tho behoorende, ifs van hertogh Jurgen van Safsen angenommen.*

5. Die gereimte Propheceeiung beg.: *Wen die Oistfriesen werden hebben oret ehr land Twe Heeren, so wert die drudde des nahmens Enno nicht regieren* etc. Schl.: *dit is Jarfke ter Münte seine prophetie, der Here holt syne gnedige hand daer voer, dat es nicht gesche. Amen.*

6. *Ein gedenck zedel der Klooster in Oestvrieslandt Will ick ut oorsake uns schryben terhandt.*

Zu 2.—5. vgl. oben p. 82 die Hs. der Auricher Landschaft, No. 28 in Fol., Tom. II, Stück 3—4; und oben p. 92 f., ferner unten Münster, Staatsarch. Mscr. VII, 263 und Amsterdam, Bibl. d. Ges. d. Wiss., No. CXIII. — Zu 6. vgl. oben p. 82, Hs. No. 35 in Fol.

Auf den letzten 5 Bll. der Hs. sind von der Hand, die Stück 1 geschrieben hat, Familiennotizen eingetragen. Danach stammt die Hs. aus Groningen (vgl.: *in Dra kercken!*).

No. 1463 (Bod. p. 320): Moderner Pappband. Ende 16. Jh.

Die nd. Uebersetzung der **Schaumburgischen Chronik Hermans v. Lerbeke** ist herausgegeben von Fuchs, Progr. von Bückeburg 1872. Eine 2. Hs. dieser Uebersetzung ist Wolfenb.-Aug. 32, 14 Fol., p. 49—94, vgl. Lübben, Nd. Jb. 6 (1880) 73.

Abteilung XXIII No. 394 (Bod. p. 456): Stück 2, Lage von 6 Bll. Pap. in Fol. Ende des 16. Jh.

Nd. Widmungs- und Bittgedicht, dem jungen Prinzen Wilhelm von Harburg überreicht.

Anf. Bl. 1ᵃ: *Dorchluchtige Hochgeburne Forste Gnediger Junge Here*
Wen jck vorkofter des werdich were
Vnd juwe G. mich vnwerden nicht wolden vorkeren
So wolde juwer G. jck hirmit vor Eehren
Ein ringe gedicht vp kindesche wise
gestelt tho Gades Lof vnd Prise
Erstlick dat Vader Vnse na dem bockstaue vertert
Tho singend alse ickt mynen kindren gelert
Tom andren ein Geistlick kindt A. B. C.
Tho bedende vor Christlicke Regimente etc. etc.

Das Gedicht selbst enthält aber nichts davon, sondern nur Klagen des Bittstellers, der sich unterzeichnet Bl. 4ᵃ: *Juwer F. G. Andechtig Eintsame vnderdaner Petrus van der Moelen.*

Auf dem Rest von Bl. 4 (Bl. 5—6 leer) hat dieselbe Hand noch ein paar nd. und lat. Sprüche eingetragen:

    a) *Also jck meinde, jck were jchtes, do was jck noch nichtes*
       Do jck was geworden jchtes, Darna helt jck my slecht vor nichtes.
    b) Bl. 4ᵇ: *Min jtzige Rim*:
          In minem jamer erfare jck fin
          Wo de lude yegen my gesinnet syn.
          Ick dachte Er Omnes steit by dy,
          Nu erfare ick dat se narren my. Ne dicam, vorraden my.
    c) *Ick bidde omme gnedich antwert vnd bescheth,*
       Mit allem flite ahne vordreth.

XXIII No. 473 (Bod. p. 459 f.) enthält auf Bl. 263ᵃ—276ᵇ *Ein Gesprech Zweier Gefattern Vndt Burger Autors von Brunschweig vndtt Heinrichs von Wolffenbüttel. Gehalten Zwischen Melucrode vndt Braunschweigk Anno 1600.* Anf.: *Author. Glück tho myn leve vadter, worherr, wanne wanne, ickh hebbe juw in 3 verndeil jhars nicht gsehn* etc. — Anfänglich sprechen beide nd., aber bereits Bl. 264ᵃ unten verschwindet das Nd. ganz. — Vgl. über dieses Stück oben p. 173.

XXIII No. 474 (Bod. p. 460 f.): Von den vielen hist. Liedern dieser Hs. ist nur eins noch nd., Bl. 142ᵃ: *Folget ein ander gedichte von Braunschweig. Anno 1492:*
Duth is van Brunschwick dat nie leidt | So we dut kan, hefft oder weith,
De sende dat fort weit vnndt breidt, | Vp dat dey luide horet vnndt seith,
Wo idt nuh in der weldt thogeith.
    Godt behode vns vor noth böde vnndt vor leidt
    Dorch seine gnade vnndt milde Barmhertzigkeit etc.
= 26 Z. — Das Gedicht fehlt bei Liliencron.

Ferner ist Stück 4, Bl. 190ᵃ—219ᵇ, ganz nd. Es ist eine Abschrift (17. Jh.) der prosaischen Legende von S. Autor, dem Localheiligen von Braunschweig. Ausführliche Nachweisungen über dieselbe gebe ich unten bei der Hs. des Kestnermuseums in Hannover.

Bl. 190ᵃ: *De vorrede desses gantzen bokes. Iw ersamen Borgermeistern Radmannen unde allen ghemeynen borgheren der stad brunswick enbeden wy Bartoldus van godes gnadn unde des stoles to Rome abbet. Conradus prior unde de gantse samenge des stichtes to sunte Egidien bynnen brunswik* etc. etc.

Das Werk zerfällt in 3 Teile zu 9, 20 und 8 Capiteln. Angehängt ist ein Stück ohne weitere Einteilung, „Legende und Mirakel des hl. Egidius". — Schl.: *unde dorch ore werde vordeynst vorlene uns vorgeringe unser sunde, und na desseme levende dat ewyge ryke. Amen.* — Die Legende enthält zwei größere gereimte Stücke:

a) Bl. 205ᵃ—206ᵃ, den 2. Teil des Werkes beschließend, das Reimgebet an S. Autor.

b) Bl. 213ᵇ—214ᵃ: das hist. Gedicht *Vraw di edele stad brunſwiik* etc., 8 sechsz. Str. Mit diesem Gedichte schließt ursprünglich der 3. Teil des Werkes.

Bl. 218ᵃ—219ᵇ ist der Legende, wie in der Hs. des Kestnermuseums, ein kurzes hist. Stück angehängt: *Van der ghebort der Fürsten van Brunswik wo se van ambegynne vlytich syn ghewesen godeshuse to buwende* etc. — Schl.: *Explicit Anno dom. MCCCCLXV quarta die post Epiphan.*

XXIII No. 478 (Bod. p. 463) hat nichts mit Braunschweig zu thun, sondern ist ein Fragment der Schomakerschen Chronik von Lüneburg, in hd. Uebertragung. Vgl. oben p. 148.

XXIII No. 480 (Bod. p. 463) Noch eine Hs. des Gesprächs Autors und Heinrichs, vgl. oben No. 473. Das Nd., das Autor spricht, ist stark nach dem Neuniederd. des 18. Jh. gefärbt.

XXIII No. 482 (Bod. p. 464) enthält dasselbe Stück in Bd. II, Bl. 580ᵇ—614ᵇ. Im Uebrigen ist das Ganze eine hd. Braunschweigische Chronik mit vielen historischen Liedern, die aber im 2. Bande, wo auch die Capitelzählung aufhört, je länger je mehr durch eingelegte Urkunden und Actenabschriften übermäßig angeschwollen ist.

XXIII No. 581 (Bod. p. 488): Nach dem Aussehen der Hs. mit ihren vielen Correcturen im Texte zu schließen, haben wir in ihr das Originalmanuscript dieser noch ganz unbenutzten nd. Reimchronik vor uns. Durch einen Irrtum bei der ersten Anzeige unserer Hs., im Arch. der Gesellsch. f. ältere deutsche Geschichtskunde I (1820) p. 472 No. 8, ist ein ganz verkehrter Titel des Werks in die Handbücher zur Mnd. Litteratur übergegangen. Die Reimchronik wird da bezeichnet als „Nd. Chronik in Versen" vom „Kloster by dem Hye", sodaß man zunächst wohl an Huisburg denken mußte. Dieser falsche Titel ist mit dem ganzen Hss.-Verzeichnisse des Archivs wiederholt in Spiels Vaterl. Archiv 4 (1821) 64, und danach wieder von Scheller No. 541 (p. 121) und Jellingh.

§ 6¹ª, wo sogar ein „Klostes by dem Hye" daraus geworden ist. Die richtige Lesart hatte aber bereits Pertz' Archiv VIII (1843) 649 bei der etwas ausführlicheren Anzeige unserer Hs. gebracht. Die Reimchronik erzählt, wie Propst Friedrich für sein Kloster Marienberg bei Helmstedt den Hof Althena (im Holzkreise) und einige andere erworben hat (vgl. D. Anton Friedr. Büschings neuer Erdbeschreibung (1740—62) dritten Theils dritten Band S. 3187 u. 3440 [Dr. Karl. Meyer]). Das drückt der Titel der Reimchronik in sehr schwerfälligem Nd. aus: *Wath wise dat Closter Ht by den Thy dorch probeste ffredderich gekomen dat men nu het Althena*; der Relativsatz *dat men nu het Althena* ist unmittelbar auf *by den Thy* zu beziehen, *Thy* ist hier Neutrum. Der Titel würde also zu übersetzen sein: „Auf welche Weise das Kloster [Ht] durch Propst Friedrich in den Besitz des Thyes gelangt ist, das man jetzt Althena nennt". Was *Ht* bedeutet, weiß ich nicht; etwa *Helmstedt*? Pertz Arch. VIII, 649 liest fälschlich *ifs*; eher könnte man an *Ist* denken.

Die Chronik schließt:

All mothen se by godde syn beholdenn
Sampt den woldederen vn oldenn
Wu se sint by Namen Eddell edder gemeyne Maen:
Buer borger All woldeder des closters fruwt edder Man
Ewich Loen geue ohn All dat Goddes lam.

Ich wiederhole, daß die Entstehung der Reimchronik den in ihr beschriebenen Ereignissen (1222 ff.) um fast 300 Jahre nachzusetzen ist. Vielleicht war dem Kloster damals sein Besitztum im Holzkreise streitig gemacht worden, und das vorliegende Werk dazu bestimmt, die Verteidigung der wohl erworbenen Ansprüche zu erleichtern.

XXIII No. 899 (Bod. p. 544 f.): Einband Pg.-Doppelblatt in Fol., mit lat. Hymnen und Noten.

Aus dieser für die Geschichte der Stadt Lüneburg ebenso wie für ihr geistiges Leben wichtigen Sammelhandschrift des 16. Jh. will ich die wichtigsten Stücke ausführlicher besprechen:

1. Die nd. Lüneburgische Chronik gehört zu den Recensionen der s. g. Bromes'schen Chronik, es ist ihr aber die Vorrede, die sonst der Schomakerschen Chronik voranzugehn pflegt, vorgesetzt. Anf. p. 1: *In dem namen des vaders etc. Wente me alle geschichte vnd handling de geschen sinth nicht tho male in gedechtnufs hebbenn vnd beholden kann vmme gebrekes willen vnd afgande der minschenn* etc. Im Folgenden: *beth an difse tidt alse men schrift nach gades geborth MCCCCXIIII Jar* (1414) etc. — Dann beginnt

die Chronik mit den bei Bod. abgedruckten Worten, denen unmittelbar folgt: *vnd difser heren handlinge vnd ehres vaders, So is wahr dat keiser frederick de ander de herschop tho Lunenborch tho einem sündergenn forstendhome makede* etc.

P. 118 findet sich der Schluß, den Bodemann zu XXIII No. 844ᵃ als Schluß der Bromes'schen Chronik abdruckt. Die p. 118—119 noch folgenden Notizen ad 1421 beziehen sich, mit Ausnahme der letzten 3 Zeilen, auf die Hussitenkämpfe in Böhmen.

Vgl. oben p. 157 die dieser Hs. engverwandte Chronik: Lüneburg, Stadtbibl. Mscr. A, noch ohne Signatur.

2. **Die Chronik des Anonymus über den Prälatenkrieg.**

Anf. (p. 120): *Sodder der tydt dat de dogelsame vorste hertoge wylhelm de olde van dodes wegen vorvell vnde starff, na godes gebortt XIII^c yn dem LXIX Clementis, vnde hertoge Magnus van Brunswick sick drengede yn de herschop tho lüneborch* etc., *hefft de eddele stadt luneborch vrye gewesen vor dem suluigen hertogen Magnus synen kindern, vnde kindes kinde noch iegenwardigen, alse yck duth bock began tho schriuende, nach Christi gebordtt MCCCC, yn dem LXXVI iare* etc.

P. 129 ist zur Hälfte leer, ohne daß eine Lücke im Texte da wäre; p. 248—251 sind leer. Pag. 252—260ᵃ und 260ᵇ—281 sind zu vertauschen: am Ende von p. 247 hat Gebhardi am Rande notiert: „Hier fehlt das was im MS. Michaelitano [cf. unten] p. 119—129 stehet. Nun muß folgen p. 260 [unseres Mscr.!]". P. 247 schließt: *do sterf he in dem thorne, vnde ys vnde was wol ein klechlich vnde barmlick dinck*; p. 260 Mitte beginnt: *Des Middewekens* etc. Auf p. 281 schließt das Mscr. mit einer Verweisung auf p. 252, von der Hand des Schreibers; p. 252 beginnt: *Also de dach was bespraken vnde vorschreven van vnsen gnedigen heren van hildensem*, daneben steht: gehört ad p. 280 [lies 281!]. P. 260 Mitte endlich schließt: *sunder de jennen, de des hedden houetlude gewesenn, de scholden sodanes schaden lider wesen vnde nicht de borgere effte de stadt*.

Auf p. 120 hat Gebhardi zum Beginne des Stückes folgende Randnotiz eingetragen: „Diese Geschichte ist das Vollständigste, was man über den Prälatenkrieg hat, und bis auf die Stellen, die aus Langens in Leibnitii Script. Rer. Brunsv. T. III befindlichen Apologie entlehnt, wie auch die, die in Jung, diss. de jure Salinarum mitgeteilt sind, völlig ungedruckt. Das Original ist in des Raths Archiv. Eine Copey, die dieser gleichzeitig ist, liegt in der Registratur des Klosters St. Michaelis in Vol. I der Salzcopialbücher".

Die hier erwähnte Originalhs. des Werkes ist zur Zeit im Lüneburger Stadtarchiv noch nicht wieder aufgefunden, vgl. oben p. 176 Anm. 1. Sie hat, wie einzelne direct aus ihr geflossene Abschriften ausdrücklich angeben, 43 Bll. gehabt.

Die Abschrift in unserer Hs. wird angeführt im Archiv der Gesellsch. f. ältere deutsche Gesch. I (1820) 417, danach in Spiels Vtl. Arch. IV (1821) 60 und bei Scheller No. 388 (p. 80).

An ferneren nd. Abschriften sind mir bekannt geworden:

a) Hannover, Kgl. Bibl. XXIII No. 922ᵃ und ᵇ (Bod. p. 550 f.); No. 955 (Bod. p. 556, Bibl. Uffenbach. Univ. III 322, No. 66); ein Fragment auch in No. 901, Bl. 353ᵃ—359ᵇ, vgl. unten.

b) Hannover, Stadtarchiv, vgl. unten.

c) Lüneburg, Stadtbibl., Mscr. A 121 in fol., 122 in fol., 123 in fol., 1 in 4°; vgl. oben an den versch. Stellen.

d) Göttingen, Univ.-Bibl., Mscr. Hist. 353 (benutzt von Mittendorff, Vtl. Arch. d. hist. Vereins f. Nds. 1843, p. 144 Anm. 1), und 356 (W. Meyer II, 123 f.).

e) Wolfenbüttel-Aug. 28, 10 in Fol. (v. Heinemann II 2, 297).

13. hat die Subscriptio (p. 390): *Duth heft geschreuen ein Atich bruer in Lunenborch, de dar gewesen is ein Jhm Nyenn Rade vorordnelt, geheten Hans Brunswigk, tho der tidt wonhaftich in der hilgen geistes stratenn, de dar sick mit denn Sanckenstedenn vnd etliken van denn geslechtenn befrundett hadde uhn alle galle efte bösenn affectenn, wente he dufser stadt sampt alle Ehrenn Jnwonern rechte gude wolfarth gegunth, dewile he nicht der geringstenn börger Ehne gewesenn, vnd ock hirbinne nu gebleuenn, wenth in sin Ende, hir gestoruenn vnd begrauenn.*

17. beginnt p. 405: *De radt van luneborch de hefft jn mennigen enden grote sware teringe gehat vmb beschermiuge willen der sulten buten der stadt, mitt steden, heren, vnndt forsten.* — Schl. p. 431: *wente de hadden falsche bullenn van sick gesanndt, dar de pawest nicht van enwuste, ouer de van luneborch hadden vele breue van sick gesandt, dar de bulle vorhangede vnde jn den breuen was nicht jngeschreuen.*

Ueber andere Hss. dieses Stückes vgl. oben p. 148.

20. enthält folgende nd. Lieder:

a) p. 474—475: *Eyn leidt uan der insti[yi]ginge der stadt luneborch* = Keppensens Lied 1371, Liliencron I, No. 21 [1]).

---

[1]) Dasselbe auch in XXIII No. 911 (Bod. p. 548 f.), Bl. 217ᵇ—218ᵇ, nd. in der sonst gauz hd. Chronik. Daselbst geht unmittelbar voran das lat. Epigramm auf die *instiginge* mit der nd. Uebersetzung, vgl. oben p. 158.

b) p. 475 f.: *Eyn logen dichte deer papistenn, kluget up de stadt uorgenomet, alse her Johann springengudt vmmekam jn dem torne;* = eins der Lieder auf den Praelatenkrieg, Liliencron I, No. 101.

c) p. 476: *Eyn ander Gedichte* = Minnelied in 3 vierz. Strophen. In c) und d) sind die Strophen abgesetzt, die Verszeilen dagegen nicht.

1. *Wan de leue sömer kumpt, so stuft dat sandt,*
   tho luneborch wil ich wanē, dar is dat lilien landt.
2. *Dar so weit ich enen, den han ich leef,*
   dem so wil ich senden minen segel, vnde ock den breif.
3. *Wert eme denne dat segel vnde ock des breues nicht,*
   so wil ich suluen kamen, vnde trosten min sote leef.

d) p. 476—477: *Eyn ander noch lustiger.* 4 vierz. Str.

1. *Luneborch gar eren rike, midt dogeden bistu geziret,*
   de vogelin sank alle tidt wo lustichlich tho di flammeret.
2. *Du bist eyn krants der werdicheit, uan borgeren vnde uan papē,*
   eyndracht an di so ist gesteit, manck fruwen vnde knapenn.
3. *Du werst geheten der sunnen glans, van ridderen vnde heren,*
   unrecht tho rechte mackest gans, des mach men di wol ehrenn.
4. *De suel der warheit an di stadt, valsche sede dorst vormiden,*
   de eren bandt di vmb gadt, nu vnde tho allen tiden.

e) p. 477—478: *Eyn anders.* 9 vierz. Str. (Str. 8 am Rande nachgetragen, sie ist zwischen Str. 7, 1—2 einzuschieben!). Die 4 Zeilen jeder Strophe sind abgesetzt, es fehlt aber, bis auf Str. 8, jede Interpunction.

1. *Jucundos dies querimus | hie vp disser erdenn*
   Virtutes paucas ferimus | wo wolde dat gudt werdenn
2. *Orbamur heu justicia | alle dogede sterne*
   Proni ad queq; uitia | de warheyt jst uns verne
3. *Houescheit ouer alle vergeith | leyalis non curatur*
   welck man nu erst bosheyt deyt | hic ab alijs amatur
4. *Argento auro trahimur | recht werdt seer gekrencket*
   In multis male gradimur | na dode wy uersencket
5. *Non docemur ex legibus | mulcken mogen bedragen*
   Vi suis ratis uiribus | de velheit is hir bauen
6. *Noscit en corda hominum | godt aller dinge here*
   Res propriorum nominum | na ouel dat tho kerenn
7. *Euaginatus gladius | de thorne unses herenn*
   Canon leges prophetica | nemandt achtet se seere
8. *Ladit vt solus radiq, | der sick nicht wil bekerē.*
   Scripta dura poetica, | vns reitzett tho der Ehre.

9. *Salutem dans purissime* | *Gif uns de rechte wege*
  Ambulare citissime | *so holde wy den sege.*

XXIII No. 901 (Bod. p. 546): Brauner Lederband. — Auf der Innenseite des Vorderdeckels hat Gebhardi eingeschrieben: „Eine Copey dieses Buchs vom Jahr 1543 stehet im Verzeichnisse einiger am 11. Octob. 1785 zu Ratzeburg verkauften Bücher, welche dem Regierungs-Rath Ulrich Andreas Hans v. Wackerbarth zu Ratzeburg gehöret haben". Eine unvollständige Hs. der Chronik Cordts vam Hagen ist Göttingen, Univ.-Bibl., Mscr. hist. 211 (W. Meyer II 87). Vgl. ferner unten No. 44 der Hss. des Hist. Vereins f. Nds.

Die letzte Lage unserer Hss., Bl. 353ᵃ—359ᵇ, enthält von der Hand, die Bl. 14—325 geschrieben hat, den Schluß der Beschreibung des Praelatenkrieges von dem Anonymus. Das Fragment beginnt: *yck nenen vplop maken wylle yegen se dat yck des wes eruere dat yck dat deme rade wyl wyllyck don* etc. (= aus dem Eide der Bürger). Es umfaßt die Zeit von *Des Fridages vor Andree* bis *des Mandayes na Martini*, und schließt: *Sunder de yennen de des houetlude hedden wesen de scholden sodan schaden lyder wesen vnde nycht de borgers effte de Stadt.* —

Vgl. XXIII No. 899 p. 260 (oben p. 220).

XXIII No. 1056 (Bod. p. 572): Diese lat. Bremer Reimchronik figuriert bei Mone, Quellen und Forschungen I 219 als No. 10 unter den Niederteutschen Reimchroniken, und ebenso bei Scheller, No. 153 (S. 35). Beide berufen sich auf Spiels Vtl. Archiv IV 62, wo aber nichts von einer nd. Reimchronik steht.

Der Kgl. und Landes-Bibliothek lasse ich zunächst die sonstigen Bibliotheken und das Kestnermuseum, dann die Archive folgen.

Stadtbibliothek Hannover.

Vgl. C. L. Grotefend, Verz. der Hss. und Incunabeln der Stadtbibl. Hannover. H. 1844.

No. 2 enthält auf Bl. 10—11 Bruchstücke eines lat.-nd. Glossars und vor Bl. 195ᵃ auf 3 Seiten eine mnd. Spruchreihe, die angeführt wird von Seelmann, Mittelalterliche Vogelsprachen, Nd. Jb. 14 (1888) 124 Anm. 1. Vgl. Grotefend.

No. 17: „Decreta de inclusione eucharistiae et de ortu indulgentiae et ordinatione circa ipsam, cum versione Germanica (Sassisch). 10 Bll."

1. Bl. 1ᵃ: *Jubilem̄ anā s. q̄nq̄uagesimā u diuo decto ortā sn̄psisse*

nō dubitas etc. — Bl. 3ᵃ: *Hic īo sequiͬ sēptā vulga'e tīslaᵐ descpto p̄misso*: Nach dem sproke der wisen Men schal langh betrachten vnd handelen wat mē eyns wyl setten vppe dat sulk gesette eg bestand hebbe etc. bis Bl. 5ᵇ. — Bl. 3ᵃ u. a.: *Nu sechte me vā cyme nyen ghe sette in vnser stad Meydeborch*. — Bl. 5ᵇ: *Dat wy papē thu meydeborch* etc.

2. Bl. 5ᵇ: *Sequiͬ 2ᵐ dec̄tā d̃ ortu jndulgē̃ et ordīaᵘˢ c̄ca ipm̄*. — Bl. 8ᵃ: *Sequiͬ nūc tīslaᵒ eiusd̄, dec̄ti etͣ in ōlga'e*. *De orsake mgschliker vorlosinghe gnade vnd afflates steyt alleyne vp dem vordinste vnses hēn ihū xp̄i, dy myt syme hilligē lydene ōme vmbegrypticheyt syner gottlikē psonē eyn vmbegryplick lon dem mgschē thu salicheyt vor dynet hefft* etc. — Schl. (Bl. 10ᵃ): *Dat geue vs allē dy gēne dy in dryuoldicheit d̄ psonē vn̄ ꝑ egme wesē leuet. Amē.*

Hs. aus der Kreuzkirchenbibl. No. 96 (Grotef. p. 29): Die Hs. ist eine auszugsweise Abschrift eines nd. Druckes. Die Blätter desselben sind am Rande der Hs. hinzugefügt.

Kestner-Museum.

Hs. aus dem Nachlaß des Senators F. G. H. Culemann: Pg. kl. Folio. 15. Jh., 2. Hälfte. Die prächtige Handschrift wird nach ihrem Aeußeren sehr eingehend beschrieben von Hänselmann in den Deutschen Städte-Chr., Bd. 16 (= Braunschweig II) 1880, p. 514.

Wir haben in ihr ohne Zweifel das Original der nd. Legende des hl. Autor, das früher am Orte seiner Entstehung, im Archive von St. Egidii zu Braunschweig, unter der Bezeichnung „das Rote Buch" aufbewahrt wurde; vgl. Phil. Jul. Rehtmeyer, Braunschweig. Kirchenhistorie (1707) p. 48, Scheller unter No. 308 (p. 63) und Hänselmann a. a. O.

Die Hs. beginnt Bl. 1ᵃᵃ: *Hir beghynnet syk de vor rede desses gantsen bokes: Jw ersamen Borgymeist'n radmanne vn̄ allen ghemenē borgeren der stad brunswik enbeden wy Burtoldus van goddes gnaden vn̄ des stoles to rome Abbet. Conradꝗ por vn̄ de gantze sāninge des stichtes to sunte Egidien bynnē brūswyk vnse jnneghe beed in godde dem heren myd cynemme gudē vorighange in allen doghentsamē werken* etc. — Im Uebrigen ist die Hs. genau so eingeteilt, wie die oben p. 217 f. beschriebene Abschrift (vgl. auch Hänselmann a. a. O.):

Bl. 35ᵇ—37ᵃ steht das Reimgebet an den hl. Autor, einspaltig geschrieben.

Bl. 53ᵃᵃ—53ᵇᵝ: das Lob Braunschweigs *Vrau di edele stad brūswik* etc.

Bl. 62ᵃᵃ—67ᵃᵃ: *Von der bord der vorsten van Brunswik*; schließt:

Otte de verde sone h'toge magnus de irslage wart de wart artzebischop to bremen etc. — Bl. 68—76 sind liniiert, aber leer.

Das ganze Werk, das bei Jellinghaus § 1¹³ irrtümlich unter die gereimten Heiligenleben geraten ist, ist noch niemals abgedruckt worden. Abschriften des Werkes sind 1. Hannover, Kgl. Bibl., XXIII No. 474, Bl. 190ᵃ—219ᵇ, vgl. oben p. 217 f.; 2. eine Hs. des Stadtdirectors Wilmerding in Braunschweig, die etwas defect war, hat Scheller No. 308 (p. 62 f.) benutzt.

Das Reimgebet allein ist abgedruckt in Phil. Jul. Rehtmeyers Kirchenhistorie der Stadt Braunschweig (1707) Th. II, p. 187: Beilage No. 3, vgl. Scheller No. 497 (p. 119). Eine Abschrift desselben unter Eccards Abschriften (Hannover, Kgl. Bibl. No. 483, Bl. 236—239) ist oben erwähnt. — Das Lobgedicht auf die Stadt Braunschweig hat Culemann selbst aus seiner Hs. publiciert im Nd. Jb. 1 (1875) p. 56 f. — Das letzte Capitel des 2. Teils, aber ohne das Reimgebet. und der 3. Teil in gekürzter Form, aber mit dem angehängten Gedichte, ist abgedruckt von Hänselmann, a. a. O. p. 515—526. — Die angehängte kurze Braunschw. Fürstenchronik wird besprochen von K. Schaer, C. Botes nds. Bilderchronik 1880, p. 62 f.

Das Werk ist keine directe Uebersetzung einer lat. Vorlage, sondern es benutzt verschiedene lat. Quellen. Vgl. besonders Wolfenb.-Helmst. 1409, Bl. 1—16 u. 39—44 mit v. Heinemanns Nachweisen (Hein. I 3, 31); eine doppelte Abschrift von Wolf.-Helmst. 1066, Bl. 1—12 (Hein. I 3, 37) ist Hannover, Kgl. Bibl. XXIII 479 (Bod. p. 463). —

Eine zweite Hs., die früher im Besitze Culemanns war, habe ich im Kestnermuseum nicht wiedergefunden. Sie wird angeführt von Liliencron, Histor. Lieder, Bd. IV No. 425: „Hs. des 16. Jh. in einem aus der v. Dasselschen Familie stammenden Bande, jetzt im Besitze des Herrn Senator Culemann in Hannover". Sie enthielt das n d. L i e d *Van den schroderknechten* (zu Lüneburg) 1530/31.

Bibliothek des Hist. Vereins für Niedersachsen.

Die Handschriftensammlung dieser Bibliothek besteht fast nur aus jungen Abschriften, was sie an älteren Stücken besitzt, ist nicht nd. Vgl. Ad. Ulrich, Katalog der Bibl. des Hist. Ver. etc. Heft I, 1888, p. 60—91.

M s c r. N o. 2 5 (Ulrich p. 78): 44 Bll. Pap. in 4°. 17. Jh. Pappbd.

Bl. 1—20: *Historia van der Brunfsewikischen vheide und schlacht vor Blekenstede anno 1492, 93 u. 94*, von *m. Andreas Pouchenius, prediger tho st. Marten tho Brunsewigk.* Nd. Bericht, aber ohne die Lieder.

Bl. 21—44: „Narratio belli Bleckensted. eiusdemque gratiarum actio" = lat. u. hd.

No. 44 (p. 85): 596 S. Pp. in 4°. 18. Jh. In Pappband. Früherer Besitzer A. R. Warlich.

Cordt von Hagens Chronik von Lübeck, Hamburg und Lüneburg, nd. Vgl. oben p. 223. P. 518—549 ist ein hd. Stück: *Von der Braunfswcigischen Feide* eingeschaltet.

No. 52 (p. 73): 135 Bll. Pp. in 4°. 17. Jh., Anfang.

Bromes' Lüneburgische Chronik. Nd. Abschrift bis 1422. Angehängt ist *Van den Visculen*, dann Bl. 109—133: *Ethices van Bardewick*; endlich der Lüneburger Reformationsbericht (*Herna volget Wat sich in Luneborch begeuen Alse Gades wordt darsuluest erst angeghan*). Vgl. oben p. 138 u. 215.

No. 77 (p. 75): 472 S. Pp. in Fol. Ende 17. Jh. In Pg. gebunden. Aus G. A. v. Spilckers Besitze.

Joh. Rodes Bremische Chronik (*de eccl. Bremen. fundatione, dotatione* etc.) mit dem angehängten *Registrum bonorum castri Vörde etc. ex autentico, quod in regio asservatur archivo Stadensi excerptum anno 1692 a J. G. B. lic.* Vgl. unten Hannover, Staatsarch., Mscr. B 49.

No. 199 (p. 71): Die wichtigste Handschrift der Sammlung für die mnd. Litteratur. Pp. in 4°. Ende 16. Jh. Sammelhandschrift des Paul Busch zu Hildesheim (ca. 1600) zur Geschichte Hildesheims im 16. Jh. Um die Mitte unseres Jh. gehörte sie dem Pastor Schramm zu Iber bei Eimbeck; als Schrammsche Hs. ist sie oft citiert worden.

Die Hs. enthält chronikalische Stücke, Gedichte und Acten. Aus ihrem reichen Inhalte haben für unseren Zweck die Lieder und Gedichte zur Hildesheimer Stiftsfehde und die Inschriften der s. g. Tafelrunde zu Hildesheim aus den ersten Jahrzehnten des 16. Jh. besonderes Interesse. Die nd. Lieder auf die Hildesheimer Stiftsfehde sind fast vollzählig mit z. T. selbstständigen Fassungen in unserer Hs. überliefert, vgl. Liliencron Bd. III No. 324—328. 330—335. Von diesen Liedern hat Schramm selbst bereits einige aus seiner Hs. bekannt gemacht, vgl. Spangenbergs Neues vaterl. Arch. 1829. 4. 19—20. 24—26. 29—33. 38—39. Dann hat Lüntzel für sein Werk (Die hildesh. Stiftsfehde, p. 192 ff. = Zs. des Museums zu Hildesheim, Bd. I, 1846), die Hs. ausgiebig herangezogen, Liliencron selbst scheint sie nur indirect zu benutzen. Außer den Liedern enthält die Hs. auch die Reimchronik auf die erste Hälfte der Stiftsfehde (Narratio rhythmica), vgl. Schramm a. a. O.

p. 16—19, u. Lüntzel p. 161—191; und das **Fastnachtsspiel De Schevekloth** von 1520, vgl. Lüntzel, p. 220—230 und Seelmann, Mnd. Fastnachtsspiele, p. 49—62.

Die **poetischen Aufschriften** der s. g. **Tafelrunde zu Hildesheim** aus den Jahren 1522—1536 hat Schramm veröffentlicht im Archiv d. Hist. Vereins f. Nds. 1849, p. 310—333. Diese höchst interessanten poetischen Erzeugnisse hätten längst eine erneute eindringende Besprechung verdient.

Ueber die Hs. selbst, ihr Aeußeres und ihre Zusammensetzung hat Schramm im Arch. d. hist. Vereins f. Nds. 1846, p. 154 f. berichtet.

No. 399 (p. 70): 1 Bl. in 4°. 15. Jh.: Bruchstück einer nd. Abhandlung rechtlichen Inhaltes, auf das Bistum Hildesheim bez.

Kgl. Staatsarchiv Hannover.

Der handschriftlich vorhandene Katalog der Manuscripte ist vom Archivrat Dr. Doebner ausgearbeitet.

Mscr. A 84a: Nd. Brief Herzog Friedrichs des Frommen zu Braunschweig-Lüneburg an seinen Sohn Otto 1445. In einer Copie von 1582. Gedruckt Vaterländ. Archiv 2 (1834), p. 216.

Mscr. A 90 (früheres Rubrum: Celle Brief-Arch. Des. 105ª): Lieder auf Herzog Heinrich v. Braunschweig, besonders die Belagerung von Peine betr. 1519—1522. 8 Bll. Pp. in 4°. Pappumschlag.

1. Bl. 1ª—2ª: *Nun merkedt vndt horedt tho dusser tidt*
 wo sich heft chrhauuen ein ghroter stridt etc.
= Liliencron III No. 332. Diese Hs. ist noch nicht benutzt.

2. Bl. 2ᵇ—5ª: Liliencron III No. 333 in ganz verhochdeutschter Fassung.

3. Bl. 5ᵇ—8ª: *Gi Herrn vonn Brunschwig latet jow blusenth.*
 Dehlet vth den laicen vnd betaldt einen hassen
= Liliencron III No. 334. Unsere Hs. ist noch nicht benutzt.

Mscr. B 40 (Kelp 5): Pp. in 4°. Abschrift des 18. Jh.

1. p. 1—53: *Chronicka ettlicker gescheffte dusser Laude unde Stede, Vnd sunderliken difse Ernthricke Stadt Hamborch Belangende, Jnt Korteste begrepen* (—1552). Es ist eine der zahlreichen Hss. des bei Lappenberg, Hamburg. Chroniken in nds. Sprache (1861), unter No. VI (p. 229—249) abgedruckten „Vttoch der Wendeschen Chronicon". Unsere Hs. ist noch nirgends angeführt.

Die übrigen Stücke der Hs. sind hd.

Mscr. B 49 (Heiliger 16): Pp. in Fol. Ende 17. Jh.

Bremische Chronik des Erzbischofs Johannes Rode. Angehängt ist auf p. 232—418 das *Registrum bonorum* *et jurium Castri Vörde citra et ultra Ostum, ex authentico quod in Regio asservatur Archivo Stadensi excerptum a° 1692.* — Bl. 419—422: Excerpte aus der nd. gedruckten Bremischen Reimchronik Renners (*gedruckt tho Bremen by Dietrich Glurichstein 1583. nahgedruckt 1597*).

Ueber die Chronik Rodes, die eigentlich den Namen Chronik gar nicht verdient, da sie nur ein Güterverzeichnis ist, vgl. Hodenberg, Bremer Gesch.-Quellen II (1856), wo er das Vörder Register abdruckt und in einem Anhange S. 6—7 eine Zusammenstellung der in Hannover und Stade befindlichen Hss. giebt. Dazu sind die Göttinger Hss. des Werkes, Univ.-Bibl., Mscr. Hist. 392—395 zu stellen (W. Meyer II, 130 f.); vgl. oben p. 226.

Mscr. B 53 (Celle Brief-Arch.): Pp. in Fol. 17. Jh.
Dasselbe Werk wie B 49, Stück 1, aber das Mscr. ist viel kürzer.

Mscr. B 55 u. 56 (Celle Brief-Arch.): 1470 u. 1262 Seiten Pp. in Fol. Anf. 18. Jh. Von einer Hand.

Nd. Bremer Chronica. Band I enthält die Chronik von Rynesberch-Schene in der überarbeiteten Fortsetzung bis 1547; Band II die sich daran anschließende Chronik von 1547—1563, die jetzt gewöhnlich unter dem Namen Ditmar Kenkels geht. Ein sehr wertvolles Exemplar dieser beiden Bände, das für Ditmar Kenkel selbst geschrieben wurde und jetzt im Bremer Staatsarchiv sub Sign. P. 1. s. 2a und E. 7. e. 2a aufbewahrt wird, habe ich oben p. 95 besprochen. Beide Bände sind zu einem vereinigt in Mscr. B 57 (vgl. unten) und in Göttingen, Univ.-Bibl., Mscr. Hist. 388 und 389, vgl. W. Meyer II, 129. Eine Revaler und eine Kopenhagener Hs. des ersten Bandes allein erwähnt Ed. Papst in Bunges Archiv 3 (1844) 24 u. 33—39.

Mscr. B 57 (Kelp 4): Pp. in Fol. 18. Jh.
Dasselbe Werk in abkürzender Fassung. Bl. 1—271[b] geben Band I, die dann folgenden mit p. 1—205 bez. Blätter Band II von B 55—56 wieder.

Mscr. B 58—60: Abschriften von Joh. Renners Bremischer Chronik, 17.—18. Jh.

B 58 (Heiliger 11. 12) in 2 Bänden Pp. in Fol., Bd. I hd., Bd. II (1511—1581) nd.

B 59 (Celle Brief-Arch.), in 2 Bänden Pp. in Fol., nd. Von derselben Hand geschrieben, wie Mscr. B 55/56, sodaß die vier Bände ein großes Bremer Chronikenwerk bilden.

B 60 (Kelp 46): Pp. in Fol. Bis 1558. Abschrift von etwa 1700.

Mscr. B 61: Pp. in Fol. P. 1—304 von Kelps Hand geschrieben. Auszüge aus dem überarbeiteten Rynesberch-Schene, p. 1—310 hd., p. 311—384 und die Fortsetzung p. 1—46 sind nd.

Mscr. F 7 (aus d. Hoffmannschen Nachlasse): Pp. in Fol. 16. Jh., 2. Hälfte, betitelt „Aufzeichnungen zur Lüneburger Geschichte im 16. Jh., besonders Darstellungen und Gedichte, die Hildesheimsche Stiftsfehde betr."

Die Lieder sind 1. Bl. 5ᵇ—7ᵇ: *Ein Alt Liet von den Hertzogen von Braunschweig vnd der Stadt Eimbeck. Mann hat viel singen und sagen, in mancher Fürsten Land* etc. = 15 achtz. Str. Es ist das Lied „Wie die von Eimbeck geschlagen wurden" bei Liliencron II, No. 156; und bietet eine von den dort unter *a* und *b* abgedruckten verschiedene, etwas gekürzte Fassung Unsere Hs., die das Lied hd. giebt, ist von Liliencron noch nicht benutzt, sie ist nicht etwa die dort unter *b* angeführte Hs. des Kgl. Staatsarchivs (Cell. Arch. 114 No. 8 Fol., jetzt = Mscr. A 24).

2. Bl. 22ᵇ—26ᵇ: *Carmen de Conflictu Ducum Brunswicens. Anno D. 1519* etc. *Men hore und merke vth gantzen flieth* etc. 31 sechsz. Str.; nd. = Liliencron III, No. 327. — Hannoversche Hss. des Liedes erwähnt Goedeke, Grundriss² II 289¹⁶ ohne jede nähere Bezeichnung. Vgl. Mscr. P 2.

3. Bl. 26ᵇ—29ᵇ: *Carmen de Episcopo Hildesiensi et de Actionibus eius Compilatum. Maria rein, nein Edelstein* etc. 20 zwölfz. Str.; nd. = Liliencron III, No. 335. Goedeke II 290³⁵ erwähnt unsere Hs. wieder ohne jede Bezeichnung.

4. Bl. 30ᵃ—31ᵃ: *Carmen in commendationem Caroli Moderni Jmp. electi Compilatum. Tho Loffe will ick singen, im heyl. Romischen reich* etc. 11 achtz. Str. Dasselbe Lied in P 2, Bl. 17ᵃ—18ᵇ. Es fehlt bei Liliencron, wird aber nach unserer Hs. und einer Hs. der Kgl. Bibl. Hannover, die ich noch nicht nachweisen kann, angeführt von Goedeke II² 289¹³.

Unsere Hs. ist noch für keines der Lieder benutzt worden.

Mscr. F 29: Ein großes Pg.blatt, 61×42,5 cm. In 2 Columnen beschrieben, links die lat. Fassung, rechts die nd. Uebersetzung. Die lat. Fassung hat 64 Z., die nd. 65 Z. auf der Vorderseite und greift mit weiteren 37 Z. auf die Rückseite über. Die Vorderseite in sorgfältiger Buchschrift, rubriciert und mit 2 schönen Initialen (rot, blau, grün) am Beginne jeder Columne; die Rückseite in nachlässigerer Schrift, nicht rubr. Etwa 1500.

Gründungsgeschichte des Klosters Heiningen, lat. und nd. Uebersetzung. Anf. (Sp. a): *ANno dnīce īcarnacioīs nōgēsimo nonagesimo* etc. — Sp. b: *Im jar d' m̄schēdīghe christi vnses heren neghenhūdert vnde neghentich in dē delen des landes ytalie ys xp ghegban eu starck storm* etc. — Schl.: *Hiir vme is gegeuē dē werdigē biscope bericardo vūd sinē nakomelingē in ene stedige de ebhedige.*

Ein schmales Blatt Papier mit einem Reliquienverzeichnisse des 15. Jh. liegt bei.

Mscr. H 10 (Kelp 1): Pp. in Fol. 17. u. 18. Jh.

1. p. 1—230: Hartwich Sittmanns Hadelographia, hd.; verfaßt 1680, Abschrift des 18. Jh.

2. p. 1—78 neuer Bez.: Nd. **Cronica Oldenburgensis**. *Na dem gemenen regenvalle offte walckenbroke, de vmmer sunde der minschen in Noe tieden geschehen ifs* etc. — Es ist eine Abschrift der Oldenburgischen Chronik Schiphowers in der Uebersetzung Johanns v. Haren, vgl. oben p. 89. Sie geht bis 1584, ein Nachtrag von 1666 rührt wohl erst von unserm Schreiber her.

3. p. 1—28 n. B.: **Grestius Reimchronik von Harlingerland**, nach dieser Hs. herausgegeben von Mühlmann, Stade 1845. Hand des 17. Jh.

Mscr. H 12 (Celle Brief-Arch.): Pp. in Fol. 18. Jh.

Die Hs. enthält dieselben Stücke wie H 10, nur über Stück 2 bringt sie bloß eine kurze Notiz. Sie scheint aus H 10 geflossen zu sein.

Mscr. I 1 (Access. 11/77): Pp. in Fol. Ende des 16. Jh. — Früherer Besitzer Wiggert (Juli 1842).

Schomakers Lüneburgische Chronik, in stark verhochdeutschter Sprache. Sie geht nur bis 1441. Vgl. oben p. 148.

Mscr. I 2 (Kelp 27 u. Celle Brief-Arch.): Pp. in 4°. Ende des 16. Jh.

(Bromes') **Chronica Luneburgensis** nd., mit all den Anhängen, wie sie Bodemann p. 537 bei dem Exemplar der Kgl. Bibliothek zu Hannover, XXIII No. 844e, beschreibt.

Die Chronik beginnt: *Keiser Frederich De ander makede erst de Herschop Luneburgk Tho einem Hertzogdome*; sie geht bis 1490, dann folgen Nachträge bis 1536. Vgl. oben p. 138.

Mscr. I 6 (Heiliger 10): Pp. in Fol. 18. Jh.

Ein dicker Sammelband handschriftlicher Nachrichten über Lüneburg, aus den verschiedensten Chroniken zusammengetragen.

Mscr. I 7 (Kelp 150): Pp. in Fol. „Addenda zu Schomakers Lünebg. Chronik ex vetusto Mscto", von Kelps Hand.

Mscr. I 8 (Kelp 41): Pp. in Fol. 18. Jh.

1. p. 1—183: **Schomakers Lüneburgische Chronik**,

fortgesetzt bis 1600. Vgl. oben p. 148. — Alle übrigen Stücke der Hs. sind hd.

Mscr. I 61 (Kelp 32): Pp. in 4°. Etwa 1700.

2. Das Tagebuch des Bürgermeisters zu Lüneburg Heinr. Lange 1453—56. Abgedruckt von Leibniz, Script. rer. Brunsv. III, 223—254. Das Original wird sich wohl im Ratsarchiv zu Lüneburg finden.

Mscr. K 1 (Heiliger 24): Pp. in Fol. von etwa 1700.

Nd. Uebersetzung von Ertwin Ertmanns Chronik der Bischöfe von Osnabrück. Es ist bei Runge in seiner Ausgabe (Osnabr. Gesch.-Qu. II) die Hs. *IIa*.

Mscr. K 5 (ohne alte Sign.) Pp. in Fol. Miscellanband des 17. Jh.

5. Eine hd. Hs. von Erdmanns Chronik, aus dem Ende des 16. Jh. Diese Hs. kennt Runge noch nicht. Anf.: *Nachdeme es Sehr nutzbar zu sein erkandt wirt, die vergangenen Handelunge wiederumb in frischer gedechtnusse zu bringen* etc. Sie endigt mit *Albertus von der Hoye postulirt administrator der Kirchen zu Osenbrugge der 45*. Dazu ist von Kelps Hand bemerkt: *Alhir endiget sich dufs Latein. exemplar defs Ofsnabr. Chron. des Bürgerm. alda Erdwin Erdmanns*, cf. Runge p. 178. — Auf der folgenden Seite beginnen dann die gereimten Stücke, aber ohne die prosaischen Zwischenbemerkungen der jüngeren Recension, vgl. Runge, a. a. O. p. XXI u. 179 ff. Dann folgt von anderer Hand

6. Klinckhammers Reimchronik der Bischöfe von Osnabrück.

Anf.: *De leue sote Jesus Christ* etc.

Schl.: *Godt ohne esschede jn sin Ricke,*
 Dat geue he vns alle gelicke.

Diese Reimchronik ist nach einer Wolfenbüttler Hs. von 1588 abgedruckt in Spangenbergs Neuem vaterl. Arch. 1832. II. p. 193—252. — Eine Hs. des Kgl. Staatsarchivs zu Osnabrück von 1585 und eine Abschrift in No. 160 der Hss. des Altertums-Vereins zu Münster werde ich unten besprechen.

Mscr. P 2 (Cal. Br. Arch.): 18 Bll. Pp. in Fol. + 4 Bll. in 4°. 16. Jh., 2. Hälfte.

„Gedichte und Schriftstücke, betr. die Hildesh. Stiftsfehde". Die Hs. ist eng verwandt mit der oben besprochenen No. F 7.

1. Bl. 1ᵃ—3ᵃ: Dasselbe Lied, wie F 7, Bl. 5ᵇ—7ᵇ, ebenfalls 15 achtz. Str., hd. Die oben gegebenen Anmerkungen gelten auch für unsere Hs.

2. Bl. 3ᵃ—11ᵇ (= F 7, Bl. 11ᵃ—22ᵃ!): Briefwechsel zwischen Herzog Heinrich dem Eltern und Joachim Moltzhaur u. a.

3. Bl. 11ᵇ—15ᵃ: Dasselbe Lied wie F 7, Bl. 22ᵇ,—26ᵇ; ebenfalls nd.

4. Bl. 15ᵇ—17ᵃ: *Diese nachgeschriebene sein gefangen worden jn der Schlacht vor Soltaw Anno Domini 1519.*

5. Bl. 17ᵃ—18ᵇ: Dasselbe Lied wie F 7, Bl. 30ᵃ—31ᵃ, nd.

6. Die 4 Bll. in 4° enthalten, von anderer Hand, ein hd. Gedicht auf Herzog Heinrich den Jüngern.

Mscr. P 2b: „Verschiedene Gedichte aus der Zeit Herzog Julius von Braunschweig, saec. XVI u. XVII."

Darin 1. Bl. 60ᵃ—61ᵇ (ohne Ueberschrift, von einer Hand des ausgehenden 16. Jh.):

Das Lied auf die Hildesheimer Stiftsfehde, das Liliencron III No. 324 nach andern Hss. abdruckt. Goedeke II 290³¹ führt wieder Hannoversche Hss. ohne jede nähere Bezeichnung an.

2. Bl. 62ᵃ—63ᵃ (von ders. Hand): *Noch ein Leidt van der Stiffts veide den gantzen Handell begriffen A° 19* = Liliencron III No. 325, vgl. Goedeke II 289²⁸.

Mscr. P 2c: 2 Bll. Pp. in Fol., von derselben Hand, wie P 2b, Bl. 60—63. Die Hs. trägt die falsche Bezeichnung: „Zwei Gedichte auf die Stolzenauer Schlacht 1519", es soll heißen „Soltauer Schlacht". Die beiden Lieder sind

1. Bl. 1ᵃ⁻ᵇ: *Ein anders von der Stoltnauwer* (!) *Schlacht A° 19* = Lil. III No. 326. Unsre Hs. ist noch nicht benutzt worden.

2. Bl. 1ᵇ: *Sequitur Aliud: Tho loue wille wy singen*
    Jesum den fursten fin etc.

18 achtz. Str. = Liliencron III, No. 323, vgl. Goedeke II 289¹⁵. Es ist die einzige überhaupt bekannte Hs. dieses Liedes; sie wird bei Liliencron nach einer alten Signatur: *Hannover, Kgl. Arch., Domest. 53* citiert.

Mscr. P 28 (Celle Brief-Arch.): Pap. in 4°. Collectaneenheft.

„Eclogae Historicae ex Antiquissimo Chronico Saxonico Macto Anecdoto excerptae a Jacobo Friderico Reimmanno. 1704". Zu Grunde liegt die Chroneke der Sassen in einer Hs. Ohne Wert.

Mscr. R 22—24 sind hd. Braunschweigische Chroniken in Abschriften des 17. Jh., mit vielen historischen Liedern darin.

Mscr. R 31 (Celle Brief-Arch.): Pp. in Folio. Sammelband des beg. 17. Jh.

Varia Brunswicensia, lat. u. nd. Es kommen davon in Betracht:

1. Bl. 72ᵃ—168ᵇ: *Datt Boick der Schichte Vnde der Vplöpe*, mit vielen colorierten Abbildungen. Herausgegeben nach der Originalhandschrift, Wolfenb.-Extrav. 120, und 2 Abschriften von Hänsel-

mann in den Dtsch. Städtechron. Bd. 16 (Braunschweig II) 1880, als Stück VII. Diese Hannoversche Hs. wird nicht erwähnt. Sie beg.: *Wunder is dutte vnde grot vorgettenheit, dat sick de Erbaren Lude, in den groten mechtigen Steden, dede van den Forsten gefriet sind, vnd bepriuilegiet, dusse dinge so ringe, vndt weinig achten* etc. Sie schließt mit dem *Vplop van tweien Schoten*: Bl. 160ᵃ—168ᵇ = Hänselmann p. 451—468.

2. Bl. 170ᵃ—177ᵇ: Ueber Kirchen und Kapellen zu Braunschweig; nd.; mit vielen Abbildungen. Das Stück beginnt mit dem Bilde S. Autors, darunter: *Sanctus Auctor ein Patron vnd Beschirmer der Stadt Brunschwigk. Godde to loue, vnd to ehren Marien der himmelschen konniginnen, is de Stadt Brunschwigk begiftiget, mit dem werdigem hilligem Bischoppe Sunte Autor* etc. Dasselbe Stück in Hannover, Kgl. Bibl. XXIII No. 482, Bl. 186ᵇ—193ᵇ (bei Bodemann p. 464 nicht angef.) = Hänselmann p. 469—477.

3. Bl. 184ᵇ—256ᵇ: Abbildungen von Personen und Wappen der verschiedensten Art, z. T. mit erklärendem nd. Text. Schöne und interessante Sammlung; vgl. Hänselmann p. 478—493. —

Am Schlusse der Hs. eine Menge leerer Blätter, auf dem vorletzten eine Tintenzeichnung der „Fama".

Mscr. S 11: Pp. in Fol. Ende des 16. Jh. Enthält an 4. Stelle **Stephan Kempes** Bericht über die Einführung der Reformation in Hamburg, nd.; vgl. oben p. 140.

Mscr. S 12 (Celle Brief-Arch.): Pp. in 4⁰. 18. Jh.

Das Kelpsche Original der Hs. 6 des *Kort Uttoch der Wendeschen cronicon* bei Lappenberg, Hamburg. Chroniken in nds. Sprache, p. XLII f. Unsere Hs. wird genau beschrieben von K. E. H. Krause in Zs. des Vereins f. Hamburg. Gesch. V (1866) 574 ff.; vgl. Hans. Geschichtsbll. Jg. 1885, p. 166 Anm. 2. Die Hs. war damals im Kgl. Regierungsarchiv zu Stade. Sie enthält als 2. Stück, das aber von dem ersten nicht getrennt ist, **Matthias Reders** Hamburgische Chronik von 1534—1553, bei Lappenberg a. a. O. No. IX, vgl. p. L.

Das auf einer eingelegten Lage von 16 S. in 4⁰ von Kelps Hand geschriebene nd. Lied auf Kurfürst Johann Friedrich von Sachsen hat Krause a. a. O. p. 580—590 abgedruckt.

Mscr. S 20 u. 21 (Celle Brief-Archiv): Pp. in Fol. 17. Jh., erste Hälfte, nur der Anfang von S 20 etwas älter.

Bd. I und III von **Reimar Kocks Lübeckischer Chronik**.
Bd. I umfaßt Teil I. Buch 1—4 (bis 1399), Bd. III den 3. Teil

des Werkes, 1500—1549. Das 5. Buch des ersten Teils und der ganze Teil II fehlen also.

Die Hs. S 21 schließt Bl. 245^a: *Ende des Drudden Delfs der Lubschen Cronica, Wo Se anfangs dörch Reymarum Kock jfs Beschreuen worden.* — Andere Hss. sind Hannover, Kgl. Bibl. No. 1303. Lübeck, Bibl. des Vereins f. Lüb. Geschichte, vgl. Zs. des Vereins I Heft 2 (1858), p. 257 f., und andere mehr. —

Mscr. T 2 (Celle Brief-Arch.): Pp. in 4°. 17. Jh.

1. Bl. 1—96: Herm. de Lerbecke, Chr. episcop. Mindens., lat.

2. Bl. 101^a—113^a: **Die 2. Reimchronik auf die Hildesheimsche Stiftsfehde 1523**, in einer Copie von 1664. Anf. (Bl. 101^b): *Nu hefft me schreven vnde ifs gelesen | dat in dem stiffte syn gewesen | Soven Graveschop an der tahl* etc. Bl. 102^a beginnt das eigentliche Gedicht: *Wylle gy hören gerne | De verlust vndt winnen der heren* etc. — Die Reimchronik ist nach Wolfenb.-Extrav. No. 278 in 8° gedruckt bei Leibniz, Scr. rer. Brunsv. 3, 256 u. Lüntzel, Stiftsfehde p. 231—243.

4. *Chronica Jeuerensis van der veide welcker de Ostringernn Rustringernn undt Wangerland sick hebben thogedragenn.* Copie von 1633. Vgl. oben p. 90.

Mscr. U 42 (Celle Brief-Arch.): Pp. in Fol.

Bl. 1^a: *Sum ex libris Hermanni Versen S. R. E. protonotarij et Cathed: et colleg: SS: Bonifacij et Mauritij Eccliarum Halberstad. resp. Canonici Capitularij ac vicarij Majoris Decani Ao. 1679.*

Magdeburger Schöppenchronik, in einer Abschrift des 17. Jh. Bl. 1—67 nd., dann hd.

Mscr. X 6 (Celle Brief-Arch.): Pp. in 4°. 167 beschriebene S. *Quae omnia spectant ad Bibliothecculam Jacobi Friderici Reimmanni, Groningalic: Saxon: MDCCVI* (vgl. Mscr. P 28).

Eiderstedtische Chroniken. Hs. des 17. Jh.

1. p. 1—71: *Etliche olde denckwerdige Geschichten, so sick in dem berömeden Lande Eyderstede, Lundenbärger Harde und Nordtstrandt thogedragen. § 28. Junij Ao. 1643.* Von 1103—1612, nd. Vgl. oben p. 139. — p. 72—74 leer.

2. p. 75—139: „**Iveni Knutsen Eiderstädtische Chronica**", nd. Vgl. Scheller, No. 1101 (Wolfenb.-Gud. 257 in 4°) u. No. 510. Fünf Hss. der Kieler Univ.-Bibl. führt Ratjen, Verz. d. Hss. der Kieler U.-B., welche Schlesw.-Holst. betr., an[1]).

---

1) Zu 2. und 3. vgl. R. Hansen, Die eiderstedt. Chronisten vor Peter Sax, Zs. d. G. f. Schlesw.-Holst.-Lbg. Gesch. Bd. 25 (1895) 204 u. 215. Eine Eiderstädtische Chronik des Iven Knutsen giebt es aber nicht, hinter diesem Titel verbirgt sich vielmehr stets seine *Korte Vortekinge, umb welcker tidt Eyderstede landfast geworden.*

3. p. 140—158: *Selige Meuefs Ouenfs tho Mitzwordt beschreuen Cronica collectiret* = annalistische Aufzeichnungen von 1552—1630, nd. bis 1625.

4. p. 159—167: *Von einer grofsen Wafserfluth in der West Sehe* etc. hd.

Mscr. AA 16 (Kelp 28): Pg. in 4°. 14. Jh. In modernem Leder-Einbande.

Mnd. Arzneibuch des Arnoldus Doneldey aus Bremen, von 1382.

Diese wichtige Hs. des Archivs ist im Jahre 1882/83 von Mielck in Hamburg abgeschrieben worden. Eine Ausgabe des interessanten Denkmals werde ich im Laufe der nächsten Zeit im Auftrage des Vereins f. Nd. Sprachforschung unternehmen. Die Hs. wird kurz angeführt von Jellinghaus § 20³ (p. 449). —

Nicht auffinden konnte ich im Kgl. Staatsarchiv die Hs., aus der im Jahre 1879 Fr. Gerß „Karsten Smedings aus Lüneburg Reise nach Indien 1548" bekannt gemacht hat, vgl. Zs. des hist. Vereins f. Nds. 1879, p. 285—292. Es scheint, als wenn die Hs. mit den Lauenburgischen Acten im Jahre 1881 in das Kgl. Staatsarchiv Schleswig übergegangen ist[1]).

Stadtarchiv Hannover.

1. No. 109 (Grotefend, Verz. der Hss. und Incunabeln der Stadtbibl. zu Hannover, p. 19): Sammelband nd. und hd. Berichte zur Reformationsgeschichte der Stadt Hannover 1532—1534. Sämtliche Stücke dieser und der ihr eng verwandten Hs. Göttingen, Univ.-Bibl., Mscr. hist. 276 (W. Meyer II, 107) sind sorgfältig ausgenutzt von Ad. Ulrich, Zs. des Hist. Vereins f. Nds. 1883, p. 114—211, und W. Bahrdt, Geschichte der Reformation der Stadt Hannover, 1891, p. 1—3. Vgl. die Beschreibung der Hs. bei Ulrich, p. 116 f.

2. In das älteste Protokollbuch der Stadt Hannover (Pg. in Fol. 1358—1662) ist auf p. 95—98 ein gleichzeitiger nd. Bericht über die versuchte Ueberrumpelung der Stadt Hannover durch Herzog Heinrich den Aelteren Anno 1490, in Gegenwart von Bürgermeister und Rat, eingetragen worden. Dieser Bericht ist abgedruckt von G. Mittendorff im Arch. des hist. Ver. f. Nds. 1845, p. 279—284 unter dem Texte.

3. Pp. in Fol. Pappband mit Pg.-Rücken und Ecken. Geschenkt von Johann Jacob Wilckens, Postmeister in Lüneburg, 1821.

---

1) Auch bei einem Besuche des Kgl. Staatsarchivs Schleswig im Januar 1899 habe ich vergeblich nach dieser Hs. gefragt.

Jürgen Hammenstedts Lüneburgische Chronica, in einer Abschrift des ausgehenden 17. Jh. Die Hs. ist genau so eingerichtet, wie die oben p. 150 f. beschriebene Hs. der Lüneburger Stadtbibl., Mscr. A 13 in Folio.

4. Pp. in Fol. 17. Jh. Pappband. Eine weitere, der eben erwähnten eng verwandte Abschrift der Hammenstedtschen Chronik.

5. Pp. in Fol. Anf. 17. Jh. Pappband. 5 Vorsetzblätter, auf zweien Wappenschilder mit spanischen Worten. *Xproual* [= Christobal] *Töbing 1618.* — Bl. 6—9 fehlen.

Bl. 10ᵃ: *Sodder der tidt dat de dogetsame forste hertog Wilhelm de olde von Dodest wegen verfiel, Vnd starff* etc. = Abschrift von dem Bericht des Anonymus über den Lüneburger Praelatenkrieg; vgl. oben p. 221. Mit roten Randnotizen.

Bl. 84ᵃ (nach einer Anzahl von leeren Bll.): *Fragmentum. Do vorrameden do de Borgere mit dem Rade des Dages.* — Bl. 98ᵃ: *Aliud fragmentum.* Dieselbe Fassung fanden wir oben p. 156 f. im Mscr. A 123 in Fol. der Lüneburger Stadtbibl. —

In Hannover habe ich auch, durch die freundliche Vermittlung des Herrn Dr. Fritz Goebel, die nd. Hss. der **Sammlung des Herrn Hans Müller-Brauel** zu **Zeven** kennen gelernt. Zwei nd. Stücke dieser Sammlung, ein Pg.-blatt mit den nd. 10 Geboten nebst Erklärungen und dem Apostolicum, und das Fragment eines mnd. Osterspiels, hat Herr Dr. Fr. Goebel bereits im Jb. des Nd. Sprachvereins, Bd. XXII (1896) p. 144—149 zum Abdruck gebracht. Ich bringe hier noch die knappe Beschreibung dreier handschriftlicher und dreier gedruckter mnd. Fragmente:

1. No. 42 des Katalogs der Hss.: Ein Doppelbl. Pg. in 8° (13×19 cm.). 1324. Vollständiges Tintenlinienschema, 22 Zeilen. Bl. 1 u. 2ᵃ rubr. Auf Bl. 1ᵃ eine einfache rote Initiale mit Randleiste. Aus einem Buchdeckel gelöst.

a) Bl. 1 u. 2ᵃ: Zwei nicht zusammenhängende Bruchstücke einer noch unbekannten nd. Handschrift von Philipps Marienleben, in abgesetzten Verszeilen. Bl. 1ᵃ Zeile 1 stark laediert.

Bl. 1ᵃ (= Rückert v. 9495—9538) beg.:
De in allen vroude gaf
My(t) eynen breyten steyne do
Dat graf se bouene deckeden to
D(a)t stof noch erde mochte dar in
Reysen up dat godes schrin etc.

Bl. 1ᵇ schließt: *Och horde he der der enghele sanc*
De hadden suter stemme clanc
Se loueden alle got ghemeyne.

Bl. 2ᵃ (= R. v. 10123 ff.) beg.: *Got is my hyder wenich erkant*
In dem orden van kartus
Ghescreuen han ich in dem hus
Tu selden dit sulue bůkelyn.
Sunte ioseph was de maner myn
De marien huter was
De ihc godes sůn genans.
De sulue ihc möt vns gheuen
Trost dorch syner muter leuen
Marien leuent geyt hir us
Nu help uns er leue kynt ihesus. AmEN.
(rot) *vt sit solamen dicatur ab omnibȝ AmeN.*

Nach einer leeren Zeile folgt die Subscriptio (rot): *Dit buck is geschreuen na godes bort dusent iar. dre hundert iar. jn deme verentwinteghesten iare. jn deme daghe der heylighen driualdicheyt.* — Der Schluß der Seite ist leer.

Die sonst bekannten nd. Hss. von Philipps Marienleben sind aufgezählt bei Goedeke, Grundriß² I, 128 f. und Jellinghaus § 1⁰.

b) Bl. 2ᵇ: Anfang einer hd. Adventspredigt, von derselben Hand: *S( )nte paulus mine lieben der spricht vns zu vn quid. wesit gheduldich vnde geuesteget vnser herze. wande die zukunft vnsers herrin die ist irgangin. das was do er in disse werlt wolde komen* etc. Die letzte Zeile der Seite ist stark verblaßt.

2. No. 28 des Katalogs: Ein Fetzen eines Blattes Papier in gr. 8⁰. Ende 15. Jh., rubr., eine rot u. grüne Initiale. Nach e. Aufschrift des jetzigen Besitzers aus „Kloster Ebstorf".

Es ist das erste Blatt eines nd. mystisch-asketischen Werkes *De leddere des hemmels*. Bl. 1ᵃ: *Duth bock mach me nome de lederē des hēmels wete oth leret dor wat grat der dogede de mynsche mot vp stighē to gade vn leret ock wat eg geistlick mŋsche sy vn wat syn outghe vn werckinghe schal syn* etc. *Ihs Maria Anna*. *De vorrede dusses bokes: De ewighē salichheit tho langhende syn twe dinck va noden deme mynschē alze de bekätnisse der (war)heit vn outghe der gudē werc(ke)* etc. Der Rest von Bl. 1ᵃ stark verstümmelt. — Bl. 1ᵇ: *he nicht salich vn de vncětheit entschuldiget neynē mŋschē, wā he wol leren konde vn dat vorsumet. To deme anderē male iſs deme mŋsche vā noden wil he salich werdē dat he de bekantnisse der warheit to warckē sette wete fso secht hugo De bekantnisse der warheit indem ghemote maket den mynschē nicht vullenkome wā dat warck der doget nicht vullen brocht wardt d(ar) me kan* etc.

3. No. 31: 8 Bll. Pap. in 12⁰. 16. Jh.

Bl. 1ᵃ: *Van den scolen vth der vnderichtynghe philippi melanch-*

ton van der Visitacion yn saxen lande geschehen. — Ok *schollen de predigers de lude vermanen ore kynder thor schole tho donde vp dath men lude vp thē de geschycketh syn tho lerende yn der kerken vn̄ sufs tho regyrēde* etc. — Bl. 5ᵇ—6ᵃ sind vom Schreiber übersprungen. Bl. 7ᵃ Schluß: *Ok schollen de yūgen dar tho geholden werden dath se latyn reden*, vn̄ *de scholmesters schollen suluest so vele alse ydt mogelyck ys nychtes anders dan latyn myth den yūgen reden dar dorch se ok solker ouynge gewēneth* vn̄ *gerrytzeth werden etc. Ffinis huig.* — Bl. 8 leer. — Vgl. Scheller No. 789.

4. No. 38: 4 Bll. Pp. in Fol. aus einem gedruckten nds. Passional, 2spaltig mit (blau-roten) Bildern. (Lübeck, Steph. Arndes 1499).

a) *Dat CCCXCVII Blad*. Auf Seite aᵃ schließt die Legende der hl. Eufrosina, es folgt *Van sunte Hulpe*. Auf Seite aᵈ ein Bild, die Enthauptung der Heiligen darstellend. Auf S. bᵈ beginnt *Van sunte Huberto*.

b) *Dat CCCXCIX Blad* beginnt noch in der Legende des hl. Hubert, auf der Rückseite Spalte β ein Bild des hl. Ericus.

c) *Dat CCCC Blad*. Auf Seite bᵈ ein Bild des hl. Anscharius, dessen Geschichte damit beginnt.

d) *Dat CCCCXI (?) Blad* beginnt: *pe.* vn̄ *dat water scholde de krafft hebbē va | dē blote cristi. To dē iiij male heet dysse dach eyn slot* vn̄ *eyn tekē der besnidinghe*. Spalte β: *Vā deme VIII daghe. DJsse dach heet epyphania dn̄i. dat is ene apībaringhe* vn̄ *bouē* etc. — Schl. (Seite bᵈ): *so beteket de sexagesima de tyt vnser wedewescop.*

5. No. 35: Ein Blatt Pap. in kl. Folio aus einem alten nds. Druck einer Passio Christi. Die Lettern nähern sich der Antiqua. Anf.: *Vnd do en de prestere vnd de dener segen do repen sc. | Crucige en crucige en* etc. — Schl.: *Wēte de hoge marter dach was also got | gemartert wolde werden* vn̄ *de grote pasche tijt nalde ||*

6. No. 40: Nds. Ablaßzettel, *Bartholomeus Ghotan Jmpressit*. Pap., oben stark beschnitten, noch 21×29 cm. erhalten. U. a.: *Dyt is dat aflat to deme buwete to vnser leuen vrouwen kerckē*.

Abschnitt II: Holland und Belgien.

Für die planmäßige Inventarisierung der litterarischen mnd. Handschriften, wie sie die Kgl. Gesellschaft der Wissenschaften mit der mir anvertrauten Aufgabe im Auge hat, war die genaue und sorgfältige Durchforschung der niederländischen Bibliotheken und Archive von der größten Bedeutung. War doch bisher, vom Utrechter Arzneibuche und dem jetzt im Haag befindlichen Dillenburger Jesus Sirach abgesehen, kaum irgend eine weitere mnd. Handschrift aus niederländischen Sammlungen bekannt geworden. So hätte man wohl eine reichere Ausbeute, als ich sie hier vorlegen kann, von meiner Bereisung der Niederlande erwarten dürfen; allein der Erfolg zeigt, daß die kleineren ndl. Bibliotheken und sämtliche Archive der beiden Länder für unsern Zweck einfach ausfallen. Selbst die reichen Hss.-Sammlungen der Stadtbibliotheken zu Deventer, Haarlem und Brügge, der Universitätsbibliotheken von Groningen und Gent entbehren aller mnd. Handschriften. So bleiben nur ein paar große Centralsammelstätten handschriftlichen Materials, vor allem die Kgl. Bibliotek im Haag und die Burgundische Bibliothek in Brüssel übrig, die für den Ausfall der übrigen wenigstens zu einem Teile entschädigen.

Ich gebe hier eine kurze Zusammenstellung aller von mir besuchten und resultatlos durchforschten Bibliotheken und Archive der Niederlande: Groningen (Univ.-Bibl. und Staatsarchiv). Assen (Staatsarchiv). Bolsward, Prov. Friesland (Stadtarchiv). Deventer (Stadt-Bibl. u. Arch.). Zutphen (Librye). Arnhem (Staatsarch.). Nymwegen (Stadtarch.). Amersfoort (Stadtarch.). Haarlem (Stadt-Bibl. u. Arch., Staatsarch. etc.). Rotterdam (Stadtarch.) — Gent (Univ.-Bibl., Staats- u. Stadtarch.). Ypern (Stadt-Bibl. u. Arch.). Brügge (Stadtbibl. u. Arch., Staatsarch.). Lüttich (Univ.-Bibl., Staatsarch.). Löwen (Stadtarchiv)[1].

Nicht besucht, sondern allein nach den Catalogen der Hss. durchgearbeitet habe ich die Bibliotheken von Gouda, Alkmaar, Middelburg, Mecheln, Tournai, Courtrai (Arras, Douai). Ausgeschlossen habe ich ferner die wallonischen Bibliotheken Mons, Namur etc. und eine Reihe von unwichtigeren Archiven. —

Nach diesem summarischen Ueberblicke gebe ich nun die genauere Beschreibung der gefundenen mnd. Handschriften nach der Reihenfolge der Orte, wie ich sie besucht habe.

Zwolle.

Bibliothek der Emanuels-huizen (einer wohlthätigen Stiftung). Mscr. No. 12: 123 Bll. Pg. in 8°. Etwa 1400. Rubr. Ludolfs von Sachsen Leben Christi in der von Moll Bonaventura-

---

[1] Dagegen war die Universitäts-Bibl. während meiner Anwesenheit gerade geschlossen. Aus demselben Grunde habe ich die wertvollen Sammlungen der Provinciale Bibl. und des Friesch Genootschap zu Leeuwarden noch nicht kennen gelernt.

Ludolfianische Bearbeitung genannten Fassung; doch fehlt die Vorrede des Bearbeiters (cf. Moll, Joh. Brugman II, 39). Anf.: *Hir beghynnen de vorworden in dat boec des leuens vnses heren ihesu cristi. Een ander fundament en mach nemant setten dan dat ghesat is. Dat is cristus ihesus. Als de apostel scrift. Vn als augustinus secht* etc.

Vorwort und 54 Capp.; das Werk ist also vollständig. — Subscriptio: *Hyr endet dat boec van den leuen vnses heren ihesu cristi. gode seege wy danc. biddet vor den schryuer. Ghebenedyt sy de name vnses heren ihesu cristi vnde siner leuen moder name maria van nv went in ewicheit.*

Auf der Rückseite des letzten Blattes eine nld. mystische Notiz; darunter: *Margrete van flodrop hort dyt bock toe vnde is har gegeven van gretgen pou(we)ls godt wyl har vergeven alle haere sunden nu ende tot allen stunden.*

Ueber andere nd. Hss. der Vita vgl. oben p. 122. Diese Hs., die noch nirgend erwähnt ist, hat mir die Freundlichkeit des Herrn Dr. Cramer zu Zwolle bekannt gemacht.

Im **Stadtarchiv** zu Zwolle befindet sich eine Reihe von Hss. aus dem Kloster Windesheim, darunter aber gar keine nd., und nur zwei nld., die ich hier ganz kurz beschreibe:

1. No. 1574. Pg. in Fol. 14./15. Jh. 2spaltig. Ohne Umschlag. Lectionar mit kurzen Glossen. *Dit is die tafel der epistelen der ephecien en der heiligher ewagelien va aduent tot paessche toe.* 2 Bll. Register u. 207 Bll.

2. Ohne Nummer. Pp. in Fol. 15. Jh. Moderner Pappband. Nld. Predigten. Anf.: *Ite in castella qd' contra vos e* etc. *Ic heb een woert ghesproke inden latiin dat spreect aldq veel in duytsche gaet in dat casteel dat teghens v is want wy van ons selue niet en hebbē dan alle ghebreckelicheit* etc.

Herr **Reichs-Archivar Dr. van Hasselt** zu Zwolle legte mir ein lat. Missale aus seinem Besitze vor (ClV + 147 Bll. Pp. in Fol., in braunem gepreßtem Lederbande; geschrieben *per me Jacobū Jacobi, alias Anthonij filiū. Anno d̄nj 1588*), das auf Bl. 142ᵇ—147ᵇ nld. Hymnen mit Noten, für Altus, Tenor u. Bassus gesetzt, enthält. Anfänge der einzelnen Strophen: a) *Christus is opghestaden al van die Joden haer handen* etc. 8 Zeilen. b) Bl. 143ᵇ: *Chr̄us die voer ter hellen* etc. 8 Z. c) Bl. 144ᵇ: *Chr̄us met groter waerde* etc. 8 Z. d) Bl. 145ᵇ: *Twe discipulen quamē gaende naer Emaus zy warē verslaēde* etc. 8 Z. e) Bl. 146ᵇ: *Verblyt v ghy Christen int gemeyne* etc. 4 Z. f) Bl. 147ᵇ: *Christus is opghestāc dats plac̄ va* den doot verresen. des vials macht is te niet ghedaë. al door zy̆ cracht. ō ons te ontfuē. doort v̄maē. wilt dācbaer wesē. Godt vresē. met blydē schȳ. Chr̄us sal ons v̄losser zȳ. kyrieleys. — a)—c) bilden eine späte, verkünstelte und erweiterte Form des alten Osterliedes, die ich bei Wackernagel und bei Acquoi (Het oude Paaschlied: Christus is opgestande, im Archief voor Ndl. Kerkgeschiedenis I [1885] 1—36) nicht belegt finde.

Utrecht.

Universitäts-Bibliothek. Die Hss. der Univ.-Bibl., der auch die Bibliothek des Historisch Genootschap zu Utrecht einverleibt ist, sind beschrieben von P. A. Tiele im Catalogus Codicum Mscr. Bibliothecae Univ. Rheno-Trajectinae. 1887. Daraus sind hier anzuführen die Hss.:

No. 1025 (p. 249 f.) = Mscr. Eccles. 438: eine wertvolle Sammelhandschrift mystisch-asketischer Tractate in ndrh. Dialekte von der Wende des 15. Jh. Das an 8. Stelle genannte Werk, Bl. 249ᵃ—265ᵃ *Der Palm boem*, wird eine weitere Hs. des oben an verschiedenen Stellen (z. B. p. 102) aufgeführten Tractats *Van dem palm boeme des Christen minschen* sein. Hat Stück 7 (Bl. 242ᵃ—249ᵃ): *Van vuuf(!) geistlicker sloissen dae man sich in oeuen sal* etwas zu thun mit Ruysbroecks Werke *Van den VII sloten*, das von David in R.'s Werken IV, 61 ff. herausgegeben ist?

No. 1355 (p. 323) = Mscr. Varia 414: das von Gallée im Jahrbuch des Vereins f. nd. Sprachforschg 15 (1889) 105—149 herausgegebene **Utrechter mnd. Arzneibuch** von etwa 1400; vgl. vorher Gallée in Germ. 32 (1887) 452. 454 f. 458. Die auf dem letzten Blatte der Hs. erhaltenen Fragmente einer mnd. **Vogelsprache** sind abgedruckt von F. Buitenrust-Hettema im Nd. Jahrbuche 11 (1885) 171—173.

No. 1375 (p. 327 f.) = Mscr. Var. 351: Hs. des nd. **Richtsteigs Landrechts u. Sachsenspiegels** etc., die nach den später hinzugefügten Einschaltungen und Anhängen aus dem Stifte Essen stammen wird. Bei Homeyer, Die deutschen Rechtsbücher des M.A. 1856, pag. 57, 88 (No. 186). —

Das Staatsarchiv zu Utrecht besitzt keine nd. Hss.

Amsterdam.

Universitätsbibliothek. Die Hss.-Sammlung dieser Bibliothek entstammt zum größten Teile der früheren Bibliothek der Stadt Amsterdam (vgl. Catalogus van de Bibliotheek der Stad Amsterdam, A. 1858); für die niederdeutsche Prosa des 15. Jh. ist aber von größerer Bedeutung die in die Universitätsbibliothek übergegangene Sammlung des Prof. W. Moll (vgl. Catalog der Mollschen Hss.-Sammlung, Amsterdam 1880).

Aus der Stadtbibliothek stammen folgende beiden Nummern:

No. 49 (p. 728 f. des Katalogs). 243 Bll. in gr. Folio. ca. 1400.

Sachsenspiegel, nd.; an 3. Stelle enthält die Hs. auch den „Scheuenklot of Richtestich". Sie ist benutzt von Homeyer, Sachsensp. II 1, p. 639 (= Nachtrag zu p. 63); Der Richtsteig Landrechts (1857) p. 1; Der Prolog zur Glosse des sächsischen Landrechts (1854).

No. 122: 135 Bll. Pp. in Fol. Anf. 16. Jh.

Worp van Thabor, Chronik von Friesland. Buch I—III und Buch IV bis Bl. 86 lateinisch; Buch IV letzter Teil und Buch V (—1510 fortgesetzt) in einem nld. gefärbten Niedersächsisch, etwa der Mundart von Groningen oder des westlichen Ostfrieslands. Das deutsche Stück beginnt Bl. 87ᵃ: *Woe dat hertoch Albert vā Sassen eerst in Brabant vnde Hollant is gecomen, vnde deur wat oorsaecke Cō Mā' hem vrieslandt heeft gegeuen.* — Bl. 103ᵃ: *Liber Quintus. Dat Hartoch Albert vā Sassen mit hertoch Henrick zyn Sone eerst in Vrieslandt is gekomē vn in allen Steden ifs gehuldiget.* — Bl. 135ᵇ endigt die Chronik abrupt mit den Worten: *ifs he by een wyff gecomen daer*, in der 5. Zeile des Abschnittes, der beginnt: *Jemma heer Jufsma, Gerbraut Mockema heerschappen, vnde Kempo Koeper geuangē tho Leuuaerden ran den heeren.*

Unsere Hs. wird von S. Muller, Lijst van Noordnederlandsche Kronijken etc. (= Werken van het Historisch Genootschap, Gevestigd te Utrecht. Nieuwe Serie No. 31), Utrecht 1880, als die älteste bekannte Hs. des Werkes aufgeführt. Nach einer Hs. des Provinzialarchivs zu Leeuwarden ist die Chronik herausgegeben in den Werken, uitgegeven door het Friesch Genootschap, Leeuwarden 1847 u. 1850; doch ist in dieser Hs. die deutsche Partie rein nld., außerdem fehlt ihr das 5. Buch unserer Hs. überhaupt. —

Der Mollschen Sammlung gehören an:

No. 14: 280 Bll. Pp. in 4°. 1542 u. 1538. 2spaltig. In altem, schön gepreßtem Lederbande mit 2 Schließen. Auf der Rückseite des Vorderdeckels von Molls Hand die Eintragung: Dit Handschrift werd door mij aangekocht uit de nagelaten verzameling van den Heer J. Schouten van Dordrecht. Amsterd. Dec. 1852. — Auf dem Vorsatzblatte ein Index von Molls Hand.

Die Hs. enthält 1. Bl. 1ᵃ—218ᵃᵃ: Ein nd. Leben Jesu in der s. g. Bonaventura-Ludolfianischen Bearbeitung; die Vorrede des Bearbeiters fehlt, das Werk beginnt sofort mit der Vorrede Ludolfs. Anfang und Ende des Stückes sind abgedruckt bei W. Moll, Johan Brugman II, 265 f., wo er eine kurze Beschreibung dieser seiner Hs. giebt. — Die Subscriptio Bl. 218ᵃᵃ lautet: *Ghe endet jnt iair vnſs herē 1542 up de octaue van vnser leuē frouwē visitacie. Biddet vor de armē schryuerschē.* Vgl. oben p. 239 u. 122.

Bl. 218ᵃˑʲ—219 sind leer.

2. Bl. 220ᵃᵃ: *Hyr beghnet ene deuote epistel geschreuen to enen karthuser by uthtrecht van der passie vnses herē.* Es ist eine nd. Uebersetzung der Schrift des Johannes v. Schoonhoven, De passione domini ad Guil. Frijmann, cf. Moll a. a. O. u. in Kerkhist. Archief IV (1886) p. 263. Anf.: *Eynē reli(gi)ozen māne broder willem van der orden der kartusers by uthtrecht mynē leuen vn seer gemynneden neuē broder Johannes je mede broder vn knecht in den herē* etc. — Schl. Bl. 280ᵇᵃ: *Gheendet rp sūte gereon vn victor jnt XXXVIII iaer.* — Moll giebt auf Bl. 220ᵇ der Hs. einen Nachweis für ein paar nld. Hss. des Werkes: a) Catalog der Maatsch. van Letterk. (Leiden), D. I, p. 38 [vielmehr = p. 18 No. 312, Bl. 1—52]; b) Catal. Bibl. Daventr. p. 238 sub No. 1737 u. 1740 [nach dem neuen v. Slee'schen Catalogus der handschriften, berustende op de Athenaeums-Bibliotheek te Deventer, D. 1892, kommt nur No. 1740, = p. 13 No. 29 des neuen Katalogs, in Betracht: Pp. in 8º, 15. Jh., erste Hälfte, Stück 1: *Epistel van den liden ons lieven heren Jhesu Christi, ghesant van broeder Johan regulir toe Gronendal.* No. 1737, = p. 24 No. 51, enthält zwei andere Episteln Schoonhovens].

No. 38: 321 Bll. Pp. in 4º. 15. Jh. Gepreßter Lederband mit 2 Schließen. Vorn mehrere leere unbezeichnete Blätter; darauf von Molls Hand, außer einem genauen Index der Hs., folgende Notiz eingetragen: Dit merkwaardig handschrift werd door den Boekhandelaar Fr. Muller alhier in 1854 gekocht op eene publieke auctie te Maastricht, en vervolgens aan mij overgedaan etc. Amsterd. 26. Maart 1855.

Dem ersten Hauptstücke geht voran:

a) auf Bl. 1ᵇ: das Bild eines mystischen Spiegels, in dem alle möglichen Tugenden aufgezeichnet stehn.

b) Bl. 2ᵃ⁻ᵇ: Register über das folgende Werk. — Bl. 3 ist leer.

Dann folgt 1. Bl. 4ᵃ—134ᵇ: Susos Horologium eterne sapientie in einer ndrh. Fassung. *Hier beghint een utnemende schoen boeck van der mynnentlich' ewiger schoenre wonnentlich' wyshē. Het stoent een brueder te einre tyt na eenre miettē voer enē crucifix Eñ clagede gode* etc. Der Dialekt ist auf den ersten paar Seiten noch rein nld., wird dann aber ausgesprochen ndrb., vgl. Bl. 8ᵃ: *Wie etscliche minschē vnwessentlichen ran gode gezoghē wdē. Dat ander capittel.*

Bl. 124ᵃ beginnt, nach einer leer gelassenen Seite, *Dat dirde deil des buchelys*(!) *Dat hait die hundert Betrachtunghen vns heren pinen mit kurten woerdē*. Das Werk endigt Bl. 134ᵇ mit dem Fluche gegen die schlechten Nachschreiber; dann folgt die subscriptio: *Bidt vor die schriuers dat tē got ewich leuen geue na. Geeindet op s̄c̄ē Gregoriᵍ dach it ia' vā XCVIII* (1498). — Bl. 135—139 leer. Diese seine Hs. des Horologiums erwähnt Moll im Kerkhist. Archief IV (1866) 259 u. Meyboom im Arch. voor Ndl. Kerkgesch. I (1885) p. 177. Ueber andere nd. Hss. des Horologiums cf. oben p. 180.

Alle folgenden Stücke sind rein nld., sie sind von zwei von der ersten verschiedenen Händen geschrieben.

2. (Hand 2) Bl. 140ᵃ: *Van vierderhande inwendige oefeninge der zielen.*

3. (von ders. Hand) Bl. 196ᵇ: *Dat Boeck her iohan ruusbroeck van den VII sloten*, vgl. oben p. 241. — Bl. 229—231 leer.

4. (Hand 3) Bl. 232ᵃ: *Leven van St. Hubrecht.*

5. Bl. 240ᵃ: *Leven van St. Merthen*, 1481 in einem Dialekt der östlichen Niederlande geschr. — Bl. 290 f. leer.

6. Bl. 292ᵃ: *Leven van St. Lieven.*

7. Bl. 306ᵃ: *Leven van St. Rochus*; geht bis Bl. 321ᵇ. —

Zum Schlusse möchte ich noch ein hd. **Fragment** der Univ.-Bibl. kurz bekannt machen. Es beruht in demselben Convolute alter Hss.-Reste I A 24, aus dem G. Kalff in der Tijdschr. v. Taal- en Letterk. Afl. 3. IX. Jaarg., p. 176 (16) eine mnld. Fassung des geistlichen Liedes: *Hoe lude sanc die leeraer op der sinnen* bekannt gemacht hat. Stück e dieses Convolutes enthält auf einem losen Blatte Papier von 10×20 cm, dem Reste eines in der Mitte geknickten Folioblattes, einen hd. **poetischen Liebesbrief** von ca. 1450. Eine moderne Copie liegt bei, die besagt: „Ein fliegendes Blatt, welches mit andern Briefschaften dieser Zeit, von dem Schlosse Löwenburg herstammt". Da jedoch das Blatt auf der Rückseite hd. Tuchrechnungen von derselben Hand zeigt, wird es wohl eher aus einem Rechnungsbuche gerissen sein, in das der Schreiber seinen Herzenserguß eingetragen hatte.

*Den aller lieplichen fruntlichsten gruſs Der in h'ezen gronde ye gewuhſs
Wonsche ich uch der zarten mynnecliche frauwe An der ich alle Dugent
schauwen*
*gestalt nach lust vnd edeler mynne die mir bengmet lies mut vnd synne
Zu der ich heymlich getruwen habe gancze hoffenüge by nacht vnd dage
Ach solte ich ein vre allein by uch wese mich duchte ich were halber genese
Wie mochte mir vmer bas gesin dā by eyn' so hubschē frauwen syn
uch frūtlich kussen vor uwn roten mūt we ich kranck ich wurde gesont
Ich wil helen vnd verswiegen sin so lange ich hie uff erden bin
Des laſst mich genyeſsē of dieser fart myn uſserwelte frauwe zart
Vnd dunt mir heymelich kunt Die zijt ziele vnd die stont
Das wir vns allein by eyn seczen vns in Liebe vnd freude ergeczen
vnd wie wir die zyt verdryben so sal is by vns beyden verliben
got sparc uch als lange gesunt bis ein meyse dz mere vſs d'neket uff
den gront*
*vnd bis ein viel cleyner floch syngel hin uff bis an den hymel hoch
geschriebē ylewyse mit myn' hende got uū sachen zum besten wende.*

Aus allen sonstigen Amsterdammer Sammlungen wüßte ich nur noch eine junge Chronik-hs. der **Bibl. der Kgl. Geselsch. van Wetenschappen** anzuführen:

No. CXIII: Quartheft des 18. Jh. 104 Bll. Pp. „Wiarda ex Donatione Ref. Warsing".

Junge Abschrift der nd. ostfriesischen Chronik von 1268—1454 und der viel kürzeren gleichartigen Chronik von 701—1550; vgl. oben p. 83 (Aurich) und zuletzt p. 216 (Hannover, Kgl. Bibl., No. 1412', Stück 2—4). Die Hs. wird kurz angeführt von S. Müller, Lijst van Noord-Nederlandsche Kronijken (Utrecht 1880) p. 61.

Leiden.
Bibliothek der Maatschappij der Nederlandsche Letterkunde.

Catalogus der Bibliotheek van de Maatschappij der Nederl. Letterkunde, 1. Deel. 1. Afdeeling: Handschriften (Rogge u. de Vries). Leiden, Brill 1877.

No. 233 (Cat. p. 12): 58 Bll. Pg. in Fol. Ende des 14. Jh. 2spaltig. 42 Zeilen. In modernem Pappbande. Auf den modernen drei Vorsetzblättern verschiedene Eintragungen der Besitzer der Hs., u. a. Bl. I: „Comparavi mihi ex Bibl. Willemseniana 1781" (der Name des neuen Besitzers ist weggeschnitten. Seit dem 2. April 1813 im Besitze der Maatschappij). — Bl. II: Dese Souter in het Latijn en in het Duyts zeer Oud En Cierlyk op' Pargament geschreven, Omtrent den Jare 1300 Met Capitaele Voorletters voorsien.

Komende dit Exemplaar uit de Bibliotheecq van Johan Graave van Nassauw, en Vianen etc.

Lat.-nd. Psalter, mit vollständigem lat. und nd. Texte, der verseweise abwechselt. Angehängt sind (Bl. 52ᵇ ff.) die üblichen Cantica etc. Die Hs. beginnt: *BEatus vir qui n̄ abijt* etc. etc. *Selich man de nycht ne vār in dem rade vucler lude vnd in dem wege der sundygen nycht ne stunt, vnd in dem setele der lantsoyl nycht ne sat* etc. Ueber den Schluß vgl. den Catalogus. — Bl. 58 leer. — Die Hs. ist angezeigt und eine kleine Probe daraus abgedruckt von Cosijn, Taalkundige Bijdragen, dl. I (1877) p. 84—93. Außerdem ist die Hs., laut Einlage, benutzt von W. Moll-Amsterdam 1878 u. 1879, und von v. Helten-Rotterdam 1881. — Ueber andere solche Psalter vgl. oben p. 118.

No. 269 (p. 15ᵃ): Pp. in 4°. 1821 von Hoffmann v. Fallersleben aus der Hs. E. von Grootes, die jetzt im Hist. Archiv der Stadt Köln sich befindet, abgeschrieben. Geschenk Hoffmanns 1841.

Dyt is de historie vā sent Reynolt vnsē hilgē patroṅ; ndrh. Das Stück ist nach der Kölner Hs. herausgegeben von Al. Reifferscheid, Zs. f. deutsche Philol. 5 (1874) 271—293.

No. 346 (p. 22ᵇ): 67 Bll. Pp. in Fol. Etwa 1500. 2spaltig. In modernem Einbande. „Ex bibl. Hultmanniana divendita Sylvae Ducis apud H. Palier et Filium."

Bl. 1—2ᵃ: Register über das Werk.

Bl. 2ᵃ: *DJt boick is geheitē cyn speigel des hilgē kersten gelouen wante men hir yne vindet ind suet bescreuē dey articule van dē hilgē kersten gelocuē* etc. — Subscr.: *Hyr endiget dat speygel des hilligen kersten gelocuen*. Ndrh. — Wir haben hier eine 2. (vgl. oben p. 123), noch unbekannte Hs. des unter dem Namen des Ludolf von Göttingen gehenden katechetischen Werkes, vgl. Geffcken, Bilderkatechismus Beilage VII Spalte 88 ff. Bahlmann, Deutschlands kathol. Katech. etc. (Münster 1894) p. 19—21.

No. 351 (p. 23ᵇ): „Mnld. stichtelyke tractaeten" enthält u. a. eine in der sorgfältigen Aufzählung der Hss. des Werkes bei Brandes, Nd. Jb. 13 (1887) 84 noch nicht erwähnte mnld. Hs. der *Disputeeringe tusschen enen gheest eens ghestorven menschen ende enen prior van der prediker oerde*. (= Guido v. Alet.)

No. 486 (p. 34ᵃ): bezeichnet als „Kleine fragmenten van een Saksisch rechtsgeleerd geschrift uit de 14. eeuw". Es sind zwei ganz winzige Streifen Pg. (11,5×2 u. 9×1,5 cm.), wahrscheinlich aus einem Sachsenspiegel. Die Hs. war 2spaltig beschrieben und zeigt recht altertümliche Sprachformen, vgl. *Cumt ein ordel oppe that hus uor then rat vnde the uoresprake bei* |. Die beiden Streifen gehören übrigens unmittelbar übereinander.

No. 543 (p. 33ᵇ): 6 Seiten in 4°, bez. als „Mates an Peter Gesprek in het Plat-Duitsch". Das Stück ist im Luxemburger Platt geschrieben und stammt aus dem 19. Jh.

No. 620—621 (p. 34ᵃ): Nd. Chronica des Husgesinnes der Lieften etc. Anfang des 17. Jh., in übereinstimmendem Einbande des 17. Jh. Laut einer Eintragung in No. 620 sind die beiden Bände der Maatschappij v. Ndl. Letterk. geschenkt „van haar medelid L. J. F. Janfsen. Leiden, d. 8. April 1836". Die für die Geschichte der Secten des 17. Jh. äußerst interessanten Hss. stammen, wie eine kurze Notiz in Kist en Royaards Archief voor kerkel. geschied. Dl. V (1834) bl. 358, Anm. 38 u. 39 besagt, von der im 17. Jh. blühenden Secte der Henrico-Nicolaiten her. No. 621 ist, laut Einlage, benutzt von Archivrat Dr. Keller in Münster 1885.

No. 1030 (p. 38ᵇ): enthält u. a. die von Gallée in der Tijdschrift v. Ndl. Taal- en Letterkunde 4 (1884) unter dem irreführenden Titel „Een Nedersaksisch novelle" herausgegebene Griseldis. Die Hs. ist in einem Dialekte der östlichen (sächsischen) Provinzen der Niederlande geschrieben, die aber in der Sprache ihrer Litteratur durchaus nach dem eigentlichen Niederländischen gravitieren und mit dem Mittelniedersächsischen nichts zu thun haben.

Endlich besitzt die Bibliothek der Maatschappij auch zwei nd. Bibeln:

1. Lübeck, St. Arndes 1494 (Catalogus I 2, Sp. 818). 2. Hoddersens Uebertragung der Lutherischen Bibel 1533 (Cat. ibid.).

Universitäts-Bibliothek.

A. Catalogus Bibl. Publicae universitatis Lugduno-Batavae. Lugd. 1716.

1. (p. 327ᵃ) No. 44 (der Mscr. lat. Bibl. publ. in folio): Pp. 15. Jh.

Spegel eder Privilegy der Sassen mit syner glosen. Aufgeführt von Homeyer, Die deutschen Rechtsbücher des M.A., p. 116. No. 375. Sachsenspiegel I, p. 35 No. 375. Auf Bl. 371 die Besitzernotiz: *Deyt boeick hoeirt toeu Derick uanden sand, die uendt die brengheyt weydeir aen die reichten haent* etc.

2. (p. 333ᵃ) No. 191 (ders. Abt.): Pg., enthält auf den ersten 18 Bll. ein sehr altes lat.-nd. (ndl.?) Glossarium, doch sind die deutschen Glossen nur sehr vereinzelt; vgl. G. Löwe, Prodromus Corp. Gloss., Lips. 1876, 141. M. Conrat, die Epitome exactis regibus, p. CCCXXIV. G. Goetz, Corpus gloss. Lat., tom. IV, praef. p. XVII.

B. Catalogus librorum Mscr., qui inde ab anno 1741 Bibliothecae Lugd.-Bat. accesserunt (Geel). Lugd. 1852.

No. 823 (p. 229): 64 Bll. Pg. in 4°. 14. Jh. Am Anfange verstümmelt.

Nd. Sachsenspiegel, vgl. Homeyer, Die deutschen Rechtsbücher des M.A., p. 116. No. 376. Als Subscription hat die Hs. 4 nd. Verszeilen, die im Kataloge abgedruckt sind. —

Die **Bibliotheca Thysiana**, die **Bibliothek des Remonstranten-Seminars** und das **Stadtarchiv zu Leiden** besitzen keine nd. Hss. —

Königliche Bibliothek im Haag.

Der Kgl. Bibliothek im Haag verleiht, außer ihren zahlreichen sonstigen Schätzen, für die deutschen Handschriften des 14.—16. Jh. einen besonderen Wert die im Jahre 1830 nach dem Haag überführte Bibliothek der Oranier in Dillenburg. Ihr gehört die einzige bisher bekannt gewordene rein mnd. Hs. der Haager Bibl. an, der s. g. Dillenburger Jesus Sirach, der längst einer eingehenderen Bearbeitung wert gewesen wäre. Die Dillenburger Bibliothek enthält noch verschiedene andere für die geistliche Prosa des 14. und 15. Jh. höchst bedeutsame hd. und nd. Hss., von denen ich hier nur die unten etwas näher gekennzeichnete reiche nd. Mystikerhandschrift (V 52) anführen will. Poetische deutsche Hss. der Kgl. Bibliothek hat Zacher in seinem wertvollen Aufsatze in Haupts Zs. 1 (1841) 209—269 (Handschriften im Haag) eingehend besprochen, darunter auch die an ndrh. Bestandteilen reiche Haager Liederhandschrift (A A 64), die in jüngster Zeit wieder große Beachtung gefunden hat. Zacher hat auch das in Mscr. K 6 erhaltene ndrh. Passionsspiel zuerst abgedruckt (Zs. 2 [1842] 382 ff.).

Die Hss. der Kgl. Bibliothek, über deren raschen Zuwachs der seit einigen Jahren jährlich erscheinende Verslag over den toestand der Koninklijke Bibl. Mitteilung giebt, sind bis jetzt nur in einem ungenügenden Zettelkataloge verzeichnet; zu einem sorgfältigen modernen Kataloge sind erst die ersten Ansätze gemacht.

Ich gebe nun eine Uebersicht über die mir bei der Durcharbeitung des Zettelkataloges aufgefallenen mnd. Hss.:

Mscr. No. B 38 (Z 154): 11 Bll. Pap. 17. Jh. Rest eines größeren Codex, bez. als Bl. 199—209. 300. 301 (doch sind es lauter zusammenhängende Blätter, der Foliator hat 209 in 299 verlesen!). Fragment eines ndl. Liber de Apibus. Es enthält auf der Rückseite des 11. Blattes einen nd. Zauberspruch: *Ein touersche stann tho Latenn dut se nycht wech gan kan. So sprick duufse worde: Age vere susa nunna tuta marta, off oec so: Aga faga facta munta sis pitonis.*

C 4 (Z 61): Ursprüngl. 272 Bll. Pp. in Fol. 15. Jh. Sehr schöne Hs. in altem Lederbande. Aus der Dillenburger Bibl. — Die Hs. stammt wie eine Notiz auf der Rückseite des letzten Blattes besagt, aus Hildesheim: *dut boyk hort to sūte mariē Magdalenē to hildēsem.*

Die Hs. enthält den s. g. **Dillenburger nds. Jesus Sirach**, mit einer Catena über das Buch. Das Werk wird nach unserer Hs., die damals noch in Dillenburg war, ausführlich besprochen von Lorsbach, Archiv f. d. morgenländischen Sprachen II (Marburg 1794), p. 55—238; Lorsbach druckt da als Probe das 26. Cap. mit der Catena und einige kleinere Stücke ab. Nach Lorsbach führt die Hs. Scheller, Bücherkunde p. 54 No. 278 auf. Lübben im Quellenverz. zu Bd. I p. 128 bezeichnet p. II die Hs. als verschollen, corrigiert aber diese Angabe Bd. V, p. Vb u. XIb. In seinen Mitteilungen aus mnd. Hss. (Progr. Oldenburg 1874) druckt Lübben dann p. 22—25 fünf kleine legendenartige Erzählungen aus dem Werke nach der Hs. ab, von denen 1—3 schon bei Lorsbach gedruckt sind. Vgl. endlich Jellinghaus § 11[14].

C 5: 295 Bll. Pp. in Fol. 15. Jh. Ende. 2spaltig. In altem Lederbande, äußerlich der Hs. C 4 ähnlich. Aus der Dillenburger Bibliothek, und wie C 4 aus Hildesheim stammend, vgl. die Anhänge.

1. Bl. 1ᵃᵃ—260ᵃᵃ: **Lat.-nd. Psalter.** Einem jeden Psalme geht eine nd. Einleitung voraus, dann folgt der Psalm selbst mit vollständigem lat. und nd. Texte eines jeden Verses. — Bl. 1ᵃᵃ: *HJr begynnet also de lerer segghen eyn bok van deme loue godes myt vroliken dancken vnde gesanghe* etc.; es ist ein Prolog, der der Einleitung zu Psalm 1 noch vorangeht. — Bl. 213ᵃᵇ beginnen die üblichen Anhängsel solcher Psalterien: die in der Kirche sonst noch gebräuchlichen Cantica (Anf.: *eyn sanck ysayas*), die ausführliche Litanei, Vigilie etc. mit den Lectionen. — Bl. 238ᵃᵃ: *Sequitur registrum psalmor*,, d. h. ihre Verteilung auf die einzelnen Sonntage. — Bl. 239ᵃᵇ: *Hic incipiūt ōrones psalmor,* = 150 kurze nd. Gebete, die jedesmal mit den ersten Worten eines Psalms be-

ginnen. — Endlich Bl. 257ᵃ·ᵇ: *Hyr vindestu na bescreuen wor eyn iſslick Salme nutte vnde guth sy to to lesende.* Es sind ganz kurze Angaben, wann und wozu man einen jeden Psalm lesen soll.

Bl. 260ᵃᵈ⁻ᵇ·⁵ leer. — Vgl. oben p. 118.

2. Bl. 261ᵃ: *Hir heuet sick an de passie vnses heren ihu xpi. Extendit manum et arripuit gladiū ut ymmolaret filium suum p̄mogenitum* etc. — Das Stück ist von derselben Hand und in dem gleichen nds. Dialekte geschrieben, wie der Psalter. Schluß Bl. 293ᵃ: *Dar mede vint se oren garden den appel des leuendigen holtes den vader vnde den zone vnde den hilgen geyst yn cyneme spyegel der gotheyt. Amen.* — Andere nd. Passiones Christi mit demselben Anfange sind aufgezählt oben p. 109.

3. Bl. 293ᵇ—295ᵃ: Lat. Notizen über versch. Indulgencien; in dem Formular eines Ablaßbriefes ist der Name des Empfängers als *Petrus N., laicus Ciuis hildeñ.* ausgefüllt, der ausführende Kirchenbeamte ist der *Decanus ecclie sc̄e crucis hildesemeñ.*

133 D 9: 213 Bll. Pg. in 12⁰ (13×9,5 cm.). Ende des 15. Jh. (Bl. 135ᵇ wird *Alexand' paīs d' VI* erwähnt.) In altem renoviertem Holzbande. Vgl. Verslag over den toestand der Kon. Bibl. in het jaar 1896. 's Gravenh. 1897, p. 11. No. 9 [1]).

Ndrh. Gebetbuch. — Bl. 2ᵇ—14ᵇ = Kalender. — Bl. 16ᵃ beginnt das Gebetbuch: *Des morgens wan mē upsteit eŋ gebet. O Almetighe got ich dancken dyr duttu mich dese nacht bewart hais mit beschirmūg dynre barmhertsicheyt.* —

Das Gebetbuch enthält mehrere prosaische Uebertragungen lateinischer Hymnen; an gereimten Stücken finden sich folgende:

1. Bl. 30ᵃ⁻ᵇ: 8 Reimpaare eines arg corrumpierten Reimgebetes (Liedes?): *Wan men onſs h' got hyſſ't ein säck. Wir will alle singen fro so wil wir syn. Wyr hauen mit onsen ougen den waren got geseyn* etc.

2. Bl. 131ᵃ⁻ᵇ: *De seuen getyde van marien bedroiſflichen mitlyden welch men sunderlich lesen mach vp den sater dagh: Tzo metten zyt sach maria mit grotzem smerten ind noit. dat iesus ir liue kint gevangen gebunden ind geslugen wort. tzo annas huſs si quā. die smaen ind pin in ir hertze nam.* Es lassen sich 7 vierz. Strophen erkennen; das Gedicht unterscheidet sich also schon seinem Umfange nach von den ähnlichen bei Lübben, Nd. Gedichte aus Hss. No. IV u. V, in v. d. Hagens Germania 3, 143 f. und von Heinzel Zs. 17, 5 ff. abgedruckten Gedichten; vgl. oben p. 105.

---

1) Die in den älteren Jahrgängen des Verslags als nd. bezeichneten Hss. sind durchweg nld.; vgl. 1894, No. 1—3 (= Macr. A A 344—346); 1895, No. 1 (= Macr. A A 352). No. 2 (= Macr. A A 381).

3. Bl. 139ᵇ: Reimgebet an die hl. Anna: *O Anna du hoich-geloufste stam. van dir de reyne blome quam* etc. = 6 Zeilen.

4. Bl. 183ᵇ: Reimgebet an die hl. Katharina: *O Katerina soisse frucht. durch kuysheit dinre reynū zucht* etc. = 5 Reimpaare, das letzte davon verstümmelt.

5. Bl. 184ᵃ⁻ᵇ (184 ist beim Foliieren doppelt gezählt): Reimgebet an die hl. Barbara: *O Barbara du hilge iunffer fyn. ich bidden dig durch de sware pyne din* etc. = 7 Reimpaare.

6. In dem Gebete an den hl. Antonius Bl. 183ᵃ⁻ᵇ scheint das poetische Gewand noch etwas durch. Anf.: *O hilge vader sent anthonis der leuende heilant* etc., vgl. unten Osnabr. Ratsgymn., Mscr. CXIII.

Bl. 191ᵃ—213ᵃ folgen von jüngerer Hand, die auch vorn auf dem Vorsatzblatte den jungen Titel von 1635 eingeschrieben und die Kupferstiche eingeklebt hat (cf. Verslag a. a. O.): *Die 7 Bufspsalmē defs Künichlichē Prophetē Dauids*, hd., nebst Litanei.

K 6 (377 Maestricht): 247 Bll. Pg. in kl. Folio. 14. Jh. Ende. 2spaltig.

Enthält 1. Bl. 1—232: Predigten im Limburgischen Dialekt, abgedruckt in Bibl. v. mnld. letterk., afl. 46 ff. Proben daraus schon bei Zacher Zs. 2 (1842) 350—357.

2. Bl. 233ᵇ—247 das von Zacher Zs. 2 (1842) 302 ff. abgedruckte ndrh. [nicht mnld.] Passionsspiel; es ist weiterhin abgedruckt von Moltzer in der Bibl. v. mnld. letterk., afl. 16.

K 33 (426 Maestricht): 80 Bll. Pp. in kl. 4°. 15. Jh.

Ich erwähne die Hs. nur deshalb, weil ich anfänglich das letzte der in ihr enthaltenen Stücke für ndrh. ansah.

1. Bl. 1—28ᵃ: Tondalus.

2. Bl. 28ᵇ—47ᵃ: S. Patricii purgatorium.

3. Bl. 47ᵇ—71: Guido v. Alet, noch nicht bei Brandes, Nd. Jb. 13 (1887) 84. Stück 1—3, alle prosaisch, sind in einem Dialekte der östlichen Niederlande abgefaßt.

4. Bl. 72—80: *Hier begint eyn guet orberlic buexken Ghesal jnd genoemē vader scrifturē* etc. *Myn deile heb ich aen dich verkoren* etc. („Continentur capitulo nonnulla de planctu et spe animarum, de ingrefsu Paradysi etc."). Der Dialekt des Stückes ist limburgisch (ind, ich, t unverschoben). *Dit boeck hoert toe den regularifsen int besloten cloester by Maescyck.* — Die ersten drei Stücke dieser Hs. werden angeführt von Moll in Kerkhist. Archief IV (1866) p. 274.

S 9 (Collectio van Wijn): ein Convolut, das außer modernen Abschriften von Stücken mnld. Gedichte auch ein paar Fragmente von Handschriften des 14. Jh. enthält. Diese hier zu besprechenden Bruchstücke liegen in einer besonderen Papierumhüllung, auf die der damalige Besitzer notiert hat: „Fragmenten uit een my onbekend, Hoogduitsch zo 't schynt minnedicht. In Westphaalsche dialect. 25. Jan. 97 [= 1797!] van den Heer Visser my geschonken".

Die Umhüllung enthält ein Doppelblatt und 2 einzelne Blätter einer (zweier?) Pg.-Handschrift(en?) in kl. 8° (13,3×9,3 cm. scheint die ursprüngliche Größe zu sein). Von dem Doppelblatt ist die untere äußere Ecke von Bl. I abgeschnitten, von Bl. II aber der ganze äußere Rand mit den Anfangsbuchstaben von Seite II^b. Die Schrift aller vier Bll. gehört dem 14. Jh. an, Bl. I—III sind jedenfalls von derselben Hand geschrieben, Bl. IV höchstwahrscheinlich auch, aber die Schriftzüge sind besser erhalten geblieben. Verse abgesetzt; die Anfangsbuchstaben jeder Zeile rot durchstrichen. Der Dialekt aller 4 Bll. ist derselbe, er weist nach dem Niederrhein.

Das Doppelblatt (Bl. I—II) enthält die Reste eines poetischen Zwiegespräches zwischen einem Ritter und einer Dame, die sich gegenseitig ihren Liebeskummer klagen und einander um Rat bitten.

Bl. I^a (23 Z.) beginnt:

Barmhersige rauere inde blűyt mine
Der geyt vil vm broit
Geselle hűyd dich vůr der noyt
Dat ich sag dat mach ich sayn
Ich sach ein cran ein lewerke vayn[1]
Inde erulogi mit gewalt
Mine sal van rechte sin balt etc.

Bl. I^b (22 Z.) schließt:

Vs eins rodes mildes kůs
Dat man sprege geselle alsus.

Bl. II^a (23 Z.) beginnt:

Ja " wale of ig si ůg nente
Yr hait si leiuer vil dan mich
Jnde siit ir harde heymelig etc.

Bl. II^b (23 Z.) schließt:

(M)it kurtē wordē gans ind gar
( )h[2] *sprag vrauwe ich in dar*
(S)i sprach war ūme siis mir sů gůyt
( ) y[3] *swiualt dir din můyt*
(S)o bis dů in dinē hohsten eren.

---

1) Am Rande hinzugefügt *melle*.
2) h auf Rasur.
3) h ỷ

Blatt III gehört vielleicht zu demselben Gedichte: ein Minnender beklagt sein Mißgeschick in der Liebe. Bl. IIIᵃ (21 Z.) beg.:

 . . . . *zo zwen . . . . komē*
 Des bispels han ich kleynē vromē
 So is mir wenig nů gescheit
 Ein arm mā is geen greuc heit etc.

Bl. IIIᵇ (22 Z.) schließt (in einer wiederholten Anrufung der Minne):

 Minne sal dat sin verdoruen
 Deinst in ganzē truwen
 Dat sal mich vmmer ruwē
 Neint ( )uid neint of god wilt.

Bl. IV enthält ein Bruchstück des nackten Königs von dem Stricker. Das Bruchstück erzählt, wie der Engel Gottes dem reuigen Könige seine Kleider und das Reich zurückgiebt.

Bl. IVᵃ (25 Z.) beginnt (= Gesamtabenteuer No. 71, V. 277 ff.):

 Sit irt van deme ir mir sait
 So zůnet vch důrch vr wirdicheit
 Gein mir doricchen man
 Vnd wiist mich recht an
 Do sprach der engil ich bin neit got
 Jch bin ein engil vnd sin bot etc.

Bl. IVᵇ (25 Z.) schließt:

 Der engel boit ime sine hant
 Vnd gaf im alle sin gewant
 V( )¹) dat kunincrich weider
 Da lacht he dat rockelin neider
 Dat im der schenke geuē heis
 Do in der portener in leis
 Der engil vůr im verswant
 Vn̄ vůr gein heimel sů hant
 Jn cime oygen blicke
 Do sprach der kunine vil dicke
 Gelouet sistu ihū crist (= GA. 71, 327).

V 22 (Th. 41): 202 Bll. Pp. in 4ᵒ. Anf. 16. Jh. 2spaltig. In altem Lederbande mit einer Schließe. Aus der Dillenburger Bibl. Auf einem vorn eingeklebten Blatte hat W. Moll 1853 eine genauere Angabe des Inhalts der Hs. eingetragen, er nennt da den rein nds. Dialekt der Hs. merkwürdigerweise „hoogduitsch". In

---

1) Ich erkenne nur die Spuren eines *g*.

seinem Johan Brugman (1854) II 265, wo er die Hs. beschreibt, sagt er, sie sei „in een naar het Hoogduitsch zwemend dialect geschreven".

Das s. g. Bonaventura-Ludolfianische Leben Christi, mit der Vorrede des deutschen Bearbeiters beginnend: *Hyr beghint de vorrede v(an vnses) heren leuende* (das Eingeklammerte ist durch Wurmfraß zerstört). *DJcke wile vnde langhe hebbe ik in mynē synne gheducht to maken in dudescher talē wt den latyne een tractaet van den leuen vnses leuē heren ihū xp̄i.* Die Hs. umfaßt sämtliche 54 Capitel des Werkes, nur vom letzten fehlen mit dem letzten Blatte der Hs. 1—2 Seiten. Vgl. oben p. 122.

V 52 (218, Th.).
Pg. in Folio. 15. Jh. Aus der Dillenburger Bibliothek. Die Handschrift enthielt ursprünglich III + 209 zweispaltig beschriebene Blätter; Bl. 1—209 sind von der Hand des Schreibers mit I—CCVII foliiert (Bl. CXLII doppelt, hinter Bl. XXI ein Blatt übersprungen). Jetzt sind Bl. III der Vorsetzblätter und Bl. XLII. XLIII u. CXCVI—CCII der Handschrift herausgerissen. Ich folge in der Beschreibung der Handschrift der alten Blattzählung. Der Text endigt auf Bl. CCIIII^a, Bl. CCIIII^b—CCVII leer. — Rubr., rote Ueberschriften und Anfangsbuchstaben. Einzelne größere mehrfarbige Initialen (Bl. I^a, VI^b etc.). Alter gepreßter Lederband, Rücken und Ecken beschädigt. 2 Schließen, jetzt abgerissen. — Auf der Innenseite des Vorderdeckels oben rechts: *U. F. D. S.* (18.—19. Jh.); weiter unten: *rewert fleg* von einer Hand des beginnenden 16. Jh., die auch am Rande des Textes und im Register einzelne Correcturen angebracht hat.

Reiche Sammelhandschrift mystisch-asketischer Tractate in nd. Sprache. Die Vorsetzblätter enthalten das ausführliche Register der Handschrift. Bl. I^a leer. Bl. I^b (rot): *Dyt is dat register vp dyt bock. I. UAn der schole der hemmelschen ouynghe* etc. etc. Der Schluß des Registers ist mit Bl. III verloren gegangen; Bl. II^b schließt: *CXCII. Eyn sermon Alze vnse leue here spreket jn dem hilghen ewangelio We to my komen wil de vorkope allent dat he hefft vn̄ gheue dat arme luden vn̄ vorsake synes sulues vn̄ heue vp syn cruce vnde volghe my na. Itē Alze Sunte Augustinᵹ sprikt van der leue godes. Hefstu icht leff myt gode dat du dorch god nicht leff en* ‖.

1. Bl. I^aa: *Dyt het de schole der hēmelschē ouynghe vn̄ is getoghen vth der hilghen schrifft vn̄ is to male merklik. Wultu ghan to der scholen der hēmelschen ouynghe so schaltu leuen na desser*

nagheschreuē wyse vñ lere Vnde schalt de alle tyd ouerdēken vnde dy dar yne ouen vp dat dat du moghest in sekericheyt dynes herten leuen dat vorlene vns de benedyde god Amen. TO deme erstē male hebbe leff god vñ dynē nygheste zulliken wysliken vñ krefftliken. — Schl. Bl. II^b³: Merke vnde do alle dyngh mit beschedenheyt vñ in gantzer othmodicheyt jn duldicheyt vnde stedicheyt so gifft dy god ewichliken salicheyt Amen.

Angehängt ist hier eine kurze erbauliche Anrede: Dyt schal me vaken ouerdēkē vnde in deme herten hebben. Myne alderleuestē betruchtet vñ bedenket alle tyd de groten barmherticheyt vnde de gude godes dat he vns hefft geschapen na synem gotliken bilde. — Schl. Bl. III^aa: vnde denet vlytlikē gode so moghe gy de pyne vormyden vñ de ewighen vroude vñ ere myt gode besittē Amen.

2. Bl. III^aa: Vth deme boke van der samwitticheyt dat sunte Augustin₉ ghemaket hefft is dyt ghetoghen vñ is not to wetende den de gherne en reyne gud salich leuet vñ ene reyne samwitticheyt hebben willen. Conscientia. DE samwitticheyt dat is des hertē witticheyt edder bekantnisse dat is dat sik ey mysche suluē bekenne dat is samwitticheyt etc. Das Excerpt handelt von den 7 Säulen der Samwitticheyt; Bl. IV (= Säule II Schluß—Säule V Anf.) ist ausgerissen. — Schluß Bl. V^ba: Alsus schal en gud gnich samwitticheyt gheschicket wesen God vorlene id vns allen Amen.

3. Bl. V^ba: Sunte Augustin₉ schrifft jn deme boke der junighen danken. DE hogheste vñ de rechteste wech to dem ewighē leuēde dat is de lene godes. — Schl. Bl. VI^b³: Dat vorlene vns de suluē barmherticheyt godes Sūte maria Sūte Anna Alle godes hilghē Amē.

Die vier unter 1.—3. besprochenen Stücke unserer Handschrift müssen im 15. Jh. zu einem kleinen Corpus zusammengefaßt und so weiter gegeben sein. So finden sie sich z. B. noch in der Handschrift der Gr. Königl. Bibl. zu Kopenhagen, Gaml. Kong. Saml. 94 in Folio, 15. Jh. nd., Bl. 92^aa—99^ba, in veränderter Reihenfolge der einzelnen Teile; nach der Reihenfolge der Haager Handschrift ist dagegen das Corpus von dem Sammler des Lübecker Speygels der dogede (Bartholomeus Ghotan 1485) in sein großes Sammelwerk aufgenommen und bildet da, nur durch ein kurzes einleitendes Excerpt (Bl. CXCV^a—CXCVI^a = Kopenhagener Hs. Bl. 98^ba—99^a¹: Nota augustin₉ jn deme boke der samitticheit van der bicht vñ va der ruwe) vermehrt, das 3. Buch.

4. Bl. VI^b³: To laue vñ to Erwerdicheyt der hilghen drevaldicheyt vñ deme lydende vnses heren Jhū xp̄i vñ der jacfrouwē Marien vnde alle godes hilligen So wil ik schriuē nutte lere vñ wil des beghynnen van der warē ruwe. vñ dat is ghcheten Eyn staff des olders Eyn licht der oghen. — Ruwe is also Ambrosius sprekt. Dat men dat

behatslaghe vn̄ belede dat men ghedan hefft vn̄ dat sulue nūmer mer do etc. Es folgen dann Capitel über die Beichte insgemein und über die Beichte nach den einzelnen Sünden. Nach Andeutungen des Schreibers unserer Handschrift ist innerhalb des Stückes eine größere Umstellung vorzunehmen. — Schluß Bl. XX^{b a}: *Ok synt etlike de de othmodich synt va naturen etlike sachtmodich etlike nuttich. Dyt is wol gud vppe dat de sūde nu blyuen men id is nicht lonsam.*

5. Bl. XX^{b a}: *Dyt synt heylsame lere vnde stucke de nutte synt* to wetēde (Sp. β) *Sunderghen den gheystliken myschen de sik gherne vn̄ vakene berichten myt dem hilghen lichame vnses herē Jhu xp̄i vn̄ desser stucke der is twelue Wol em de se an sik bekennet. — Dat erste is dat eȳ mynsche dat wete vn̄ sik dar ane vor see dat dat rechtuerdich wol ghewūnen gud sy dar he va leuet.* — Schl. Bl. XXI^{a}: *eren euenē mynschē beschedeliken anwysen vn̄ helpen em to der bekantnisse der warheyd.*

6. Bl. XXI^{a}: *Dyt synt gude lere dede nutte synt. Wen eȳ mȳsche bedet so schal he othmodich wesen* etc. Hinter Bl. XXI hat der Foliator ein Blatt übersprungen. Schl. Bl. XXII^{a}: *dyt is de lefflike vme vanck vn̄ vrātlike kus der sele Alzo in dem̄ gottliken wesende O wat grotes trostes vns armen dat is.*

7. Bl. XXII^{a}: *Hyr beghȳnet de acht vn̄ wyse eynes jewelken gheystliken myschen de gode behaghen vn̄ ju doghentsamē werken bestan wil. TO deme ersten schal he vme vāghen reynicheyt des herten. Stede oghen nedder gheboghet to der erden* etc. — Schl. Bl. XXIII^{a}: *So wert de andacht vullenkomē vnde god de werket dēne ane hinder.*

8. Bl. XXIII^{a}: *Van vullekomenheyd. So we dar komē wil to syner vullēkomēheyd to der anschouwinghe synes overstē gudes de mot hebbe ene bekantnisse synes sulues vnde der dynk de bouen em synt. Alzo wo du dy suluē bekennē scholt dat scholtu hyr by prouē effte dyne verstē synne vn̄ dyne jnwendighē kreffte der zele wol gheordineret synt edder gheschicket vppe erē stat* (= 6 ouinghe). — Schluß Bl. XXV^{a}: *Salich synt de hyr na quelen dat se dyt myt erer vornufft begripen Amen.*

9. Bl. XXV^{a}: *Dyt is eȳ kort regemēt eynes geystliken leuendes. Sunte Bernardus de leret vns vnde spreket aldus. To deme ersten O du andachtighe ruweghe vn̄ juninghe zele Sta vp in dem vrede in der guldene stāde vn̄ in dem vp ghanghe der morghensterne.* — Schl. Bl. XXVI^{a a}: *wete Sūte gregori₉ de secht wes horsam dy en wert ney helle. God sy gelouet.*

10. Bl. XXVI^{a a}: *Aldus schal dyn zele gheschicket wesē na der wyse desses gharden wultu ghan jn den gharden des lidendes cristi.*

Anf.: *Wultu dat dyne zele sy eyn gharde des hilligen gheistes dar he syne zoten heylsamē vrucht moghe jnne plantē* etc. Wie schon die Ueberschrift andeutet, ist dieser Abschnitt nur die Einleitung zu dem Bl. XXIX*ᵇᵃ* beginnenden Tractate von dem geistlichen Rosengarten. Die Ueberleitung zu diesem lautet: *Wultu nu dat vnse leue here vaken kome jn dynē gharden vñ hemelike vrātlike rede myt dy make So vlyte dy ok dar na dat du vaken komest in synē gharden Syn gharde dat is de rosen gharde synes hillighē lidendes. Dar scholtu jn ghan vnde spasserē dar jnne van dem cynen rosenbome to dem* (Sp. β) *anderen* etc. — Schluß Bl. XXXV*ᵃ·ᵃ*: *wēte na der begheringhe volghet ok de grote der ghaue vñ jo dy de here mer steder vnde vaker vynt in synem rosengharden jo he vaker wedder kūpt in dynen gharden*. Eine andere nd. Handschrift des geistlichen Rosengartens, die aber den hier vorgesetzten Abschnitt nicht mit enthält, habe ich oben S. 206 unter Hannover, Kgl. Bibl., Mscr. No. 239, Bl. 186ᵃ—212ᵇ besprochen.

11. a) Bl. XXXV*ᵃ·ᵃ*: Ohne Ueberschrift. *MEn leset in der hilligē schrifft dat Moyses gaff dem volke de bode der ee vñ sprak Gy scholen dechtuftlich wesen desser bode der ee Gy sittē edder ghan* etc. Erbauliche Betrachtungen über das Leiden Christi in 9 Teilen. — Schl. Bl. XXXVIII*ᵇ·ᵃ*: *Jhesus de leuet vñ reguret myt dem vadere jn der vorenighe des hillighē gheystes in god. Amen.*

b) Bl. XXXVIII*ᵇ·ᵃ*: *Va der vpstādinge. JN dem sondaghe so betrachte de vpstadinghe vnses leuē here Jhū xpi.* — Schl. Bl. XXXIX*ᵃ·ᵃ*: *In desser betratinghe so wert alle dȳ arbeyd Alze sorghe. pyne. krankheyd gantz lichtliken dy tho dreghende dat du in desser werlt dorch godes willen list.* Es folgt unmittelbar

c) Schlußabsatz zu a)—b): *DJt is myt korten worden gheschreuē van dem lidende vñ van der vp standinghe vnses leuen salichmakers* etc.; den Schluß bildet ein Gebet: *Beslut nu desse betrachtinghe myt dessem kostliken bede to gode vnde sprek aldus* etc. bis Bl. XXXIX*ᵇ·ᵃ*: *dar ane kā my to hulpe dorch dyner leuē kuschen moder Marien willen Amen.*

d) Angehängt ist endlich noch ein kurzer Abschnitt (Bl. XXXIX*ᵇ·ᵃ*—XL*ᵃ·ᵃ*): *Wultu ok nu vort an merken So rynstu an dem leuēde synes lydēdes vnses leuē here Jhū xpi de formē syner sachtmodicheit vñ myldicheyt.* Schl.: *de dar sy va vns gebenedyet nu vñ to allen tyden Amen.*

12. Bl. XL*ᵃ·ᵃ*: Ohne Ueberschrift. *Wy lesen vñ voruarē dat cyne harpe is eȳ sote seydēspil vñ is ghemaket vā holte vñ hefft eynē dickē starken boddem Vñ cyne dānē decke myt velen ghateken vñ pluggē*

dar de seyden werdē ynne ghevestet etc. Auslegung der geistlichen Harfe, d. i. Jesus Christus am Kreuze. Schluß Bl. XLI^b: *Vn welk mynsche de an desser wyse horet spelen vppe desser harpē Alzo dat he dat ouertrachtet edder lest myt andacht edder horet lesen. em schal alle quad vleen vn̄ alle trost vn̄ vroude schal syner zele vn̄ hertē schen Amē.* Unsere Handschrift enthält eine ausführlichere Recension dieses Tractates, als die oben S. 98 angezeigte Hamburger Handschrift aus dem Convente No. 1, Bl. 204^b—208^a.

13. Bl. XLI^b: Ohne Ueberschrift. *Na den souē ghauē des hilghē ghestes So schole wy vnse herte schicken vor dem antlate vnses herē. Myt vruchtē schole wy dat herte tho bereydē* etc. Breit ausgeführter mystisch-allegorischer Tractat, dessen Titel in den Schlußworten als: *De speghel dines herten* angegeben wird. Er lehrt uns, wie wir unser Herz dem Herrn bereiten sollen, einmal als ein Haus, dann als eine Speise und endlich, wie eine Braut sich für den Bräutigam schmückt. In diesem 3. Abschnitte läuft der Tractat in eine große Tugendlehre aus. Ueber den reichen Inhalt des umfangreichen Werkes giebt uns das sorgfältige Register vorn in unserer Handschrift genauen Aufschluß, im Werke selbst sind die einzelnen Capitel nicht näher bezeichnet. Der Schluß des ersten und der Anfang des zweiten Capitels sind mit Bl. XLIII u. XLIV der Handschrift verloren gegangen. Der Tractat schließt auf Bl. CVIII^aa mit den Worten: *dat dy allene god vn̄ gotlik lere vn̄ bekantnisse smake vn̄ dat dy de smak vorga in alle deme dat god nicht en is vnde thest dy vp myt ghesamender leffliken begheringhe to deme vmbevanghe vn̄ to dem lefflikē kussēde dynes vtirkornē brudeghāmes vnde sprekest to aller tyd myt dyner begheringhe myt der jnneghē zelen in dem boke der ghestlikē leue Ach hēmelssche vader lat my mynē vterkornē kussen myt dem kusse synes mūdes wēte syne bruste de my myt soticheyt spysen de synt beter dēne wyn vā robyn vā dem alder besten krude vn̄ durer zaluen. Vnde lezest dat gantze bok ouer to diner lust alle tyd so hefft de speghel dines herten enen ende. Gode sy loff vnde ere Amen.* (rot) *ffinis est etc.*

14. Bl. CVIII^aa: Ohne Ueberschrift. *HAnc amaui et exquisiui a juuentute mea et quesiui michi sponsam assumere etc. Desse word stan gheschreuē an der wysheyd boke vnde synt gesproken vā der schonē* (Sp. β) *leuen ewighen wysheyd vn̄ spreken to dude alzo Desse hebbe ik leff gehat vn̄ vth gesocht van myner joghet vp vn̄ hebbe ze my vtirkorē to ener brud etc. Id hadde sik enes jāghē wildē mņsche mod in synem ersten vth kendē vorghāghē in de weghe der vnghelikicheyt. Do beieghende em in ghestliker vn̄ vnvthsprekelker bildinghe de ewige wisheyt* etc.

Es ist eine noch unbekannte nd. Handschrift von Susos Horologium eterne sapientie. Bl. CXXVI^ba: *Explicit liber primus.* — Bl. CXXVII^aa: (rot) *Hyr beghynet dat andere bock des bokes der ewige wysheid Dat erste capittel is wo men steruē schal leren vnde wo eȳ vnbereyt dot geschapen is.* Schluß Bl. CXXXV^ba: *Ik beghere vort dat de sulue hittighe loue de ik to dy hebbe in alle mynē werken danken worden vnde bede vū louesanghe to dy vp sla to vordriuende alle myne broksamicheyt. to vorgheuende alle sundicheyt. to vorweruēde de ewigen salicheyt.* — Bl. CXXXV^ba: (rot) *Hyr volghet na De hundert betrachtinghe des lidendes xpi Jhesu. Js dat we begheret to wetende de hūdert betrachtinghe des lidendes xpi in kortē worden* etc. Schluß Bl. CXXXVI^ba: *Vū de wile an dynes kindes loue vū an dyner werdicheyt mote wesen vppe dat ik des ewighen dodes mote ghenesen Amē.* (rot) *finis.*

Ueber andere nd. Hss. des Werkes vgl. oben S. 180.

15. Bl. CXXXVI^ba: *SEquimini vestigia eius qui peccatum non fecit ṗme petri secūdo.* Dazu am Rande rot *Sermo.* — *Desse vorschreuen word an deṁ latine beschriuet vns de hilghe Apostel sunte peter an syner ersten Cunoniken an deme anderē Capittele vū werdet aldus ghedudet Volghet na synē votsparen de nene sunde ghedan hefft. De mūt der warheyt Mathei an deme soueden settet hee weghe de an vnderschedinghe der leuende werden ghe wādert* etc. Schluß Bl. CXLI^aa: *Offt en segghen wolde wat kanstu dy an dyk sulue vorheuen de du yo anders nicht en bist wan ertrike vū asche dar du van ghemaket bist vn dar du wedder to komen most.*

16. Bl. CXLI^aa: *Van der gnade godes.* DE *gnade godes hefft nicht ydel gheweset an my Alzo schrifft de Apostel sunte Pawel to den de dar nomet synt chorintij an deṁ xv capittele vū steyt yeghenwardich vor eyn ambeghyn to segghende enen sermon van der gnade. In dat erste so merke wat gnade is.* Schluß Bl. CXLII^ba: *Dyt synt de vorword des sermones vnde ghesecht eyn kleyne van der gnade De vns god gheue allen samen dat wy moghen salich werdē Amē.*

17. Bl. CXLII^ba: *MVlti sūt vocati Pauci vero electi Cristus Jhs spreket in deṁ ewagelio Mathei jn deṁ xx Capittel Dar syn vele gheeschet sunder weynich vtirkoren. Als dusse word hort de mysche in der misse so krighet he eyne twyuelinghe in ener vraghe* etc. Daß auf Bl. CXLII folgende Blatt ist vom Foliator noch einmal mit CXLII bezeichnet. Schluß Bl. CXLV^aa: *Hyr vme o mysche denke an dusse lere dat du moghest wesen van deṁ talle der salighen. vp dessem leuende vormiddelst der gnade vū na dessem leuende myt der ewighen glorien Amen.*

18. Bl. CXLV^aa: *Sermo.* A*Nima que peccauerit ipsa morietur*

Ezechielis xviij⁰. De hilghe ghest spreket dorch den ꝓpheten Ezechiel jn dem achteyden capittel. Eyn sele de ghesūdighet hefft de schal steruen. So schaltu weten dat deme mÿschen vele quades komet van den sunden Vn̄ merkliken werket de dotsunde sesleye quad by deme (Sp. β) *mynschen.* Schluß Bl. CXLVI ᵇᵃ: *Hyr vm̄e nym den alweldighen god to helpe vnde myde de sunde so komestu to dē ryke der hēmele Am̄.̄ Dat gheschee.*

19. Bl. CXLVI ᵇ: *Van dem mynschen de in dotliken sunden entfanget dat sacramēt. Uan der macht vn̄ werkinge des hilghen sacramentes des lichāmes vnses herē J̄h̄u x̄p̄i bekūmert sik de lerer der hilghē schrifft jn dat erste* etc. — Schluß Bl. CXLVII ᵇᵃ: *vp dat syne ynnicheyt nicht ghestoret werde vn̄ ok de werkinghe des hilghē sacramētes welker' is de vormeringhe der gnade an em yo nicht ghehyndert en werde.*

20. Bl. CXLVII ᵇᵃ: *Hyr na volghet en sermon van der hēmeluart vnses heren. Ascēdit deus in iubilo. psalmo xlvi. De ꝓphete dauid hefft to vóren gheseen vn̄ bekant dorch den hilgen ghest de hēmeluart x̄p̄i.* — Schluß Bl. CL ᵃᵃ: *Set jk wil myt jw wesē bet to dē ende der werlt. Desse hilge icgēwardicheit vorlene vns to vnser salicheit j̄h̄s x̄p̄c mit sinē hēmelschē vad’ vn̄ dē hilgē geste Am̄.̄*

21. Bl. CL ᵃᵃ: *Van deme afflate Sermon. Synt dat afflat nu mēniger leye wys vorgheuē wert vn̄ de lude selsener wys bewegen werden dat to vorwerueude wo wol se des vnder tyden weynich edder nichtes ghebetert vn̄ ghe vrouwet werden So schole gy dyt jnterste merken dat van den ghelereden der hilghen schrifft vn̄ der rechte Afflat also vortekent wert* etc. — Schluß Bl. CLV ᵇᵃ: *sūder de gude wille vn̄ vorsat denct to vormerīge der leue godes vn̄ der gnadē vn̄ to der vorweruīge des sulffstādigē lones der salicheyt dat vele beter is dan de vorlatīghe der tytlikē pyne de de schut in dem̄ afflate. De ghenote barmhertighe god geue vns jo dat beste vnde beware vns alle tyd vor dut argeste Am̄.̄* (rot) *ffinis.*

22. Bl. CLV ᵇ: *Memorare nouissima tua. et in eternum non peccabis. Dyt leret vns de wyse mā in syner byreden vn̄ bedudet vns dat in dessē worden Ghedenke dyn vterste jn der ewicheyt en schaltu nicht sundigē. Hyr aff sprikt sūte Augustinus aldus.* 7 Zeilen weiter: *Hyr vm̄e so denke ik eȳ kleyne to schriuende vthe der hilghen schrifft van der gnade godes alze van den lesten dinghen de dē mȳschen werden ouergande Alze sunte bernardus sprikt Denke vppe veer der lesten dyngh Alze de dot dat richte. de helle vnde de hēmelsche vroude. Dyt synt veer rade an enem waghene dar de selen der mȳschen mede werdē ghe voret to der ewigen salicheyt* etc. — Schluß Bl. CLXXII ᵃᵃ: *Hyr vm̄e desse betrachtinghe de mach wol eynē jeweliken mynschen van*

den sunden v̄ van der bosheyt then vppe dat vns allen desse pyne nicht ouer en gha. (rot) *ffinis est.*

Andere nd. Handschriften dieses auch in Drucken häufigen Werkes sind Wolfenb.-Helmst. 1182, Bl. 123ᵃ—250ᵇ (Hein. I 3, 96) und Göttingen, U.-B., Mscr. Theol. 204, Bl. 48ᵇ—65ᵇ (W. Meyer II, 427).

23. Bl. CLXXIIᵇ: *Hyr volghet na de openbaringhe des ghestes Gwydonis. SVnte Augustinus de prediket alze gheschreuen steyt jn dem boke gheten. de fide ad petrū. Dat ghehelen ey miraculum godes is ey dont dat swar vn hart is vnde vmbegryplik in dem mynschen to begripende men vormyddelst dechtnisse der macht godes sterkē de wūderwerke godes den mȳschē in dem ghelouen etc.* Ende der Spalte: *so is he werdich ghe wesen dyt nagheschreuene wūderwerk to bewisende dat gheschen is Na der bort xp̄i dusent jar drehūdert jar jn dem xxiiij jare jn dem manē Decembri jn der stad Banonya van rome x.c myle. Jn der stad sterff ey borgher de was gehetē Gwydo etc.* Schluß Bl. CLXXXIIᵇ: *vn̄ dar na vroliken entfanghen wart to dem ewighen leuēde Dat vns allent dat beschee des helpe vns de vader vn̄ de sone vn̄ de hilghe geist Amē. Hyr ghan vth de vraghe vn̄ antwerde twischen dem pryor vnde dem gheyste gwydonis dede ghesettet vn̄ ghetoghen synt vth dem latyne yn dat dudesche vā worde to worden na vthwysinghe des latynes Vn̄ in der warheyt gheschēn is jn allen stucken vn̄ artikelen alze hyr vore gheschreuē steyt.*

> *DAt sunde nene sūde were*
> *Nochtēt so were se my v̄mere*
> *V̄me ere groten vnuledicheyt*
> *Dat bewyset my myne beschedēheyt*
> *Id is en hillich vyreldach*
> *Alze men van sunden vyrē mach*
> *De tucht bouē alle doghet gheyt*
> *De synem bosen willen weddersteyt.*

Diese Handschrift der Offenbarungen des Guido von Alet ist H. Brandes in seiner Ausgabe des Werkes im Nd. Jb. 13 (1887) 81—96 noch nicht bekannt.

24. Bl. CLXXXIIᵇ: *Dyt Pater noster is ghetoghen vth den glosen der hillighen lerer Vnde jn desser andacht schal me dat myt ynnicheyt lezen. PAter noster. Vnse vader aller barmherticheyt almechtighe schepper aller dyngh. de du bist jn dē hēmelen etc.* Verschiedene kurze und eine sehr ausführliche Expositio des Paternosters. Die weiteren Anfänge der einzelnen Abschnitte sind: Bl. CLXXXIIIᵃᵃ: *UNse vader de du bist hoch jn der scheppinghe.* Sp. aβ: *DAt pater noster dat tret bouē alle andere beth.* Sp. bα: (rot) *Merke wol soūe sake. IN dessem bede biddet me alle gud to*

vorwerude. Sp. bβ: (rot) *Merke wol wor ēme dat me dat p̄r n̄r gherne jnnichlikē sprekē schal.* DAt pater noster schalme bou̅ alle andere bede gherne myt ynnicheyt vn̄ raken̄ lesen vn̄ myt andacht beden. Bl. CLXXXIIII^ba: *PAter noster Vnse vader. De jūghere vnses herē Jhū xpī de spreken to vnsem herē. lere vns beden alzo sunte johānes baptista hefft synē junghere ghedan.* — Schluß Bl. CLXXXIX^a: *dat wy to salicheyt vnser (sele) vn̄ gode to loue werden ghetweden. Des helpe vns de vader vn̄ de zone vnde de hilligh gheyst dorch bede willen vnser hilligen juncfrouwen vnde godes moder Marien Vnde erer hilligen moder der hoch gheloueden vrouwen sunte Annen vnde alle godes hillige Amen.* — Dieselbe Sammlung von Erklärungen und Paraphrasen des Paternosters findet sich in der oben unter 3. erwähnten Handschrift der Großen Kgl. Bibl. zu Kopenhagen, Bl. 84^aa—91^b, und macht in dem Lübecker Speygel der dogede (Bartholomeus Ghotan 1485) das 2. Buch (= Bl. CLXXVII^a—CXCII^a Z. 4 v. u.) aus. Die im Drucke angehängten zwei Seiten mit Gebeten fehlen in den Handschriften.

25. Bl. CLXXXIX^ba: *Van der bodeschop vnser leuē vrowen.* DEn neghesten wech den men to spreken mach der moder vnses herē jhesu xpī marien Alzo sunte Bernhardus sprekt vp dat euāgeliū Missus est gabriel angelus etc. Schluß Bl. CXCI^a: *Va der leue de se hadde na creṁ eenborne zone Jhū xpō vnsem̄ herē Amē.*

26. Bl. CXCI^a: *SVnte pawel spreket Gy scholen dat achtē vor alle vroude wan gy vallen an mēnigherhande bekoringe Myt dessen worden so hefft he vns krefftliken ghestarket to deṁ stride.* — Schluß Bl. CXCI^b: *dar schole wy myt em syn in ewigher glorien vn̄ yn ewigher ere jn xpo vnseme leuen heren Amen.*

27. Bl. CXCI^b: *Vnse leue here spreket jn deme hilghē ewangelio We to my komen wil de vorkope allent dat he hefft vn̄ gheue dat armen luden.* — Schluß Bl. CXCII^ba: *dyt synt de salighen de xpc vnse leue here menede.*

28. Bl. CXCII^ba: *SVnte Augustinꝰ sprikt. Hefstu icht leff myt gode dat du dorch god nicht leff en hefst zo hefstu god nicht rechte leff.* — Schluß Bl. CXCIII^aa: *so mach he vroliken leuen vn̄ sekerlikē steruē jn der leue vnses leuē herē Jhū xpī. Amē.*

29. Bl. CXCIII^aa: *UNse leue here spreket in deṁ hilghen ewangelio Komet alzo gy gheladen synt jn* (Sp. β) *mynes vaders hus dar synt vele wonȳghe An viff dynghen mach en mȳsche bekēnen wer he kome alzo he geladen is.* — Schluß Bl. CXCIII^ba: *vn̄ hyr vṁe so nemet he alle dyngh in gode alzo he dar van sy vn̄ komet alzo he gheladen sy jn xpo Jhū vnsem heren Amen.*

30. Bl. CXCIII^aa: *SAlich is dat herte dar nicht en vleschlik*

danke yne en is na liffliker lust. Kurze Aufzählung von Seligpreisungen. Schluß Sp. β: *Salich ouersalich is dat herte da junc ghewrocht wert sűder middel van gode vnseme leue heren Amen.*

31. Bl. CXCIIIIª: *Hyr beghỹnet sik de lere beati ysidori wo sik de mỹsche schal schicken to enē gudē leuēde Junterste wo he sick schal merkē. Mynsche wete dy suluen merke wat du syst wor vme du syst gheharen.* Die einzelnen Abschnitte des Tractates haben rote Ueberschriften (*Van den ersten danken. — Va der kuscheyt* etc.). Bl. CXCVI—CCII sind herausgeschnitten, leider fehlt auch das Register für diesen letzten Teil der Handschrift.

Der Tractat bricht Bl. CXCV^b ab im Capitel: *Van der hemelicheyt der doghet* bei den Worten: *wēte de sunde dar de mynsche yn valt der kan he nicht wedder ropen* ▌

Nach der Lücke beginnt

32. Bl. CCIII^{aa}: *werket nicht vorkeredes in weddermode Se is ok nicht vorbolghen in deme lucke Se is ok nicht eren ghirich vnde tuth sik nicht bouē andere lude* etc. (Die Rede ist von der *leue*). — Schluß Bl. CCIII^{aa}: *To beslutende so segghe ik dat du in dyn herte plantest de wortelen yesse Dar wasset vth ene rode Vp der roden wasset ene schone blome Wan du de hefst so wil de hilghe ghest alle tyd by dy wesen. Des helpe vns allen god vader vn de sone vn de hillighe ghest Amē.*

Der Rest der Handschrift, Bl. CCIIII^{aa} Mitte—CCVII^b, leer.

Y 247 (1068): 337 Bll. Pp. in Fol. 18. Jh. Ex Collectione Romswinkel.

Eine hd. Hs. der **Bremer Chronica Johan Renners**. Pars I geht bis 1511, Pars II bis 1583.

A A 64 (721) ist die große **Haager Liederhandschrift** mit mnld. und ndrh. Liedern, die Jul. Zacher in der Zs. 1 (1841) 209—269 an 3. Stelle ausführlich bespricht. Er giebt dort auch die Strophenanfänge der ganzen Hs.; die einzelnen Stücke der Hs. sind, je nach der Provenienz der benutzten Vorlagen, in den verschiedensten ndrh.-nld. Dialekten gehalten. Den Reichtum der wertvollen Sammlung hat auch die neueste Arbeit über diese Hs. erst zu einem Teile ausgeschöpft, vgl. J. A. Nijland, Gedichten uit het Haagsche Liederhandschrift uitgegeven en toegelicht uit de Middelhoogduitsche Lyriek. Academisch proefschrift (Leiden 1896). Die Verfasserin hat p. 125 ff. 20 Gedichte aus unserer Hs. herausgegeben.

A A 167: 165 Bll. (= 329 bez. Seiten) Pp. in 4° (21 ×14 cm.). Anf. 16. Jh., in altem Lederbande mit einer Schließe. Aus der

Dillenburger Bibl. Auf der Rückseite eines Pg.-Vorsetzblattes von späterer Hand: *Regel Canon to haldende in de Closteren.*

1. Bl. 1ᵃ—152ᵇ (= p. 1—304): Nd. Augustinerregel mit ausführlicher Glosse. Anf.: *Dusse na ghe sercuen ghebode sint ghe heten regel vm dat vor middes one be wyset wart eyn wyse rechtes leuē(es) want dar v̄me heyt se regule dat se recht regeret off leret.* Der Textus der Regel beginnt p. 3: *Sunderliken seal men holden spreck eck den bant der leue etc.* Meistens ist der Textus nur ganz kurz, aber die Glosse sehr ausführlich. — Schluß des Textes p. 297: *Vn̄ vp dat gy in dussem bocke alse ī eynē speyhele ju moghen be seyn vp dat vormiddest vor ghelenheyt neyn dynck vor sumet en werde so schal men Ot iu eyns in der weken lesen.* — Schluß der Glosse p. 304: *vnde schal sek vor deme tokomene hoden vnde bidden dat ome syne missedat vor gheuen werden, vnde dat he in neyne bekoringhe gheleydet en werde. Amen amen. et sic est finis. Biddet ok vor den scriuer.* — Vgl. unten zu Münster, Bibl. des Priesterseminars No. 316.

2. Bl. 153ᵃ—165ᵃ (p. 305—329) von einer 2. Hand: Erläuternde Ausführungen zur Augustinerregel. Anf.: *Sēnte augustinus sprak alsus in siner regelen myne leuē broder boue alle ding sculle gy god leff hebben.* — Beachtenswert ist besonders eine lange wunderbare Geschichte, die stark an die Fahrten des Tundalus erinnert; sie nimmt p. 311—324, also das Hauptstück dieses Abschnittes ein und beginnt: *DEs lesf mē van cynem mane de hadde willen dat he wolde varē ouer mer to ihrlm̄ vn̄ nam rad mid eynē hilgē abbate.* Es werden keine Namen genannt.

Novac accessiones 1897 (vgl. den 1898 erscheinenden Verslag): 142 Bll. Pp. in 12°. Ende 15. Jh. In modernem, aber ganz altertümlich stilisiertem Einbande.

Ndrh. Gebetbuch. — Bl. 1—12: Kalender. Bl. 13 mit späteren Schriftproben. — Bl. 14ᵃ: *Hyr begynnent die seuen psalmen der penitencien. HEre yn dyme grȳmen moede en straiffe mich niet, noch yn dyme tzorne en berispe mich niet* etc. Zwischen Bl. 34 u. 35 eine Lücke. Bl. 44ᵇ: *Dit synt xij betrachtingē die der mynsche hauen sal wāne hey dat heilige sacrament entfangen.* Auf Bl. 121ᵇ hört Hand 1 auf, der Rest ist von verschiedenen Händen des 16. Jh. ergänzt.

Die Kgl. Bibliothek ist der einzige Sammelplatz niederdeutscher Hss. im Haag; sowohl das Museum Meermanno-Westreenianum, das eine an kostbaren Miniaturhandschriften reiche Sammlung besitzt, wie das Reichsarchiv und das Archiv der Stadt fallen für unsern Zweck vollständig aus.

Antwerpen.

Die **Städtische Bibliothek** zu Antwerpen, deren Handschriftensammlung nicht eben bedeutend ist, besitzt 2 Bände, die zu einer bereits oben einmal kurz berührten Kategorie nld.-nd. Hss. gehören und deshalb hier kurze Erwähnung finden mögen. Es ist die unter der Sign. No. (14489) 61 im handschriftlichen Kataloge der Bibliothek aufgeführte Sammlung n d. T r a c t a t e d e s D a v i d J o r i s z: 2 Bde Pp. in 8°. 16. Jh. In gepreßtem Lederbande. Die in dieser Sammlung enthaltenen, von einer Hand geschriebenen 33 Tractate sind in einem stark dem Nd. zuneigenden Nld. geschrieben und wohl größtenteils aus gleichzeitigen Drucken abgeschrieben. 10 dieser 33 Tractate werden, wie der Katalog hinzufügt, nach Drucken angeführt bei v. d. Linde, David Joris. Bibliografie (s' Gravenhage, Mart. Nijhoff 1867). — Vgl. oben p. 131.

Brüssel.

Kgl. Bibliothek (Bibliothèque Royale des Ducs de Bourgogne).

Ein großer wissenschaftlicher Katalog des riesigen Hss.-Bestandes der Kgl. Bibliothek ist in Vorbereitung, wird aber, bei der Masse des zu bewältigenden Materials, noch recht viel Zeit in Anspruch nehmen. Die bis jetzt vorhandenen handschriftlichen und gedruckten Inventarien und Repertorien sind durchweg allzu dürftig und, wie ich für die deutschen Hss. aus Erfahrung weiß, voll von Ungenauigkeiten im Einzelnen. Das I n v e n t a i r e g é n é r a l, das alle Hss. der Kgl. Bibliothek in der Reihenfolge ihrer Accession aufzählt und ganz kurz beschreibt, zerfällt in zwei große Abteilungen: alle bis zum Jahre 1870 erworbenen Hss. gehören zur Série I, während die seit 1870 dazugekommenen Hss. die Série II mit neuer Zählung der laufenden Nummern bilden. Im Folgenden werden die Hss. der Série I nur mit der laufenden Nummer, die der Série II dagegen als II No. 1 etc. bezeichnet werden. Ich mache noch darauf aufmerksam, daß das Inventaire auch die einzelnen Stücke einer und derselben Handschrift als besondere Nummern zählt, sodaß z. B. No. 10898—10952 in Wirklichkeit nur einen einzigen großen Sammelband ausmachen. Eine Zusammenstellung sämtlicher deutschen Hss. der Série I giebt das R é p e r t o i r e M é t h o d i q u e. Troisième Classe, p. 1582: „3ᵉ Subdivision (Langue Allemande), Voici la liste des Manuscrits en langue allemande, selon l'ordre de l'Inventaire général". Die dann folgende Aufzählung ist aber so lückenhaft, besonders für die nd. Hss., daß sie mir die systematische Durcharbeitung des Inventaire général nicht erspart hat. Ja es erschien geboten, auch eine ganze Reihe der in den Inventarien als nld. bezeichneten Stücke einer genaueren Durchsicht zu unterziehen, um genügende Sicherheit über den wirklichen Dialekt der Hss. zu erlangen.

Das Ergebnis all dieser Bemühungen ist kein glänzendes gewesen: außer einer nds. poetischen Bearbeitung der Dorotheen- und Katharinenpassion und einem wertvollen ndrh.-nld. Liederbuche des beginnenden 16. Jh., die ich beide noch nirgends erwähnt gefunden habe, finden sich nur Gebetbücher und eine ndrh. Hs. mit mystisch-asketischen Tractaten. Ich gebe nun die genauere Beschreibung dieser Hss. nach den Nummern des Inventaire général:

No. 3004: XV + 289 Bll. Pp. in kl. 8°. 16. Jh., erste Hälfte. Die Sprache der Hs. ist nicht „allemande", wie das Inventaire und das Répertoire sagen, sondern nld.; es ist die Abschrift eines aus dem Ndrh. (Kölnischen) ins Nld. übertragenen Druckes. Wir erfahren das aus dem Titelblatte ganz deutlich:

Dat paradys der liefhebbender sielen. vol inniger oeffeningē des geests in gebets wysen vandē leuē ende liden ons heren. vanden heiligen sacrament ende vander godlicker liefden voor beginnende voort gaende ende volcomē mēsce in drierley manieren gedeilt heel vierich ende deuoet wt gebrocht yrstmael door die Carthusers in Colen geapprobeert door den eerwirdigen here Arnt van tongeren Doctoor inder heiliger scrift Ende nu wter Coelscer spraken ouergeset ende weder om anderwerf gedruct en gecorrigeert. Vgl. auch Bl. XVᵃ: *Bidt godt voor die ca(r)thuiser in coelē die dit wt bracht hebben.* — Hängt mit diesem Werke der von Hain No. 12382 (u. Copinger, I 366ᵇ f.) angeführte Cölner Druck eines lat. Paradisus consciencie zusammen?

No. 4545f.: Pg. in kl. 8°. 15. Jh. Alter Lederband. Rücken renoviert.

Ndrh. Gebetbuch. Anf.: *Itē dit sint seuen getzyde van der passyen ind den lidē vns lieuen heren ihū xpi. pr̄ nr̄. Ich loeue dich ᷉lle ind danckē dich der bitter noit ide voertē die du haddes vur dynē doct* etc. — Weiterhin: *Iler begȳnent ix suuerlich' pat' vā der hilger dryuelldiceit.*

Der 2. Teil der Hs. bildete ursprünglich eine Hs. für sich, er ist von einer andern Hand geschrieben und beginnt: *Hy begynen seir schöe in ȳnentlich di seuen psalmen der penitencien. genomen vyss dē seuē psalmen des hilgen cönyn[i]ks dauid. inde oeffer gesat in eyn cloer verstant eyns geistlichen syns ēme der leyen wille. die neit wael begryffen in könē die wort d' pfetē.* — Es folgt dann noch eine Reihe von Gebeten, besonders gegen die Pestilenz. Auf der drittletzten Seite: *Dyt boeken gehoert tou frans iu dat Wymervoer, dye dyt fynt dye gheef hem wyder om gods wyel.* — Auf einem dem 2. Teil der Hs. vorgebundenen Blatte stehn ebenfalls zwei Besitzernotizen: 1. *Laus deo semper. het waer wel. mathil.(?) vaen bel.* Dieselbe Hand hat auf den Rand eines späteren Blattes geschrieben: *bemynt dat nyet in mach vergaen soe sal v hert in vrede staen.* — 2. *tempore crescit amor. hoc amicitiæ simbolum offerebat Philippo Guilielmo happart Joēs Antonius De Castro LL. Anno 1688. 29. Junij.*

No. 10758: Pp. in kl. 4°. 1531. Aus dem Besitze des Collegium Soc. Jesu Luxemburgi.

Gebetbuch der Irmina lefsbem, größtenteils in einem rheinfränkischen Dialekt. Ich führe die Hs., obwohl sie nicht mehr zu den nd. Hss. gehört, hier an wegen einiger bemerkenswerter deutscher Hymnen. Das Gebetbuch fängt an: *O Almechtiger got vader van hemelrych der hemel vnnd erde vn alle dynck van nuest geschaffen haist* etc. Es enthält auch eine Reihe lateinischer Gebete und Hymnen, darunter die Hymne *Media vita in morte sumus* mit Str. 1 der deutschen Uebersetzung Luthers (cf. Wackernagel Kl. III, 10 No. 12). Verse nicht abgesetzt.

Mitten wir jm leben syndt mit dem dode vmbfangen.
Wen suechen wir der vns hulff doe das wir genaid erlangen
Das bistu herr alleyn.
Vnfs ruwet vnfser myfsdaet Die dich herr erzurnet haitt
Hilliger herre gott Hilliger starcker got Hilliger barmhertziche' heilandt
  Du ewiger got
laifs vns neit ersterben des snellen bitteren Doitz. Amen.

Ein paar lat. Hymnen sind auch mit Noten versehen, darunter eine deutsch-lateinische (Str. 1 u. 2 ist zu dem Lat. die deutsche Uebersetzung am Rande hinzugefügt):

1. *Der alle syn leit wilt vrechē manu bellatoria* [mit werhafftiger hant],
   Säpsōs sterkt sal jm gebrechen nec erit victoria [noch sal er neit
      oberwynd,]
   lyt vnd leer dȳ lyden brechen sic uinces jn gloria [also saltu mit
      eren gewynnen].
2. *Ileer verdrag, sonder clagen Salua paciencia* [vermyez gedolt]
   Vnd lyden war mā dich jaget Sine resistencia [Sonder wederstant]
   vnd da jnne vol herdē transibis ad Æthera [so saltu v̄ dienen den hemel]
3. (rot) *Myr mofsen all vā hyn scheid, de hac vana leticia*
   Dar zu sullē myr vnfs bereidē sacra penitencia
   Dan sal vns zu deile werdē sempiterna gaudia.

Eine andere nd. Fassung dieses Liedes ist abgedruckt bei

Hölscher, Nd. geistl. Lieder u. Sprüche aus dem Münsterlande. Berlin 1854, Vorrede p. VII Anm. C (aus d. Liederbuche der Catharina Tyrs; = Str. 1). Noch nicht ediert ist die Fassung der Göttinger Hs., Mscr. Jurid. 736, Bl. 202ᵃ (W. Meyer I 485; = Str. 1); sowie die hs.liche Eintragung im Soester Exemplare des Druckes der Gemeinen Bicht (Soest, Stadtbibl., No. 129 [Z 4. 9], Bl. 200ᵇ—201ᵃ; = Str. 1. 3)¹).

No. 14686—87: Pg. in 16⁰. 14. Jh. In altem Lederbande, Rücken renoviert. Am Schlusse defect. Auf dem Vorsetzblatte: *dit buchelgen gehoirt to campe in de cluse agneisge va oldendorp.*

Ndrh. Gebetbuch. 1. Kalender. Anf.: *Hardemaint. Jairsdach.* — Der 6. Januar heißt: *Drutzemdach.*

2. Gebetbuch. Anf.: *Hie heuet sich ane vnser vrauwē gezyde in duitzchē.* Ave maria etc. *HErre do up myne lippen vnde myn mūt sal kundigen dinen loff. HErre dencke an myne helppe got snelle dich mir zo helpen.* — *Hie geynt ane die scuē selmen in duutzchē.* — *Dyt is de vigilie als man sy in der kirchen heldet vur alle gelouie selen in deme gestichte van Colne.*

No. 14688: Pg., hinten eine Lage Papier später angebunden. 16⁰. In altem Lederbande. Von verschiedenen Händen des 15. Jh. geschrieben. — Auf der Innenseite des Vorderdeckels ein Exlibris (des 18. Jh.?). Ex Musaeo Marchalliano.

Ndrh. religiöse Betrachtungen und Gebete.

1. *Dit is dat auētessen ons herrē. JN der zyt sprach ihc zo sinen jūgen wissent ir: dat is na zwen dagē oistre sal werden; vn des mtschen sun: sal verraden werden: vp dat he gecruciget werde.* — Nd. Stücke mit derselben Ueberschrift, aber anderem Anfange, sind oben p. 100 aufgezählt worden.

2. *Der van sterrē gassen wart gevraget Wat vnse lieue vrouwe*

---

¹) In der Göttinger Hs. lautet die Strophe, der die Noten beigefügt sind, folgendermaßen:
  *DE alle synn leyth wil wrekenn | manu bellatoria
  Simpsons magth moeth he tobreken | nec erit victoria.
  Lyt vnnd lere dy suluen brekenn | sic vinces cum gloria. Alleluia.*
Ich füge auch die Soester Fassung hinzu:
 1. *Dey alle syn leedt wel wrecken | Manu, belli copia,
   Sampsons macht werdt em gebrecken, | Nec erit victoria
   Lydth, sveygh, leer dych seluer brecken, | Sic vinces cū gloria.*
 2. *Wy motē all van hynnen scheeden, | De hac vana leticia
   Dar tho sollen wy vns bereeden | Sacra penitentia,
   Dan sal vns tho deele vallen, | Sempiterna gloria. Amen.*

dede Do der engel zu ir quam Dit hatte vnse liue vrouwe an ir etc.
= 8 Seiten. Vgl. Zs. f. d. A. 8, 257.

3. Gebet an Jesus.

4. *Jhesus sprach ich byn eyn guyt hirde hie is eyn guyt hirde neit alleyne dat hie syne schaiffe beschirmet hait vur deme wulffe* etc. = 24 Bll.

5. *DE pharisei santen zo iohannes ind vraiden wer he were off he were Elyas. he geide vnde lointe neit vn spch non sum* etc. = 26 Bll.

6. *UNse here ihs xpc spcht in deme heylgen ewagelio Dat broit dat ich geu sal vur der werelt leue dat is my vleisch* etc. = 21 Bll.

7. *MAn leist in de heilge ewangelio Dat vns he sprach zo sinen jnge Id is vch nutze dat ich va vch vare* etc. = 22 Bll.

Stück 4.—7. sind von derselben Hand geschrieben, es sind **predigtartige mystisch-asketische Tractate**. Auf dem letzten Blatte jedes dieser Tractate (wie ebenso bei No. 9) hat eine jüngere Hand jedesmal einen kurzen Nachtrag hinzugefügt.

8. (von derselben Hand, wie 3.) *nu mirket Wa an man sal proyne off man sy gezoige in de heilge dryueldicheit. Dat cirste* etc. = 5 Bll.

9. Ein längerer **dogmatischer Tractat**: *NV is eyne vrage of der vad' eit weder neme an deme sone. neyn he neit me dan dat wale beuallen. dat he eme selver beuelt in deme vsuloisse* etc.

10. Sacramentsgebete, das letzte gereimt: *O Martel grois O wunden deif. O craift des bloitz O bitter doit O ouervlussiche mildicheit: mach mir myne sunden leit Vnd hilp mir zo der eiwiger selicheit. O H'e durch din heilich bloit: dut dir durg dy gebenedide hertze woit Mach mir myn ende goit vnde hilp mir es alre noit Ame.* — Dasselbe Gebet steht übrigens mit verschiedenen Abweichungen auch auf der Innenseite des Vorderdeckels der oben erwähnten Hs. 10758: *O martir grois O menscheit blois O wonden dieff O blodes krafft O dodes bitterheit O gottliche suessicheit vnsers Herren ihesu christi O genaden voll aller barmhertzicheit mach mir alle myner sunden leit vnnd hilff mir zo der ewige selicheit Amen. 1531.* Vgl. außerdem Zs. des Vereins f. lüb. Gesch. Bd. 3 (1876) p. 571. Wackernagel, Kirchenld II (1867) p. 807 u. 749. Zs. f. d. A. Anz. 17, 177 u. 22, 92.

11. *Dit sint de seuen liden Marien d' moder gotz*; in Versen.

Anf.: *ICh bidden dich suisse Ihu crist Want du alles des geweldich bist Dat gescaffen is vp erden Ind dat vmmerme sal werden* etc. = Prolog, dann folgen die 7 Strophen des Gedichtes zu je 27

Zeilen; Str. 1 beg.: *DEs eirsten lidens manich dich Maria allre dogeden rich* etc. — Str. 7 hat nur 6 Zeilen, dann folgt *Explicit*. — Das Gedicht weicht, dem Anfange nach zu urteilen, von allen oben p. 105 aufgezählten ähnlichen Gedichten ab; es scheint eine Uebertragung aus dem Hd. zu sein.

12. *Dit sint de betrachtāgē der eicht bluet sturtzūgē vns leuen H'en Jhu xpi*. Prosa.

13. *Maria was oitmoidich. Jr herce was groismoidich* etc. — Reimprosa in 2 Strophen zu 7 u. 6 Zeilen. — Es folgen noch einzelne Aussprüche von Kirchenvätern und, von jüngerer Hand nachgetragen, der Anfang des Evang. Johannis.

14. Die Lage Papier: 12 Bll., mit Gebeten und kurzen erbaulichen Betrachtungen von jüngerer Hand, aber in ähnlichem Dialekt.

No. 14717: 202 Bll. Pp. in 12⁰. 1555. In altem, schön gepreßtem Lederbande. Ex bibl. Renessiana No. 27.

Wir haben hier wieder einen Sammelband mit Tractaten des David Jorisz vor uns, wie wir ähnliche schon in der Stadtbibliothek zu Antwerpen (oben p. 265) und in zwei Bänden der Hamburger Stadtbibl. (oben p. 131) kennen gelernt haben. Der Dialekt dieser Stücke ist wie bei den oben genannten ein sich stark dem Nd. näherndes Nld., ich möchte an Groningen denken; vgl. die Eintragung auf dem letzten Blatte: *Dit boeck heft my nychte lysabet muntincks tot een ghedachtenys naegheluelen*. (Kat?)ryen. H. Muntinck. Von den 6 in diesem Bande vereinigten Tractaten, die wohl sämtlich Abschriften von Drucken sind, habe ich nur No. 2 bei v. d. Linde, David Joris. Bibliografie, 1867, gefunden, wo er als No. 150 unter den undatierten Drucken verzeichnet steht. No. 1 ist vielleicht = v. d. Linde p. 56 No. 220, 3, und No. 3 = v. d. Linde No. 130.

No. 19575: Pg.-Doppelblatt in gr. 4⁰. Schrift von etwa 1400. Aus der Sammlung Willems angekauft.

Es ist Willems Hs. des nd. geistlichen Liedes: *DAt en is nicht alweghe vastauent*, in 38 vierz. Strophen; nach ihr ist dieses Lied vollständig abgedruckt von Mone in seinen Quellen u. Forschungen, p. 126—132, vgl. Oesterley, Nd. Dichtung im M.A., der p. 61ᵃ den Wiederabdruck der Lübecker Hs. aus unserer Hs. ergänzt. Vgl. außerdem Steinmeyer, Zs. 25 Anzeiger 7, 172 (Danziger Bruchstücke).

No. 21129—21130: Der unter dieser Signatur im Inventaire général aufgeführte Band ist gar keine Hs., sondern eine lateinische Incunabel, der ein ursprünglich im Vorderdeckel des Bandes eingeklebtes Folioblatt vorgeheftet ist. Dieses Folioblatt, das nur auf der einen Seite in 3 Spalten bedruckt ist, enthält einen Druck von Mag. Hinrici Bogerii lateinischem Original der nd. kleinen **Reimchronik über die Ereignisse in Dithmarschen Anno 1500**. Das Original und die nd. Uebertragung sind zusammen herausgegeben von K. E. H. Krause in der Zeitschr. d. Ges. f. Schlesw.-Holst.-Lauenbg. Geschichte Bd. 11 (1881) 1—24. Das Brüsseler Exemplar des lat. Druckes weicht von allen von Krause p. 4 ff. aufgezählten Fassungen ab, falls es nicht etwa, was ich nicht absolut widerlegen könnte, mit dem Drucke identisch sein sollte, aus dem das Rostocker Einzelblatt mit Lesarten versehen ist. Von der Abschrift in Wolfenbüttel und dem Rostocker Einzelblatt unterscheidet das Brüsseler Blatt der längere Titel; von dem Abdrucke in Bogers Etherologium das Distichon Chronograph., das in unserem Drucke nur 2 Zeilen hat.

Das Brüsseler Blatt beginnt in Spalte 1: *Henrici Bogerii Theologi super novissima strage in Theomarcia. vulgariter Dietmerschen magne cohortis que se nuncupabat Die groit garde Elegia precipitata. PErculso grauitate rei vox faucibus heret* etc. Das Gedicht nimmt Sp. 1. 2 und etwa ein Drittel von Sp. 3 ein. Dann folgt das Distichon Chronograph. in 2 Zeilen; den Rest von Sp. 3 nimmt endlich ein weiteres lat. Gedicht: *De quadam virgine. que apud Theomarcios* etc. *Hermanni Buschii Monasteriensis Carmen*.

No. 21135: Ein Pappheft in 12°, in das vier Streifen einer Handschrift eingeheftet sind.

Die Streifen enthalten Fragmente einer Hs. mit **Excerpten aus einem hd. Freidank**, tragen aber von der Hand des Gebers folgende curiose Bezeichnung: „Fragment d'un traité de Liturgie du XIV siècle en Bas Allemand moyen (Mittel-Niederdeutsch). Cet idiome aujourd'hui éteint, fut en usage au moyen age dans une grande partie de l'Allemagne septentrionale dans le Limbourg et dans une partie du Pays de Liège. — Donné à la Bibl. de Bourgogne, par J. Carolus m. ♃. 1854". Wer würde wohl darin eine hd. Freidank-Hs. wieder erkannt haben?

Die Streifen geben die volle Breite der Hs. von etwa 10 cm.; die Hs. wird also wohl kl. 8°-Format gehabt haben. Die Schrift ist von etwa 1300; die Verszeilen sind abgesetzt; die erste Zeile jedes Reimpaares beginnt mit einem rotdurchstrichenen Buchstaben, die zweiten Zeilen sind eingerückt. Auf der letzten Zeile von Streifen b Rückseite ist eine größere blau verzierte Initiale fortgefallen.

Streifen a) enthält noch 6 Zeilen, von denen die oberste und die unterste stark beschnitten sind. Die Vorderseite lautet:

Grimm 129, 18. *mit luge schanden vnd schaden*

   19 f. *Jn disen vier worten stat | alle d' velde missetat*

   69, 23 f. *Di kosten tragen bilde vor | di munchin leiten in ein hor*

   141, 21. *Di wisen kunnen wol vstan*

Rückseite: 14, 9. *vn scheidet reine iedoch von dan*

   10 f. *Als ist was d' prister begat | di messe reine doch bestat*

   12 f. *Di enkan nimant geswachen | noch bezzer gemachen*

   14. *Di misse vn der sonnen schien.*

Streifen b und c gehören unmittelbar zusammen, sie sind richtig untereinander geheftet, doch geht die Rückseite der Vorderseite voran:

Rückseite: b) 128, 2 f. *Swen hungt ob der ezzen lat | so er vil gute spise hat*

   4 f. *Vn sinen vint minnen sol | di vire tun nicht zu wol.*

   164, 3. (*Daz*) *wirst leit das ymant treit* || (Am Rande steht: *von der zungen*).

  c) 4. *daz ist di zunge so man seit*

   7—8. *Was wir noch vbels han vnumen | daz ist von d' zungen kumen.*

Vorderseite: b) 164, 21 f. *von d' zungen meist vert | so daz manchir meineide swert*

   19 f. *Di zunge zu storet manch lant | si reizet roub vn brant*

   13. *Di zunge fuget manche not*

  c) 14. *di nimant endet an der tot*

   15 f. *Di zunge manchen schendet | si stummet vnd blendet.*

Auf die letzte Verszeile folgt eine leere Reihe, es ist also vielleicht das Ende einer Seite.

Streifen d hat am wenigsten erhalten.

Vorderseite: (?) *was am hzen kam*

   82, 15 f. *Daz h'ze weinet manche stun(t) | so doch lachen mus d' mun(t)*

Rückseite: 69, 17 f. (*D*)*es hzen ougen han nicht phant | sicht'durch daz mer in alle lant.*

Darunter rot: *von dem h'zen.*

Série II No. 143: 45 Bll. Pp. in gr. 8°. 27—28 Z. auf der Seite. 15. Jh. (1476). In modernem Einbande. Von einer Hand geschrieben.

Aus der Sammlung Serrure (Vente Serrure No. 3238).

Nd. poet. Dorotheen- und Katherinen-Passion.
1. Bl. 1ᵃ: *Hir beghinnet sck sunte dorotheen passie An* (rot).
   De gy schullet vor stan (schwarz). —
   JN der scrifft hebbe ik vor nome͞
   Wo de cristene loue i∫s vp gekomen etc.

Schluß Bl. 10ᵇ: *So sy ome loff vnd ere*
   Vnd marien der kuschen moder syn
   Wente se y∫s vnser aller trosteryn
   Defs wil wy louen orer twier namen
   So spreket nu allent Amen.

2. Bl. 11ᵃ: *Passio b͞tc katerine* (rot).
   EK Auer nu wil heuen an
   Van sunte katerinen wal ik kan
   Wo eɳ rike konnyngk was
   Alse ik an der scrifft lus etc.

Schluß Bl. 45ᵇ: *De aller hilgen is eyn here*
   Deme sy rom loff vnd ere
   Van der warlde samen
   Nu vnd ewichliken Amen.

(rot) *Anno d͞n͞j dusent verthundert sesvndseuentich Jnuocavit* etc.
Darunter von ganz ungeübter späterer Hand: *Anno dni du∫ent Se∫s hondert ene . . . . . . annen | marten . . . . . . | aldorf Sceiblen.*
— Auf einem inliegenden kleinen Fetzen steht: „Copié par Dr. R. P(riebsch?). 1893". Die Hs. ist sonst noch nirgends angeführt oder benutzt. Ueber andere nd. Fassungen der beiden Gedichte vgl. oben p. 202.

II No. 144: 169 beschr. Bll. Pp. in 12°. In mod. Pappbande. — Sammlung Serrure No. 3239.

Die Hs. zerfällt in mehrere grundverschiedene Bestandteile:
1. Bl. 1ᵃ—113ᵇ: Nld.(-ndrh.) Liederbuch des 16. Jh. Die Sammlung enthält Lieder und Sprüche der verschiedensten Art; der Dialekt des Schreibers ist nld., doch hat er z. B. stets die Formen *mich* und *dich*. Aus der reichen Sammlung kann ich hier nur weniges hervorheben. Die Sammlung beginnt mit ein paar bekannten Priameln:

Duodecī orbis ꝗseruātia: Eɳ prelaet dye got ontsiet
   Eɳ pape die ter kyrckē draget vliet
   Eɳ ridder mit eerē sɳ erue vermeert etc.

Viel verbreiteter ist die dann unmittelbar folgende Umkehrung der ersten Priamel: *Duodecī abusiva seculj*, vgl. oben p. 212. —
Bl. 1ᵇ: *Justitia is geslagen doit | Veritas ligt ī grot' noit* etc., vgl. die oben p. 175 (Lüneburg) aufgezählte Litteratur.

ibid.: *Nu gesrgē mich got huyden | Vor achterhāde ludē* etc. — Dann eine Reihe von Sprüchen: *Agricola ad octauianū* u. ä., jedesmal mit einer Antwort des Angeredeten.

Bl. 5ᵇ: Spottspruch auf alle niederländischen Provinzen.

Bl. 12ᵇ f.: Cisiojanus, vgl. Bl. 55ᵇ ff. 57ᵃ f. — Bl. 18ᵇ ff.: ein satirischer Sermon in Versen.

Bl. 61ᵇ: *Dye is wyse dye got mynt* = 8 Zeilen, vgl. Hölscher, Nd. geistl. Lieder u. Sprüche aus dem Münsterlande, No. 65.

Bl. 96ᵃ: *Ho luyde so sanck der lerer v(an) d' tyne*
    och wye in swaerē sundē licht | hi maech sich wael besynnē etc., 16 Str.

Eine noch unbekannte Handschrift des vielverbreiteten Liedes — u. s. w. u. s. w.

1ᵃ. Bl. 114ᵃ—120: Ein Nachtrag zu 1., von jüngerer Hand zu verschiedenen Zeiten eingetragen. — Bl. 120ᵃ ist von einer Hand des 17. Jh. mit einem französischen Liede beschrieben.

2. Bl. 121ᵇ—148ᵃ: Hd. Rätselfragen etc. Prosa. 16. Jh. Anf.: *Ein frag: So man ein alt haufs appricht, wie vil Jar es gestanden sey. Antw.: feg das heimlich gemach vñ so vil leg oder häuflein kirßkern darīn findest, also vil iar ist es alt* etc. etc.

3. Bl. 149ᵇ—165ᵃ: nld. Recepte, Bl. 165ᵇ—169ᵇ: *Van Perden, die seich heben verkropt*, in einem hd.-nld. Gemisch. 17. Jh.

II No. 573: Heft in Folio, enthält ein auf Papier aufgezozogenes Doppelblatt Pg. in Folio. 15. Jh. Prächtig geschrieben, jede Verszeile mit abwechselnd roter und blauer Initiale. Früher im Besitze von Wormstall in Münster, eine Copie von seiner Hand liegt bei.

Reste eines lat. Psalters mit ndrh. Uebersetzung (aus Psalm 33—34 u. 44—46). Anf.: *Ju dn̄o laudabit' anima mea audiat masueti et letentur. In onsme h'ren sal werden geloft min sele dat horent de säft modigen jnd sich ervrowen.*

Vgl. oben p. 118.

Abschnitt III: Westfalen I.

Nach dem langen Ausfluge in das niederfränkische Gebiet kehren wir jetzt in das niedersächsische Gebiet zurück. Ich will meinem Bericht über die nd. Hss. der Niederlande die Ergebnisse einer Bereisung **Westfalens**, speciell des **Münsterlandes** und des **Osnabrückschen**, anschließen. Das Folgende umfaßt nur die Regierungsbezirke Münster und Osnabrück; das südliche und östliche Westphalen werde ich mit dem Berichte über die Bibliotheken und Archive des Rheinlandes in einer der Fortsetzungen dieses Reiseberichtes geben.

Für das Münsterland ist **Münster** selbst stets die litterarische Centrale gewesen; so haben auch wir es hier fast ausschließlich mit Münster zu thun, ja wir finden in Münster die größte Sammlung nd. Hss. in Westphalen überhaupt. Alles andere tritt dagegen zurück, die kleineren Städte des Münsterlandes, wie **Warendorf, Koesfeld, Dülmen** u. s. w. fallen ganz aus, und auf den fürstlichen und adlichen Archiven und Bibliotheken, soweit sie sich dem fremden Forscher öffnen, habe ich nirgends besonders wertvolle nd. Manuscripte entdeckt. Außer den unten verzeichneten Sammlungen dieser Art habe ich nur noch die Bibliothek des **Grafen Klemens Droste zu Vischering** auf **Schloss Darfeld** persönlich besucht, ohne irgend etwas Nd. zu finden. Keinen Zutritt habe ich zu dem Fürstl. Bentheimschen Archive zu **Burgsteinfurth**, wie zu **Bentheim** selbst gefunden; von der wertvollen Sammlung des **Fürsten Salm-Salm zu Anholt** habe ich nichts weiter, als einen von Herrn Kammer-Assessor Diesfeld zu Anholt aufgestellten Katalog einiger wegen ihrer kostbaren Einbände auf eine Ausstellung nach Düsseldorf geschickten Manuscripte, zu Gesicht bekommen.

Für sämtliche westfälische Bibliotheken habe ich mich der liebenswürdigen Unterstützung und mannigfacher Ratschläge des Herrn Prof. Dr. Jostes zu erfreuen gehabt. Ich sage ihm auch an dieser Stelle dafür meinen aufrichtigen Dank.

Münster.
Paulinische Bibliothek.

Ueber die Hss.-Sammlung der Paulinischen Bibliothek besitzen wir seit 1889 den sorgfältigen Katalog Staenders (Chirographorum in regia bibl. Paulina Monast. Catalogus, editus studio et opera Josephi Staender, Vratislaviae 1889). Seinen Angaben über die nd. Hss. der Bibliothek habe ich, auch nach einer genauen Nachprüfung der Hss. an Ort und Stelle, nur wenig hinzuzufügen. Gar nicht zu erwähnen habe ich in meinen Addendis an Hss. mit nd. Inhalte oder einzelnen nd. Stücken die folgenden Nummern Staenders: No. 14. 143. 150. 173. 407. 417. 418. 423. 428. 526. 625—628. 656. 684. 687. — Niederländisch, nicht nd. sind die bei Staender mit der Bezeichnung *sermone inf. Germ.* aufgeführten Hss. No. 419. 421. 424. 426. 527; ebenso ist No. 509, deren Dialekt Staender *vernacule* nennt, nld., während die als *vernacule* bezeichneten

Stücke in No. 405. 495. 671. 689. 734 hd. sind. Es bleiben dann also noch folgende Hss. mit nd. Bestandteilen übrig:

(Staender p. 2 f.) No. 5 (185): Die den lat. Hss. hinten angebundene nld. Hs., die Staender in der Adnotatio *sermone Germaniae inferioris conscripta* nennt, ist die im 17. Jh. gemachte Abschrift eines Antwerpener Druckes des Pseudo-Maerlant'schen Gedichtes vanden houte. Die Subscriptio lautet: *Hier eyndett sick tboecxken van den houte, geprint thantwerpen in die Cammerstrate in den mol, by de wedutwe van Henrick peeterfsen, lesteens.* Die Abschrift umfaßt 3 Folio-Seiten zu je 2 Columnen. Tidemanns Ausgabe des Gedichtes (Leiden 1844) führt nur einen Antwerpener Druck von 1546 an.

Es folgt dann noch ein nd. Stück: *Titulus triumphalis in cruce domini ex antiqua [ex] authentica tabula in pergameno huc translatus* etc. *Dit is de tytel offte vpscriffte des ewerdigen hilligen Cruces* etc. — Auf dem letzten Blatte ein nld. Rosenkranz.

(p. 5) No. 16 (424): Die Subscriptionen der 3 Teile des Codex sind:

1. Bl. 43^b: *Och Wad he all vorluest | De tijtlick dynk vor ewych kust Vor den doet en ys nyn schilt | Leuet uls gy steruen wylt.*

2. Bl. 64^b: *O Jhū dyn lyden cruce negel vn doit Sper ghcyselen tra[ua]nē wūden roit Sweit water bloit Vn pyne' groit Moiten my troist syn tor lesten noit Als yck [yck] arme sunder vn sundēynne Sol steruen den byttē'n doit Amen. — Kynt doit dat gode vn lat da(t) quade | So leuestu na Jhus vn mariē rade.*

3. Bl. 130^a: *Ghescreuē vnde vullēbracht yn deme yarē des heren do men screff MCCCCLV des vrydaghes nor sunte Johans baptistē dach der ghebort to marienuelde. D'o grās.*

(p. 5 f.) No. 20 (372): Die Hs. ist ndrh. Stück 2 endigt Bl. 61^a: *Eyn Aue maria van mynnen vur die arme onnutze schryuerse die dit mit groissen vlisse geschreuē hait* etc. — Stück 4 bildet die Hauptmasse der Hs.; die umfangreiche Subscriptio des Stückes Bl. 231^b—232^a beginnt: *Dit boich wart ghcyndet in den Jaren ons herē doc men schreiff MCCCCLV op S. Nemaclus des heilighen buuschaffs dach. dry aue marien .... voir die arme onnutze schriuēsse* etc. — Stück 5 wird von 2 größeren ndrh. Tractaten gebildet:

a) Bl. 233^a—241^b: *Wie sich eyn mynsche prŏuen mach off wair dat eyn mynsche yn eirringhen is off dwalēde* (in verschiedenen Capiteln). Anf.: *DJe oren hait tzo horen he hoire.*

b) Bl. 241^b—243^a: *Van Sante Bernardus cons[i]ciencie.* Anf.: *SJch ind myrke wie du steruen salte.* — Schluß Bl. 243^b: *Sa-*

lomon spricht ..... *Daer an dencke suster myn Dit boick wort gheyndet in dem iair doe men schreiff MCCCCLV vp Sante Michails dach* ..... *Eyn Aue Maria ... voer die arme onnutze schriuerse.* — Vgl. No. 192, 2.

(p. 8) No. 35 (262): Ueber diese nd. Predigt-Hs. hat Jostes in der Zeitschr. f. vaterl. Gesch. u. Alterthumsk. Westfalens Bd. 44 (1886) p. 12—47 berichtet, er druckt dort als Probe 3 Predigten ab, p. 23—47. Vgl. Korrespondenzbl. 12 (1887) 15 u. Bahlmann, Münsterische Lieder u. Sprüchwörter (Münster 1896) p. X u. XXXIII No. 39.

(p. 33) No. 141 (740): Die nd. Stellen der Hs. sind (in Stück 3): Bl. 50ª—51ª. 51ᵇ—54ᵇ. 66ᵇ—69ᵇ. 72ª. 75ª—ᵇ. Der Hs. vorgebunden ist ein lat. Druck: *Liber de imitatione christi | Cum tractatu de Cordis | meditatione.* Subscr.: *Finitur iste libellus Jmpressus Co|lonie per Martinā de werdena: pro|pe domū Consulatus: in vico burg̃esi (vel: die Burgerstraes) cōmorā̧tem. Anno domini Millesimo quin|g̃etesimonono. post festū Martini.*

(p. 36 f.) No. 155 (757): Es ist die Hs., die Hölscher in seinen Geistl. Liedern u. Sprüchen aus dem Münsterlande als im Besitze des Appellationsgerichtspräsidenten v. Olfers bezeichnet, und aus der er No. 63—66 seiner Sammlung entnommen hat. In Stück 12 der Hs. sind nd.: Bl. 103ᵇ—106ᵇ. 109ª—111ª. 112ª. 113ª—114ᵇ (*De amore diuino et humano*). Bl. 115ª (= Hölscher No. 65—66). Bl. 116ᵇ—119ª (= Hölscher No. 63). Bl. 119ᵇ. 125ᵇ (= Hölscher No. 64). Bl. 130ª—131ᵇ: *De forma et moribus ihu. Men vyndet beschreuē̄ wu vnse leyue hē īhc xp̄c was gestalt vā lichame van angesichte vn̄ vā seden* etc. Schluß abrupt.

(p. 47) No. 192 (500): Stück 1 Subscriptio: *Ghescreuen ynt yar vnses heren M IIII hundert veer vnde neghendich gheendet vp vnses heren hemeluart auent.* — 2. beginnt: *Dat hus dar wi nu yne wonen leet oft et an allen syden vallen wille* etc. — 3. Bl. 205ᵇ: *Hyr begynt eyn suuerlick punte van den soten namen Jhesus de eyn mensche ouerdencken sal.* — Bl. 214ᵇ: *Geset een aue Maria van caritaten vor enen vnwerdigen snoden person de dyt heuet gescreuen dat eme got barmhertich sy* etc.

(p. 51 f.) No. 207 (730): Subscriptio zu 3. (p. 276): *It, Dyt vor gescreuē̄ afflaet alto sumen hen to hyr van dē kerkē bȳnē romen vn̄ vā dē stacien heft ouergesat to dude frater zeyno renghers p̄ster vn̄ cōuētuael to Bentlaghe.* — Zu 4 (p. 287): *Dyt is dat afflaet to rome dat p̄p Jnnocēcig octauq heft gegeuē dē crucebroderē vn̄ erē fa-*

miliaren ī dē Jaer vnses hēn MºCCCCºLXXXVIII do wy de bullen dar van kreghē. — It, dyt vorgȝ dat dar beghint vp dē eerstē sondach ī der aduēt hent to hyr to heft ouer gesat Alb'tȝ de olde p'or in dē oesterberch. Mer al dat vorneste va de VII houet kerkē vn va dē staciē satte ouer fr. seyno renghers to bentlaghe. p̄ster vn cōuentuuel. jn dē soluē jaer outgesat do wy de bullē dar vā kreghen. — Stück 5 beginnt p. 291: Itē Broder Eylart schomaker heft dyt boeck gescreuē vn hoert den Broderen to Bentlaghe. — Auf dem Vorsatzblatte des ganzen Codex steht: To bentlaghe Brod' Eylard niesē.

(p. 55) No. 219 (353): Die admonitiones quaedam vernacule auf p. 253 sind eine nld. Reimprosa in 19 Reimpaaren. Anf.: O edel mensche laet v doch dese woerde ten hertē guen: O mensche myn liene creatuere. welc ic heb gescapē nae myn figūe En voer wien ic heb ghestort myn duerbaer bloet. En gheleden den smelikē bitterē doet etc.

(p. 55) No. 220 (354): Die nd. Predigt auf p. 45—47 beginnt: De hūilitate. Et dixi nūc cepi etc. Dusse wort spreket de koninglike p̄phete dauid in dem salter Vn ludēt in deme duideschen also Ick hebbe gesprokē jottoen wil ick anetaen etc.

(p. 56) No. 223 (531) stammt aus Niesink; vgl. Vorsetzblatt: Dyt boick hort to nytzynck; u. auf der Innenseite des Vorderdeckels, auf dem Kopf stehend: Liber vallis marie apud S̄cm̄ Seruaciū.

(p. 57) No. 230 (393): Die Jahreszahl heißt 1496, nicht 1446.

(p. 79) No. 337 (447): Das carmen Germanicum Bl. 95ᵇ—96ᵇ ist nld., es ist in 2 Columnen geschrieben und beginnt:
> Dits vanden volke vā ertrike
> Dat nu t' tyt so iaklike
> In haren wille staen ghekeert
> Dat si van niemē willē syn gheleert etc.

(p. 87) No. 379 (429): Auf dem Vorsetzblatte: Dyt boeck hoert to Bodeken in sunte Maynulphȝ cloester. brod' Scuerg van Stockem Donaet 1533. — Auf Bl. 1ᵇ ein genauer Index über die in der Hs. enthaltenen Gebete.

(p. 91) No. 404 (689): Bl. 1ᵇ wird Papst Johann XXII, Bl. 120ᵇ Julius papa 29 erwähnt. — Die nd. Stücke des Gebetbuches sind:

Bl. 59ᵇ—64: En schone vermanynge vp dat pater noster = Erklärung der 7 Bitten des Pat. Anf.: O hemelsche vader wat dan wy na vnsere boisheit nycht werdich syn dyn vnnutte deyners genomet to syn etc. — Bl. 113ᵃ—115ᵃ: Nd. Ueberschriften und Ablaß-Angaben. — Bl. 161ᵃ—164ᵇ: Nd. Erklärung des Aue Maria, von derselben Hand, wie Bl. 59ᵇ—64.

(p. 92) No. 406 (771): Nd. sind Bl. 1—18: Mariengebete. Bl. 43ᵇ—50ᵃ: Gebete auf d. Leiden Christi. Bl. 72ᵇ—123: die 100 Artikel auf das Leiden Christi. Bl. 140ᵇ. 153ᵃ—154ᵃ. 157ᵃ—158ᵇ. 176ᵇ—181ᵇ. 183ᵃ—191ᵇ. 196ᵇ—204ᵇ. 213ᵇ—Schluß.

(p. 93) No. 413 (764): Die Hs. ist kein Gebetbuch, sondern ein einheitliches Andachtswerk in nld. Sprache. Bl. 1—8 sind nd. Gebete vorgeschrieben. Das eigentliche Werk beginnt Bl. 9ᵃ: *Hier begynnen Suuerlicke offenige vanden leuen ende lyden ons lieuen heren ihū xpc. O Gy alle die daer by den wege gaet merct ēn besiet off enich lyden off droeffenisse gelyck is myre droeffenis. Dese woerde sprycl ons lieue here doer den ppheet Jheremyas* etc. — Angehängt sind dem Werke

a) Bl. 205ᵃ—292ᵇ (von andrer Hand): *Ite ghepinse vn ghebede van dē mynentlikē apenbarynge des gloriosen oister daghes.* nd. — Bl. 292ᵃ⁻ᵇ: das *Salue regina tho dude* in nd. Reimen (vgl. Wackernagel, KL. II, p. 621 No. 804 ff.):

Ghegrot systu barmhertighe kongcgyne
Den armē sonderē eyne trostergne etc.

b) eine Sammlung verschiedener Gebete, nd.

(p. 93) No. 414 (791): Bl. 193ᵇ: *De dyt heft geschreuen der mote gol dat ewyge leuē weder geuē Amē.*

(p. 93) No. 415 (795): Vorsetzblatt: *Dyt boeck hoert to Euert glandorp.*

(p. 94) No. 416 (796): Bl. 291ᵃ: *Anno dn̄i Milleᵒ quigentesimo xxiiij. Biddet vor den schryuer.*

(p. 94) No. 420 (778): *bidt voer den schryuer.*

(p. 95) No. 422 (775): Die Sprache der Hs. ist nld., nur die von der jüngeren Hand nachgetragenen Stücke sind nd., gehören aber dem 17. Jh. an.

(p. 95) No. 425 (754): Der erste Teil der Hs. zerfällt in 2 Abschnitte:

a) Bl. 1—22ᵇ: **predigtartige Ansprachen am Krankenbette.**

b) Bl. 23ᵃ—69ᵇ: **Gebete in Todesnot.**

Die passie beginnt Bl. 73ᵃ: *Unde eth ghescheyde als ih̄us alle dusse lerynge vullēbracht hadde Do sprack he to synē yunghcrē.*

(p. 96) No. 427 (799): Der Anfang ist von Staender falsch angegeben: das im Codex vorne einliegende lose Blatt, dessen

Anfang Staender angiebt, ist vielmehr das 3. Blatt des Erhaltenen. Bl. 1 beginnt: *lyck is dyn name ouer alle ertryke*. Es fehlen also am Anfange noch 2 Bll.; die Hs. beginnt mit demselben Stücke wie No. 419—423. Zwischen Bl. 3 u. 4 fehlen wieder 2 Bll., auch der Schluß ist defect.

(p. 105) No. 476 (433): Die vocabula theutonizata beginnen Bl. 299ᵃ: *ACtio de werkende craft l der mat'ien. Acciᵒ to val.* — Schluß: *Ventilabrā en wāne. vāgą wilde vnstede.* Die ganze Arbeit ist am Rande mit reichlichen Ergänzungen von derselben und anderen Händen versehen.

(p. 107) No. 484 (461): Die nd. Einschaltungen der Hs. sind: 1. (bei Staender nicht erwähnt!): Lat.-nd. Glossar: Bl. 31ᵇ— 34ᵇ; Fortsetzung Bl. 42ᵃ—43ᵃ. Anf.: *Apefs est sāmilafs .... Apoplexia poplesie Artēia luchtadere Abdē behulen.* — Geht bis *Gabella nuditafs int' oculū et supciliū.*

2. Bl. 91ᵃ—93ᵇ: Lat.-nd. Vocabular. Anf.: *Allia salse. Accidēs togheual des wysendes.* — Schluß: *zelus stedycheyl wedder de lofsheit* (gegen den Schluß hin ist das Werk stark gekürzt).

(p. 115) No. 525 (793): Der 2. Teil der Hs. stammt aus Münster, vgl. das Titelblatt (194ᵃ): *Hyr begynnet ordentlike wat men Synget dȝ nuēdagȝ yn den bedeldagē vor der hēmeluart Christi Thom ersten to Auerwater an den torne Angnus Deý.* Cf. Bl. 204ᵇ: *Ju der kercken s. labert* u. Bl. 203ᵇ. 221ᵃ. 224ᵃ. 225ᵇ.

(p. 117) No. 536 (268): Die Hs. des poetischen mnd. Spieghel der zonden. Die Hs., die vielmehr eine vollständige Ausgabe verdiente, hat Babucke 1891 in derselben Weise durch eingehende Beschreibung, Inhaltsangabe, Wortverzeichnis und Proben bekannt gemacht, wie er es früher mit der Emder Hs. des mnd. Josep von den Todsünden gethan hatte, vgl. Nd. Jb. 17 (1891) 97—136. Korrespbl. 16 (1892) 50—53.

(p. 164 f.) No. 670 (352): Dieselbe Chronik findet sich in Osnabrück, Ratsgymn. Mscr. B III, vgl. Runge, Osnabr. Gesch.-Qu. II (1894) p. LVIII Anm. 6. Das auf Bl. 82ᵃ unserer Hs. stehende nd. Gedicht auf Johan v. Leiden druckt Runge p. 238 f. ab, vgl. p. LVIII.

(p. 150) No. 685 (133) u. 686 (117): Die beiden Hss. der nd. Fassung der Osnabrückschen Chronik Ertwin Ertmanns benutzt Runge in seiner Ausgabe dieser Chronik, Osnabr. Gesch.-Qu. II (1894) p. XXV; er nennt sie M¹ und M².

(p. 151) No. 688 (118): Außer der großen nd. Chronik (Stück 6) ist nur noch Stück 4 nd. Anf.: *Jm Jair vnuses herenn dusenth*

*vyeffhunderth drey vnnd vifftich den Saterdach na quasimodogenitj
... ys hertzoch hinrick syn sonne philips mangn, myt groten yle an yborch gevallen vnnd hefft dat yn gekregen* etc.

Endlich enthält die Incunabel No. 133 (*Incipit ps hyemalis Sermonū Meffreth. al's Ortulus regine.* Hinten: *Expensis Anthonij kobergers Nurenbergēn.* 1487.) auf der Innenseite des Vorderdeckels ein Pg.-Doppelblatt in 4° mit Resten deutscher Gedichte von etwa 1400. (Das dem Rückdeckel aufgeklebte Doppelblatt von der gleichen Größe ist jetzt abgelöst, enthielt aber nach den auf dem Holzdeckel zurückgelassenen Spuren ein lat. Stück.)

Die Blätter sind liniiert mit 36—38 Z. Bl. 1 ist nur auf der Vorderseite beschrieben, Blatt 2 auf beiden Seiten, durch einen ungeschickten Versuch, das Doppelblatt abzureißen, ist aber auf der festgeklebten Seite 2ᵃ die Schrift zum größten Teil zerstört worden.

Bl. 1ᵃ hat 36 Z.; die Anfangsbuchstaben der einzelnen Zeilen sind etwas herausgerückt und durch einen senkrechten Strich von den Zeilen abgetrennt. Z. 1 und 25 haben rote Initialen, eine dritte, freistehende, hat derselbe Schreiber unten links in die Ecke des Blattes quer gemalt. Bl. 1ᵃ enthält in 36 abgesetzten Langzeilen ein Stück aus einem **Gedichte von den toten und lebendigen Königen** (Sprache etwa md., aber mit hyper-hd. Gebrauch des *t* und mit deutlichen nd. Spuren; wol das unlebendige Hochdeutsch eines Niederdeutschen). Die nds. Fassung des Hartebokes, die Staphorst, Hamburgische Kirchengesch. Teil I 4, 263—267 abdruckt, und die ndrh. der Stuttgarter Hs. von 1393, vgl. Bragur I (1791) 369 ff., weichen beide ab.

Das erhaltene Stück lautet:

*DO der lebnde Co rych. Sus yach myt vbermute
Der tote Co truretlych. Antworte vil vngute
Ach tūmer dines hertzē galm. ift dorlich tzouorfichte
Ier ift nicht wen ein duſt' dwalm. vn̄ komz gar tzo nichte
Watz wultu fus fwinde baghen. von alle dyner habe
Sint din vlefch de wirme gnagē. wen du hin varſt tzo grabe
Vnfulger dēche du moft ſterbē. vn̄ fin d' wirme fpife
Din lichter mal datz mutz vterbē. vn̄ ſtinchē azes wyfe
Jch was eyn weldich konīg grotz. bobē alle recken wertē
Nu liggich nachz vn̄ blotz. begraben in der erten
Watz hilphet alle wirdicheit. watz eer watz keyfer cᵒn[e
Nu ich tzo ase bin bereyt. Den wirmē gar tzo lone
Allet datz vph erten ift. Vnd in luchten fwebet
Mutz vorgan in kortz' vriſt. vn̄ allet datz da lebet*

In deſſer wlt' en iſt keyn blibē. ir mutzē hinne wichen
Der tot der wil vns gar vtribē. den armē vn̄ richen
Watz hilphz bloyetliche ingēt. golt ſilber elle ſteyne
Watz hilphz creſtichlige mugēt. lob all der wlt' ghemeyne
Watz hilphz wiſheit ſcone glās. watz hilphz rycheit ere
Se mutzē doch vterben gans. datz iſt eyn ſwinde mere
Kere wedder in der ſtunde. latz dorheyt achterwegen
Such ( ) vor dyne ſunde. So machſtu vroute plegē
Ewichlich mit gote dort. der nūmermer ict ende
Schut des nicht du blibeſt vort: vordomet in ellende
DEr meſter der da na em ſtūt. gepriſet was ſin leben
Rich geſtalt mz cleyden būt. ſin geſt was zer vhebē
(D)er ſpch was deyt mich t'urēs not. ich mach wol vlich rigen
( )tz iſt keyn meſt̄ min genot. we mocht mir batz gelingen
(M)ich erē richen mittē armen. vil grotz mit werten ſcallen
(. .) mich mit gabe vil an carmē. Jch bin en wol bevallen
(I)ch bin der conige tafelnoot. Jck ga by eren ſyten
(I)ck ſcaffe rad in yrer noot. Vro ſpate tzallen tziten
Durch my ſchicket ze de lund. ze hohet vnde ſytet
Myn rad der mutz in ſyn becand. a'n my ict keyn(er) fteytet
Ich thu belenē mync mage. myt gaben vn̄ myt le(h)en g°tz
Wer mich aber nicht behage. dem mach ich ſynes gotes los
Den ſculdegn kan ich vor gerichte irloſen von d' tot ‖

Bl. 2ᵇ enthält zunächst in 13 Zeilen den Schluß eines Gedichtes über die 7 Betrübnisse der Maria, von demselben Schreiber, im gleichen Dialekt und mit derselben äußeren Ausstattung wie Bl. 1ᵃ:

Croꝑet geiſlet vn̄ da, he ſin cruce moſte tgen
Tz(o) deme berge caluarie vtz iheruſaleym
Crucet vn̄ begravē von ioſeph vn̄ nycodeym
V(n)de da he tzo hemele vur myt gotlicher macht
D(a)t haſtu reyne kuſſce mayt allet vullenbracht
(My)t grotzer droſſniſſe wol v(y)r vn̄ czwintzich iar
Sam vns beſcribet epiphanus all ophenbar
By der droſſniſſe mane ich honchgelobte vrouwe dy
Bidde dyn liebe kind vnſſem hēn īhm ȳpm vor my
Dat he my van [van] alle myner droſſniſſe hi rryge
Vn̄ dorf der ewigen vroute nūmermer vortyge
Datz vns allen vorlene īhc x̄pc vnſſe here
De mittē vate' vn̄ dē hilgen geſte ſy benedyet ymmerme'.

Dann folgt nach 14 leeren Zeilen ein lat. gereimter Absatz,

in dem ein weiteres Gedicht über die 7 Freuden der Maria angekündigt wird:

In precedenti capitulo audimus de b̄te marie vij triſticijs
Contra audiamus de septem eius gaudijs.
Gaudia b̄te marie virginis debemus deuote honorare
Vt ipsa dignetur nos in nostris tribulacionibus letificare
Qu[oni]am acceptum sit b̄te virgini hoc obsequium et quam gratum
In quodam feruore cuidam b̄te virgini deuoto est demonstratum
Qui solitus erat gaudia b̄te virginis crebro recogitare
Et oracionibus et canticis prout potuit deuocius honorare
Hic quodam tempore egritudine correptus cepit infirmari
Et peccata sua recogitans cepit anxius contristari
Heu michi misero quid dicam aut quid rn̄debo(?)
Quando constrictum examen superni iudicis peruenero. ‖

Ich konnte mich für die nd. Hss. der Paulinischen Bibliothek ganz kurz fassen, will aber nicht versäumen, nachdrücklich darauf hinzuweisen, daß die für die mnd. theologische Prosa sehr wichtige Sammlung zwar durch Ständers Katalog bekannt gemacht worden ist, aber bisher noch durchaus der wissenschaftlichen Ausnutzung ihrer Schätze harrt. Ueber die beiden anderen Münsterschen Bibliotheken, die eine kleinere, aber wertvolle Sammlung nd. Hss. besitzen, muß ich etwas weitläuftiger berichten, weil nur an einzelnen Punkten die Arbeiten Hölschers, Jostes u. a. vorgearbeitet haben.

Bischöfliches Priester-Seminar.

Die Hss.-Sammlung dieser Bibliothek ist ihrem Hauptbestandteil nach direct aus der Bibliothek der Münsterschen Fraterherrn ad Fontem salientem überkommen. Die Zahl ihrer nd. Hss. ist aber jetzt nur noch ziemlich gering, die Hauptmasse ist lateinisch:

Mscr. G 57 in 4° ist die Hs. des poetischen Spiegbels der leyen, von Gerhard Buck von Buederick im Jahre 1444 geschrieben, die B. Hölscher im Programm von Recklinghausen 1861 leider nur im Auszuge herausgegeben hat. Vgl. die ergänzenden Ausführungen Reifferscheids in der Zs. f. deutsche Phil. 6 (1875) 422 ff. (p. 423 beschreibt R. die Hs.); und Bahlmanns Notiz, Münsterische Lieder u. Sprichwörter, p. X u. XXXIV.

G 284 in 8°: Pp. mit einzelnen Pg.-bll. 2spaltig, mit ein paar schönen Initialen.

Anf. 16. Jh. in gepreßtem altem Lederbande, der die Signatur *E. B. 1589* trägt.

Nd. Gebetbuch. Anf.: *Een Andechtlich gebet to der eruerdigen hoich hilligē dreuoldicheit.* Es folgen Gebete auf das Leiden Christi, Sacramentsgebete etc. *Een gulden euangelijs Speigel d̄z hilligē Ancelmi van der gotliken leiften* (= Gebete) etc.

G 210 in 12º: Pp. 15. Jh. In altem Lederbande mit 2 Spangen.

Bl. 3ª: *Der kerstenen spegel vthgenomen ghecorrigert vn̄ vorbetert van broder Dirick van Munster van der m̄ȳre broder orden.* Am Schluß fehlt ein wenig; die Hs. schließt: *is dat in̄eferlike vleis marien der moder godes Item ( )en menscheit ‖*. Auf Bl. 2ᵇ hat die Hs. das Bild eines Mönches mit dem Kreuze. Ueber die bis jetzt bekannten nd. Fassungen des Werkes giebt die Zusammenstellung Bahlmanns, Deutschlands kathol. Katechismen etc., Münster 1894, p. 16—19 den besten Ueberblick. Bahlmann giebt dort auch eine Uebersicht über die ältere Litteratur und erwähnt ganz kurz unsere Hs. p. 16 Anm. 41 am Ende.

G 316 in 8º: Pp. 16. Jh., in einem Einbande des 17. Jh.
Hyr begynet sunte Augustynus Regule. Dat erste capyttel. Dyt synt de dynge de wy jw gebeiden tho holdende de jn klosteren synt gesat. Eine ndrh. Augustinerregel hat die Hs. in 4º der Kgl. Bibl. in Berlin, die in O. Harrassowitz' Catalog 221 als No. 21 aufgeführt war, auf Bl. 1—67. Vgl. oben p. 264 (Haag, Kgl. Bibl. No. AA 167) und unten Münster, Altertumsverein, No. 126.

I 80 in 4º: 196 Bll. Pg. Anf. 16. Jh. 2spaltig., in altem Lederbande mit 2 Spangen.

Nd. Uebersetzung der Sermone des Jordanes von Quedlinburg. Anf.: *Hyr beghinnē etlike sermone de Mester Jordanus ghemaket hefft. Des ersten sondagz ī der aduent. Hora est iam nos de somno surgere. Desse worde syn huden in der hillighē missē ghelesen* etc. — Schl.: *Vnde de zeile des sympelen pelgrymes is ghebracht to den hemel. To welkē ins moite brengen de dar leuet vnde regneirt van ewicheit to ewicheit Amen.*

Dieser Hs. thut Jostes im Jahrbuche der Görresgesellschaft 6, 348 Anm. 1 kurze Erwähnung, sie ist nach seiner Angabe von derselben Hand geschrieben, wie die Predigten Veghes, würde danach also auch aus Niesink stammen. *X Sermonen des meister Jordanus, van den laue des h. Augustinus*, in einem stark nld. durchsetzten nds. Dialekte, führt Reifferscheid, Nd. Jb. 11 (1885) 99 aus der Hs. der Kgl. Bibl. zu Berlin, v. Arnswaldtsche Sammlung No. 3113 in 4º, Bl. 119ª—144ᵈ an; vgl. Bl. 112ᶜ—116ª.

K 1 in 12°: Lat. Breviarium Monasteriense (Pars hyemalis) des 16. Jh., enthält ein paar nd. Gebete, ohne jede Bedeutung.

K 112 in 8°: Lat. Officium mit voraufgehendem Kalender, enthält am Schlusse des Kalenders 2 Seiten mit nd. Versus memoriales zum Einprägen der Heiligentage (Cisiojanus). Anf.: *Christus wart in de wynt' besneden. Drie conynghë wt orienten quamen gereden* etc. Reimpaare und dreifache Reime.

Durch die Freundlichkeit des Herrn Caplans B. Bonkamp zu Münster bin ich noch auf zwei in Einbänden von alten Drucken der Bibliothek verborgene Reste nd. Hss. aufmerksam gemacht worden:

1. O 117 in 12°: Ein Druck von *Thomae Linacri Britanni De emendata Structura Latini sermonis* ist eingebunden in ein verstümmeltes Doppelblatt und ein einfaches Blatt einer Pg.-Hs. mit nd. Auszügen aus dem Freidank. Erhalten sind ca. 60 Verse, gegen 1300 geschrieben. Ueber dieses Fragment wird Herr Caplan Schmeddinghoff zu Münster in nächster Zeit Genaueres berichten.

2. C 136 in gr. Folio: Ein Band der Opera S. Gregorii Magni enthält auf der Innenseite der beiden Deckel 4 Doppelblätter Pg. mit Bruchstücken einer nd. Beschreibung von Priester Johans Land, vielleicht aus Mandevilles Itinerar stammend. Ich werde die umfänglichen Reste der Hs. in einiger Zeit an anderem Orte mitteilen.

Bibliothek des Vereins für Geschichte u. Altertumskunde Westfalens, Abt. Münster.

Ueber die bis zum Jahre 1881 in den Besitz des Vereins gelangten Hss. unterrichtet das Verzeichnis der Büchersammlung des Vereins etc. Münster 1881, Abt. M = Manuscripte, p. 192—211. Das Verzeichnis umfaßt 186, meist nur allzu dürftig beschriebene Hss. Seitdem hat sich die Handschriftensammlung des Vereins um mehr als 200 Nummern vergrößert, ein Katalog ist aber bisher noch nicht weiter erschienen. Ich stelle die nichthistorischen Hss. der Sammlung voran, bei den Chroniken kann ich mich nachher kürzer fassen.

No. 4: Pg. in 4°, gegen 1500 durch die Schwestern des Klosters Niesink aufgezeichnet: Die nd. Predigten Johannes Veghes, die nebst den beiden in der Hs. erhaltenen geistlichen Liedern Veghes von Jostes, Halle 1883, herausgegeben sind, vgl. Einleitung p. XXVIII—XXXI.

No. 8: Pp. mit einzelnen Pg.-bll. in kl. 8°. 15. Jh. In altem Lederbande. Schöne Initialen.

Nd. Gebetbuch. Anf.: *Hyr begynt Eyn deuot gebet to der glorioser hilliger dreuoldicheit En begg alles gudes.* Das Gebetbuch entbält viele nd. Prosa-Uebertragungen lat. Hymnen.

No. 11: An dieser Stelle steht nicht mehr der im Verzeichnisse p. 193 aufgeführte Auszug aus einer Halberstädtischen Chronik, sondern ein nd. Andachts- und Gebetbuch aus der Bibliothek des Präsidenten v. Olfers (vgl. oben die Hs. der Paulina No. 155 [757]).

Pp. in 16°. 16. Jh. Lederband mit einer Schließe, renoviert. Anf.: *WEs ghegrot mg vtuerkorenste vn̄ glorioseste moder* etc. U. a. p. 44: *de seuen psalme*. Zwischen p. 44—45 fehlt etwas. — *de dorne crone onses herē ihū x'* (mit erzählender Einleitung) etc. etc.

No. 41: 44 Bll. Pp. u. Pg. in 4°. 1445—1448. Aus der Sammlung Pastor Nieserts in Vehlen.

Lateinische Collationes (= erläuternde Betrachtungen) über die beiden Hymnen *Lauda Sion* und *Ave maris stella*. Einer jeden Collation ist ein Hymnenvers in deutscher Uebersetzung nachgestellt, er bildet das Thema der vorangegangenen Collation. Die Uebersetzung der beiden Hymnen, die von einem Niederdeutschen herrührt, der hd. schreiben wollte, ist veröffentlicht von B. Hölscher, Zs. f. vtl. Gesch. u. Altertumsk. Westfalens Bd. 18 (1857) 302 ff. Vgl. auch Jostes im Nd. Jb. 11 (1885) 87 und besonders Runge in den Osnabrücker Geschichtsquellen II (1894) p. XLIV Anm., wo die Hs. eingehend beschrieben und über den Verfasser Genaueres berichtet wird.

No. 47: Pg. in 4°. 1450. In einen Pg.-Deckel eingeschlagen, mit einer Spange.

Neues Testament, mit einem Anhange alttestamentlicher Schriften. Am Ende des ersten Teils der Hs., der die 4 Evangelien umfaßt, steht: *Ghescreuen vermids mi Johan Henrics soen die Wachter een onnutte priester Int iaer ons heren 1450 des donredaghes voir onser vrouwen dach natiuitas. Bid voir mi.* Die Hs. wird beschrieben in der Zs. d. Vereins f. vaterl. Gesch. u. Altertumsk. Westfalens Bd. 8, 321—326. Der Dialekt der Hs. ist aber nicht mehr westfälisch, sondern ost-nld., wozu die Eintragung auf Bl. 1ᵃ stimmt: *Dit boeck hoert inder clerckhuus bynen swolle.* Die Hs. wäre also in Jellinghaus Aufstellung § 11² zu streichen.

No. 55: 207 Bll. Pp. in 4°. 1502.

De Wyngarden der Zeelen, von Johannes Veghe. Die Hs., der die ganze erste Hälfte des Stückes fehlt, ist bekannt gemacht von Jostes im Hist. Jb. der Görres-Gesellschaft 6, 348—375. 394—405. 408. Seitdem hat sich eine vollständige nd. Hs. des Werkes gefunden in Berlin, Kgl. Bibl. MGF. 549, p. 1—224, von 1486; cf. L. Schulze in Zs. f. Kirchengesch. Bd. 11 (1890) 599— 609. — Bahlmann, Münsterische Lieder u. Sprüchwörter p. XXXVI No. 57.

No. 96: 322 beschr. Seiten Pap. in 8°. 1469. In altem Lederbande. Rücken renoviert.

Auf der Innenseite des Vorderdeckels: *Ad bibliothecam in Kentrup 1673.* — *Duo libri Collationum sive Profectus Religiosorum das ist: 2 bucher der Collatien oder des Vortgangs der Geistlichen gemayt von einem Religiosen alhier unbenant geschrieben anno 1469. vndt hatt vill schone lehrstuk in sich fur gaistlichen*[1]). Unten auf der Seite: *Aug. Bahlmann 1840.* Es ist ein „Geschenk des Herrn Domvicar Bahlmann".

Nd. Uebertragung des dem hl. Bonaventura zugeschriebenen Profectus religiosorum.

Das Stück beginnt p. 1 ohne Ueberschrift: *Myne collacien de ick bytyde plach to sprecken to vnsen nygen broderen vme erer stichtinge vn to andere geistliken menschen hebbe ick eyn deyls vorgaddert vnde gelyck eyner forme geystlikes vortgans geordineert yn eyne heyle materie vme dryerhande zake.*

*De eyne is gelyck als ick den selue nygen broderen vor gescreuen hadde eyne forme va zeden des vetwedigen menschen beyde bgnen des huses vn dar buten dat ick en ock to erer stichtyge van weder formyge des ynwedige meschen eyne konynge toenen mochte de gelegh*ē *is yn verdrynige der gebrecke vn ynwenynge to dogeden vp dat de zeede vn thoneginge der begherten vn alle ynwedige synne also vele also mogelyck ys ghelyckformich werden gode etc.*

Das erste Buch endet p. 92 abrupt, es fehlt wie Jostes (?) beigeschrieben hat, nur 1 Blatt. Auf p. 93 beginnt Buch II zunächst mit einer Art Register: *DE cyrste vortganck is in varicheit der bekeringe in welken eg bekeert mesche varich is to alle dinge etc.* p. 97 ist der eigentliche Anf.: *DE vortganck des geistlike mesche weert gedeelt in seuen vortgange watta dat alle geistlike mesche to allen dese vortghengen nicht en gherake.* — p. 322 lautet die Subscriptio: *Hiir eyndet sick profectus religiosor, dat is dat bock van den vortgange geistliker menschen. vnse leue he ihus xpus vn syn gebenedide moder maria de syns gelouet vn gebenedict. Gescreue in den iare*

---

1) Derselbe Bibliotheksvermerk mit folgender Inhaltsangabe auch in der Hs. der Paulina No. 141 (740), und in Cod. B 42 der Landesbibl. zu Düsseldorf.

vnses hēn M°CCCCLXIX vñ gheeyndet in den achteden dage der hillige Apostolor, pet' et pauli. Deo gracias orate fuleliter pro scp̄-tbe depcor ꝑpt' deū.

No. 126: Pp. in 16°. Etwa 1600. Geschenk Hölschers. Aus einem Frauenkloster in Münster.

1. Gereimte hd. Gebete, mit starken nd. Anklängen. 4 Bll. Anf.: *Jesu defs menschen houigester(?) zyer | erschaffe ein neuwefs hertz in mir.*

2. *Chor der Engelen.* Anf.: *Hyärchia die Befelet Alles* etc. Es ist eine kleine prosaische Abhandlung über die Engel, bez. als S. 1—9. S. 2 unten ein kurzer nd. Spruch: *Wan yck hebbe gelocpen vnde gerūnen, vnd meine yck hebe solle Gewūnen vorleyse yck dan mine saliegheit so ysset al vor geues arbeit.*

3. *Eyn klein alphabet cines munchs yn der schulen christy genoemen vth den thoma de kempis: Der disipel: Herr wise my dyene wege* etc., mit manchen hd. Formen. 9 Seiten.

4. *Etlicke andechtige sprock — van geloeften yn den clocsteren.* 7 Seiten.

5. *Hir Begindt des Auer groeiten Lerrer Sante Augustynus Regel.* (Vgl. oben p. 284).

   a) auf die Wochentage verteilt. Anf.: *Muendach: Dyet syndt de dinge de wy gebeiden yw te halden de yn de cloestere synt* etc. 29 Seiten.

   b) *Hyr Begint De statuten. Jn gades namen amen. Wy Prier des cloeisors ten vrendeswoeden Regeler ordens Sante Augustinus by northorene Vnd pater yn den broder hufs ten sprinckborne bīnen munster Vormidest dusser yegēwardiger schrift doen kundig vnd apenbar* (etc.). 28 Bll.

6. *Dit synt gude punten de vnse erwerdige vader her johan vischers vnd syne nacomlinge ener yuwelicken suster befalen heben to halden.* — 7 Bll. Vischers wird etwas weiter *vnse salige erste pater* genannt.

No. 136: eine Sammlung von Drucken und Hss. zur Geschichte des hl. Liudger, wird in allen ihren Bestandteilen besprochen von Dickamp, Die Vitae sancti Liudgeri = Geschichts-Quellen des Bist. Münster IV, M. 1881, p. LXXXVIII u. CIV f.

No. 137: eine der beiden Hss. der älteren nd. Uebersetzung einer lat. Vita Liudgeri, beschrieben von Dickamp, a. a. O. p. CII f., vgl. p. 268—271; und Bahlmann, Münst. Lieder u. Sprüchw. p. XXXV No. 51.

No. 140: Pp. in 4°. 17. Jb., 2. Hälfte.
Hd. Gebet- und Andachtsbuch, dem vorne 2 Bll. mit lat. Lytaniae Lauretanae, und 6 Bll. mit den nd. *kleinen getiden van den Hyllige Crue/s* vorangehn.

No. 176 des Verzeichnisses, Coeldes Christenspiegel, ist eine Incunabel, die jetzt mit *F 1044* signiert ist. Ihre Stelle nimmt ein lat. Psalter ein. —

Es folgen jetzt die im gedruckten Verzeichnisse noch nicht aufgeführten Hss.:

No. 202: Pp. in 12° (12,5×9,5 cm.). In einf. Pg.-Umschlage.
Nd. Gebetbuch. Auf Bl. 1 ein nd. Gebet von etwa 1600. Bl. 3ᵃ ff., der erste Teil der Hs., von einer Hand der ersten Hälfte des 16. Jh. geschrieben, enthält: *Hyr beghynnet de hundert artikel des lydens vnses leuē herē ihu xpi*; dann Sacramentsgebete — *de dorne kronē de mē gherne lesen sal alle sīne daghe* etc., am Schlusse abrupt.
— Teil II, von einer Hand der 2. Hälfte des 16. Jh., enthält nd. Gebete.

No. 207: 119 Bll. Pp. (u. vereinz. Pgbll.) in 4°. ca. 1500.
2. Teil einer großen Sammlung nd. Sermones de tempore et de sanctis. Die Hs. wird beschrieben von Jostes im Nd. Jb. 10 (1884) 44—48; vgl. Jostes in Zs. f. Gesch. u. Alt. Westf. 44 (1886) 12 u. Bahlmann, Münst. Lieder u. Sprüchw. p. XXXVI No. 54.

No. 219: Pp. mit einzelnen Pgbll. in 12°, 16. Jh., erste Hälfte. Einband verloren, einzelne Lagen lose eingelegt.

Nd. Gebetbuch. Anf.: *Lof sy den vader (myt)tē sone to gader myttē hilli(gen) geeste* etc. Die Hs. enthält viele nd. Prosa-Uebertragungen lat. Hymnen. Der Hs. sind einzelne Lagen mit Schrift des 17. Jh. eingefügt.

No. 274: Pg. in 16°. 15. Jh. In altem Lederbande mit einer Schließe. Aus Nieserts Bibl., dann in M. Klüters Bibl. zu Angelmodde 1843.

Gebetbuch in einem stark vom Nld. beeinflußten nd. Dialekte; gegen den Schluß hin wird die Sprache mehr nld.

Anf.: *Hyr begynt de x psalmē de onse leue he an dē cru||. God myn god sue in my wuer ome heucstu my gelaten. verre van mynre zalicheit.* Weiterhin: *Hyr beggynet vier euageliū myt der collectē les vor de zeilen* (= Gebete). — *X Vaterunser* etc. — *vyf deprofundis.* — *5 misereren — letanie van den lyden ons Heren — de seuē bloitstortynge van onsen lieuen herē.*

No. 278. Nld. Gebetbuch. Pg. 15. Jh. Schöne Miniaturen.

No. 301: Pg. in kl. 8°. Ende des 15. Jh., mit schönen Initialen und 72 reich ausgeführten, aber ziemlich steif gehaltenen Miniaturen auf den unteren Rändern der Blätter.

Prächtig ausgestattetes lat.-nd. Osterbrevier, ganz nach Art der oben p. 196 besprochenen Hss., mit Resten nd. Lieder und Reimprosen.

Anf. Bl. 1ᵇ: *JN iocūdissima et excellētissiā p̄clarissiā et auriflua vigilia sollēpnis pasce.* — Bl. 2ᵃ hat die erste nd. Stelle: *Hute is v̄s erschenē de hochtydelke auē dede vore schinet mit enem guldenū schine deme alder klarestē oster daghe dede js en cyrheyt aller daghe* etc. — Bl. 3ᵃ das 2. deutsche Stück, mit Neumen: *Help v̄s dat heylighe graf dar god suluē me lach mit synē wūdē also her vrolikē mote we varē to iħrlm.* — Auch die folgenden Stellen mit den verschiedenen nd. Reimen entsprechen genau den ähnlichen Osterbrevieren.

Die Hss. nd. Chroniken der Bibliothek des Altertumsvereins sind, soweit sie Münster selbst betreffen, teils ganz junge Abschriften (so No. 45. 56ᵃ. 58. 104. 131), teils von Ficker in den Münsterischen Geschichtsquellen Band I (1851) bereits ausgenutzt, so No 9 = Langenbergs Hs., bei Ficker Hs. *L*, cf. p. XLI u. XXXVI; und No. 50, bei Ficker irrtümlich als No. 10 bezeichnet, = Fickers Hss. *A* und *D*, cf. p. XXV—XXVII u. XXX f.

Abschriften Münsterscher Chroniken aus dem 16. Jh. sind ferner noch

No. 5: Pp. in 4°. Ende des 16. Jh. Bl. 1—32 fehlen vorn.

Bl. 33ᵃ—143ᵇ, nach einer Notiz auf der Rückseite des Vorsetzblattes, „Fragment der Chronik des Arnold v. Bevergerns [= Ficker No. V], fast wörtlich. Das übrige (von Conrad von Rietberg ab) scheinen Notamina von einem Vicar im alten Dom zu sein", fortgeführt bis 1557 (Bl. 148ᵃ).

Bl. 149ᵃ ff. (von einer andern Hand): *Annotationes ex alio mscr.* = einzelne nd. Notizen, im Ganzen 17 Nummern. Alles Uebrige ist hd.

Zu No. 10. 61. 116. 117 brauche ich hier nur auf das gedruckte Verzeichnis zu verweisen.

Von besonderem Werte ist dagegen No. 95, früher in v. Olfers Besitz, 18 Bll. in 4°, die Originalhs. der Chronik des Schwesternhauses Niesinck in Münster. Sie ist abgedruckt von Cornelius, Münst. Geschichtsqu. II (1853) p. 419—441, cf. p. LXXXIII. Bahlmann, Münst. Lieder u. Sprichw., p. XLII No. 92.

Für die Geschichte Osnabrücks kommen 2 nd. Hss. in Betracht:

No. 121: eine Hs. der nd. Uebertragung von Ertwin Ertmans Chronik der Bischöfe von Osnabrück, von Runge in seiner Ausgabe (Osnabr. Gesch.-Qu. II [1894] p. XXIV f.) als *M* bezeichnet.

No. 160: 74 Bll. Pap. in 4°. 2. Hälfte 16. Jh. Mod. Pappbd.

1. Bl. 1ᵃ (Titelblatt): *Catalogus Episcoporum Ofsnaburgensium* (Hand 2). Klinckhamers Reimchronik der Bischöfe von Osnabrück. Anf. Bl. 2ᵃ (rot):

Catalogus Epifcoporū ofnaburgeñ.
De leue fote Jhefu Crift
De ware godt vn̄ mynfche yft
Vns ladede alle gelyke
Tho fynes vader ryke etc.

Hand 1 geht bis zum Tode des 48. Bischofs Ericus de Grubenhagen Anno 1532, Bl. 13ᵇ (in dem Abdrucke der Reimchronik nach der Wolfenbüttler Hs., Neues vtl. Arch. 1832 Bd. II, ist es S. 244, Z. 5—6):

Wes he vorftlyker maner heff bedreuē
Wart wal vp anderē fteden gefcreuen.

Bis dahin sind der Chronik mit roter, aber jetzt stark abgeblichener Schrift die Namen der einzelnen Bischöfe am Rande von gleichzeitiger Hand beigeschrieben, ebenso sind sie im Texte rot unterstrichen.

Bl. 13ᵇ Mitte—Bl. 14ᵇ hat Hand 2 die Regierung der Bischöfe Franz v. Waldeck (49.), Johan v. d. Hoye (50.) und den Regierungsantritt Heinrichs von Sachßen (51.) in einem nicht mehr ganz reinen Niederdeutsch nachgetragen. Dieses Stück ist Original und im Jahre 1574 verfaßt und geschrieben. Bl. 15ᵃ—16ᵃ endlich (Bl. 16ᵇ leer) enthalten ebenfalls von Hand 2 (Klinckhamer?), aber mit schwärzerer Tinte und später eingetragen, die Fortführung der Reimchronik bis zum 53. Bischof Graff Bernhardtt Zu waldeck, unter dessen Regierung (1585—1591) dieses letzte, in der Wolfenbüttler Hs. fehlende, ganz hochdeutsche Stück entstanden ist. Schluß Bl. 16ᵃ:

Zu erhaltungh fridde vnd Einicheitt,
Daß vorlene Jhme de heillige Dreyfoldicheitt.

2. Bl. 17ᵃ—24ᵇ (Hand 2): *Annotatio fiue Defignatio p̄bendarū beneficiorū, Ecclefiarū, de Collatione Reuerendifsimi Dn̄j Epi ofsnab.* — Bl. 17ᵇ: *Sequit' Annotatio fiue Defignatio Archidiaconorū* etc. — Bl. 19ᵇ: *Folgtt Defcriptio Einfs Jedern Ampts vnd Karfpelß des Stiffts oßnab. vnd einer Jedern Kirchen Collator.* — Bl. 25ᵃ leer.

3. Bl. 25ᵇ—39ᵃ (Hand 1): a) Bl. 25ᵇ—33ᵃ (rot): *De tumultu lenetunes.*

Bl. 25ᵇ Federzeichnung: Der Henker hat das Schwert erhoben,

um dem vor ihm knieenden Lenethun (den eine beigefügte Schere kennzeichnet) das Haupt vom Rumpfe zu trennen. Oben die Beischrift von der Hand des Rubricators: *Ecce forum texit cecidit lenetun quia rexit. 1490.*

Anf. Bl. 26ᵃ: *Jn jungen luede oren*
Js luſtlych olde Dynge tho horen
De voerhen ſynt auer lanck geſchen etc.

Der Rubricator hat, außer den beiden erwähnten Ueberschriften, nur die Eigennamen im Texte rot unterstrichen. Das Gedicht ist zuletzt abgedruckt von Runge, Osnabr. Gesch.-Qu. II (1894) 199—211; unsere Handschrift ist aber Runge noch nicht bekannt gewesen.

b) Bl. 33ᵃ—34ᵃ: Historische Aufzeichnungen über die Jahre 772 —1344, nd. Bl. 34ᵇ leer.

c) Bl. 35ᵃ: Historische Notizen über 1530. 1531. 1432; unmittelbar daran schließt sich d) Bl. 35ᵃ—36ᵇ: Das historische Gedicht auf den Osnabrücker Aufruhr von 1525: *Anno d. 1525 weren de borger tho oßenbrug, vprorſch jegen de geyſtlycheyt myt ytlyker gewalt Dar vor ſe biſchup Ericken vā oßenbrug, moſten geuē vi͞ᵐ gulden, Wo dyt nageſcreuē gedichte vormeldet.*

Van Vnwyllen ſo wyl yck heuen an
Des yck nycht wol geſwygen kan
Jm jar vnſes Heren Twyntych vn̄ vyue
Do beladen ſyck tho twydracht vn̄ tho kyue
De gemeyne hupe to Oßenbrugge etc.

Abgedruckt in einer der Klinckhamerschen Reimchronik eingelegten Fassung a. a. O. p. 240—243, Liliencron III No. 394.

e) Bl. 37ᵃ—39ᵃ: *Anno d͞n͞i 1508.*
Jn den namē vnſes hern Jeſu Chriſt
De vns van ſorgen make fryſth etc.

Das Gedicht auf den Aufruhr nach dem Tode Bischof Conrads von Ritberg; abgedruckt als Teil des Klinckhamerschen Werkes a. a. O. p. 235—239; bei Liliencron III No. 256 dagegen nach Mscr. K 1 des Kgl. Staatsarchivs zu Hannover. — Bl. 39ᵇ leer.

4. Bl. 40ᵃ—56ᵇ (Hand 3, der ersten ähnlich): *Eyne korte diſputatio edder ener diſputatien vorſpeel vppe achte van xliiij Articulen Didericks Buetmans Predicanten tho Oſſenbrugge.* Nd. geistliches Schauspiel

Bl. 40ᵃ⁻ᵇ folgen zunächst die 8 Artikel ihrem nd. Wortlaut nach, dann beginnt Bl. 41ᵃ das Spiel: *Eyn Diſputatio Peters vnd Didericks Butmans Predicāten tho Oſſenbrugge vp ſyne articule.*

Petrus. Dirick Buetman du ſchalcke knecht
Doeſtu ock dynen dyngen recht etc.

Ein alter Druck desselben Stückes (*Gedruckt im jair 1533*) befindet sich in der Bibliothek des Gymnasiums Carolinum zu Osnabrück sub sign. Q. 5, 18 (Thyen 5, p. 29), vgl. Jostes, Daniel von Soest, p. 78. Die dialogische Form des Werkes ist ganz oberflächlich, denn nach den einleitenden Worten wird der Dialog eigentlich ganz zu einer großen Rede des Petrus, in der er die 8 Artikel Buetmans der Reihe nach widerlegt; nur an den Stellen, wo der Redende zu einem neuen Artikel übergeht, giebt ihm jedesmal Buetman ein ganz kurzes Resumé desselben. — Ueber Dietrich Buetman vgl. die Litteraturangabe bei Runge, Osnabr. Gesch.-Qu. II (1894) 274 mit Anm. 1.

5. Bl. 57ᵃ—68ᵃ (Hand 4): *Electorum Ecclefiasticorum Coloniensium ac Moguntinensiū, á primis vsq; ad eos, qui iam præsident, Catalogus. Operâ F. Petri Merfsęi Cratepolij, Minoritæ*. Lat., bis 1577 u. 1580 (*adhuc 1580*), Bl. 68ᵇ leer.

6. Bl. 69ᵃ—70ᵇ (Hand 5): *Catalogus Prælatorum, Collegiorum, utriusq; sexus Monasteriorum etc. ad Synodum Epsplem Osnabrugensem, die 28. Martij 1628 celebratam vocatorum.* Lat., 17. Jh.

7. Bl. 71—74 Druck: 14. und 27. Stück der Westphälischen Beyträge zum Nutzen und Vergnügen, vom 5. April u. 5. Julius 1777; mit Aufsätzen über die Stiftung des Klosters Iburg (1. Hälfte) und das Stift Widenbrück (2. Hälfte).

Die Hs. gehörte im 17. Jh. einem *Johannes Dauenfberch*, der seinen Namen Bl. 56ᵇ eingetragen hat.

Der **Westfälische Provinzialverein f. Wissenschaft und Kunst** besitzt aus dem Nachlasse des Prof. Chr. B. Schlüter, † 1884, eine um 1550 angefertigte Abschrift von Johan Holtmans Werke, *Van waren geistliken leuen eyn korte vnderwysinge*. 852 Bll. Pp. in 8º.

Angeführt von Bahlmann, Münst. Lieder u. Sprichw. p. XXXIX No. 69. Eine zweite Hs. des Werkes ist Eigentum des Herrn Prof. Jostes und stammt aus Hölschers Sammlung; vgl. Jostes, Joh. Veghe, p. 435 u. XXI. Bahlmann a. a. O.

Kgl. Staatsarchiv zu Münster.

Die nd. Hss. des Staatsarchivs haben fast nur historischen Wert. Ich stelle wiederum die nicht-historischen Stücke voran:

Abt. II (des handschriftl. Kataloges der Manuscripte des Staatsarchivs, — Kindlingers Sammlung)[1]) No. 211: „Lat.-hd.-nd. Glossar nebst Grammatik, von der Hand des Mino-

---

1) Vgl. Verz. über die Kindlingersche Hss.-Sammlung etc., für die Mitglieder des Ver. f. vtl. Gesch. Westph. Paderborn 1828. 8º.

riten Kösters (Eigentum des Dr. Ficker)". Es ist eine germanistische grammatische Arbeit des 18. Jh.: „Abraham Millii Archaeologus Teuto seu Glossarium etc." Vgl. Ficker in d. Münst. Gesch.-Qu. I, p. XXI.

Abt. VII (mit der Ueberschrift: „Sammlung der Hss.") No. 2: Sammlung alter, aus Buchdeckeln gelöster Fragmente; die einzelnen Nummern haben besondere Umhüllungen.

1. Unter der Sign. II Ecclesiastica No. 3—5 liegt u. a. ein Blatt einer nld. Incunabel, das den Schluß von Chronicon II und das Gebet Manasses aus einem nld. Alten Testamente enthält.

2. In No. 6: „Martyrologien und Vitae Martyrum" liegen 2 Blätter aus einer nd. Hs.; den Inhalt der Blätter bilden die Leiden der Märtyrer, die um S. Jacobs willen gestorben sind.

3. In No. 11: „Palaeograph. Fragmente medicinischen und naturwissenschaftl. Inhalts": Ein Pg.-Doppelblatt in 4° einer nld. Hs. des 13.—14. Jh. Der erste vollständige Abschnitt des Erhaltenen beginnt: *Van Mirabolanis Indis. Hier na sel wy zyen van mirabolanis indis. Jndi purgieren melancoliam. en na der seluer maniere purgieren si Colcram. Men salse gheuen mit ziedinghe van Thimi* etc.

4. Ohne Umhüllung: ein kleiner Fetzen eines ndrh. Gebetbuches, der wegen der Initiale darauf ausgeschnitten ist.

VII 2a, eine ebensolche Sammlung, wie VII 2, enthält nichts Nd.

VII 1301: 12 Seiten Pp. in 4°. 16. Jh. Am Schlusse unvollständig.

Nd. Instruction über Verwaltung eines Klostergutes, wahrscheinlich aus Freckenhorst. Das Stück ist abgedruckt von Friedländer im Codex traditionum Westfal. I, Die Heberegister des Klosters Freckenhorst, p. 187 ff.

VII 6406: Eine Sammlung von Schriftstücken, die Religionsunruhen in Soest betr. Darin in dem Convolut c) auf 2 losen Blättern 2 alte Abschriften des von Jostes, Daniel v. Soest p. 54 Anm. 1 erwähnten schmutzigen nd. Spottliedes auf den Kölner Archidiacon Johann Gropper von 1548. — Demselben Convolut liegt auch eine Lage Papier bei, bezeichnet als Bl. 62—65, mit dem Entwurfe einer nd. Leichenpredigt aus der 2. Hälfte des 16. Jh. Anf.: *Deiwille Jr o alderleiuesten ffrunde jnn christo seinn dat dusse vnse meddebroder* (her walther am Rande hinzugefügt) *na dem willenn des almechtighenn goddes vann dusser werlth dorch godth jst affgescheidenn vnd vorstoruenn* etc.

Dazu kommen noch aus den Acten des Archivs drei nd. Stücke:

a) 5 nd. Sprüche vom Umschlag eines Registers der Curien auf dem Domhofe zu Münster hat Hölscher in der Zs. f. vaterl. Gesch. u. Altertumsk. 18 (1857) p. 310 f. bekannt gemacht. Das Register befindet sich jetzt im Kgl. Staatsarchiv.

b) Noch nicht signiert: Bernhard Rotmans letzte Schrift: *Van erdesscher vnnde tytliker gewalt Bericht vith Gotlyker Schryfft.* Münster MDXXXV. 29 Bll. in Fol., davon 23 beschrieben. Vielleicht ist dies Rotmans Original. Vgl. auch v. Steinen, Quellen der westf. Historie, p. 116 f. No. XCIV.

c) „Rotmans Predigt-Auszüge, Copia coaeva. Sign.: Münstersches Landesarchiv 1518/19", werden angeführt von Niesert, Münst. Urkundenbuch (M. 1823) p. 165. Ich habe sie in Münster nicht gesehen. —

Wir kommen jetzt zu den Chroniken.

Abt. IB (= Chroniken, Geschichts- u. Rechtsbücher u. ähnl. litt. Werke) No. 269: Pap. in Fol. 17. Jh. *Dusse nachvolgende Schriffte holden in sich denn Stant unde dat Levende der Bischoppe von Mimigardevorde* von 772—1567. Vgl. Ficker No. II u. VII.

IB No. 274: Pp. in 4°. 17. Jh. In modernem Einbande. Aus Kloster Herzebroek.

1. Briefe der Aebtissin des Klosters Herzebroek Anna v. Ascheberg 1539—1563.

2. p. 43—74: Nd. Chronik desselben Klosters. *dusse nabeschreuene, hebbe ick thosamen vergudderdt, vth den renthe breuen, fundacien, priuilegyen, vnd vth den olden missalen dat de soluen abdissinnen ihn den iharen geleuet hebben och dat closter geregertt vndt vorgewesen, auerst so nicht geschreuen wie se na datum gestoruen sintt. — Jntt erste fundatyo dusses closters Roesbrock is geschein.* P. 44—48 sind dann leer, und erst p. 49 beginnt der Text: *duidt Closter heuett gewesen intt begin Ein eddel domstifft van Suncte Augustinus orden, vnd de iufferen plegen witt to dreggen* etc. Die erste Notiz ist von 976; die Chronik geht bis zur Aebtissin Sophia van Stromberge und Elisabedt Cornes (1459: Krieg der Lippischen und Teklenburger; schwere Verwüstung des Klosters). Angehängt sind Auszüge aus Urkunden des Klosters Herzebroek, von 860—1494.

3. p. 198—202: Eine nd. rhetorisch-stilistische Arbeit, die Erklärung und Beschreibung eines *sendtbreiffs*. *De sendtbreiff so van ettlicken eine missiue vnd tho latine Epistola genant ys ein schrifftlicke redle des affwesendes tho dem affwesenden* etc. Es werden dann die einzelnen Bestandteile eines Sendbriefs nacheinander erklärt,

und am Schluß ein Musterbeispiel gegeben. Der Schluß ist nicht vollständig.

I B No. 276: Pp. in Fol. 16. Jh. Catalogus episcop. Monast. 772—1424. nd. Vgl. Ficker No. II.

Abt. IV (= Wilkenssche Sammlung) No. 23 an 3. Stelle: Nd. Auszug aus der Chronik des Heidenreich Droste (1457—1466) (= Ficker No. VII). 6 Bll. Fol. 1575; angeführt von Ficker p. XLIII.

Abt. VI (= Neue archival. Sammlung) No. 23 an 1. Stelle: Zwei Bruchstücke nd. Münsterscher Chroniken. 17. Jh., vgl. Ficker No. II.

a) von Ludger bis auf Ernst von Baiern (772—1585). b) von Otto v. Hoya bis Walram von Moers (1392—1450).

VI 263: Pp. in Fol. 18. Jh. 1. Bl. 1ª—45ᵇ: Ostfriesische (im Kataloge falsch Jeversche) Chronik von 1268—1550. Die Chronik hat denselben Anfang wie die oben p. 216 besprochene Hs. Hannover, Kgl. Bibl. No. 1412a, Stück 2; vgl. die dort aufgeführten anderen Hss. Für die Jahre 1535—1550 ist unsere Hs. ganz kurz gehalten, das sind offenbar Nachträge.

2. Bl. 45ᵇ—47ª: *Ein korte Profeceyung van Ostfreßland so ehrmalfs binnen Emden int Olde Kloster yfs gekomen Vnd van ein( ) Mönning gemacket*; vgl. ebenfalls oben p. 216.

3. Bl. 47ᵇ—120: Genealogische Aufzeichnungen, am Ende mit Tafeln, sämtliche ostfriesischen und jeverschen edlen Geschlechter umfassend. (Wohl Loringas Genealogien).

VII 30: Pp. in Fol. 17. Jh. Renners Bremische Chronik, von 449—1583. Mit angehängten Urkunden und kurzer Fortsetzung bis 1701.

VII 456: Fragmenta ad chron. Monast. spectantia, lat. hd. und nd. Die 2 nd. Stücke sind ganz kurze Excerpte und Register.

VII 1603: *Ein schoin Gedicht off Historie van den Mönsterschen Wederdoepers. — to rimen gesatt van Herman von Kerssenbrock, schrieven van Adam Scheffer 1754.* Das in diesem späten Titel fälschlich dem Kerssenbrock zugeschriebenene Werk beginnt Bl. 1 mit dem Prologe:

Der uprörischen bobenn Bichtboeck Bin ich genandt
Dem namen Bin ich sehr wohl bekandt
Der Mönsterschen Ketzers bichtboeck bin ich geheiten
Mines arbeits will ich bey gade geneiten etc.

Bl. 2ª fängt das Gedicht selbst an: *Ein Gedicht oder Historia Van den Mönserschen Wederdoepers to rimen gesat.*

Och wu is all dinck so sehr verkehrt
Wan nehr all man sick mitt unbekante Kunst Beschwehrt etc.
Bl. 96ᵇ *Finis.* Bl. 97ᵃ—98ᵇ: *Conclusio.*

Das Gedicht wird kurz besprochen von Cornelius in den Münsterischen Geschichtsquellen II (1853) p. XCVII. Ein paar Proben daraus veröffentlicht Cornelius in seiner Geschichte des Münsterischen Aufruhrs II (1860), p. 170 f. 197 f. u. 200 f. Seinem ganzen Umfange nach ist das ca. 3500 Verse lange Gedicht noch nirgends abgedruckt. Der unbekannte Verfasser schrieb nach Cornelius sein Werk während der Belagerung von Münster.

VII 1604a: 1 Doppelbl. Pp. in 4°. Etwa 1600.

Lat. und nd. Bericht über einen großen Brand zu Münster 1383, infolgedessen 1384 eine Procession eingesetzt wurde. Von derselben Hand ist eine kurze bd. Notiz über einen großen Brand im Kirchspiele Ueberwasser zu Münster 1592 beigefügt.

VII 2433: Pp. in Fol. 17. Jh.: **Chronik der Bischöfe von Minden.** Bl. 1 ausgerissen, Bl. 2ᵃ beg.: *Vnnd was geboren vl francken jn Dudeschem lannde, konig Pippinus sone.* — Schluß: *De xlv Bischop. Otto de derde in dē namen* (1368). Andere nd. Mindensche Chroniken sind Hannover, Kgl. Bibl. No. 1374 u. 1375, 1 (Bodem. p. 292) u. Berlin, Kgl. Bibl., Mscr. Boruss. Fol. 60ᵇ (Kletke, Quellenschriftsteller z. Gesch. d. preuß. Staates, p. 523).

VII 2436: **Sammelband Mindenscher Chroniken.** Pp. in 4°. Darin als erstes Stück ein ganz kurzes nd. Bischofsverzeichnis bis auf Franz v. Waldeck.

VII 6403: Bruchstück einer Abschrift der **Dortmunder Chronik des Dietrich Westhoff.** Ein weiteres Stück ist a. 1886 erworben (ohne Sign. in Folio). Beide Stücke sind benutzt in Hansens Ausgabe der Chronik, Dtsche Städtechr. 20 (Chroniken der westf. u. ndrh. Städte, Bd. 1) Lpz. 1887, p. 147—477; vgl. p. 149 f.

Städtisches Archiv zu Münster.

Mscr. XIV 17: Einzelblatt Pp. in Fol., enthält ein nd. **hist. Lied aus Münster** von etwa 1532(—33). Die Kenntnis der Hs. verdanke ich Herrn Dr. Detmer zu Münster.

Ein nye gedicht
Och Münster jn Westphalen, | ein schone rike Stadtt etc.

7 fünfz. Strophen. Das Gedicht ist noch nirgends gedruckt.

Das Blatt enthält auf der Rückseite noch einen zehnzeiligen Spruch:

*Die Valscheit ist nhu geboren | Die geloue hefft den stryt Verlorn
Die Warheit ist geschlagen doit* etc.

Der Spruch erinnert deutlich an ähnliche, gewöhnlich mit lateinischem Stichworte in jeder Zeile beginnende Sprüche, wie z. B. der oben p. 175 aus der Hs. Lüneburg, Stadtbibl., Mscr. D 30 mitgeteilte *Justicia is gheslaghen dot* etc. Vgl. ferner Zs. f. Hamburg. Gesch. 4, 499—500. 2, 281 f. u. 575—576. Keller, Fastnachtspiele 3, 1475 f.

Noch ohne Signatur, von Ficker kürzlich geschenkt: 124 Bll. Pp. in 4°. 2spaltig. In Pg. gebunden.

Arnd Bevergerns münsterische Chronik, Haupthandschrift, von Ficker seinem Abdrucke, Münst. Gesch.-Qu. I, No. V, zu Grunde gelegt; vgl. p. XXXV, Hs. *B*. Angehängt ist Bl. 100—124[b] die Fortsetzung Stevermanns.

Haus Offer sive Ruhr (Kreis Münster), Bibl. des Rittmeisters a. D. Freiherrn Egbert von zur Mühlen.

Die ansehnliche Hss.-Sammlung dieser Bibliothek hat für die nd. Litteratur eine besondere Bedeutung durch die darin aufgegangene Sammlung des Münsterschen Geschichtschreibers Jacobus Hermann Nünning, die verschiedene wertvolle nd. Codices enthält. Bei der Abgelegenheit des Materials wird es vielleicht nicht unerwünscht sein, wenn ich zugleich einige nld. Hss. der Bibliothek meinem Referat einschließe.

No. 328 in Fol. Pp. 17. Jh. Ungebunden.
Chronicon Episcoporum Monasteriensium.

1. *Series episcop. Monast.*, eine dürre lat. Aufzählung, vielleicht ein Register zu 3.

2. *Wie Meister Herman Bonnus .... Ordinantie der lutherischen Religion in die Stadt Ofsnabrügge gefoehrt.* Anf.: *De wile auer ellicken iahren de hillige Christliche gemeinheit mit frömden Ceremonien Vnd jnsathen ... wordt beschwert* etc. 7 Seiten, abrupt. Es folgen 19 leere Seiten. — Vgl. Spiegel, Hermann Bonnus², S. 84.

3. *Chronica Derer Bischoffen Zu Munster*; von 772 bis auf Franz von Waldeck, den 51. Bischof, nd.

4. Lat. Chronik.

5. *Arnoldi de Bevergerne Chronicon Epp. Mimigard.*; in besonderem Einbande, aber innerhalb desselben Convolutes. Abschrift von 1632.

6. Ganz kurze nd. Bischofschronik.

Sollte diese Hs. etwa identisch sein mit der von Ficker, Münst. Geschq. I, p. XXXIV beschriebenen Hs., die ich sonst in der

Sammlung auf Haus Offer nicht gefunden habe? Vielleicht ist das eine oder andere Stück aus dem losen Convolute verloren gegangen und so die Verschiedenheit zu erklären.

No. 644 in 4°: Pp. 16. Jh. In Pg.-bande.
Chronicon Episcoporum Monast. Arnoldi de Bevergerne, mit einer Fortsetzung bis 1589. Die Chronik beginnt: *Hyr begynnet eg boick geheyten Cronica offt Catalogus der bisschoppe Mymygardeuordensium.*

No. 645 in gr. 4°. Pg. Von etwa 1400. 2spaltig. In altem Lederband, und noch einmal eingeschlagen in einen dicken Lederüberzug. Mnld.

Bl. 1ᵃ: *Hier beghint die voerreden int boec d' ewiger wysh^t. GHeuolt van den heer in guetheit ēn in simpelheit des herten sueckt hem wat hi wort gheuonden van den die hem niet en becorē.*

Auf der Rückseite des Vorsetzbl.: *Dit boeck hoert den susterē toe bȳnen arnhem tot sūe agnieten.* — Subscriptio: *Dit boeck hoert den susteren toe tot her ottē huus bynnen acrnhem. Biddet voer (her claes emgius(?) wif)*; das Eingeklammerte fast ganz verlöscht.

No. 647 in 4°: Pp. Etwa 1500. In altem Lederbande. Auf dem Rücken des Einbandes bez. als *Chronica Impp. Regum archi- et Episcoporum Teutonica Msta.*

Autograph von **Johann Wassenberchs Duisburger Chronik**; nach dieser Hs. herausgegeben von Ilgen in den Deutschen Städtechroniken 24 (Soest u. Duisburg), Lpz. 1895, p. 177—252. P. 179—182 beschreibt Ilgen die Hs., die außerdem noch einen Auszug aus Koelhoffs Kölnischer Chronik und verschiedene andere hist. Stücke, meistens von Wassenberchs Hand enthält, ganz eingehend.

No. 654 in 4°: Keine Hs., sondern eine nld. Incunabel von 1478. Einband verloren.

1. Kalender. 2. *Die epistelen ende ewangelien mitten sermonen van den ghehelen jaere.* — *Diet boeck hoert toe gretgen coerneles dochter.*

No. 668 in 4°. Pp. Ende des 16. Jh. In Schweinslederband. Vorne eine Menge leerer Bll.

1. Bl. 1—17: *Eyn vthtekynge der Cronyken van den graū van der Marke Gesath vnd geschreven dorch den werdigen heren Leuoldū Northoff Canonyck to ludych vn scholemester ader tuchtmester des Edeln greuē Engelbert van der Marke* (= Excerpt).

2. lat.

3. Bl. 30—84: *Eyn hubsch new lyedt võ den edeln fursten tzo Gulych Gelre Cleve* etc. Es sind die 3 historischen Lieder

auf 1543, die zugleich mit Spormekers Chronik (cf. unten 7) bei v. Steinen, Westfäl. Geschichte, Bd. 4', p. 1474 ff. abgedruckt sind; cf. Liliencron IV No. 490. 492. 493.

4. Mit neuer Bezifferung: Bl. I—XXIII: *Eyn vthtekynge der Cronyken vpt korteste van den bysschopen van Monster in Westphalen* = Auszug aus Ficker No. II (772—1424).

5. Bl. XXIX—XXXIII: *Hinricus de Swartzenburgh Comes* etc., Auszüge aus Ficker No. VII, vgl. p. 322 ff.

6. Bl. XXXIV—XLI: *Hyr werden wedderhaldt etzlicke vormerynge van den hystorien der bysschope hyr beuorenes kortlyck gesat.*

7. *Cronica lunēn ciuitatis markanę per me Georgū Spormecker parochialiū ecclesiarū sanctorū Georgii in lunē. Et petri apl̄i in Tremonia vicariū coloniēn diocesis diligente opera et studio cōpilata atq; conscripta sub anno n̄ri redemptoris Mill. quigent. tricef̄. sexto in mēse Januario.* — Bl. I—XLV lateinisch, Bl. 49 ff.: *De anno d̄ni xv^{c}xliiii^o* nd., bis 1560 und fortgesetzt bis 1563. Letzte Hand bis 1614. Spormekers Chronik von Lünen ist nach einer andern Hs. abgedruckt bei v. Steinen, Westfäl. Geschichte, Bd. 4', p. 1405—1532; vgl. desselben Quellen zur westf. Gesch., p. 19 No. XXIV.

Ohne Sign. in 4°: 238 beschr. Seiten Pp.. Etwa 1700.

Es ist die von Ficker, Münster. Gesch.-Qu. I, p. XXXV genau beschriebene Hs. *Z*, die Arnt v. Bevergerns Chronik nebst einer Fortsetzung enthält.

No. 707 in 8°: Nld. Gebetbuch. In altem Lederbande.
1. Kalender, am Schluß eine Seite mit astrolog. Notizen.
2. Gebetbuch. *Hier beghint die getide vā onser vrouwē. Here du salte mine lippē op doen ēn mine mont sel dyn lof voert kondighē.*

Die Hs. trägt die (moderne) Bezeichnung: Getieden Unser Frauen in usum Sororum S. Augustini in Schuttorp. — Librum hunc precum Mactum Choro Parthenonis D. Augustini in Schuttorpp, Comitatus Benthemensis, olim destructo, ad privatas heterodoxorum manus devolutum, solicite redemptum amore fidei, patriae tam et posterorum notitiae ad Bibl. suam transtulit Jodocus Herm. Nunning Schüttorpiensis i. v. D. Scholast. Vredensis supp.

No. 708 in 8°: Nld. Gebetbuch. In altem Lederbande. Mit mehreren, eine Seite füllenden Bildern.

Hier beghinnen de seuen ghetiden van onser lieuer vrowen. Mettentyt. HEre du selte (......) Eñ myn mont sel voerkundighen dyn lof. — Nach einer Notiz auf dem Vorsetzblatte aus dem Coenobium B. M. V. Condictum Blomenthael.

Mit jüngeren Zusätzen.

No. 712 in 8°. Nld.-nd. Gebete und Betrachtungen von verschiedenen Händen gegen 1600 geschrieben.

Summa Christelicker leer vm te comen tot dat eind daer toe wy van Godt gheschapen syn. Dann folgen Gebete und Betrachtungen.

No. 304 in 12°: Nd. Gebetbuch. Aus dem Augustiner-Nonnenkloster Schüttorp, von etwa 1500.

1. Kalender. 2. Gebetbuch: *Dyt ghebet heuet god warlike ghegeuen to troste vnde to ghenaden synen hemeliken vrenden.* — Die Besitzerin hat hinten in dem Gebetbuch 3 Seiten mit persönlichen Notizen gefüllt: *Item vp sante angeneten dach starf myn selighe vader merte van aken vp den xii dach der maent Januarius. — Item myn suster Ghese van Aken straf vp sante eufemien dach vp den xiii dach in der maent aprils*, u. s. w.; die Daten erstrecken sich auf die Jahre 1496—1504.

Nordkirchen (Kr. Lüdinghausen), Gräfl. Esterházysche Bibl.

Ein Besuch dieser durch die Mitteilungen in Pertz' Archiv Bd. VI bekannten Bibliothek hatte leider keinen Erfolg, weil die Bibliothek zur Zeit wegen Regelung einer Erbschaftssteuer einer Taxation unterworfen wurde und deshalb geschlossen war. Den handschriftlichen Katalog der Bibliothek, der unter No. 5203—5316 die Manuscripte enthält, habe ich bei Herrn Buchhändler Theissing in Münster einsehen können; doch ist mit den sehr knappen Titeln des Katalogs allein noch gar nichts anzufangen.

Osnabrück.

Der Stadt Osnabrück fehlt eine einheitliche größere Bibliothek. So werden auch die ansehnlichen Reste der handschriftlichen Ueberlieferungen von Stadt und Stift in verschiedenen kleineren Sammlungen aufbewahrt. Die Bibliotheken der beiden Gymnasien, verschiedene Vereinsbibliotheken und Privatsammlungen, dazu das Ratsarchiv und das Kgl. Staatsarchiv, alle kommen sie auch für nd. Hss. mehr oder minder in Betracht.

Das **Kgl. Staatsarchiv** zu Osnabrück besitzt eine größere Anzahl litterarischer nd. Hss., als andere Archive, durch die dem Staatsarchiv überwiesene Sammlung C. J. B. Stüves, die jetzt unter die übrigen Manuscripte verteilt ist.

Mscr. No. 1: 56 Bll. Pp. in 4°. Anfang des 16. Jh. In modernem Pappbande, der alte Einband besteht aus 2 Pgbll. in Fol., Resten einer lat. Hs. des 13. Jh.

Nd. Predigtbuch, von verschiedenen Händen geschrieben.
1. Bl. 1ᵃ⁻ᵇ: *De cöcepcione glose vgis. (J)N den iare vnses heren*

dusent ver hůdert vn̄ dertich do [do] wort dat grote cristlyke consiliū geholden to basel etc. Eine kurze Abhandlung über die Proclamation des Dogmas der unbefleckten Empfängnis Mariae, zumeist aus Mirakeln zusammengesetzt.

2. Bl. 2ᵃ—11ᵃ: Ausführliche Predigt über die unbefleckte Empfängnis Mariae. Anf.: *O my̅ vrōldy̅ne du bist gans end all suuerlick vn̄ ny̅ vlecke js jn di. Cant. iiij. my dücket dat ick v̄ werdige genochsam vbequeme vn̄ ser v̄nutte vnd nicht wenich bestrafflich by dat ick kome by myt myner beuleckedē tage vnd vreyne lippē tho loue tho vorheuen vnd groth tho makē de hochgeloueden alder reyneste vnd v̄beuleckedeste brueth godes de glōsen vnd aldersalige jufferē mariē.*

3. Bl. 12ᵃ—19ᵇ (andere Hand): Große erzählende Predigt über die Geburt Christi. Anf.: *Als dar werē v̄vult va der schepp̄yge der werlt vyf dusēt jar hůdert vn̄ negē vn̄ neghētlich jar Octauiano, de regerde de ghāse werlt yn grote vrede vn̄ als sick de ghāse werlt vblydede yn dē vrede vnder enē vorstē so dede de keyser Augusto, al de ghāse werlt beschryuē* etc. — Schl.: *Dar v̄me schreyet vn̄ schreyet ald' leueste vor juwo sůde, vp dat gy yn cwich¹ nycht werdē bedwāgē to schreyē Gaet myt, betruwē to der crybbē vn̄ segget O sone des hēmelschē vaders O ald' cleynste kgdekē Jh̄u O ald' sotteste Jh̄u vbarme dy ouer vns armē sūders wy loue vn̄ glorieerē dy yn al dynē waldadē O hilge dry(ualdich)¹ dy sy loff vn̄ ere yn ewicheit. AMEN.*

4. Bl. 20ᵃ—23ᵇ: *Ein sermon von den hilligen Aposteln S. Peter vnnd Paulo.* Von anderer Hand, ursprünglich, wie 3., ein besonderes Heftchen. Anf.: *Dy, o Petre, wil ick geuen die slöttel des Hemellricks vnnd alles dat du vp erden byndest, sal oick im Hemel gebunden syn* etc. *Matt. am 16: xvj. Vth dessen worden wort apenbart vnnd bewere(t) vou groith sy die werdicheit S. Petri* etc. — Auf Bl. 24ᵃ eine Subscriptio von anderer Hand: *Duet seermoen van den forsten peter heuest de Werdyge pater Berent pack geschriffen ens yn eyn testomēt Der erwerdygen Juffere jūckfrouwē justynē rynckēn ock tho eyner gedechtnissen.* — Justina Vincke war seit 1531 Aebtissin auf dem Gertrudenberge.

5. Bl. 25ᵃ—38ᵇ (wieder andere Hand): Nd. Predigten auf Johannes Evang. u. a., die Sprache zeigt starke hd. Züge.

a) Bl. 25ᵃ—34ᵃ: *Dytt yst de yunger dē ih̄s lieb hat. Also stat geschreb̄e. Johanis am 21 capittel. vn̄ ist yn dysse hudige festage dat euāgelyum* etc. Die Predigt zerfällt in 2 Abteilungen, die erste ist eine Besprechung der 15 Privilegien des Apostels Johannes, mit der Subscriptio: *Beldet ock vor mich armer vn̄ groder sünder*; die zweite handelt über die Stücke, die zur „Liebe" nötig sind. Auf Bl. 34ᵇ Schreibproben, u. a. *Johannes Wigert*.

b) Bl. 35ᵃ—38ᵇ: Predigt über *Sequere me Vulye my na Johannis 21*.

6. Bl. 39ᵃ—56ᵇ: **Vier nd. Predigten Taulers** über die 5 klugen und 5 törichten Jungfrauen. Anf.: (.....)*ferē veer suuerlyke Sermone vt de* | (....)*ke Johannis Tauleri. Dat erste sermon wo sick* | *de wysen vorsychtygē yŭſcren van butē vñ va* | *bynen syrē solē dar mede se to der ewyg(ē) ver‚schop van xpo ungenomē vñ yngeuort mogē* | *werdē. Jtē va der hochwerdigē edelē (do)gede* | *der othmodigē leue to welker de mēsche allene dorch gelatenheyt lydē vñ leeſh*(....) | *komē mach myt vele and'n lerē getogē v(p de wor)‚de des euāyelij va dē teen yŭfrowe Mathei xxv.*

Auf Bl. 42ᵇ stehn die Sprüche der einzelnen Jungfrauen in nd. Reimen: *Dyt synt de sproke de vyf wysē yŭfn. Godlike leue de erste yŭf Caritas*

JN myner yoget heb ick my gesatet. dat ick de werld hebbe gehatet Des byn ick nu to desser stŭdē der hemelschē brutlacht werdich geuādē.

Das Stück bricht ab im Spruche der 1. törichten Jungfrau (*Inuidia*).

Der Hs. liegt, von Jostes Hand, eine Concordanz dieser 4 Predigten mit der Halberstädter nd. Ausgabe der Predigten Taulers (cf. Scheller p. 155 f. No. 611) bei. Danach ist

Bl. 39 der Hs. = Ausgabe, Predigt auf Bl. CC.
Bl. 40—42 = Ausg. Bl. CCIV.
Bl. 43—45 = Ausg. Bl. ??
Bl. 46—48 = Fortsetzung zu Bl. 39 der Hs., zwischen Bl. 39 u. 40 einzuschalten.
Bl. 49—52 = Ausg. Bl. CCII.
Bl. 53—56 = Ausg. Bl. CCIII.

Mscr. No. 6 u. 6ᵃ⁻ᶜ: Vier Hss. der nd. Uebersetzung von Ertmans **Osnabrücker Bischofschronik**, die alle vier in der Ausgabe dieser Chronik von Runge, Osnabr. Gesch.-Qu. II (1894) benutzt und p. XXVII u. XX f. beschrieben worden sind. No. 6 = Runges O⁴, ist ein nur bis 1075 reichendes Bruchstück, aus der Sammlung des schwedischen Kriegsrats Alex. Erskine († 1656), dem s. g. Stader Reichsarchiv; 8./5. 1873 vom Kgl. Staatsarchiv Hannover überwiesen. No. 6ᵃ = Runges O⁵, ist fast ganz verhochdeutscht. No. 6ᵇ = O², No. 6ᶜ = Runges D, ist die wichtige Dincklagesche Hs., die älteste aller von Runge benutzten Hss.

Mscr. No. 17: 68 Bll. Pp. in Quer-8° (16×13,5 cm.). Bl. 48—63 leer. In Original-Lederband mit Pressung. Erworben aus der Sammlung Berlages am 19. III. 1887.

Johann Klinckhamers Osnabrückische Reimchronik, von ihm selbst geschrieben 1585. — Titelblatt: *Ossenbruggessche Cronica in Rimen aller gewesenen Heren vnde Bisschoppe des selbigen Stiffles vom ersten Bisschopf Gicyho an bis vpf jtzigen Regerenden Heren Darinnen kurtzlich begrepen was ein jeder gudes vtgericht.* Auf der Rückseite des Titelblattes: *Johannes Klinckhamer Bramensis Scholemeister Zv Dincklage scripsit 1585.* Die Chronik beginnt mit der Vorrede: *De leve here Jhesu Christ De warer godt vnd minsche jst* etc.

Unsere Hs. wird ganz kurz angeführt von Forst in den Osnabrücker Gesch.-Qu. I (1891) p. XV Anm. 1. Nach einer Wolfenbüttler Hs. von 1588 ist die Reimchronik abgedruckt in Spangenbergs Neuem Vtl. Archiv 1832. II. 139—252. Vgl. außerdem oben p. 231 u. 291.

Mscr. No. 18: Eine Pg.-Tafel, 64 cm. hoch und 68 cm. breit. In 4 Spalten mit prachtvoller kräftiger und ebenmäßiger Schrift der 2. Hälfte des 15. Jh. (nach 1465). Der letzte Abschnitt ist mit dünneren Schriftzügen nachgetragen. Den Inhalt dieser Tafel, die früher im Dome zu Osnabrück bei den Reliquien hing, bildet die nd. **Lebensbeschreibung des Bruder Reiner**, eines frommen Einsiedlers zu Osnabrück (1211—1233). Sie ist abgedruckt von C. Hüdepohl in den Mitt. d. hist. Vereins zu Osnabrück I (1848) p. 289 ff., der Text beginnt p. 298. Die Tafel wird schon erwähnt in Ertwin Ertmans Osnabrücker Bischofschronik, ed. Forst in Osnabr. Gesch.-Qu. I (1891) p. 67, vgl. die nd. Uebersetzung der Chronik, ed. Runge in O.G.Q. II (1894) p. 54 u. XLVI f.

Mscr. No. 19: Pg.-Tafel von 45×34 cm. 1538. Aus Kloster Rulle.

Nd. Legende aus Kloster Rulle. Nach dieser Hs. abgedruckt von C. Raven in den Mitt. des Hist. Ver. zu Osnabrück I (1848) p. 272—274, cf. p. 287.

Mscr. No. 20: Bruchstücke von Hss. Darin Stück 1:

Ein Doppelbl. und ein einf. Bl. Pg. in 12°; das Einzelblatt ist bereits rubriciert, das Doppelblatt noch nicht. Fragmente eines nd. **Psalters** (Gebetbuchs?), abgelöst von einem Register des Klosters Bersenbrück.

Das Doppelblatt beginnt: *Ich byn gelick gewordē den pellicāe in der enycheit vn̄ ick byn gelick geworden den nachtraue in enem voruallene huse. Ich wakede vn̄ ik byn geworden als eg loeninck allene enich vnder den dake* (= Ps. 102 [Vulg. 101]) etc. — Auf dem

Einzelblatte: *Here luck vp myne lippen vn̄ myne munt sal vortkundigē dyn loff* etc.

Mscr. No. 21: 237 Bll. Pp. in Fol. Anf. des 16. Jh. (nach 1493, cf. Bl. 189ᵃ). 2spaltig. Neu eingebd.

Nd. **Leben des hl. Benedict u. der berühmten Männer und Jungfrauen seines Ordens.** Wohl vom Kloster auf dem Gertrudenberge, vgl. Stück 6.

1. Bl. 1ᵃᵃ—107ᵇˀ: *Hir begint dat levent vnses aller hilgesten vaders sancti Benedicti. Sanctus gregoriᵍ magnᵍ eg sunderlyng(en) erwerdich vn̄ grotdadich sone des hilgen vaders benedicti de heuet dat leuent des soluē synes lefflyken vaders beschreu̅ yn den anderē boke dialogorū. . . . . welck dat to sumende vorgaddert heuet yn een boeck een erwerdich gelert man des soluen ordens prior vn̄ professus yn dē kloster genomet ballenstede. to stichtynge der kynder des hilgen vaders de yn der schole syner mesterschop synt gesat to leren syne ynsettynge vn̄ na to volgen syne exempele als untellyke vele hilgē hebbē gedan* etc.

2. Bl. 108ᵃᵃ—167ᵇˀ: *Van der grotheyt vn̄ vedheit der hilgen vā dē ordē sc̄i bn̄dci.* Anf.: *De aller hilgeste vader sc̄s benedc̄us was ser edel van herkūpst syner gebort na den vleesche.*

3. Bl. 168ᵃᵃ—185ᵇˀ: *Hir begynt een tractat van dē loue sancti benedicti den(!) hilgē vaders vn̄ syner kyndere.* — Anf.: *We dat dar leset dyt navolgende werck en sal my nycht bestroffen vā konheit vn̄ vormetenheyt, wante ick dyt werck hebbe an genomē van gebode myner meysté.* Der Tractat schließt mit einer kräftigen Polemik gegen die schlechten Mitglieder des Ordens und einer Aufzählung von 16 Puncten zur Reformation der Klöster.

4. Bl. 185ᵇˀ—189ᵃᵃ: *Hir volget na een suuerlyke figure wo een gud kloster wesen sal.* Anf.: *De hilge geest de halp vn̄ tymerde een schone kloster. dar wolde he syne wthuorkorne kynder yn brygē* (allegorisch).

5. 2 Exempel: a) Bl. 189ᵃᵃ⁻ᵇˀ: *Een greselick exempel volget hir na. By den tyden dat keyser frederick de leste sturff yn den yare vnses heren dusent veerhūdert vn̄ dre vn̄ negentich* etc. b) Bl. 189ᵇˀ —190ᵇˀ: *Een ander voruerlick exempel van der swarē sūde der symonyen.* — Stück 4—5 haben die gleiche Tendenz, wie 3.

6. Bl. 191ᵃᵃ—214ᵇˀ: *Hir begynt dat leuēt der hilgē yūferen sūte gertrud vn̄ erst vā der edelheit eres geslechtes.* Anf.: *Dat leuent vn̄ de hylgē wanderynge der aller klaresten yūferē sūte gertrud en mach nement to vullen of to grūde wth schryuen* etc. — Angehängt ist Bl. 207ᵇˀ ff. *Va den miraculē der hilgen yunferen sūte gertrud.*

7. Bl. 215ᵃᵃ—237ᵇˀ: *Van den hilgen yūferen des ordens sc̄i benedicti.* Die behandelten Jungfrauen sind: Walburgis, Konegundis,

Hillegundis, Methildis, Radegundis (besonders ausführlich, Bl. 227ᵃ ff.), Phara, Aurea, Saliberga. Mit Bl. 237ᵇ bricht die Hs. ab.

Ein Leben des hl. Benedict und der hl. Männer und Frauen seines Ordens aus einer jungen Greifswalder Hs. führt Jellinghaus § 13¹⁵ an.

Mscr. No. 22 (früher Stüvesche Bibl. G IV 1. 16): Sachsenspiegel, cf. Homeyer, Die Deutschen Rechtsbücher des M.A., No. 639. — Auf der Innenseite des Vorderdeckels stehn

1. nd. Wetterregeln: *Vnse here got wysede hir be voren enē iodeschen preste de heit esdras wu de iar werden scholden* etc.
2. Recepte.

Mscr. No. 24 (früher Stüves Sammlg A 78ᵉ). Verschiedene Fragmente von Dichtungen:

An erster Stelle: 2 einzelne Pg.bll., ursprünglich in 4°, jetzt beide an der einen Längsseite beschnitten. Ende 14. Jh. 2spaltig. Bruchstücke eines nd. Passionsspiels, mit lat. scenischen Bemerkungen. Ich gebe nur eine Probe des Textes, da das Ganze Herr Dr. Milchsack in Wolfenbüttel bereits vor längerer Zeit abgeschrieben hat und zusammen mit Resten anderer geistlichen Spiele in einem besonderen Hefte seiner Ueberlieferungen zur Litteratur, Gesch. u. Kunst herauszugeben gedenkt.

Cayphus expedit vobis
gi hēn ic saghe v minen rael | vn wat mi dunkz en groet daet
dat gi doden den drogenere | de dar seget he si en here
des sijt seker ēn wys | dat dat vil beter is
dat he alleine sterue | dan al de werlt vderue.

Ju [= Judei] etc.

Aus Bl. II: *pilatq | nu dat so is so losen af | vn bringhene i dat graf* etc. — Ich habe das Fragment bereits in meinem Eimbecker Vortrage angezeigt, vgl. Nd. Jb. 23 (1897) 120.

Mscr. No. 27: 8 Bll. Pp. in 8°. 16. Jh. Mitte. Eingeheftet in ein Pg.-Doppelbl. und in Pappe.

Nd. Osnabrücksche Chronik von 1183—1544, teilweise in Versen; „vielfach gleichlautend mit der kurzen Reimchronik in der Kopenhagener Hs. der Uebersetzung Erdmans" (= Runges Hs. K, cf. Osnabr. Gesch.-Qu. II, p. XXIII f.). Diese unsere Hs. wird von Runge nicht erwähnt, auch sonst habe ich nirgends eine Notiz darüber gefunden.

Die Hs. beginnt: *Item wenn wil rund findth beschreuen wo de Stadt Trier MCCC mynn eynn jair vor Rome gewesenn.* — *Item So* men schreff dusent ein hundert vnnd iii jair do brande de Doeme tho Osennbrugge opennbair etc. — Bl. 7ᵃ beginnt eine 2. Hand (von 1542 an).

Bibliothek des Gymnasium Carolinum.

Die Hss. dieser Bibliothek hat Thyen in seinem Kataloge der Hss. u. älteren Drucke der Bibliothek, Abt. 1 u. 2 (Progr. des Carol. 1875 u. 1876) aufgezählt und besonders ihrer künstlerischen Ausführung nach sorgfältig beschrieben. Im Einzelnen habe ich aber noch manche Nachträge zu geben:

ad No. 12 [D ɤ 122] Thyen 1, 17: Nd. Gebetbuch vom Anfange des 16. Jh., *Alxander pauces de seste* (1492—1503) wird erwähnt. Am Schlusse Nachträge von etwa 1600.

Am Schlusse des Abschnittes *Hyr beghÿnen de xv pater n̄r* ein Reimgebet:

O schepper all' creaturē du bist barmhertich van naturen.
openbaer my dyne mildicheit Vnd su an myne menschlike crancheit.
Doer dȳ bloet v̄n doer dynen doet help vns god vth all' noet Am̄.

ad No. 18 [Δa 304] Th. 1, 20 f.: Die deutschen Eintragungen auf der Innenseite des Vorderdeckels sind:

1. die bei Thyen abgedruckte Notiz von 1446.
2. *Selden vernympt man dat et gude wyff synd dar de papen vnde monike vele werschepen Want xpc zecht in den ewāgelio dar dat aes is dar versamell sich de voghele. It, we is de verteerd dat gued der wedewen.*
3. Nach 2 lat. Notizen folgen die nd.-lat. Hexameter:

We myt den wiuen consortia querit habere
kan he dat dryuē et se de fraude cauere
den wil ick scriuē specialiter arte nitere
Nyen man kan bliuen concors vna ml'iere
We mach dan viuen uel pluribͅ ergo place'.

ad No. 20 [D ɤ 70] Th. 1, 22 f.: 3 Seiten hinter dem bei Thyen beschriebenen nd. Liede (Stück 10 der Hs.) steht der bekannte nd. Spruch:

Ik lyde ik swyghe v̄n ik vordraghe
Als ik alleyne byn ick clage
Teghen my soluē mȳ vordreit
Al dus en wet mᵃ myn lieden nyet.

2 Seiten weiter die 4 Windnamen lat. und nd., und nd. Uebersetzungen lateinischer juristischer Termini und einiger anderer

Wörter: *fornicatio vnkuischeit driuē als en ledich knecht mit euer ledegen magt. Stuprū* etc. *fiitellum j pepmole.* arbitror *wilkorer.*

ad No. 35 [D ε 1 2 3] Th. 2, 11: Papst Alexander VI (1492—1503) wird erwähnt.

ad No. 36 [D ε 1 2 4] Th. 2, 11: Nd. Gebetbuch. Anf.: 1. *Hir begynet de beredynge aflaet to bidden in den seuē romeschen kerken.* Bl. 5ᵃ ein kurzes gereimtes Gebet ohne jeden Wert.

2. *It, dyt nagheschreuen ist ene bereyding den pelegrymē de dar wanderen willen den wech na iherusalem to den hilligen graue.*

3. Viele andere Gebete und Kränzchen.

4. Kurze Beschreibung der Entfernungen auf der Reise nach dem hl. Lande und zwischen den hl. Stätten selbst.

Das Vorwort beg.: *Dyt wort gheschreuen jnt jaer vnses heren MCCCC vñ XX vp vnser vrouwē auent der gebort. Tusschē Candien vñ madian vp dat mer. als et dar hillige stede gelegē sin de in dat hillige lant sint. vñ wuer eȳ cruce steit. Dar is afflact vii iaer* etc. Dann beginnt die Beschreibung: *Jn dat erste komet men to Venediē dar is vele hilgedōmes to velen steden* etc. Die Anleitung umfaßt im Ganzen 31 Bll. — Subscr.: *dyt vor geschreuen is warachtige de ordineringe der aller hilligesten pelgrimasien wo mē wandert vā stedē to steden in dat hillige lant to ihrl'm. dat sal men gerne jnnichlike betrachtē de myt begertē dar gerne weer vnde dar gerne weer vnde dar so nicht komē enkan de mach hir vele genade verdenē. Deo gracias.* — Dahinter noch einmal Gebete.

Dieses Werk scheint ein Auszug zu sein aus dem Büchelchen, das *en werdich prester ghenant her Bethleem* über die gleiche Materie geschrieben hat; vgl. Göttinger Hs. Theol. 295i (W. Meyer, Hss. von Göttingen, II p. 477) und den dort gegebenen Hinweis auf 2 nld. Drucke des Werkes. Dazu kommt außerdem noch der kurze Auszug, der aber den vollen Titel des Werkes trägt, in einer Hs. der Paulinischen Bibl. zu Münster, No. 406 (771), Bl. 219ᵃ—220ᵃ (Ständer p. 92).

ad No. 40 [Q u 4] Th. 2, 12 f.: Dieses und das von Thyen 2, 22 aus der v. Grubenschen Bibl. angeführte Exemplar der nd. Uebersetzung von Ertmans Osnabr. Chronik sind benutzt und beschrieben von Runge in seiner Ausgabe der Chronik, Osnabr. Gesch.-Qu. II (1894) p. XXVI (= O) u. XXVII (= O¹).

ad No. 42 [Q i 11] Th. 2, 13: Die Hildesheimische Chronik

enthält in Stück b (Die Stiftsfehde) zwar die Lieder auf die Fehde, aber in ganz verhochdeutschter Gestalt.

ad No. 47 [Ds 125] Th. 2, 14: Die deutschen Gebete sind in Cursive, alles lateinische in Buchschrift geschrieben.

Bibliothek des Ratsgymnasiums.

Die Hss. dieser Bibliothek sind verzeichnet von Rud. Kuhlenbeck in den Programmen des Ratsgymnasiums 1878—1880. Für die historischen nd. Hss. genügt es, auf Kuhlenbecks Beschreibung zu verweisen:

Mscr. A I u. II (Kuhl. 1, 7), 2 Hss. der nd. Uebersetzung von Ertwin Ertmans Osnabr. Chronik, sind beschrieben von Runge in seiner Ausgabe, Osnabr. Gesch.-Qu. II (1894), p. XXVI f., als O^1 und O^s. Eine ins Hd. übertragene Abschrift von A II ist A III (Kuhl. 1, 7) = Runges O^{10}, p. XXVIII.

Mscr. B III u. IV (Kuhl. 2, 10): Zwei nd. Münsterische Chroniken, vgl. Kuhlenbecks Beschreibung.

Etwas ausführlicher habe ich dagegen hier die Serie Nd. Gebetbücher, Mscr. C IX—XVI. XVIII. XIX (Kuhlenb. 3, 5 f.) zu besprechen:

Mscr. C IX: Pg. in kl. 8°. 15. Jh. Ohne Einband.

Nd. Gebetbuch. Anf.: 1. *Des hilligen cruces ghetide. HEre du salt vpdoen myne lippen vn̄ my mū̄d sal vortkū̄dyghen dyn lof.*

2. *Hyr beghin de prologus eens broders van den gronē dale vp de hundert ghedechtnisse of articulē van den lyden vnses heren ihū xpi.*

Es folgen dann noch verschiedene *ghetiden*; ich will hier nur noch die bemerkenswerten poetischen Stücke des Gebetbuches herausheben:

1. *Hyr vulghet na de soete ymnus gheheiten Jubilus des hilligen vnde soeten lerers s ū̄ t e b e r n d e s* etc.

*Jhesus soite betrachtīge: de ware vroude is geuende:
mer bouen koniges sotichcit: geil ihes₉ teghenwordichcit* etc. 47 vierz. Str.

Eine andere nd. Uebertragung des Jesu dulcis memoria ist nach einer Hildesheimer Hs. herausgegeben im Nd. Jb. 5 (1879) 56 ff.; es sind dort 8×4 vierz. Str.

2. Drei nd. Hymnen zu je 4 vierz. Strophen:

a) *ȳnus: Jhesu gudertyrenheit. den herten bistu vrolicheit:
dyn guetheit heuet neen ghelyck. dyn myne byndet
my an dich* etc.

b) *ymnᵍ*: *In allen steden waer yck sy. wunsche ick ūhm al by my* etc.

c) *Ymnus*: *Jhesus is clarer dan de sunne. soiter dan balsem aller kunne* etc.

3. *Hyrna volghen de seuen hemelsche vrouden vnser leuer vrou(w)en de (se) seluen sunte Thomas van cantelenberghe heuet openboret* etc.

Anf.: *Vrouwe dy maria du edele vrucht:*
    Dyr eren vn̄ diner ioncferlikē tucht etc. = 7 vierz. Str. + 10 Zeilen als Abschluß.

4. *Hyr mach men vp̄den schone beschreuen: vnser leuer vrouwē vroude seuē.*
    De se daer mede wil dayelikes eren: deme wil se ere genade to keren etc.

12 Reimpaare als Einleitung, dann die 7 24zeiligen Strophen der sg. **7 langen Freuden Mariae**. Str. 1 beg.: *Vrouwe dy maria godes moder: want in di wart god vnse broder* etc.

Das letzte Reimpaar von Str. 7 steht 12 Bll. weiter vorne, als die unmittelbar vorhergehenden Verse, und zwar auf dem Blatte, auf welchem Stück 3 „Die 7 kurzen Freuden" beginnt. Stück 4 hat also in unsrer Hs. ursprünglich vor 3 gestanden, die Lagen sind dann verbunden worden.

Ueber andere nd. Hss. der 7 Freuden Mariae vgl. unten Mscr. C XVI u. Jellinghaus p. 4³¹; dazu Breslau, Stadtbibl. cod. 410, Bl. 80ᵇ—81ᵇ, vgl. Brandes Korresp.-bl. 7 (1882) 51 f. — Hildesheim, cf. Euling in Germania 35, 391—399. — Berlin, Kgl. Bibl. MGQ. No. ? (vgl. Harrassowitz Catalog 221, No. 21), Bl 236—255. Ndrh.

Mscr. C X: Pg. in 16°. 15. Jh. Ende. In Papier geheftet.

Nd. Gebetbuch. Anf.: *Hyr begīnē drey gebede van sunte Annē.* Es folgen Gebete an andere Heilige, Passionsgebete u. a. — Am Schluß von anderer Hand ein Kalender nachgetragen. Auf dem letzten Blatte: *Anno Domini xvᶜ vnde iiij starff selige Bernt zoerbecke mȳ leue vader vp s̄ūte wilhardi bisschop dach. — It, Anno dn̄i xvᶜ vnde vi starff myn selige moder Gerdruet zoerbecke des anderen dages na sunte franciscus. — Anno dn̄i dusent vijfhundert vnde xxiiij vp sunte Romanus abbetes dach starff myn selyge suster Anna zorbecke to Rynge. — Item dyt boeck hort Bertolt voesses huesfrouwē to.*

Mscr. C XI: Pg. in 16°. Ungebunden. Ist in einem Dialekt der östlichen Niederlande geschrieben.

Mscr. C XII: Pg. in 16°. 16. Jh. In Papier geheftet.

Nd. Gebetbuch. Anf.: *Vnser leuen vrouwē tyde. HEre du salt vpdoen myne lippē* etc.

Mscr. C XIII: Pg. in 16°. Ende des 15. Jh. In Papier geheftet.

Nd. Gebetbuch. Anf.: *HEre in dyner vorbolghenheit enstraffe my nicht* etc. — Im Verfolg findet sich ein Reimgebet an den hl. Antonius: *Anthonius leuendighe heilant God haet an dyr wal becant dyn hilighe herte strenghe leuen des haet hee dyr de walt ghegheuen* etc. 8—9 Reimpaare. Dasselbe Gebet wie unten in Mscr. C XVI, vgl. auch oben S. 251: Haag, Kgl. Bibl., Mscr. 133 D 9, Bl. 183.

Mscr. C XIV: Pg. in 16°. Ende des 15. Jh. In Papier geheftet.

Nd. Gebetbuch. Anf.: *Des hilgē geestes tyde. HEre du salt up doen myne lippen* etc. 2 Bll. in der Mitte der Hs. sind von jüngerer Hand beschrieben.

Mscr. C XV: Pg. in 12°. 15. Jh., 2. Hälfte. In Papier geheftet.

Nld. Gebetbuch mit Kalender.

1. Kalender = 12 Bll., denen noch 4 beschriebene Bll. mit Gebeten vorhergehn.

2. Das Gebetbuch beginnt: *WEest gegruet O heilige wonden myns lieuē heren ihū xpi fonteinen des leuens wt welken ic begeer te putten vergiffenisse al mynre sunden ēn al dat mi noetdorftich is tot mynre ewiger salicheit.*

Auf der Innenseite des letzten Blattes die späte Eintragung: *S. Catharina, Eyllers | v. (?) zum Roesendal, wan E L | in der andacht gesessen | ihr wollen den schriuer nicht | vergessen 1642.*

Mscr. C XVI: Pg. in 16°. Ende des 15. Jh. In Papier geheftet.

Nd. Gebetbuch mit Kalender.

Das Gebetbuch beginnt: *De scuē salm to dude. HEre in diner vorbolghenh' en straffe my nicht* etc. Im Innern des Buches finden sich 2 kleine Reimgebete.

a) *O scepper aller creaturē* etc. 3 Reimpaare, = Carolinum No. 12 (vgl. oben S. 307).

b) *Anthonius leuendige heilant* etc. 8—9 Reimpaare, = oben Mscr. C XIII, ebenso corrupt wie dort.

Von anderer Hand nachgetragen sind verschiedene Stücke:

a) Der Anfang des Evang. Joh. 2½ Seiten.

b) Prosagebete.

c) Reimgebet *Van vnser leuē vrouwē. GEbenedide maria moder aller barmherticheyt. Ghebenediede tempel der hillighen dreyuoldicheyt* etc. 12 Reimpaare.

d) **Die 7 kurzen Freuden der Maria**, gereimt.
Vrouwe dy Maria edele vrucht | dyner groten ere vn jūcvrouweliker tucht etc. 7 vierz. Str., nebst einem Anhange von 3 Reimpaaren. Angehängt ist ferner eine kurze Prosa-Erklärung: *Dusse seuen vroude de openbarde vnse leue vrouwe sunte thomase van cantelberge* etc. Vgl. oben No. C IX.

e) Reimgebete an Christus: *Item ryff gebede de men lesen sal vor den wapē vnß heēn. O leyue here ihu criste* etc. = 5 sechszeilige Reimgebete in unerträglicher Reimprosa.

Ganz am Ende der Hs. finden sich Nachträge von einer Hand des 17. Jh.

Mscr. C XVIII: Pg. in kl. 8°. Etwa 1500. Einband verloren.
Nd. **Gebetbuch**. Anf.: *Hyr begynnen vnser leuen vrouwen getyde. HEre du salst myne lippen oppene vnde myn munt sal vorkundyġen dyn loff* etc. — *De Seuen Psalmen to dude* u. a. mehr. — In der Hs. liegen vorne 2 lose Bll. eines nld. Gebetbuches, aus einer Hs. von gleichem Format.

Mscr. C XIX: Pp. in kl. 8°. 16. Jh. Holzdeckel.
Nd. **Gebetbuch**, Gebete auf das ganze Kirchenjahr, mit dem Advent beginnend. Anfang u. Ende defect. Die Hs. beginnt: *ghut an De gnade vñ sotichyt*. Das letzte Stück ist betitelt: *De guldē sele trost volget hir na vñ heft jn sick x $\overline{Ir}$ $\overline{ur}$ vñ x Auc $\overline{m}$ vñ x ghebede vā deme swarē byttere lidēle $\overline{x}$*; vgl. oben p. 99.

Bibliothek des Vereins für Geschichte und Landeskunde Osnabrücks.

Der gedruckte Katalog der Bibliothek (H. Veltmann, Verz. d. Bibl. u. handschriftl. Sammlungen des V. f. Gesch. u. Landesk. Osnabrücks, Osnabr. 1881. Nachträge 1881. 1882. 1885) ist jetzt für die Manuscripte (= Abt. B V) ersetzt durch einen neuen handschriftlichen, den Dr. Forst angelegt hat. Die eingeklammerten Zahlen geben die Nummern des alten Katalogs an.

Abt. B V No. 1 (noch nicht im gedruckten Kataloge): Eine Lage von 4 Bll. und ein Einzelblatt Pp. in 8°. Von etwa 1500.
Nd. **Recepte gegen Kolik und Pestilenz**.
Die Blätter sind, wie es scheint, als Begleitschreiben bei der Uebersendung eines größeren Buches an eine Klosterjungfrau gerichtet, vgl. die Anfänge der einzelnen Recepte: *Itē leue iūcfrouwe dit hebbe ich yn my sulues beuondē* etc. — *Leue jūcfrouwe dit is ene nyghe köst theghen de pestilēcie*. (*It, Innocētiq p̄pa die viii yn dē name plach* etc.). S. 8: *Acht' yn dat bocke steit ene thafel myt roder schrifft geschreuē myt dē tael vñd ys ene anwysynghe des vorg, bockes*

war mē aff hebbē wil vn̄d wie mē dat vyndē schal rp wat stede blude nae dē talle etc. — It, Jch sēde yw ock wat versses wrangkrudes dat moghet ghi platē wilt wassē als ich my wal ēmode. Dat moghē ghi bruckē etc.

No. 6 (noch nicht im gedruckten Kataloge): 4 Pg.--Doppelbll. in 4", und ein Einzelblatt. 15. Jh.

Bruchstücke nd. Klosterregeln. Einige Ueberschriften lauten: *Wodane wis dut de abt wesen sal dat ādcr capittel. — Van der gehorsamheit dat viffte capittel. De erste grat der othmodicheit is gehorsāheit sunder merren. — Dat ander capittel. Unde dat is to merkē dat dar sint seuenerleie de dar schinē to horen ad stabilitatē.*

No. 81 (19): Oldenburgica, darunter an letzter Stelle eine junge Abschrift von dem ersten Buche der Bremer Chronik Joh. Renners. 18. Jh.

No. 81¹ u. ᵁ (früher 52 u. 14): Hd. Fassungen von Renners Chronik. Folio. 17. Jh.

No. 221 (30): *Cronica offt Catalogus Episcoporum Monast.*, bis 1612. nd. Fol. 17. Jh. In mod. Pappband.

No. 301 (9): Eine junge Abschrift der nd. Uebersetzung von Ertwin Ertmans Osnabrücker Chronik, besprochen von Runge in seiner Ausgabe der nd. Chronik, Osnabr. Gesch.-Qu. II (1894), p. XXVII unter Oª.

Ratsarchiv zu Osnabrück.

Aus den Beständen des Ratsarchives habe ich nur zwei Hss. hier anzuführen:

1. Die Hs. der alten nd. Osnabrückischen Reimchronik von 1450. Der Band, der diese Hs. enthält, wird beschrieben von Forst in seiner Ausgabe der Reimchronik, Osnabr. Gesch.-Qu. I (1891) p. XI.

2. Das s. g. Hammachersche Lagerbuch, ein Folioband des 16. Jh., mit dem Titel: *Leger-Buch alter statut: privileg: undt observantien der Stadt vndt Stifftes-Ständen von Osnabrück. de anno 1397.* Ein großer Teil der in diese Sammlung eingetragenen Stücke ist aber rein erzählender Art, es sind kleine historische nd. Berichte und Aufzeichnungen, in Absätze eingeteilt, die in dem auf der Rückseite des Vorderdeckels eingetragenen Index der Hs. aufgezählt werden. No. 19—41 dieses Index sind bereits abgedruckt unter dem Titel: „Von Karl und Wittekind" in den Mitt. des hist. Vereins in Osnabrück 7, 353—371. Aber auch No. 42 ff., = Bl. 39 ff. der Hs., sind anzumerken:

No. 42: *Bischop Cordt van Redtberge affscheit* [= Tod]. Bl. 39ᵃ⁻ᵇ.
No. 43: *Electio Ducis Erici*, Bl. 40ᵃ—42ᵇ; angehängt ist No. 44: *Dat Jurament* dieses Bischofes in 37 Artikeln. Bl. 42ᵇ—51ᵇ.
No. 45: *Van dem Lehen dage*, Bl. 54ᵇ—55ᵇ.
No. 46: *Hertzog Erichs Todt*, Bl. 55ᵇ—56ᵃ.
etc. etc., darunter sub 1543 als No. 55—73 die einzige vollständige Hs. von Herm. Bonnus Osnabrück. Kirchenordnung von 1543. Vgl. Spiegel, H. Bonnus², p. 84.

Die **Privatbibliothek des hochw. Bischofs** zu Osnabrück ist mir leider nicht zugänglich gewesen. Ich kann aber wenigstens eine Hs. hier anführen, die, wie ich aus einer gütigen Mitteilung des Herrn Domprobst Dr. Berlage zu Cöln ersehe, aus der ehemaligen Bibliothek des Diöcesan-, Kunst- u. Altert.-Vereins zu Osnabrück in die bischöfliche Sammlung übergegangen ist. Die Hs. enthält eine Sammlung asketischer nd. Tractate, darunter am Ende eine Fassung des Liedes vom Zwiegespräche Jesu und der minnenden Seele: *Jhesus secht: haef up dyn cruce myn leveste bruet* etc. (vgl. oben p. 127). Die Hs. ist geschrieben *int yaer onses leven heren dusent vierhundert ende vifftig* etc., von einer Klosterfrau aus der Osnabrückschen Familie v. Damstorf; vgl. die kurze Erwähnung der Hs. bei Berlage, Beiträge zur Gelehrtengeschichte Osnabrücks, im Progr. Osnabrück, Realschule I, 1876, p. 10.

Das **Bischöfl. General-Vicariat zu Osnabrück** besitzt zwei Hss. der nd. Ertmanschen Chronik, vgl. Runge in seiner Ausgabe, Osnabr. Gesch.-Qu. II (1894), p. XXVII f. Sonstige nd. Hss. hat diese Bibliothek, wie eine persönliche Anfrage ergab, nicht.

Aus **Privatbesitz** kann ich hier endlich, durch die frdl. Vermittlung des Herrn Prof. Runge zu Osnabrück, noch folgende Hs. aufführen, die inzwischen leider bereits nach Amerika gewandert ist:
143 bez. + 5 unbez. Bll. Pp. in 8°. 16. Jh., erste Hälfte. Eingebunden in 2 Pgbll.

Nd. Arzneibuch, der Dialekt geht stark ins Nld. über.
Hyer begint eē Scoē boeck va(n) mēnygerhande krancheden der menschen welck meest alle ondervonden ēn probeert synt alle mēsche seer nutlyck ēn profytelyck ēn is edelder dan golt ofte syluer etc. *Item jnden cerstē Tegē sterckheyt des hoefts.* — Bl. 40ᵃ: *Van alle gebreken der vrouwen Judā cersten wye gebreck heeft in dye moeder.* — Bl. 70ᵇ: *Van alle wontsalue ēn wonde dranckē.* — Subscriptio: *Het eynde va deß Boecke. Nemt dyt yndanck synt wy begherē | Tot allen tydē wyl yckt vermeerē.*

Auf dem Vorsetzbl.: Ex libris Johannis Büntheim Anno 627. — Karl Eggemann 14. Oct. 1874.

Die Hs. hat am Schlusse Nachträge:
 a) 3½ Seite aus dem Ende des 16. Jh.
 b) der Rest aus dem 17. u. 18. Jh.

Ein Besuch der v. **Buscheschen Familienbibliothek auf Schloss Hünnefeld** bei Osnabrück förderte keine nd. Hss. zu Tage; doch besitzt die Bibliothek an alten nd. Drucken:
 1. ein nd. Gebetbuch des 15. Jh., in 8°, s. l. e. a.
 2. die Halberstädter nd. Bibelausgabe von 1521—1523.
 3. eine nd. Bibel: Magdeburg, Melchior Lotther. 1536.
 4. eine nd. Bibel: Magdeburg, 1564; ohne Angabe des Druckers.

Ein paar kurze Nachträge und Verbesserungen, die mir im Verlaufe des Druckes aufgestoßen sind, füge ich am Schlusse hinzu:

S. 84: Das Emder Ratsarchiv besitzt auch eine wertvolle Hs. von Eggerik Beningas Chronik von Ostfriesland; sie war zur Zeit meiner Reise verlegt, wird aber erwähnt in Bartels Aufsatze im Emder Jahrbuche, Bd. I Heft 3 (1874), 1—32. Gerade dieses Heft des Jahrbuches fehlt in der Göttinger Univ.-Bibl.

S. 85: Die Oldenburger nd. Hs. des Horologium eterne sapientie enthält nur Buch I des Werkes.

S. 87: Die Freesche Kronyck in No. 115 ist das Werk des Sicke Benninge; die Hs. ist dem Herausgeber der ersten beiden Bücher der Chronik noch unbekannt, vgl. Werken van het Hist. Genootschap te Utrecht. N. R. No. 48 (1887), Einleitung p. XXXII ff.

S. 101: Siehe Nachtrag zu S. 119 f.!

S. 111: No. XV 21 ist besprochen und abgedruckt von C. Walther in den Mitth. d. V. f. Hamburg. Geschichte Jgg. 1 (1878) S. 49 f.

S. 118: Eine weitere Hs. eines mnd. Psalters bespricht Kinderling, Geschichte der Nieder-Sächs. Sprache, S. 334—336 unter No. 179.

S. 119 f.: Die Vorlage von Mscr. Theol. 1059 in Fol. wird ohne Zweifel das jüngst von Wiechmann (Mecklenburgs altnieders. Litteratur I, 1—8, vgl. III, 183) ausführlich beschriebene Exemplar des Druckes der 10 Gebote sein, das sich in der Stadtbibl. zu Stralsund unter *II 152* befindet. Uebrigens ist der 8. Teil dieses Druckes *eene gude lere, wo ene iuncfruwe eren staet wol holden schal na deme willen gades, besunderen in den closteren*, dasselbe Werk, wie die oben S. 101 aus der Hamburger Hs. aus dem Convent No. V, Bl. 151ᵃ—161ᵃ aufgeführte Ermahnung an Klosterjungfrauen. Da an beiden Stellen auf dieses Stück die nd.

Uebersetzung des Hymnus *Crux fidelis* folgt, ist wohl auf einen engen Zusammenhang der Hamburger Hs. mit dem (Rostocker?) Drucke zu schließen.

S. 137: Mscr. Hist. 107 in Fol. ist eine Hs. der s. g. Rufus-Chronik; Hist. 108 dagegen der 2. Band der Chronik Reimar Kocks, cf. Grautoff II, 608 ff.

S. 216: Ueber Jarfke ter Muntes Prophezeiungen vgl. Bartels im Emder Jahrb. II 1 (1875) 27—31 u. 45.

S. 242: Das 5. Buch der Chronik Worps von Thabor ist 1871 ebenfalls in den Werken des Friesch Genootschap herausgegeben [der Band fehlt auf der Göttinger Bibl.]. Eine der Amsterdammer Hs. in der Auswahl und dem Dialekte der deutschen Stücke eng verwandte Hs. ist Groningen, Univ.-Bibl. No. 127 (Brugmans, Catalogus Codd. Mscr. Univ. Gron. Bibl., p. 53 f.).

S. 257: Stück 11a—d wird in der oben S. 104 besprochenen Hamburger Hs. desselben Werkes dem *abbet Cesariensis* zugeschrieben.

S. 276, Z. 4: *eyn bock van der guden conciencien dat sunte Bernhardus ghemaket hefft* auch in No. 150 (499), Bl. 118a ff. (Stünder p. 85).

www.ingramcontent.com/pod-product-compliance
Lightning Source LLC
Chambersburg PA
CBHW020806230426
43666CB00007B/878